PAUL VI.
WOHIN GEHT DER MENSCH?

CHRISTLICHE MEISTER
60

PAUL VI.

WOHIN GEHT DER MENSCH?

Eingeleitet von
ANGELO MAFFEIS

Übersetzt von
JEANNINE LUCZAK-WILD

JOHANNES

© Libreria Editrice Vaticana
© Johannes Verlag Einsiedeln, Freiburg i. Br. 2015
Alle Rechte vorbehalten
Druck: Steinmeier, Deiningen
ISBN 978 3 89411 432 9

INHALT

9   Einführung von Angelo Maffeis
33 Botschaft an die ganze Menschheit *Qui fausto Die* am 22. Juni 1963

I. JESUS CHRISTUS

44 Weihnachtsbotschaft an die Welt, Rundfunk am 23. Dezember 1965
53 Rundfunkbotschaft an die Christgläubigen und die ganze Menschheit am 20. Dezember 1968
61 Homilie in der Mitternachtsmesse am 25. Dezember 1969
66 Homilie im «Quezon Circle», Manila, Philippinen, am 29. November 1970
71 Auswahl aus: Apostolisches Schreiben *Marialis cultus* vom 2. Februar 1974
77 Homilie zum Abschluss des Heiligen Jahres am 25. Dezember 1975
80 Homilie am Fest Peter und Paul am 29. Juni 1978

II. DAS CHRISTLICHE MENSCHENBILD

92 Homilie im Rahmen der Schlusssitzung des Zweiten Vatikanischen Ökumenischen Konzils am 7. Dezember 1965
105 Auswahl aus: Enzyklika *Populorum progressio* vom 26. März 1967

INHALT

112 Auswahl aus: Enzyklika *Humanae vitae* vom 25. Juli 1968

119 Homilie in der Mitternachtsmesse im Metallindustrie-Zentrum, Tarent, am 24.-25. Dezember 1968

129 Ansprache an die Teilnehmer des Europäischen Kolloquiums für die Pastoral in der Arbeitswelt am 12. Oktober 1972

136 Ansprache an die Teilnehmer der Weltbevölkerungskonferenz am 28. März 1974

141 Ansprache an die Teilnehmer der Pilgerreise der «Equipes Notre-Dame» am 22. September 1976

147 Homilie am Palmsonntag, den 23. März 1975

III. EINHEIT

156 Rede an der Eröffnungsfeier der Zweiten Sitzungsperiode des Zweiten Vatikanischen Ökumenischen Konzils am 29. September 1963

181 Ansprache bei der Begegnung mit dem israelischen Staatspräsidenten Salman Shazar in Megiddo am 5. Januar 1964

183 Ansprache zum Hochfest der Epiphanie in der Geburtsgrotte in Bethlehem am 6. Januar 1964

191 Rede vor den Vereinten Nationen, New York am 4. Oktober 1965

202 Auswahl aus: Enzyklika *Ecclesiam suam* vom 6. August 1964

214 Homilie zum «Tag der Entwicklung» am Eucharistischen Kongress, Bogotá am 23. August 1968

INHALT

222 Ansprache beim Besuch des Zentrums des Ökumenischen Rates der Kirchen, Genf am 10. Juni 1969

227 Ansprache an den Präsidenten, die Abgeordneten und Senatoren von Uganda, Kampala am 1. August 1969

237 Rundfunkbotschaft an alle Völker Asiens, Manila am 20. November 1970

245 Ansprache an die bischöflichen Delegierten für den Ökumenismus am 22. November 1972

250 Gemeinsame Erklärung Seiner Heiligkeit Papst Paul VI. und Seiner Heiligkeit Patriarch Anba Schenuda III. am 10. Mai 1973

254 Ansprache an den Obersten Patriarchen der Buddhisten der Laotischen Regierung am 8. Juni 1973

256 Ansprache an die hohen Würdenträger des Islam am 25. Oktober 1974

IV. FRIEDEN

262 Homilie zum Friedensgebet vom 4. Oktober 1966

267 Rundfunkbotschaft an die Gläubigen und an die ganze Welt am 23. Dezember 1966

274 Rundfunkbotschaft an die Bischöfe, Priester und Gläubigen am 23. Dezember 1967

282 Botschaft zur Feier des Weltfriedenstages am 1. Januar 1968

289 Botschaft zur Feier des Weltfriedenstages am 1. Januar 1969

297 Botschaft zur Feier des Weltfriedenstages am 1. Januar 1970

INHALT

304	Botschaft zur Feier des Weltfriedenstages am 1. Januar 1971
312	Botschaft zur Feier des Weltfriedenstages am 1. Januar 1972
318	Botschaft zur Feier des Weltfriedenstages am 1. Januar 1973
329	Botschaft zur Feier des Weltfriedenstages am 1. Januar 1974
337	Botschaft zur Feier des Weltfriedenstages am 1. Januar 1975
346	Botschaft zur Feier des Weltfriedenstages am 1. Januar 1976
355	Botschaft zur Feier des Weltfriedenstages am 1. Januar 1977
368	Botschaft zur Feier des Weltfriedenstages am 1. Januar 1978
380	Lebensdaten von Papst Paul VI.
381	Nachweis der Originaltexte
384	Abkürzungen

EINFÜHRUNG

Zum 80. Geburtstag Pauls VI. (Giovanni Battista Montini, 26.9.1897 – 6.8.1978) erschien im Osservatore Romano *ein Aufsatz von Hans Urs von Balthasar mit dem Titel* Die Katholizität Pauls VI. *Im Begriff der Katholizität liegt die Synthese des ganzen Pontifikats dieses großen Papstes in schwierigen Zeiten der Kirchen- und der Weltgeschichte. Katholizität ist Universalität im Sinne der weltweiten Sendung der Kirche, aber auch der vom Zweiten Vatikanischen Konzil zum Programm erhobenen Öffnung zur Welt hin. Mit dieser Öffnung kommt die Kirche mit dem anderen, weltlichen Universalismus dieser Zeit ins Gespräch – zeichenhaft ist dafür die Rede Pauls VI. vor der UNO. Im Spannungsfeld dieser Annäherung, die zugleich Auseinandersetzung ist, stehen alle großen Themen seines Pontifikats. Es gibt Themen, bei denen im Streben nach Einheit bei gleichzeitiger Wahrung der Verschiedenheit eine gewisse Übereinstimmung herrscht, ja ein Zusammengehen möglich erscheint, wie bei der Förderung von Frieden, Gerechtigkeit und Menschenrechten, aber auch Themen, bei denen die weltanschaulich-philosophischen Voraussetzungen eine Einigung verunmöglichen oder doch selbst bei terminologischer Übereinstimmung («Humanismus») die Verständigung erschweren – so in allem, was Religion, Metaphysik und insbesondere den Glauben an Jesus Christus betrifft, und weitgehend auch das Bild vom Menschen und die Ethik.*

«Aufgabe des Papstes ist dabei die dauernde Erinnerung, dass die humanen Werte nur in Gott, im Religiösen, ihre volle Entfaltung finden. Seine Parteinahme für die Unterdrückten und Hungernden in Populorum Progressio *ist schlichte Erinnerung an das Evangelium. Seine Sorge um die Einheit der geschlechtlichen Liebe in* Humanae Vitae *gegenüber ihrer*

Zerfällung und Preisgabe dem sexuellen Egoismus dergleichen. Dabei ist er weit entfernt, übernatürliche Werte nur innerhalb der hierarchischen Kirche anerkennen zu wollen: alles Menschliche transzendiert, und Gott in Christus meint die ganze Welt, auch wenn die Kirche die von ihm beauftragte unentbehrliche Gründerin und Mittlerin der aufeinander zustrebenden Einheiten bleibt.»[1]

Balthasar begnügt sich bei seiner Darstellung von Pauls VI. «persönlicher Intuition des Katholizismus» aber nicht mit einer Aufzählung der Themen, die diesem Papst besonders am Herzen lagen, der von seinem Vorgänger das anspruchsvolle Erbe des Zweiten Vatikanischen Konzils übernommen hatte und der die katholische Kirche durch die stürmischen postkonziliaren Jahre führte, sondern er ordnet diese Themen dem Ort zu, an dem sie ihren Ursprung haben: im Bewusstsein der untrennbaren Einheit der Botschaft, die der Kirche zur Verkündigung an alle Welt anvertraut ist, und in der Sorge um das Humanum in seiner letzten Tiefe und Universalität.

Das Bewusstsein der engen Verbindung zwischen den authentischen humanen Werten und der in der christlichen Verkündigung vermittelten Wahrheit, und mithin der universalen Relevanz der von der Kirche bezeugten Botschaft und der Dienste, die sie durch ihr pastorales Wirken der Menschheit erweisen will, steht in der Tat im Zentrum des Pontifikats Pauls VI. Diese Überzeugungen wurzeln in den Bildungserfahrungen seiner Jugendzeit und in den verschiedenen Etappen seines kirchlichen Dienstes bis zum Amtsantritt als Bischof von Rom. In dieser Einführung wollen wir auf einige Zusammenhänge hinweisen, die zwischen den verschiedenen Themen bestehen, denen die einzelnen Teile dieses Buches gewidmet sind – Jesus

[1] Hans Urs von Balthasar, Die Katholizität Pauls VI., in L'Osservatore Romano *117, Nr. 221, vom 17.9.1977,* und in Internationale katholische Zeitschrift Communio *(1977) 6, S. 477.*

Christus, Das christliche Menschenbild, Einheit, Friede – und auf die Verwurzelung von Giovanni Battista Montinis Reflexion über diese Themen in seiner menschlichen, christlichen und kirchlichen Erfahrung aufmerksam machen. Wir sind überzeugt, dass die Hauptthemen seines Lehramtes die Frucht einer lebenslangen Reflexion sind und sich zugleich einer persönlichen Erfahrung verdanken, die den Stil seines Pontifikats unverkennbar geprägt hat.

Das Mysterium Christi

Zwischen 1924 und 1933 erfüllte Montini neben seiner Arbeit im Staatssekretariat die Aufgabe des Geistlichen Assistenten (Assistente Ecclesiastico Generale) des Katholischen Studentenbundes Federazione Universitaria Cattolica Italiana (FUCI), und in diesem Kontext setzte er sich mit allen Kräften für die religiöse Bildung der Studenten ein, die den Zirkeln des Verbandes angehörten. Sein Grundanliegen war in dieser Zeit die Suche nach einer Form, die christliche Botschaft getreu der kirchlichen Überlieferung und gleichzeitig in einer Weise zu vermitteln, dass sie verständlich und einleuchtend wäre für die von der Kultur der Moderne entscheidend geprägte Mentalität der jungen Studenten. Bei dieser Suche eröffnete ihm die Meditation der Paulusbriefe den Zugang zu einem «ursprünglichen» Christentum, dessen Botschaft und Erfahrung in der Gegenwart zu neuem Leben erwachen sollten. Zeugnis dieser biblischen Meditation sind einige Hefte mit Exzerpten und Notizen aus den Jahren 1929 bis 1933, in denen exegetische Anmerkungen mit spirituellen Reflexionen und Entwürfen zu Richtlinien für das Leben der Kirche und für den pastoralen Dienst verflochten sind.[2]

---

[2] *Vgl. Giovanni Battista Montini*, San Paolo, Commento alle Lettere (1929-1933) *[Paulus. Kommentar zu den Briefen], hg. von*

Den Paulusbriefen entnimmt der junge Montini vor allem den Gedanken, dass es zur ursprünglichen, christologischen Gestalt der göttlichen Offenbarung zurückzufinden gilt. In seiner Betrachtung über den ersten Brief an die Korinther erklärt er, dass die Wahrheit Gottes, die im gekreuzigten Christus ihre höchste Offenbarung findet, für das menschliche Denken eine Provokation ist: im Wort vom Kreuz ist es aufgerufen, eine Wahrheit anzunehmen, die den beschränkten Erwartungshorizont des Menschen übersteigt und eben deshalb Anstoß erregt. Die menschliche Vernunft ist sicherlich ein Gottesgeschenk, das ihn befähigt, das Absolute zu erkennen, sie trägt aber auch die Tendenz in sich, sich als autonom zu betrachten. Und wegen dieser Versuchung, sich selbst zu verabsolutieren, der die menschliche Vernunft immer ausgesetzt bleibt, hat sich die Selbstkundgabe Gottes immer auf einem anderen Wege vollzogen.

«Gott wollte dem Menschen nicht auf diesem Weg über die menschliche Intelligenz begegnen, ist Er doch immer bedacht, die Ursprünglichkeit, die Irreduktibilität des neuen Lichtes zu sichern und sichtbar zu machen. Gott wollte seine Botschaft vor den Gefahren des selbstherrlichen Rationalismus schützen, gerade indem Er sie in eine Form kleidete, die für diesen unannehmbar und unverständlich war. Gott war mehr auf den göttlichen Charakter der Botschaft des Evangeliums bedacht als auf ihre Anpassungsfähigkeit gegenüber dem menschlichen Verstand. Darum gilt: Zuerst Gottes Herrlichkeit, dann erst das menschliche Heil; Gott konnte gar nicht anders handeln, wenn er den Menschen wirklich auf göttliche Weise erretten wollte: das menschliche Heil ist nicht ein Produkt des Menschen, Gott musste sich kundtun, indem er sich verbarg. Gott musste zeigen, dass er nicht durch den Menschen bedingt ist und dass

Angelo Maffeis und Renato Papetti, Istituto Paolo VI – Edizioni Studium, Brescia-Roma 2003.

niemand gegenüber seiner absolut frei geschenkten Großmut Ansprüche geltend machen kann.»³

In der Meditation über das erste Kapitel des Briefes an die Kolosser weitet sich die Perspektive und zeigt die Entsprechung zwischen der zentralen Rolle Christi in der Heilsgeschichte und der Berufung jedes Menschen, an den Geheimnissen Seines Lebens teilzuhaben, um auf diesem Wege die eigene Vollendung zu erlangen.

«Man hat nie genug bedacht, dass Christus der Nährboden einer universalen und lebenspendenden Einheit ist, und dass unsere dem Stamm des Menschengeschlechtes entsprießenden Existenzen sich in einem neuen Lebensmodus dem ‹wahren Rebstock› aufpfropfen lassen müssen. Alles, was zu diesem unserem Mittelpunkt gehört, pflanzt sich in uns auf mystische Weise fort, kraft Analogie und Teilhabe, und die Art und Weise, wie Er sich der irdischen Existenz bediente, um unter uns die göttlichen Geheimnisse zu leben, wird uns zur Lebensregel.»⁴

In diesen ersten Jahren von Montinis priesterlichem Dienst bildet sich seine Vorstellung von Christus als dem Mittelpunkt heraus, in dem sich der Sinn der Geschichte und die menschliche Bestimmung enthüllt. Zu dieser theologischen und geistlichen Sichtweise gelangt er von Paulus ausgehend und wird dabei in der Liturgie der Kirche eines der wichtigsten Orte ansichtig, wo es in der Zeit möglich ist, die lebensbestimmende Begegnung mit dem Geheimnis Christi zu erfahren. Aus diesem Grund, das heißt wegen der innigen Verbindung zwischen Glauben als Akt und Bekenntnis und Liturgie, weist er der Feier der heiligen Liturgie der Kirche in der Bildung des Gläubigen eine zentrale Rolle zu. Im Jahre 1928 erklärt Montini in einem Aufsatz mit dem Titel Dogma e liturgia *[Lehre und Liturgie], dass die liturgische Bildung*

³ *Ebd., S. 30-31.*
⁴ *Ebd., S. 137.*

«von der lehrenden Kirche die Wahrheit empfängt, die deren Gebet beseelen muss. Dieses kann ohne die Theologie nicht leben. Die Vielfalt seiner Gefühlsäußerungen ist lediglich die psychologische Reaktion auf das gefeierte Mysterium (…). Im übrigen kann man beobachten, wie der Inhalt des traditionellen Gebetes die Tendenz hat, die Theologie Dessen, was Ist *zu feiern, das heißt die Person Christi in Worte zu fassen als das fleischgewordene Wort (Weihnachten), als den Erlöser (Ostern), als den Heiligmacher (Pfingsten)»*[5].

Romano Guardini war ein Montini besonders teurer Autor; seine Schriften machten ihn mit der Vorstellungswelt der liturgischen Bewegung vertraut und wiesen ihm den Weg zu einem Liturgieverständnis, dem zufolge das christliche Mysterium sich vergegenwärtigt, indem es sich den ganzen Reichtum der im Ritus verwendeten menschlichen Sprache zu eigen macht.

Diese Themen bleiben während des Pontifikats Pauls VI. lebendig und stellen die tiefe Inspiration dar, die vielen seiner Äußerungen zugrunde liegt. Die Liturgiereform, die in den postkonziliaren Jahren den Weisungen des Konzils entsprechend umgesetzt wurde, bot ihm wiederholt Anlass, auf den Bildungswert der liturgischen Feier und den einzigartigen Charakter der Erfahrung des Christusmysteriums im öffentlichen Kult der Kirche zurückzukommen.

Vor allem aber ist es der Aufruf Christi zur Missionierung der ganzen Menschheit, der im Pontifikat Pauls VI. im Vordergrund steht. Die am 29. November 1970 in Manila (Philippinen) während der hl. Messe im «Quezon Circle» gehaltene

---

[5] *Giovanni Battista Montini*, Dogma e liturgia, *in* Bolletino per gli assistenti ecclesiastici, VII (1928), S. 265, abgedruckt in *Giovanni Battista Montini*, Scritti liturgici. Riflessioni, appunti, saggi (1930-1939) *[Liturgische Schriften. Gedanken, Notizen, Essays]*, hg. von *Inos Biffi*, Istituto Paolo VI – Edizioni Studium, Brescia-Rom 2010, S. 279-280.

Homilie ist eines der bedeutendsten Dokumente dieses Themenkreises:

«Jesus Christus ist der Anfang und das Ende, Alpha und Omega; Er ist der Herr der Neuen Welt; Er ist das Geheimnis der Geschichte; Er ist der Schlüssel unserer Schicksale; Er ist der Mittler, die Brücke zwischen Erde und Himmel; Er ist zugleich der Menschensohn und der Sohn des ewigen, unendlichen Gottes; Er ist der Sohn Mariens, der gesegneten unter allen Frauen, Seiner Mutter dem Fleische nach und unserer Mutter in der Teilhabe am Geiste des mystischen Leibes.

Jesus Christus. Vergesst nicht: das ist Unsere immerwährende Botschaft, die Stimme, die Wir ertönen lassen über die ganze Erde hin und durch alle Jahrhunderte hindurch. Merkt Euch das gut und bedenkt: der Papst ist zu Euch gekommen und hat laut gerufen: Jesus Christus!»[6]

Die Proklamierung Christi zur einzigen Wahrheit, welche die Kirche zu verkünden berufen ist, und zum einzigen Geschenk, das sie den Völkern der Erde bringen soll, erhält eine besondere Bedeutung im Kontext der Reise Pauls VI. nach Asien, dem Kontinent, der von der imponierenden Präsenz der großen Weltreligionen und von traditionellen Kulturen geprägt ist, die sich zum größten Teil als für die christliche Botschaft unzugänglich erwiesen hatten. Notwendigkeit und Dringlichkeit der Verkündigung Christi entheben uns also nicht der Bemühung, herauszufinden, warum der riesige missionarische Aufwand der Kirche während so vieler Jahrhunderte nur so bescheidene Ergebnisse gezeigt hat; es bedarf vielmehr der Reflexion über die Bedeutung einer christlichen Präsenz, die im Fall von Asien ausgesprochen minoritär bleibt.

---

[6] Insegnamenti di Paolo VI, *VIII, 1970, Tipografia Poliglotta Vaticana, Vatikanstadt 1971, S. 1242 (engl. Originaltext S. 1238).*

Paul VI. spricht das Problem am Tag vor seiner Reise in den Fernen Osten und nach Ozeanien an, in der Ansprache während der Generalaudienz vom 25. November 1970.[7] Er beschreibt die Lage der christlichen Mission in einem Gleichnis, in dem drei Personen auftreten: die erste ist die große Menschenmenge dieser Zeit; die zweite wird beschrieben als ein Mensch, «klein wie eine Ameise, schwach, wehrlos, so winzig, dass er geradezu zur quantité négligeable *wird»[8], und der sich doch in der Menschenmenge einen Weg zu bahnen und sich Gehör zu verschaffen sucht. Die dritte Person bleibt am Anfang abwesend und unerkannt und betritt erst gegen Schluss die Bühne, wobei sie ihre Identität offenbart. Die Erzählung beschreibt vor allem das Bemühen des kleinen Mannes, sich durch die Menschenflut zu kämpfen, seinen Versuch, zu Wort zu kommen und die Aufmerksamkeit auf sich zu lenken. Er stellt sich als Prophet vor und behauptet, nicht in eigener Sache zu reden, sondern ein geheimnisvolles und unfehlbares Wort auszusprechen, ein Wort, das in den tausend Sprachen der Menschen widerhallt. Was an dieser Situation offensichtlich ist, das ist das Missverhältnis zwischen dem kleinen Mann, der das Wort ergreifen will, und der großen Masse der Menschen, die seine Botschaft erreichen soll. An dieser Stelle verrät der Autor die Identität des kleinen Mannes:*

«*Aber der kleine Mann, ihr habt ja erraten, wer er ist: er ist der Apostel, der Sendbote des Evangeliums, er ist der Zeuge. Und in diesem Fall ist er, jawohl, der Papst, der es wagt, sich mit den Menschen zu messen. David und Goliath? ein anderer wird sagen: Don Quijote… Eine banale Szene. Eine längst überholte Szene. Eine peinliche Szene. Eine gefährliche Szene. Eine lächerliche Szene. So hört man sa-*

[7] *Ebd, S. 1174-1178.*
[8] *Ebd., S. 1176.*

gen – und der Anschein gibt den Kommentaren Recht. Doch der kleine Mann, wenn er endlich einmal die Umstehenden zum Schweigen bringt und ein paar Zuhörer findet, spricht in einem ganz eigenen Ton, im Ton der Überzeugung, und doch sagt er ganz und gar unfassliche Dinge, etwas von Geheimnissen einer unsichtbaren und doch ganz nahen Welt, der göttlichen Welt, der christlichen Welt, aber eben: Geheimnisse...

Einige lachen, andere sagen: Das hören wir uns ein anderes Mal an, wie das dem Heiligen Paulus in Athen auf dem Areopag widerfuhr... (Apg 17, 32-33).»[9]

Dieser Text spiegelt wie kaum ein anderer die Vorstellung wider, die Paul VI. von seinem eigenen Amt hatte: da ist der Aufruf, unermüdlich allen Menschen Christus zu verkünden, da ist die Verständnislosigkeit, die Vergeblichkeit, der Widerstand, auf den das Wort stößt, alles, was dazu führt, dass der Papst und jeder Missionar, der das Evangelium verkündet, als Don Quijote betrachtet wird. Doch trotz der scheinbaren Vergeblichkeit der Verkündigung der Frohbotschaft angesichts des Missverhältnisses zwischen den Kräften des Verkünders und der Riesenmenge der Adressaten der Nachricht, und trotz der Unwilligkeit vieler, sie zu hören, gibt es doch immer wieder einen, der zuhört, einen, der den Zeugen bei sich aufnimmt, einen, der der Botschaft Glauben schenkt. Das ist das Wunder des aus dem Hören geborenen Glaubens, das bewirkt,

«*dass man aus dieser schwachen und doch sicheren Rede zwei eigenartige und bewegende Intonationen heraushört, die in der Seele der Zuhörer ein wunderbares Echo wachrufen: den Akzent der Wahrheit und den Akzent der Liebe. Die Hörer merken, dass das Wort nicht mehr nur werkzeughaft dem*

---

[9] *Ebd.*

gehört, der es ausspricht; es ist ein Wort an und für sich, das Wort eines Anderen.»[10]

An dieser Stelle des Gleichnisses wird auch die Identität der dritten Person aufgedeckt, die von Anfang an gegenwärtig war, jedoch in verborgener Weise.

«Wo war dieser Andere und wer war er? Es konnte und kann niemand anderer sein als ein lebendiges Sein, eine Person, die ihrem Wesen nach Wort ist, ein menschgewordenes Wort, das Wort Gottes. Doch wo war und wo ist Gottes menschgewordenes Wort? Denn jetzt war und ist es klar, dass Er gegenwärtig war und ist! Und das ist die dritte Person auf dieser Weltbühne, eine Person, die, wo immer sie Aufnahme findet, den Schauplatz überragt und erfüllt, auf einem eigenen, aber dem menschlichen Wissen nicht unvertrauten Weg, auf dem Weg des Glaubens.»[11]

In den Umständen, unter denen Paul VI. sich anschickt, seine Botschaft an Asien zu richten, sieht er also symbolisch die Bedingungen vereint, welche die missionarische Tätigkeit der Kirche in ihrer Gesamtheit bestimmen. Trotz den Grenzen der menschlichen Akteure und dem Mangel an greifbaren Ergebnissen bewirkt die Gegenwart Christi immer wieder das Wunder des Glaubens. Und das selbe Amt, zu dem Paul VI. berufen wurde, macht ihn zum Träger dieser «schwachen und doch sicheren» Rede, die sich der eigenen Hinfälligkeit bewusst ist, zugleich aber auch der Gegenwart einer Kraft von oben gerade in dieser Schwäche.

Die Würde des Menschen

Das Thema der Kultur der Moderne und der Herausforderung, die diese für den Glauben und für die Kirche darstellt, nimmt,

[10] *Ebd.*
[11] *Ebd., S. 1176-1177.*

angefangen bei den Reflexionen des jungen Giovanni Battista Montini, eine herausragende Stellung in seinem Schaffen ein. Der junge Montini schließt sich ohne Zaudern der Position des kirchlichen Lehramtes an, das den Modernismus verworfen hatte, er ist aber auch überzeugt, dass die von der Moderne aufgeworfenen Fragen nicht ignoriert werden dürfen und eine Antwort erfordern, die der Radikalität, mit der sie gestellt wurden, angemessen sein muss. Diese Notwendigkeit drängt sich vor allem für einen auf, der inmitten von Studenten des Abstands gewahr wird, der zwischen der christlichen Tradition mit ihren Überzeugungen und ihrer Sprache und der Zeitkultur besteht.

So sehr Montini sich der Dringlichkeit seiner Auseinandersetzung mit der Moderne bewusst ist, ist doch sein Urteil über die zeitgenössische Kultur keineswegs unausgereift. Zwar wird in einigen Passagen seiner Schriften aus dieser Zeit recht streng mit zwei Grundübeln der zeitgenössischen Kultur abgerechnet: ihr Hang zum Subjektivismus ist so stark, dass eine sichere Erkenntnis der Wirklichkeit unmöglich wird, und die Betonung des Individuums, das zum Absoluten zu werden droht, schließt die Möglichkeit echter Gemeinschaft aus. Die Absage an den für die Moderne charakteristischen Subjektivismus und Individualismus ist aber nicht das letzte und erst recht nicht das einzige Wort von Montinis Lesart der zeitgenössischen Kultur. Er ist überzeugt, dass man mit dieser ins Gespräch kommen sollte, weil sich nur so die Voraussetzungen für eine wirkliche Annahme der christlichen Wahrheit und für eine Erziehung zum Glauben schaffen lassen. Die christliche Bildung steht somit im Spannungsfeld zwischen zwei Polen: zum einen will sie ein handfestes dogmatisches Wissen vermitteln, das im Glauben an Christus sein Einheitsprinzip findet, zum anderen hat sie zum Ziel, ein christliches «Bewusstsein» heranreifen zu lassen. Die Verurteilung des Subjektivismus bedeutet also keineswegs, dass die Bedeutung des Subjekts im Prozess der Entdeckung und Reifung des Glaubens verkannt wird. Ganz im Gegenteil: für Montini ist beim Gespräch, in dem der christliche Glaube vermittelt werden soll, neben der Überzeugungsarbeit die Fähigkeit entscheidend, alle Dimensionen des Subjekts und der personalen Existenz miteinzubeziehen.

Halten wir fest: gerade das Nachdenken über die Bedingungen einer umfassenden Bildung der Person, einer Unterweisung, in der die wissenschaftliche, die philosophische und die religiöse Dimension sich zur Einheit fügen, bereitete den Weg für die Reflexion über die anthropologische Frage, wie sie die Kultur dieser Zeit und jedes pädagogische Projekt voraussetzen. Montinis Bemühen um die religiöse Bildung hat die spirituelle Einheit des Menschen zum Ziel. Eines der Grundprinzipien für das Projekt der studentischen Zirkel war, wie Montini 1928 schreibt,

> «die geistige Einheit der jungen Menschen anzustreben: keine Unterteilung der Seele nach dem Schema: hier Kultur, dort Glaube, hier Schule, dort Kirche. Die Lehre ist eine einzige, so gut wie das Leben. Und deshalb muss sie sich hinsichtlich ihrer Methode alle Hilfsmittel zunutze machen, die für eine solche erzieherische Zielsetzung verfügbar sind.»[12]

Das Lehramt Pauls VI. ist durchwirkt von Aufrufen zum Schutz des Lebens und der Menschenwürde vor allem, was sie bedroht. In diesem Zusammenhang versteht sich die unablässige Verurteilung von Abtreibung und Euthanasie, aber auch die eindeutige Stellungnahme für die Ärmsten, welche die Enzyklika Populorum progressio *(1967) inspiriert. In diesem Dokument ist der Grundsatz der ganzheitlichen Förderung*

---

[12] *Giovanni Battista Montini,* Idee-forze, *[Kraftideen] in* Studium *XXIV (1928) 7-8, S. 343, abgedruckt in Giovanni Battista Montini,* Scritti fucini *[FUCI-Schriften] (1925-1933), hg. von Massimo Marcocchi, Istituto Paolo VI – Edizioni Studium, Brescia-Roma 2004, S. 223.*

des Menschen zentral: Die Kirche als «Expertin für Menschlichkeit» erhebt nicht den Anspruch, sich in die Zuständigkeit des Staates und der Zivilgesellschaft einzumischen, sondern sie erforscht die Zeichen der Zeit und will in Kenntnis der Hoffnungen der Menschen «ihnen helfen, sich voll zu entfalten, und deswegen eröffnet sie ihnen, was nur ihr eigen ist: eine umfassende Sicht des Menschen und der Menschheit» (PP 13). Und gerade das christliche Menschenbild ist es, das es verbietet, Entwicklung nur in einem rein wirtschaftlichen und politischen Sinn zu verstehen.

«Wahre Entwicklung muss umfassend sein, sie muss den ganzen Menschen im Auge haben und die gesamte Menschheit. So hat ein Sachkenner geschrieben: ‹Wir lehnen es ab, die Wirtschaft vom Menschlichen zu trennen, von der Entwicklung der Kultur, zu der sie gehört. Was für uns zählt, ist der Mensch, jeder Einzelne, jede Gruppe von Menschen bis zur gesamten Menschheit.›» (PP 14)

In der zum Abschluss des Zweiten Vatikanischen Konzils am 7. Dezember 1965 gehaltenen Ansprache findet sich die vielleicht prägnanteste Zusammenfassung des vom Papst im Laufe der Jahre entwickelten und von der Überzeugung getragenen christlichen Humanismus, dass der Dienst am Menschen wesensbestimmend zur Sendung der Kirche gehört. Paul VI. setzt damit ein, dass er die zentrale Stellung des Themas der Kirche in den Erwägungen des Zweiten Vatikanischen Konzils hervorhebt. Diese Fokussierung hätte den falschen Eindruck erwecken können, dass die Kirche vor allem an sich selbst gedacht habe. In Wirklichkeit war es so, dass die Kirche sich zwar im Konzil der Mühe unterzog, das Bewusstsein ihrer selbst und ihrer Sendung zu erneuern, dass aber die anthropologische Frage von ebenso großer Bedeutung war.

«Der ganze phänomenale, das heißt in seine zahllosen Erscheinungsformen gekleidete Mensch hat sich sozusagen vor die

Versammlung der Konzilsväter hingestellt, die ja auch Menschen waren, und außerdem Hirten und Brüder, also aufmerksam und liebevoll. Vor ihnen stand der tragische Mensch seiner eigenen Dramen, der Übermensch von gestern und heute, schwächlich und arglistig, selbstsüchtig und brutal; dann der an sich selbst krankende Mensch, der lacht und weint; weiter der Allerweltsmensch, der jede beliebige Rolle zu spielen bereit ist, und der sture Mensch, der einzig und allein seine wissenschaftliche Realität hätschelt... und der Mensch wie er eben ist, der Mensch, der denkt, der liebt, der arbeitet und immer auf etwas wartet.»[13]

Es versteht sich von selbst, dass das christliche Denken seit Anbeginn mit den grundlegenden Dimensionen der menschlichen Natur vertraut ist und dass diese im Lauf der Zeit keinem Wandel unterliegen. Doch die Geistesgeschichte des Christentums bezeugt auch eine Entwicklung des Verständnisses der menschlichen Person dank dem intensiven Dialog, den das christliche Denken mit dem philosophischen Denken führte, und dem es oft Betrachtungsweisen und Denkformen entlieh. Die heutige Zeit scheint sich hingegen durch ein Kommunikationsdefizit auszuzeichnen, das zu einer beidseitigen Verständigungsblockade zwischen der christlichen Botschaft und dem laizistischen, profanen, selbstbewusst selbstgenügsamen Humanismus führt. «Die Religion des menschgewordenen Gottes ist auf die Religion (denn um eine solche handelt es sich) des gottgewordenen Menschen gestoßen.»[14] Das ist nach Paul VI. die Bedeutung des Bemühens des Zweiten Vatikanums, die zeitgenössische Welt und insbesondere das Phänomen eines Humanismus zu verstehen, der die Transzendenz verneint und sich als weltliche Religion und Alternative zum Christentum sieht.

---

[13] *Insegnamenti di Paolo VI, III, 1965, Libreria Editrice Vaticana 1966, S. 729 (lateinisches Original S. 720).*
[14] *Ebd.*

Entgegen aller Wahrscheinlichkeit war das Ergebnis dieser Konfrontation nicht ein Zusammenstoß oder eine Auseinandersetzung, und die Kirche hat auch keinerlei Anathema ausgesprochen gegen die anthropologischen Anschauungen, die ihren eigenen fremd waren:

«*Die alte Erzählung vom guten Samariter wurde zum Paradigma der Spiritualität des Konzils. Ein grenzenloses Mitgefühl hat es ganz durchdrungen. Die Entdeckung der menschlichen Bedürfnisse (die um so größer werden, je größer der Erdensohn wird) nahm die Aufmerksamkeit des Konzils ganz in Beschlag. Gesteht ihm zumindest dieses eine Verdienst zu, ihr Humanisten der Moderne, die ihr die Transzendenz der höchsten Dinge leugnet, und ihr werdet unseren neuen Humanismus kennenlernen: auch wir, und wir mehr als alle, sind Wohltäter des Menschen.*»[15]

Aus dieser Perspektive versteht man die – von manchen naiv als Zustimmung verstandene – Haltung der Konstitution Gaudium et spes *und des Konzils im allgemeinen bei der Beurteilung der heutigen Welt und der geschichtlichen Kräfte, die in ihr am Werke sind. Für Paul VI. kann nicht die Rede davon sein, einen Humanismus zu billigen, der sich als autonom erklärt, sondern es geht darum, eine mögliche «Konvergenz»*[16] *und eine «Allianz»*[17] *zwischen der katholischen Religion und dem menschlichen Leben wiederzufinden, damit einsichtig wird, dass der christliche Glaube das Leben der Welt ist.*

Die Einheit der Kirche

Das Amt des Bischofs von Rom, zu dem Paul VI. berufen wurde, ist Dienst an der Weltkirche. Dieser Dienst entfaltete sich

---

[15] *Ebd.*
[16] *Ebd., S. 731.*
[17] *Ebd., S. 729 (lat. S. 720).*

unmittelbar nach seiner Wahl in der Leitung der Konzilsversammlung und in den Entscheidungen, die getroffen wurden, um die Erstellung der Konzilsdokumente zu fördern und ihnen eine möglichst breit abgestützte Zustimmung der Konzilsväter zu sichern. Paul VI. intervenierte im Konzil häufiger als sein Vorgänger, was darauf zurückzuführen ist, dass, nach der ersten Phase der Eröffnung, des Vertrautwerdens des Episkopats mit der eigenen Aufgabe und der Festlegung der Grundausrichtungen, das Redigieren der Texte einer Führung bedurfte, die imstande war, das Konzil zu einem positiven Abschluss zu bringen. Das Vorgehen Pauls VI. lässt einerseits das Bestreben erkennen, die Freiheit des Konzils zu respektieren, andererseits eine möglichst weit gehende Konsensbildung bezüglich der Texte zu begünstigen – selbst um den Preis von Entscheidungen, die bei Einzelnen den falschen Eindruck allzu großer Nachsicht gegenüber Gruppierungen der Konzilsminderheit und des Sichabfindens mit Kompromissformeln erwecken mochten – damit die Verbreitung der Konzilsdokumente nicht durch Hindernisse erschwert würde, die sich beseitigen ließen.

Der von Paul VI. geleistete Dienst an der Einheit der Kirche hatte auch eine ökumenische Dimension und drückte sich in vielsagenden Gesten der Versöhnung gegenüber den Kirchen und kirchlichen Gemeinschaften aus, die mit der katholischen Kirche nicht in voller Gemeinschaft verbunden sind. Besonders bedeutungsvoll war die Begegnung mit dem Ökumenischen Patriarchen Athenagoras in Jerusalem während der Pilgerreise in das Heilige Land von 4.-6. Januar 1964. Paul VI. stellt mit Bedacht seine Reise unter das Zeichen der Rückkehr zu den Quellen des christlichen Glaubens und des Lebens der Kirche. Das ist das Kriterium, das allererst der im Konzil versammelten Kirche als Richtschnur dienen sollte. In diesem thematischen Zusammenhang steht denn auch die ökumenische

Bedeutung der Pilgerreise des Papstes ins Heilige Land. Die brüderliche Umarmung mit dem Ökumenischen Patriarchen veranschaulicht den Willen der katholischen Kirche, der Feindseligkeit und Gleichgültigkeit der Vergangenheit ein Ende zu setzen und einen neuen Frühling der Begegnung und des Dialogs anbrechen zu lassen.

Das Zweite Vatikanum und das von ihm vorgestellte Bild der Kirche hat dazu beigetragen, die Ortskirchen zu stärken und ein Kirchenmodell, das die Einheit im Sinne starrer institutioneller Einförmigkeit verstand, einer Revision zu unterziehen. Die Anerkennung der Legitimität der Formenvielfalt kirchlichen Lebens je nach der Kultur der Völker, unter denen die Kirchen leben, bedeutet zugleich die Neudefinition des Konzepts der Universalkirche und des Modus der Ausübung des dem Bischof von Rom anvertrauten Amtes. Paul VI. leitete die katholische Kirche in einer Periode, in der sich in ihr ein immer stärker ausgeprägter Pluralismus durchsetzte und damit die Notwendigkeit, ein neues Gleichgewicht zwischen Rom und den Ortskirchen zu finden, zwischen den Anforderungen der Einheit der Kirche und der legitimen Vielzahl der Formen kirchlichen Lebens, wie sie sich in den unterschiedlichen lokalen Umfeldern entwickelt hatten.

Die Reisen nach Asien, Amerika und Afrika brachten Paul VI. unmittelbar mit diesen Problemen in Berührung und erweiterten sein Verständnis für die tiefgreifenden Implikationen der Neubestimmung des Verhältnisses zwischen dem Auftrag der Kirche und den Kulturen der Völker für das Selbstverständnis der Kirche selbst und für die institutionellen Formen, in denen sie ihre universale Einheit zur Darstellung bringt. Nach der Rückkehr von der Indienreise, in der Generalaudienz vom 9. Dezember, räumt er ein, die enge Verbindung zwischen Katholizität und Einheit führe oft dazu «zu meinen, Katholi-

zität, das heißt die Ausdehnung der Einheit auf die lebendige und wirkliche Menschheit, bedeute Gleichförmigkeit»[18]*. Die Katholizität der Kirche könne durchaus auch als «Einheit in Verschiedenheit» gedacht werden, wenn auch diese faszinierende Idee zugleich «überaus heikle und schwierige Probleme»*[19] *aufwerfe, wenn man zugleich die Vielfalt gelten lassen und die Einheit wahren wolle.*

«Es ist also nötig, uns einen passenderen Begriff von der Katholizität der Kirche zu machen, jenen weiter reichenden Wunsch nach der menschlichen Brüderlichkeit zu haben, zu der die Kirche uns erzieht und anleitet, und uns den Fragen im Zusammenhang mit der Präsenz der Kirche in der Welt mit größerem apostolischen Mut zu stellen. Es mag schön sein, zu wiederholen ‹Qui Romae sedet, Indos scit membrum suum esse›, ‹Wer in Rom sitzt, weiß, dass die Inder zu seinen Gliedern gehören›, doch ist es nicht so leicht, Bande und Formen solcher Zugehörigkeit festzulegen. Eine Verpflichtung ist auf den ersten Blick bemerkbar, nämlich die Notwendigkeit, die Völker besser kennenzulernen, mit denen man um des Evangeliums willen in Berührung kommt, und anzuerkennen, wie viel Gutes sie nicht nur in ihrer Geschichte und ihrer Kultur besitzen, sondern auch im Erbe der sittlichen und religiösen Werte, das sie besitzen und bewahren.»[20]

Dieses Thema kehrt wieder in der Ansprache des Papstes an die Bischofskonferenz von Australien und Ozeanien vom 1. Dezember 1970[21]*, in der er betont, dass die kirchliche Communio vor allem Gemeinschaft im Glauben ist, in Bezug auf den*

---

[18] Insegnamenti di Paolo VI, II, 1964, Tipografia Poliglotta Vaticana, Vatikanstadt 1965, S. 735.
[19] Ebd.
[20] Ebd.
[21] Insegnamenti di Paolo VI, VIII, 1970, s.o., S. 1308-1311 (engl. Original S. 1303-1307).

kein Kompromiss möglich ist. Diese grundlegende Einheit im Glauben ist auch das Kriterium, an dem sich der Grad von Pluralismus bemisst, der innerhalb der katholischen Gemeinschaft rechtens gebilligt werden kann. Der Papst erklärt, dass Pluralismus unter der Bedingung zulässig ist, dass er zu der wesenhaften Einheit des Christentums nicht in Widerspruch steht.

In den letzten Jahren des Pontifikats Pauls VI. kommt die Sorge um die Glaubenseinheit immer deutlicher zum Ausdruck. Das erklärt sich aus dem Dissens innerhalb der katholischen Kirche, aber auch aus der Wahrnehmung der Gefahr, die mit gewissen Auffassungen vom Verhältnis zwischen Evangeliumsverkündigung und Kultur verbunden ist. Daraus ergibt sich eine differenziertere Einschätzung der Kultur: diese ist der Ort, an dem die Vermittlung der Frohbotschaft erfolgen soll, doch zugleich bleibt das Evangelium gegenüber jeder seiner kulturellen Ausdrucksformen transzendent. Die Kultur stellt daher einen wichtigen Ansatzpunkt für die christliche Verkündigung dar, sie kann aber auch zum Stolperstein werden, der den Empfang der christlichen Botschaft behindert. Diese ist in der Tat immer auch Trägerin eines Aufrufs zur Bekehrung der Kulturen. Da es mithin «einen Kern des Glaubens gibt, der alle Kulturen transzendiert»[22], gilt es vor allem «sich an die Glaubensgrundsätze zu halten, welche die Sendung der Kirche bestimmen. Andernfalls würden wir Gefahr laufen, im Labyrinth der Kulturen unsere Identität zu verlieren, indem wir die Botschaft des Evangeliums an diese anzupassen suchen»[23].

---

[22] *Aus der Ansprache vom 11. Oktober 1975 an die Teilnehmer des Internationalen Kongresses für Missionswissenschaft*, in Insegnamenti di Paolo VI, XIII, 1975, s.o., Vatikanstadt 1976, S. 1095.
[23] *Ebd.*

Der Friede unter den Völkern

Der Blick des Hirten findet nicht Genüge daran, das Leben der Kirche zu betrachten, sondern wendet sich allen Völkern zu, ihren Errungenschaften und den von ihnen erreichten Zielen wie auch den Konflikten, die ihre Beziehungen kennzeichnen. Giovanni Battista Montini konnte die geschichtlichen Wechselfälle eines guten Teils des zwanzigsten Jahrhunderts aus einer bevorzugten Warte verfolgen. Im Jahre 1924 in den Dienst des Heiligen Stuhls getreten, erlebte er in den dreißig Jahren seiner Tätigkeit im Staatssekretariat unter den Pontifikaten von Pius XI. und Pius XII. den Aufstieg totalitärer Regime in Europa, den zweiten Weltkrieg und den mühseligen Wiederaufbau der Nachkriegsjahre in einer von den Kriegsfolgen schwer getroffenen und entzweiten Welt. Die Tatsache, Zeuge dieser dramatischen Ereignisse gewesen zu sein, ist gewiss nicht ohne Bedeutung, wenn man nach der Ursache fragt, die ihn während seines Pontifikats veranlasste, trotz der augenscheinlichen Wirkungslosigkeit seiner Bemühungen unermüdlich seine Friedensappelle an die Völker zu richten.

Das Thema des Friedens steht im Mittelpunkt der Rede, die Paul VI. am 4. Oktober 1965 vor der UNO-Vollversammlung hielt. Vor einem so bedeutenden Gremium erklärt der Papst, er spreche nicht einfach in seinem eigenen Namen, sondern im Namen der gesamten katholischen Familie und aller Christen, die dem zustimmen, was er sich zu sagen anschicke. Er sei Träger einer Botschaft an die ganze Menschheit, einer Mission, die über seine eigene Person hinausgeht:

> «Einem Boten gleich, der nach langer Reise das ihm anvertraute Schreiben überreicht, haben Wir das Bewusstsein, den – wenn auch noch so kurzen – ausgezeichneten Augenblick zu erleben, da sich ein Wunsch erfüllt, den wir seit fast zwanzig Jahrhunderten im Herzen tragen. Ja, Sie wissen

es. Seit langem sind wir unterwegs. Wir sind Träger einer langen Geschichte. Wir feiern hier den Epilog einer mühsamen Pilgerfahrt auf der Suche nach einem Zwiegespräch mit der ganzen Welt, seit dem Tag, da uns aufgetragen wurde: ‹Geht hin und verkündet allen Völkern die frohe Botschaft!› Und Sie sind es, die alle Völker vertreten. Erlauben Sie Uns, Ihnen zu sagen, dass Wir für Sie alle eine Botschaft haben, dass Wir einem jeden von Ihnen eine frohe Botschaft zu übermitteln haben.»[24]

An die Vertreter der Völker richtet Paul VI. seinen Friedensappell und ermahnt sie, dem Projekt, das zur Gründung der UNO geführt hatte, treu zu bleiben, indem in den zwischenstaatlichen Beziehungen alles vermieden wird, was Völker und Menschen «gegeneinander aufbringen könnte»[25]*. «Es braucht nicht viele Worte, um dieses höchste Ziel dieser Institution zu verkünden. Es genügt, daran zu erinnern, dass das Blut von Millionen von Menschen und unerhörte Leiden, unnötige Massaker und ungeheure Trümmerfelder den Pakt bekräftigen, der Sie verbindet.»*[26] *Es gilt, die Menschen zum Frieden zu erziehen, denn dieser lässt sich nicht einzig und allein durch die Politik und durch ein Gleichgewicht der Kräfte und der Interessen herstellen, sondern es bedarf des Geistes, der Gedanken und der Werke des Friedens. Neben dieser Erziehungsbemühung, die darauf abzielt, die Denkweise zu ändern und die Kultur zu Gedanken des Friedens hinzuführen, besteht auch die Notwendigkeit der Abrüstung: «Man kann nicht lieben mit Waffen des Angriffs in den Händen.»*[27]

---

[24] Insegnamenti di Paolo VI, III, 1965, s.o., S. 517 (frz. Original S. 508).
[25] Ebd., S. 519.
[26] Ebd., S. 520.
[27] Ebd.

Der Inhalt der Rede Pauls VI. vor der UNO trägt nicht unmittelbar das Kolorit der christlichen Offenbarung und hat auch nicht explizit religiösen Charakter, sondern zeigt nur die zur Errichtung des Friedens unter den Völkern einzuschlagenden Wege auf. Der Papst stellt jedoch seine Botschaft vor als eine Verwirklichung der Sendung der Kirche und des Auftrags, das Evangelium unter den Völkern zu verkünden, so dass die Rede sich nicht einfach auf einen Diskurs ethischer Art reduzieren lässt, der sich parallel zum und unabhängig vom Evangelium abwickeln würde. Es ließe sich wohl eher sagen, die Sendung der Kirche habe auch eine «säkulare» Dimension, die sich im Beitrag zur Förderung von Frieden und Gerechtigkeit entfaltet. Der so verstandene Sendungsauftrag ist einzigartig, was seine Herkunft betrifft: er leitet sich von der Verkündigung der Frohbotschaft her, verwirklicht sich aber in vielfältigen Formen, zu denen mit vollem Recht auch die Zusammenarbeit der Kirche mit allen Menschen guten Willens beim Aufbau des Friedens zu zählen ist.

Auf dieser Linie bewegt sich die jährliche Feier des Weltfriedenstages, die Paul VI. im Jahre 1968 einführte mit dem Wunsch, dass sich an dieser Initiative auch jene beteiligen möchten, die nicht der katholischen Kirche angehören. Der Vorschlag

«sucht vielmehr die Beteiligung aller, aller, die den Frieden wahrhaft lieben, geradeso als käme dieser Vorschlag aus ihren Reihen; er möchte sich nicht auf bestimmte Formen festlegen, um in besonderer Weise auf jene einzugehen, die davon wissen, wie schön, ja wie wichtig es ist, dass in dem vielfältigen Zusammenspiel der modernen Menschheit alle Stimmen zusammenklingen zu dem Preislied des einzigartigen Gutes, das der Friede ist».[28]

[28] *Botschaft zum Weltfriedenstag 1968, in* Insegnamenti di Paolo VI, V, *1968, s.o., S. 621.*

Für die Kirche geht es nicht darum, sich in ein Thema einzubringen, das allgemein Anklang und Zustimmung findet; die Gemeinschaft der Gläubigen ist vielmehr überzeugt, dass

«*der Frieden im Geist der christlichen Religion gegeben ist; weil für einen Christen den Frieden proklamieren gleichbedeutend ist mit Christus verkündigen. ‹Er ist unser Friede› (Eph 2, 14); seine Frohbotschaft ist ‹das Evangelium des Friedens› (Eph 6, 15). Durch sein Kreuzesopfer hat er die Aussöhnung aller Menschen vollzogen, und wir, die ihm nachfolgen, sind berufen, ‹Mitarbeiter des Friedens› (Mt 5, 9) zu sein; und nur aus dem Evangelium kann tatsächlich der Friede erblühen, nicht, um die Menschen schwach und weich zu machen, sondern um in ihrem Gemüte an Stelle impulsiver Gewalttätigkeit und Unterdrückungssucht die edlen Geistes- und Herzenstugenden wahrer Menschlichkeit zu setzen.*»[29]

In einem handschriftlichen Text mit dem Titel Gedanke an den Tod (Pensiero alla morte), *der im Jahre 1965 oder Anfang 1966 entstanden ist, zieht Paul VI. in Anbetracht des Todes, dessen Kommen er fühlt, die Bilanz seines Lebens. Ein Passus aus dieser Schrift mag als Synthese des Geistes gelten, in dem er seinen Dienst an der Kirche und durch die Kirche an der Welt gelebt hat.*

«*Ich bitte deshalb den Herrn, Er möchte mir die Gnade gewähren, meinen nahenden Tod zu einer Liebesgabe an die Kirche werden zu lassen. Ich könnte sagen, dass ich sie immer geliebt habe. Es war meine Liebe zu ihr, die mich aus meinem engherzigen und ungezähmten Egoismus herausholte und mich dem Dienst an ihr zuführte. Für sie, und für nichts anderes, glaube ich gelebt zu haben. Aber ich möchte, dass die Kirche das*

---

[29] *Ebd., S. 624.*

weiß, und dass ich die Kraft habe, es ihr zu sagen, wie ein Herzensgeheimnis, das man erst im letzten Augenblick des Lebens mitzuteilen den Mut findet. Ich möchte sie endlich verstehen in ihrer Geschichte, in ihrer göttlichen Bestimmung, in ihrem endgültigen Los, in ihrem vielfältigen, ganzheitlichen und einheitlichen Aufbau, in ihrer menschlichen und unvollkommenen Konsistenz, in ihren Heimsuchungen und ihren Leiden, in den Schwächen und Armseligkeiten so vieler ihrer Söhne, in ihren weniger sympathischen Seiten, in ihrem ewigen Sichmühen um Treue, Liebe, Vervollkommnung und Güte. Der mystische Leib Christi. Ich möchte sie umfangen, sie willkommen heißen, sie lieben in jedem der Wesen, aus denen sie aufgebaut ist, in jedem Bischof und Priester, der ihr hilft und der sie leitet, in jeder Seele, die aus ihr lebt und sie darstellt. Ich möchte sie segnen. Auch dafür, dass ich sie nicht verlasse, nicht aus ihr austrete, sondern mich immer mehr und immer besser mit ihr vereine und verschmelze: der Tod ist ein Fortschritt in der Gemeinschaft der Heiligen.»[30]

Angelo Maffeis

---

[30] Paolo VI, Scritti spirituali *[Geistliche Schriften]*, hg. von Angelo Maffeis, Edizioni Studium, Rom 2014, S. 126-127.

Botschaft an die ganze Menschheit Qui fausto Die
am 22. Juni 1963

Ehrwürdige Brüder und geliebte Söhne in der ganzen Welt!
An dem Tag, der dem Herzen Jesu geweiht ist und an dem Wir das Amt übernehmen, die Herde des Herrn zu weiden – ein Amt, das nach den Worten des heiligen Augustinus vor allem ein «Amt der Liebe»[31] ist, das in der väterlichen Liebe zu allen, die vom kostbaren Blut Jesu Christi erlöst sind, ausgeübt sein will –, an diesem Tag ist der erste Gedanke, der Uns mit vielen anderen aus dem Herzen aufsteigt, das Gefühl eines festen Vertrauens auf die allmächtige Hilfe des Herrn. Er hat Uns seinen anbetungswürdigen Willen durch die Übereinstimmung Unserer ehrwürdigen Brüder, die Väter des Kardinalskollegiums, kundgetan und hat Uns die Sorge und die Verantwortung für die Heilige Kirche anvertraut. Er wird auch Unserem Herzen, das vor der Größe der ihm auferlegten Aufgabe bangt, die Kraft, die Wachsamkeit, den unermüdlichen Eifer für seine Ehre und den missionarischen Geist für die offene, klare und überzeugende Verkündigung des Evangeliums in der ganzen Welt geben.

Am Beginn Unseres päpstlichen Dienstes gedenken Wir in liebender Dankbarkeit Unserer Vorgänger, die Uns ein ehrenvolles geistliches Erbe hinterlassen haben: Pius XI. mit der unerschrockenen Kraft seiner Seele; Pius XII., der die Kirche mit dem Licht einer Lehre voller Weisheit erfüllt hat; und schließlich Johannes XXIII., der der ganzen Welt das Beispiel seiner einzigartigen Güte gab.

Aber in ganz besonderer Weise möchten Wir in bewegter Ehrfurcht die Gestalt des verstorbenen Papstes Johan-

---

[31] *In Jo* 123, 5; PL 36, 678.

nes XXIII. ins Gedächtnis zurückrufen, der in der kurzen, aber reich gefüllten Zeit seines Dienstes durch seine unermüdliche Sorge, durch seine aufrichtige Güte für die einfachen Menschen und durch den ausgeprägt seelsorglichen Charakter seines Wirkens die Herzen der Menschen, auch die der Fernstehenden, an sich gefesselt hat – Eigenschaften, mit denen sich die gewinnenden menschlichen Gaben seines großen Herzens verbanden. Sein Wesen, das auf alle ausstrahlte und die Menschen so sehr anzog, glich einer verzehrenden Flamme, die von Tag zu Tag stärker leuchtete und am Ende seines Lebens, das er in der Kraft seines Herzens Gott weihte, die ganze Menschheit bewegte, so dass sich alle um sein Krankenlager scharten und durch ihn in einer einzigen Bewegung der Anteilnahme, der Verehrung und des Gebetes «ein Herz und eine Seele» wurden.

Das Erbe, das Wir ehrfurchtsvoll aus den Händen Unserer Vorgänger übernehmen, zeigt Uns die ganze Schwere des Amtes, vor dem Wir stehen. «Wenn Wir» – das sind Worte Unseres Vorgängers, des heiligen Leo des Großen – «auf Unsere armselige Schwäche und auf die Größe der Uns übertragenen Aufgaben schauen, müssen auch Wir das Wort des Propheten aussprechen: ‹Herr, ich habe Dein Wort gehört und habe mich gefürchtet; ich habe Dein Wirken betrachtet und habe gezittert...› Aber weil Wir die immerwährende Fürbitte des allmächtigen und ewigen Priesters auf Unserer Seite haben, der, Uns ähnlich und dem Vater gleich, die Gottheit bis zu den Menschen erniedrigt und die Menschheit zu Gott erhöht hat, nehmen Wir in Freude das an, was er hat verfügen wollen».[32]

Der bedeutendste Teil Unseres Pontifikates wird ausgefüllt sein mit der Fortsetzung des Zweiten Vatikanischen

---

[32] *Sermo* III, 1-2; PL 54, 144-145.

Ökumenischen Konzils, auf das die Augen aller Menschen guten Willens gerichtet sind. Das wird Unser wichtigstes Werk sein. Dafür wollen Wir alle Kräfte einsetzen, die der Herr Uns gegeben hat. Durch das Konzil soll die katholische Kirche, die in der Welt wie ein Feldzeichen über alle, auch die fernen Nationen, emporragt (vgl. Jes 5, 26), alle Menschen an sich ziehen. Sie soll sie an sich ziehen mit der Erhabenheit ihrer Erscheinung, mit der Jugendkraft ihres Geistes, durch die Erneuerung ihrer Strukturen und die Vielseitigkeit ihrer Glieder, die da kommen «aus jedem Stamm und jeder Sprache, aus jedem Volk und jeder Nation» (Offb 5, 9). Das soll der erste Gedanke Unseres päpstlichen Dienstes sein; es soll immer lauter vor der Welt verkündet werden, dass allein im Evangelium Jesu das erwartete und ersehnte Heil zu finden ist: «Denn es ist kein anderer Name unter dem Himmel den Menschen gegeben, durch den wir gerettet werden können» (Apg 4, 12).

In diesem Licht stehen die Arbeit für die Revision des kirchlichen Gesetzbuches und die Weiterführung der Bemühungen für die Festigung der Gerechtigkeit auf der bürgerlichen, der sozialen und der internationalen Ebene. Das soll auf der Linie der großen Sozialenzykliken Unserer Vorgänger geschehen, nämlich in Wahrheit, Freiheit und in der Achtung der gegenseitigen Rechte und Pflichten. Die rechte Ordnung der Nächstenliebe, der Prüfstein der Liebe zu Gott, fordert von allen Menschen eine gerechtere Lösung der sozialen Probleme. Sie erfordert auch Maßnahmen zur Unterstützung der Entwicklungsländer, die oft in menschenunwürdigen Verhältnissen leben müssen. Sie verlangt schließlich, dass überall großzügige Überlegungen angestellt und Bemühungen unternommen werden, um die Lebensverhältnisse zu bessern. Die neue Zeit, in der sich die Wege zum Weltraum geöffnet haben, wird in besonderer

Weise vom Herrn gesegnet sein, wenn sich die Menschen wirklich als Brüder und nicht als Konkurrenten betrachten, wenn sie in der heiligen Gottesfurcht, in der Achtung vor dem göttlichen Gesetz, im Licht der Liebe und in gegenseitiger Zusammenarbeit die Ordnung der Welt aufbauen.

Wir wollen sodann mit der Hilfe Gottes und mit allen Kräften das Unsere zur Sicherung des Friedens, dieses großen Gutes, beitragen. Dieser Frieden erschöpft sich nicht darin, dass lediglich keine kriegerischen und bewaffneten Auseinandersetzungen stattfinden. Er muss vielmehr aus der von Gott, dem Schöpfer und Erlöser, gesetzten Ordnung kommen. Er fordert den festen und beständigen Willen zur gegenseitigen Achtung und zur brüderlichen Liebe. Er verlangt, dass überall der gute Wille sichtbar werde. Er setzt schließlich voraus, dass man niemals abläßt, sich um des wahren Wohles der Menschheit willen «in ungeheuchelter Liebe» (2 Kor 6, 6) um eine tatkräftige Übereinstimmung zu bemühen.

In diesem Augenblick, in dem die ganze Menschheit auf diese Kathedra der Wahrheit und auf den blickt, der zum Stellvertreter des göttlichen Erlösers auf Erden berufen wurde, können Wir nur den Aufruf zur loyalen, offenen und großmütigen Eintracht erneuern, welche die Menschen in aufrichtiger gegenseitiger Achtung verbindet. Wir wiederholen die Einladung, alles zu tun, um sich für das Wohl der Menschheit einzusetzen, um die friedliche Entwicklung der ihr von Gott gegebenen Rechte zu fördern und ihr geistiges und religiöses Leben zu erleichtern, damit sie mit immer lebendigerer Überzeugung den Schöpfer anbeten kann.

Es fehlt nicht an ermutigenden Anzeichen, die Uns von Menschen guten Willens erreichen. Wir danken Gott dafür und bieten gleichzeitig allen Unsere freundliche, aber entschlossene Zusammenarbeit für die Erhaltung des großen

Geschenkes des Friedens in der Welt an. Unser päpstlicher Dienst will schließlich mit ganzem Einsatz das große Werk fortsetzen, das Unser Vorgänger Johannes XXIII. mit soviel Hoffnung und unter so glücklichen Vorzeichen begonnen hat: die Verwirklichung jenes «Ut unum sint», die alle so sehr erwarten und für die Johannes XXIII. sein Leben hingegeben hat.

Die allgemeine Sehnsucht nach der Wiederherstellung der in der Vergangenheit so schmerzlich zerbrochenen Einheit findet in Uns als Antwort den festen Willen und das bewegte Gebet im Bewusstsein des Amtes, das Jesus Uns übertragen hat: «Simon, Simon…, ich habe für dich gebetet, dass dein Glaube nicht wanke, du aber … stärke deine Brüder» (Lk 22, 31-32). Wir öffnen Unsere Arme allen, die den Ehrennamen eines Christen tragen. Wir nennen sie Brüder. Sie sollen wissen, dass Sie bei Uns immer Verständnis und Wohlwollen finden und dass sie in Rom das Vaterhaus erwartet, das die Werte ihrer Geschichte und ihrer Kultur und vor allem die so überaus reichen Schätze ihres geistig-religiösen Erbes, mit denen sie geschmückt sind, hoch herausstellt und in neuem Glanz erstrahlen lässt.

Ehrwürdige Brüder und geliebte Söhne!

Die Größe der Aufgabe, vor der Unsere schwachen Kräfte stehen, nimmt dem demütigen Priester, der zur Höhe der Schlüsselgewalt berufen wurde, fast den Mut. Aber Wir widmen ihr Unser Gebet und Unser tägliches Mühen. Dennoch brauchen Wir Eure Mitarbeit und Euer Gebet, das ohne Unterlass für den Hirten der allgemeinen Kirche zu Gott steigen soll «zum lieblichen Wohlgeruch» (Eph 5, 2).

Dabei gilt Unser Gedenken in Bewegung und Anerkennung allen Söhnen der katholischen Kirche, die vor der Welt den christlichen Glauben bezeugen, das Beispiel der Einheit geben und den königlichen Glanz ihrer Würde aufleuchten lassen, denn «die Jünger Christi sind» – wie Clemens von Alexandrien sagt – «kraft des Königtums Christi selbst Könige».[33]

[Hier folgen Grußworte an einzelne Personengruppen: Kardinäle, Bischöfe der orientalischen und der abendländischen Kirche, Kurie, Weltklerus und Ordensleute, an die Diözesen von Rom, Mailand (als historische Brücke zwischen Ost und West) und Brixen.]

Ganz besonders sind Wir Unseren Brüdern und Söhnen in jenen Gebieten verbunden, wo die Kirche am Gebrauch ihrer Rechte gehindert ist. Sie sind berufen, aus nächster Nähe am Kreuz Christi teilzuhaben, auf das aber, des sind wir sicher, der Morgen der Auferstehung folgen wird. Es wird die Zeit kommen, wo sie wieder ihren seelsorglichen Dienst voll ausüben können, den Dienst, der von seinem Wesen her nicht nur auf das Wohl der Einzelnen zielt, sondern sich auch auf das Wohl der Länder ausdehnt, in denen er ausgeübt wird.

[Hier folgen Grüße an die Missionare und die Mitglieder der katholischen Aktion.]

Wir umarmen auch mit väterlicher Liebe alle Leidenden: die Kranken, die Armen, die Gefangenen, die Vertriebenen und die Flüchtlinge.

Schließlich grüßen Wir alle Unsere Söhne in Christus. Unter ihnen wollen Wir besonders die wagemutige und großherzige Jugend nennen, auf der die sichere Hoffnung einer besseren Zukunft ruht; die unschuldigen Kinder, die reinen und einfachen Seelen, die Kleinen und Großen der Erde, alle Handwerker und Arbeiter, deren Mühen Wir nur allzu gut kennen und achten; die Gebildeten, die Lehrer und Wissenschaftler; die Journalisten und Publizisten; die

---

[33] *Strom.* II, 4, 18; PG 8, 951-952.

Politiker und Staatsoberhäupter. Wir beten, dass alle, jeder an seinem Platz und in seiner Verantwortung, ihren Beitrag leisten zu einer Ordnung, die immer gerechter in ihren Grundsätzen, immer wirksamer in ihrer Gesetzgebung, immer gesünder in der privaten und öffentlichen Moral, immer großmütiger zur Verteidigung des Friedens ist.

Wie eine Flamme des Glaubens und der Liebe, die alle Menschen guten Willens entzündet, die die Wege zu gegenseitiger Zusammenarbeit erleuchtet und jetzt und immer die Fülle des göttlichen Wohlgefallens auf die Menschheit herabruft, soll die Kraft Gottes, ohne dessen Hilfe nichts gut und nichts heilig ist, die ganze Welt ergreifen.

Am Anfang Unseres schweren Amtes stärken Uns die tröstenden Worte Christi, mit denen er Petrus und seinen Nachfolgern verheißen hat, er werde «bis zum Ende der Zeiten» (vgl. Mt 28, 20) bei der Kirche bleiben. Es stärkt Uns der mütterliche Schutz der seligsten Jungfrau Maria, der Mutter Gottes und Unserer Mutter, der Wir Unser ganzes Pontifikat anempfehlen. Es stärken Uns die Hilfe und das Gebet der Apostel Petrus und Paulus und aller Heiligen.

Zum Unterpfand dieses himmlischen Beistandes und zur Ermutigung der Kräfte des Guten, die in der Welt lebendig sind, erteilen Wir als Erstlingsgabe Unseres väterlichen Wohlwollens Euch, ehrwürdige Brüder und geliebte Söhne, und der ganzen Menschheit den Apostolischen Segen. Im Namen des Herrn!

Laßt uns gehen in Frieden.

I. JESUS CHRISTUS

JESUS CHRISTUS

Die Feier von Advent und Weihnachten ist eine Einladung, die Evangeliumsberichte über Christi Geburt wieder zu lesen und sich in das Geheimnis der Menschwerdung des Gottessohnes zu vertiefen. Doch der tiefe Sinn von Weihnachten erschließt sich nur dann, wenn man ihn auf dem Hintergrund der Weltgeschichte insgesamt als Begegnung sieht, als die große, historische und entscheidende Begegnung Gottes mit der Menschheit. Im Kind von Bethlehem kreuzen sich zwei Wege, welche die Geschichte durchziehen: Der Weg Gottes, der sich erniedrigt und sich der Menschheit zugesellt, um ihr Seine Nähe zu schenken und an ihrer Geschichte teilzuhaben, und der Weg der menschlichen Suche nach Gott, die sich zwar auf ungewissen und gewundenen Pfaden bewegt, aber getragen ist von der Hoffnung, Ihn zu finden, und die nun das Geschenk empfängt, Ihn in ihrer eigenen menschlichen Daseinsform empfangen zu dürfen, als Bruder und Befreier.

Mit dem Geheimnis der Menschwerdung untrennbar verbunden ist die Jungfrau Maria, die als Inbegriff der gesamten Menschheit berufen ist, in freier Zustimmung den Sohn Gottes zu empfangen, der von ihr das menschliche Fleisch empfängt. Sich abgrenzend sowohl gegen eine ihre Abhängigkeit von Christus aufhebenden Übertreibung ihrer Vorzüge, als auch gegen eine Sichtweise, die Maria im Namen der jeden Vergleich verbietenden Erhabenheit Christi aus dem Glauben und dem Kult der Kirche ausschließen möchte, erklärt Paul VI., dass Maria unverzichtbar der Heilsgeschichte angehört und dass der Rolle, die ihr in der Heilsgeschichte zukommt, auch der Platz entsprechen muss, den sie in Kult und Volksfrömmigkeit einnimmt.

Der Christus, der menschgewordene Sohn Gottes, ist Der, den die Kirche zu jeder Zeit zu verkünden aufgerufen ist. Ihr Sendungsauftrag besteht denn auch in der Aufgabe, der ganzen Menschheit das Geheimnis Christi zu verkünden, und in der

Menschwerdung findet sie den Hinweis auf die bei der Erfüllung dieses Auftrags anzuwendende Methode. (A. M.)

Weihnachtsbotschaft an die Welt, Rundfunk am 23. Dezember 1965

Wir wenden Uns an alle Unsere Söhne, an Unsere heilige und geliebte katholische Kirche, die über die ganze Welt verbreitet und in der gleichen Gemeinschaft des Glaubens und der Liebe ist!

Wir wenden Uns an alle christlichen Brüder in der Hoffnung, die Wir ständig in Uns tragen, sie eines Tages als ganz uns zugehörig in der gleichen wunderbaren Gemeinschaft begrüßen zu dürfen!

Wir wenden Uns an alle Menschen dieser Erde!

An Euch richten Wir Unseren Weihnachtsgruß.

Was immer aus unserem Gemüt aufsteigt an Offenheit, Herzlichkeit und Wohlwollen, gehört Euch! In dem Maße, wie Unser Glückwunsch hinausdringt, um von jedem von Euch gehört zu werden, nimmt er auch zu an Intensität und Gewicht, um Euch willkommen und wertvoll zu sein. Das Weihnachtsfest lässt keine Halbherzigkeit zu, und Wir öffnen Uns, dass es Unser Herz mit seinem Geist durchdringe, damit Wir Euch nicht nur die bescheidene Gabe der Zuneigung weitergeben, sondern die unermessliche und unaussprechliche Gabe des Lichtes und der Gnade des Weihnachtsfestes selbst.

Damit wir einander sogleich verstehen, möchten Wir Euch sagen, dass Wir das Weihnachtsfest als Begegnung, als die große, geschichtliche und entscheidende Begegnung Gottes mit der Menschheit betrachten. Wer glaubt, weiß warum, und darf sich freuen. Die anderen mögen zuhören und sich darüber Gedanken machen.

In Uns klingen noch die ergreifenden Stimmen der Adventsliturgie, die Uns das Weihnachtsfest als Ziel zweier langer und ganz verschiedener Wege darstellen, die sich begegnen. Der geheimnisvolle Weg Gottes, der die abgrundtiefen Stufen seiner Transzendenz herabsteigt, der am Ende aus der immer lichtvolleren Wolke der Prophezeiungen hervortritt und sich auf neue, übernatürliche Weise unserer Erde und unserer Geschichte nähert. Dieser Weg endet schließlich in der überraschenden Demut von Bethlehem und in der strahlenden Reinheit Mariens in unserer irdischen Heimat: Gott wird Mensch, ist Christus. Der andere Weg ist unser Weg, gewunden und mühsam, an sich ohne festgesetztes Ziel, dann aber hingelenkt auf eine unbestimmte und sehnsüchtige Hoffnung, die die Kräfte unserer Natur übersteigt, auf die Hoffnung, Gott zu erreichen, ihn im Menschen zu entdecken, ihm zu begegnen, wie man auf einem Pfad einem wandernden Pilger begegnet, einem Freund, den man kennt, einem Bruder aus der gleichen Familie, einem Lehrer, der die eigene Sprache spricht, einem Befreier, der alles vermag, einem Erlöser. Vernehmt die Stimme der Liturgie: «In die Ferne blickend, schaue ich die Macht Gottes, der kommt, und eine Wolke, die die ganze Erde bedeckt. Geht ihm entgegen und sagt ihm: Künde uns, ob Du es bist, der herrschen soll...»[34] Was könnten Wir nicht alles über diese geschichtlichen und geistigen Wege aussagen, von denen das Alte Testament uns berichtet hat. Was könnten Wir über die Art und Weise sagen, auf die die wunderbare geistige Begegnung sich noch immer verwirklicht. Wir müssten zuerst die Begebenheiten des Evangeliums schildern und ins

---

[34] Responsorium zur ersten Lesung der Matutin des 1. Adventssonntags.

Unendliche ihre Bedeutung, ihre Beispielhaftigkeit, ihre endgültige Sprache, ihren ewigen und allgemeingültigen Wert kommentieren.

Wir wissen alle, dass jene Begegnung Gottes mit der Menschheit nicht ein einfacher, äußerlicher und flüchtiger Kontakt war, sondern nicht weniger als eine Vereinigung, eine lebendige und dauernde Vereinigung der göttlichen und menschlichen Natur, eine substanziale, hypostatische Vereinigung, wie die Väter unseres Glaubens sie nannten, eine Vereinigung, durch die das Wort Gottes in seiner unendlichen und ewigen Person die menschliche Natur annahm, die im reinsten Schoß der Jungfrau Maria empfangen ward, und so der Mensch Jesus Christus wurde, wahrer Gott und Mensch, der als Mensch geboren wurde, liebte, lehrte, litt, starb und auferstand, ohne aufzuhören, Gott zu sein, der er war, der aber ein Mensch wurde, den wir kennen, und der nichts anderes sein will als einer von uns.

Das Weihnachtsfest ist die Erinnerung an diese Begegnung, ja noch mehr: Es muss Fortsetzung dieser Begegnung sein.

Unser Gedanke über die Begegnung Gottes mit der Menschheit in Christus scheint eine Bestätigung zu finden in dem Ereignis dieser letzten Jahre, das soeben zum Abschluss kam. Wir meinen das Zweite Vatikanische Ökumenische Konzil. Auch das Konzil war eine Begegnung, eine zweifache Begegnung: der Kirche mit sich selbst und der Kirche mit der Welt.

Beim Konzil vollzog sich tatsächlich die Begegnung der Kirche mit sich selbst, wahrhaftig eine bedeutende und gute Begegnung. Wir könnten bei der äußeren Betrachtung dieses Ereignisses stehenbleiben: von nicht geringer Bedeutung war die Tatsache, dass alle Hirten der großen katholischen Familie sich begegneten, einander kennenlernten, einander in Liebe zugetan waren, und zwar nicht nur im geistigen und theoretischen Bereich, sondern auch im konkret erfahrbaren Bereich der Meinungen, des Zusammenseins, des Gespräches, des gemeinschaftlichen Gebetes und tiefempfundener Liebe. Was ist christlicher als diese Begegnung? Jetzt aber geht Unser Gedanke mehr nach innen auf die Bedeutung und die Wirkkraft des Konzils: Die Kirche, sagten Wir, sei dort sich selbst begegnet: ihrem eigenen Glauben, ihrer Lehre, ihrer Festigkeit, ihrer Sendung, ihrer apostolischen und missionarischen Dynamik, dem Reichtum ihrer Weisheit und Begnadung, ihrer Fähigkeit, aus ihren unausschöpfbaren inneren Reserven neue Schätze zu finden, ihrem Drang zu verstehen, zu dienen und die Welt zu retten. Bei diesem Akt der Reflexion ist die Kirche dann nicht nur sich selbst, sondern Christus begegnet, dem Christus, den sie mit sich trägt. Sie hat die Verpflichtung gespürt, seinem Wort treu zu bleiben und seinem Willen, sie ganz zu durchdringen und sie gleichsam zu beseelen und zu verlebendigen. Sie hat gespürt, wie der Geist Christi in sie zurückströmte, so dass sie wie außer sich war und über sich selbst hinauswuchs, sie fühlte das Verlangen, durch die Verkündigung seiner Frohbotschaft sich selbst und alle Menschen zu erneuern. Die Kirche ist jung geworden. Sie fühlt sich wiedergeboren. Erinnern wir uns, Brüder, an die wunderbare und neue Begegnung, die das Konzil ihr mit Christus gebracht hat. Halten wir fest: Nur dadurch, dass sie nicht dem «falsch verstandenen Aggiornamento» Raum gibt, das schon Unser verehrter Vorgänger Johannes XXIII. beklagte,[35] dass sie nicht danach trachtet, den «Zeitgeist» anzunehmen oder ihr Vertrauen auf die angekrankten Ideologien der Welt zu setzen oder auf eine falsche Mentalität eines

---

[35] *AAS* 54 (1962) 675.

angeblichen historischen Fatalismus, und dass sie sich auch nicht damit zufriedengibt, ein paar praktische Änderungen bei einigen ihrer zweitrangigen kanonischen Normen vorzunehmen, sondern gerade dadurch, dass sie danach trachtet, Christus in sich wiederzufinden, ihm bewusster zu begegnen, kann die Kirche heute ihr neues und wiederkehrendes Weihnachtsfest feiern.

Nun zur Begegnung der Kirche mit der Welt.

Dieser Aspekt des Ökumenischen Konzils ist allen bekannt. Die Kirche ist in einem gewissen Sinn aus sich selbst herausgegangen, um den Menschen unserer Zeit und den enormen, staunenerregenden Neuerungen der modernen Welt zu begegnen, besonders auch den wachsenden Bedürfnissen eines großen Teils der Weltbevölkerung, wie dem Hunger nach physischer und geistiger Ernährung. Sie ist von einer noch größeren pastoralen Liebe bewegt; wie könnte es anders sein.

Die evangelische Gestalt des Hirten, der das verlorene Schaf sucht, der ihm nacheilt, der unermüdlich seine Spur verfolgt, hat das Konzil beherrscht. Das Bewusstsein, dass die Menschheit, die ganze Menschheit, mit arkadischer Einfachheit versinnbildet durch das verirrte Schäflein, ihr gehört, dass sie der Kirche gehört, hat den Geist des Konzils erfüllt: Ja, die Menschheit gehört der Kirche durch ein göttliches, universales Gebot. Die Kirche hat erneut begriffen, welch ungeheure Verantwortung der Name «katholisch» bedeutet, der sie authentisch unterscheidet. Er will sagen, dass ihre Mission, ihre Verantwortung, ihr Herz, keine Grenzen hat. Darum muss die Kirche die Menschheit ihr eigen nennen. Aus einer Pflicht heraus, die keine Ermüdung kennt und heroisch und schlicht jeder Schwierigkeit trotzt. Ihr gehört die Menschheit – auch wenn diese sich fremd, ablehnend und feindlich verhält – aus dem Recht der Liebe, da die Kirche die Menschheit lieben muss, für die Christus sein Blut hingegeben hat. Ihr gehört sie auch aus einer gewissen geschichtlichen Verwandtschaft heraus. Hat nicht die Kirche zum großen Teil jene Zivilisation hervorgebracht, die die Welt jetzt als die wahre erkennt und sich zu eigen macht? Ihr gehört sie außerdem aus einer geheimnisvollen Hoffnung heraus, die einige bedeutende Phänomene der Zeitgeschichte zu stützen scheinen: die Suche nach Wahrheit und Freiheit, der notwendige Weg zur Einheit, das Gebot der Brüderlichkeit und des Friedens – alles Güter, die nur im Licht des Evangeliums volles Leben erlangen.

Darum ist die Kirche des Konzils auf der Suche nach Begegnung. Obschon sonst eifersüchtig bedacht auf die Wahrung ihrer Glaubensgeheimnisse, hat sie begonnen, Beobachter und Publizisten einzuladen, sie zu informieren und den Dialog mit ihnen aufzunehmen. Und noch viel mehr: Die Kirche des Konzils hat eine Begegnung ermöglicht, die es seit Jahrhunderten nicht gab und die unmöglich schien. Sie hat demütig und herzlich die christlichen Brüder zu sich gerufen, die seit langer Zeit ihrer Gemeinschaft fern waren, um ein zerrissenes Gewebe wenigstens in seinen menschlichen und elementaren Fäden wiederherzustellen: nämlich die Textur eines gegenseitigen Sichkennenlernens, eines Respekts, eines Vertrauens, eines beginnenden Gesprächs. Und dann die Völker, die Welt! Die Kirche sehnt sich danach, der Welt zu begegnen.

An dieser Stelle können Wir Unsere Reise nach New York nicht unerwähnt lassen, wo Wir eingeladen waren, vor der Vollversammlung der Vereinten Nationen zu sprechen. Unsere Gedanken kehren zurück zu dieser außerordentlichen Begegnung Unserer geringen Person mit den Vertretern der Völker, die dort vereint sind, eine Begegnung, die Uns historisch und symbolisch erschien und die sicher ein Hauptanliegen des Konzils ausdrückte: den Völkern eine Botschaft der Freundschaft und des Friedens zu bringen. Wir erinnern Uns an diesen Augenblick wegen seiner zeichenhaften Bedeutung, und Wir wollen diese festliche Gelegenheit benützen, um all denen Unsere Dankbarkeit zu zeigen, die Uns dorthin eingeladen und so freundlich aufgenommen haben, um vor dieser Versammlung und allen ihren Mitgliedern Unseren Friedenswunsch zu erneuern, ferner um das Volk der Vereinigten Staaten zu begrüßen, dem zu begegnen Wir damals die Ehre und Freude hatten.

Das ist der erste Aspekt der Gegenwart der Kirche in der Welt auf ihrer Suche nach dem Menschen: Friedensbotin zu sein. Auch diese Tatsache resultiert aus der Natur der Dinge. Ist nicht der Friede der erste Gruß, den jeder, der im Namen Christi handelt, aussprechen kann, wie der Auferstandene es selbst tat: «Der Friede sei mit euch»? Ist nicht die erste Intervention der Kirche, die mitten in die Welt gestellt ist, Frieden zu bringen, zum Frieden zu ermahnen, zum Frieden zu erziehen? Der Friede ist wirklich das erste und höchste Gut einer Gesellschaft. Er setzt Gerechtigkeit voraus, Freiheit und Ordnung, und macht jedes andere Gut im Menschenleben möglich. Auch in dieser Stunde gilt von neuem Unsere Apologie dem Frieden. Wir tun es nicht nur, weil der Friede ein hervorragendes Gut ist, sondern weil er gerade heute ein gefährdetes Gut ist. Anstelle der neuen Ansätze, welche die tragischen Erfahrungen des letzten Krieges inspiriert hatten, treten alte und eingewurzelte nationalistische Tendenzen oder neue Ideologien des Umsturzes und der Weltherrschaft. Die immer mächtigeren und schrecklicheren Waffen sind sozusagen die einzige Garantie eines von Misstrauen erfüllten und unsicheren Friedens für jene, denen der Sinn der menschlichen Brüderlichkeit und der Gerechtigkeit wenig gilt. Ihr Menschen und Brüder! Hört doch die Botschaft des Friedens, die Weihnachten den Menschen bringt, denen auch heute noch die Liebe Gottes gilt. Schaut, wohin ihr geht! Ihr verliert vielleicht schon wieder den Weg! Bleibt stehen und denkt nach! Die wahre Weisheit liegt im Frieden. Der wahre Friede geht aus dem Bündnis der Liebe hervor. Niemand darf die Liebe zum Frieden einengen auf eigene Interessen und eigene Ambitionen. Niemand darf anfangen, mit Lug und Trug und geschürtem Aufruhr die Ruhe des anderen zu stören. Niemand darf den Nachbarn – und heute sind wir alle Nachbarn! – anstiften, zu bewaffneter Verteidigung seine Zuflucht zu nehmen, und niemand darf sich rechten und redlichen Verhandlungen zur Wiederherstellung von Ordnung und Freundschaft entziehen. Der Friede muss aufgebaut werden in einer mutigen Revision der falschen Ideologien des Egoismus, des Kampfes und der Vormachtstellung. Man muss vergeben können und ein neues Kapitel der Geschichte anfangen, in dem die Beziehungen unter den Menschen nicht beherrscht werden von Macht und Gewalt und nicht vom wirtschaftlichen Vorteil oder vom zivilisatorischen Entwicklungsstand, sondern von einem höheren Begriff der Gleichheit und der Solidarität, den letztlich nur die göttliche Vaterschaft, die von Christus geoffenbart ist, als logisch, leicht und glücklich erweist.

Wir sagen diese großen Dinge schlicht und einfach. Denn das, liebe Brüder, ist ein anderer Aspekt der Begegnung, welche die Kirche des Konzils der Welt anbietet. Sie weiß, dass sie einen Schatz von unendlichem Wert an Wahrheit und Heil bringt, und das drängt sie, Euch zu begegnen. Aber seid versichert: sie kommt zu Euch ohne die geringste Überheblichkeit, ohne für sich irgendein Privileg in Anspruch zu nehmen. Sie weicht der Konfrontation nicht aus, aber sie erkennt gern an, ermutigt, segnet die großen Worte Eurer Kultur und Eures Fortschritts. Sie hat keinerlei

Ambitionen, weder nach Herrschaft noch nach Reichtum. Wenn es etwas gibt, was sie fordert, ist es die Freiheit für ihren Glauben nach innen und die Freiheit, ihn nach außen zu verkünden. Aber sie drängt sich niemandem auf, im Gegenteil, sie will, dass die höchste Verantwortlichkeit und die entscheidende Wahl des Gewissens auch gegenüber der religiösen Wahrheit respektiert und geschützt seien. Die Begegnung der Kirche mit der heutigen Welt ist auf einigen Seiten in der letzten Konstitution des Konzils hervorragend beschrieben: Jede einsichtige Person, jeder gute Mensch sollte diese Seiten kennen. Diese Seiten stellen die Kirche in die Mitte der Welt von heute, aber nicht mit dem Ziel, die Gesellschaft zu unterjochen, auch nicht, die autonome und sittlich gute Entwicklung ihrer Aktivität zu stören, sondern um ihr den Weg zu weisen, sie zu unterstützen und ihr zu helfen. Diese Seiten, denken Wir, markieren den Treffpunkt Christi mit dem Menschen von heute, und sie bilden die Botschaft für Weihnachten in diesem Jahr der Gnade an die moderne Welt: Wir erinnern hier an sie, um den Inhalt Unseres Wunsches zu dokumentieren, der nicht nur in Worten und Gefühlen bestehen will, sondern das christliche Angebot positiven und selbstlosen Dienstes für den Frieden und das Wohlergehen der Menschheit erneuert und ihre Hoffnung auf die transzendente Bestimmung zum Heil und zur Seligkeit beleben will, die den Menschen durch Christus eröffnet ist, dessen demutsvolles und glorreiches Geburtsfest wir feiern.

Brüder und alle Menschen guten Willens! Empfangt im Namen Christi unseres Herrn Unseren Wunsch für ein frohes und gutes Weihnachtsfest sowie Unseren Apostolischen Segen.

*Rundfunkbotschaft an die Christgläubigen
und die ganze Menschheit am 20. Dezember 1968*

Geliebte Brüder und Söhne, und Ihr alle, Männer und Frauen, die Ihr Uns zuhört!

Wir, Paul, Diener der Diener Gottes, Bischof von Rom und Oberhirte der katholischen Kirche, betraut mit der Sendung, das Evangelium des Heiles und des Friedens zu verkünden, wollen Euch auch für dieses Jahr 1968, das nun zur Neige geht, und für das anbrechende Jahr 1969 die Geburt Jesu unseres Herrn (vgl. Röm 1, 4) verkünden, welcher der Christus genannt wird (Mt 1, 16).

In unserer schwachen Stimme hallt das Echo von Jahrhunderten wider. Denn seit Jahrhunderten wird diese Botschaft immer wiederholt. Und immer kommt sie bei uns an, sei es in ihrem usprünglichen Wortlaut, sei es als verschwommener Widerhall, doch immer als eine neue Botschaft, als die gute Nachricht für die ganze Menschheit. Die Uhr der Zeit hält jedes Jahr zu dieser so überaus frohen Stunde wie vor lauter Staunen inne für einen Augenblick, der erfüllt ist von Tiefsinn, Bedeutung und Hoffnung. Es ist fürwahr ein beglückender Augenblick. Ein zutiefst menschlicher Augenblick. Ein geheimnisvoll heiliger Augenblick. Ein Augenblick, der unser Leben ganz unmittelbar berührt, sein Bewusstwerden, sein Wesen, seine Bestimmung. In diesem Augenblick ziehen vor unseren Augen fast greifbar die ersten Werte unseres Lebens vorüber, die Kindheit, die Familie, das Zuhause, der Tisch, die Ruhe, die Zufriedenheit, der Friede, und aus dem Herzen steigen Hochgefühle auf: Güte, Mitgefühl, Liebe. Das ist Weihnachten.

Wir möchten in diesem Augenblick das Augenmerk auf die Absicht lenken, die hinter dieser überwältigenden Tatsache steht, dass Weihnachten ist, auf das Wozu des Kommens Jesu in unsere Mitte.

Brüder und Söhne und alle, die Ihr Uns hört! Wir laden Euch ein, Euch mit Uns zu freuen! Unsere Freude ist die wahrste und die größte aller Freuden! Das Wozu des Kommens Jesu ist unser Heil! Kein Ereignis betrifft uns so unmittelbar wie Christi Geburt. Wir sagen es jedes Mal, wenn wir in der heiligen Messe das Credo bekennen: *propter nos homines et propter nostram salutem descendit de caelis,* für uns Menschen und um unseres Heiles willen ist Er vom Himmel herabgestiegen!

Wir sind deshalb glücklich, heute der Welt einmal mehr die Botschaft von Weihnachten zu verkünden als Botschaft der Hoffnung. Christus ist die wahre, die höchste Hoffnung der Menschheit!

Es lässt sich unschwer beobachten, wie die Hoffnung in unserer Zeit wirkt, ihre wichtigsten Merkmale sind ja von ihr geprägt. Alles regt und bewegt sich heute im Zeichen und mit der Kraft der Hoffnung. Der Mensch denkt, arbeitet und lebt auf Rechnung der Hoffnung. Ist denn nicht die Hoffnung der innere Antrieb der Dynamik der Moderne? Ist nicht die Hoffnung die Grundlage der gigantischen Arbeit der heutigen, nach Veränderung und Fortschritt strebenden Welt? Ist nicht die Hoffnung dieser apokalyptische Drang hin zu einer Zukunft, die es zu erobern gilt, und hin zu einem neuen Humanismus, welcher der Verpuppung der überlieferten Vorstellungen von den gesellschaftlichen Grundgegebenheiten entsteigen soll? Niemand gibt sich mehr mit dem jetzt Vorhandenen zufrieden. Früher bot die Erfahrung der älteren Generation Gewähr für die geltenden und die anzustrebenden Einrichtungen; jetzt werden eben diese Einrichtungen in Frage gestellt, und zwar gerade weil sie von der Vergangenheit übernommen wurden, und man will sie lieber beseitigen als sie erhalten und auffrischen, im blinden Vertrauen, dass das Neue als solches für den Menschen Fortschritt bedeutet. Man glaubt nicht mehr an die sicheren Werte des Glaubens, der Kultur, der Institutionen, und man betrachtet die Zeit nicht unter dem Blickpunkt der chronologischen Kontinuität, des Zusammenhalts innerhalb der als organische Entwicklung verstandenen Tradition, sondern unter dem Blickpunkt des Umsturzes, des Überraschenden und Unberechenbaren, in der geradezu fatalistischen und messianistischen Gewissheit einer radikalen und umfassenden Erneuerung und eines endlich freien und totalen Glücks. Zwei Faktoren haben dazu beigetragen, diese Spannung in die Hoffnung hineinzutragen: die Entdeckung der immer größeren Möglichkeit ungeahnter Errungenschaften dank wissenschaftlicher Forschung und technischer Naturbeherrschung, und das Bewusstwerden der Notsituation, in der sich ein großer Teil der Menschheit in mancher Hinsicht immer noch befindet. Diese zweifache Entdeckung hat in den Herzen der Menschen neue, grenzenlose Wünsche wachgerufen: die Hoffnung, den Reichtum der neu eroberten Mittel dafür einzusetzen, die Abgründe von Hunger, Elend, Unwissenheit, Unsicherheit und Ohnmacht, in denen der Mensch unseres Jahrhunderts noch lebt, damit aufzufüllen.

Wir leben im Zeitalter der Hoffnung. Aber es ist die Hoffnung, die dem Reich der Erde angehört, die Hoffnung auf menschliche Selbstgenügsamkeit. Und gerade in unseren Tagen ist diese Hoffnung in eine schwere Krise geraten.

Ein überwältigendes und komplexes Bild bietet sich dem verstörten Blick des heutigen Menschen dar. Vor allem wird der Wohlstand selbst, den das scharfsinnige und mühselige menschliche Wirken schafft, nur allzu leicht zur Quelle neuer Bedürfnisse und noch schlimmeren Unheils. Der Fortschritt selbst ruft in gewissen Bereichen große, entsetzliche Gefahren für die ganze Menschheit hervor. Der Gebrauch, den der moderne Mensch von den todbringenden Kräften machen kann, deren er sich bemächtigt hat, lässt über unserem Gesichtskreis nicht mehr die Hoffnung leuchten, sondern schwarze Wolken von Terror und Wahnsinn aufsteigen. Der Friede unter den Völkern, oder genauer gesagt die Existenz der Menschen auf der Erde, ist in Frage gestellt. Die Zerstörungsgewalt des modernen Menschen ist unberechenbar, und tragischerweise hängt die fatale Wahrscheinlichkeit der Vernichtung des menschlichen Lebensraums von frei wirkenden Ursachen ab, die weder die Wissenschaft noch die Technik von sich aus bestimmen können. So kommt es, dass die Hoffnung in Angst umschlägt.

Und leider gelangt unsere Generation auch auf anderem Wege zum gleichen Ergebnis. Der heutige Mensch hat gemerkt, dass das ganze Gefüge des Wirtschafts- und Gesellschaftssystems, das er mit großer Mühe und mit beachtlichen praktischen Ergebnissen aufbaut, für ihn zum Gefängnis zu werden droht und ihn seiner Persönlichkeit beraubt, um ihn zum mechanischen Werkzeug seiner großen Produktionsmaschinerie zu machen. Denn die Produktionstechnik bringt ihm zwar zahlreiche und bewundernswerte äußerliche Verbesserungen, unterwirft ihn aber einem riesenhaften Apparat. So entsteht eine sich materiellen Wohlstands erfreuende, zufriedene und vergnügungssüchtige Gesellschaft, der es aber an jenen höheren Idealen fehlt, die dem Leben Sinn und Wert verleihen, eine Gesellschaft, die taub ist für die Klagen der Armen in ihrer Mitte und aus der Ferne, die sich doch auch Menschen nennen und Brüder sind. Der Blick so mancher Jugendlicher, der doch gewöhnlich wach und prophetisch in die Zukunft gerichtet ist, wird getrübt, weil man sie keine absoluten Werte mehr lehrt und statt dessen Zweifel und Agnostizismus verbreitet. Eines schönen Tages wurde dann der Protest Mode und drohte in Aufruhr, Gewalt und Anarchie auszuarten. Auch in diesem gesellschaftlichen und weltanschaulichen Bereich wird die Hoffnung mit Füßen getreten und erlischt.

Mit Schmerz sehen wir, wie wegen dieser gedankenlosen kollektiven Verirrungen bisher geltende und hochgehaltene geschichtliche, kulturelle und moralische Werte verlorengehen, zum Schaden für die ganze bürgerliche Gemeinschaft. Und mit Bestürzung sehen wir, wie viele vernünftige und unbescholtene Bürger, und sogar kluge und angesehene Lehrer und für das öffentliche Wohl verantwortliche Persönlichkeiten nicht einmal mehr die Energie aufbringen, ein kulturelles Erbe zu schützen und neu zu beleben, das doch mit großen Opfern zusammengetragen und gemeinsamer Nutzung zugänglich gemacht wurde, um damit der Gesellschaft und zumal den kommenden Generationen die Folgen unnützer und verheerender materieller und sittlicher Zerstörungen zu ersparen. Und wir sehen ebenfalls mit großen Bedenken, dass das angebliche Heilmittel für solche tatsächliche oder befürchtete Unruhen oft in nichts Besserem besteht als in der massiven Unterdrückung der legitimen Freiheit oder der allgemeinen Einschränkung der bürgerlichen Rechte oder im Ignorieren der drängenden Bedürfnisse der ärmeren Volksschichten. Auch das ist ein Schlag gegen die Hoffnung.

Man könnte hier weiter ausholen und auf das internationale Leben zu sprechen kommen: Steht es heute schlechter um die Hoffnung auf Frieden?

Und man könnte so vielen für die heutige Zeit charakteristischen geistigen Strömungen auf den Grund gehen. Wohl nie zuvor haben Literatur, Schauspiel, bildende Kunst, Philosophie ein schonungsloseres Zeugnis gegeben vom

Versagen des Menschen, von seiner geistigen Schwäche, von seiner alles beherrschenden Sinnlichkeit, von seiner geheuchelten Moral, seiner leichtfertigen Delinquenz, seiner unkontrollierten Grausamkeit, seiner möglichen Verworfenheit, seiner selbstwidersprüchlichen Persönlichkeit. Und diese ganze selbstgefällige Anklage stützt sich einzig und allein auf ein vernichtendes und scheinbar unumstößliches Argument: So ist der Mensch! So ist er, der große und zugleich elende Sohn des Jahrhunderts! So sieht die wahre Lebenswirklichkeit aus!

Wo bleibt dann, Mensch und Bruder, deine Hoffnung?

Wenn wir Euch, liebe Zuhörer, ein so verworrenes und so weitläufiges und sagen wir es ruhig: so durchaus reales Problem zu bedenken geben, tun Wir es gewiss nicht in der Absicht, mit düsteren und trostlosen Gedanken die Ruhe Eures Weihnachtsfestes zu stören, sondern wir tun es, um Euch die frohe Botschaft der Hoffnung, die Weihnachten mit sich bringt, besser verstehen und freudig aufnehmen zu lassen.

Die Erfahrung der dramatischen und in sich selbst hoffnungslosen Grundbefindlichkeit des menschlichen Daseins, eine Erfahrung, die der heutige Fortschritt keineswegs mildert, sondern vielmehr verschärft und ins Unerträgliche steigert, führt uns unweigerlich zurück zum Eingeständnis eines unstillbaren Bedürfnisses, das die Menschheit, mehr oder weniger bewusst, immer in sich getragen hat: das Bedürfnis, errettet, erlöst zu werden. Ja, wir alle bedürfen der Erlösung. Aus eigener Kraft allein vermögen wir es nicht (vgl. Röm 7, 15ff.). Unsere größenwahnsinnige Anmaßung, uns selbst zu erlösen, endet letztlich mit dem Bewusstwerden unserer radikalen Ohnmacht. Wir möchten noch weiter gehen, ermächtigt durch Unsere Kenntnis des Menschen und der Geschichte. Wir brauchen einen Erlöser. Einen

Messias. Der Name Jesus bedeutet Erretter, und Christus bedeutet Messias. Der Name Jesus Christus ist die Ankündigung unserer Erlösung, ist ihr Versprechen. Er ist das Versprechen, das unsere Hoffnung begründet. Wir brauchen Christus. Es ist nötig, dass Er göttliche Macht hat, denn keine andere Macht könnte unsere Übel überwinden. Es ist nötig, dass Er menschliche Geschwisterlichkeit hat, denn wäre Er nicht unser Bruder, könnten wir Ihn nicht recht verstehen. Einmal mehr ist es der Papst des Christusmysteriums, der Heilige Leo, der sagt: «Wenn Er (Christus) nicht Gott wäre, könnte er uns nicht zu Hilfe kommen, wenn Er nicht wahrer Mensch wäre, könnte er uns kein Beispiel geben: *nisi enim esset Deus verus, non afferret remedium; nisi esset homo verus, non praeberet exemplum.*»[36]

Und deshalb bewahrt Unsere Weihnachtsbotschaft auch nach zwanzig Jahrhunderten ihre Aktualität. Und aus Unserem Glauben an diese Botschaft heraus fügen wir hinzu: und ihre Gültigkeit. Wir haben das Recht, Uns die frohlockenden Worte des Engels zu eigen zu machen: «Ich bringe euch eine frohe Botschaft – das heißt das Evangelium – eine Botschaft von großer Freude für das ganze Volk: heute ist euch in der Stadt Davids der Heiland geboren.» (Lk 2, 10-11).

Und diese Botschaft ist nicht vergeblich, denn auch die Hoffnung, die wir in sie legen, wird nicht vergeblich sein. Der selbe Christus, der in jener glückseligen Nacht durch die jungfräuliche Mutterschaft Mariens in die Geschichte und die Geschicke der Menschheit eingetreten ist, lebt noch heute. Er lebt in der Fülle einer Herrlichkeit, die wir noch nicht mit einem uns verfügbaren Namen und mit einer angemessenen Bezeichnung benennen können, im Leben des Himmels; aber von dort her lebt Er auch hier, mitten unter

---

[36] *Sermo* XXI; PL 54, 192.

uns, und wird immer aufs Neue geboren, wie das Quellwasser in seiner Fontäne, in seinem mystischen Leib, der die Kirche ist, und verströmt immer noch seine Wahrheit und seine Gnade in alle Welt.

Er war, wie der Evangelist sagt, voll Gnade und Wahrheit (Joh 1, 14). Seine Wahrheit, das heißt sein Wort, das unter uns seinen Gedanken vergegenwärtigt, ist uns Lehre fürs Leben. Es offenbart uns, wer Gott ist, es lehrt uns, wer der Mensch ist, es sagt uns, was wir tun sollen, nämlich lieben. Es lässt uns im leidenden Menschen mehr sehen als nur einen Bruder, nämlich Ihn selbst. Es selbst gibt uns die Freiheit, die Würde, die Erwartung des vollkommenen Menschen zurück; es befähigt uns zu Güte, Gerechtigkeit und Frieden. Es ist das Licht der Welt. Damit dieses so lichtvolle und erhabene Wort unsere schwachen Augen nicht blende und unsere angeborene Schwäche nicht erdrücke und beschäme, stärkt Er unsere Ohnmacht mit einer geheimnisvollen und mächtigen Hilfe, mit dem Beistand Seines Heiligen Geistes. Das ist Weihnachten. Das ist die Menschwerdung, die von Christus ausgeht und die Menschheit bestürmt. Sie rüttelt sie auf und weckt sie, wühlt sie auf und erneuert sie in dieser Zeit, um sie über die Zeit hinaus zur Ewigkeit hin zu führen.

Es ist eine gemache, aber unaufhaltsame Wiedergeburt. Mühselig und doch triumphierend, von der Vergangenheit geprägt und doch unüberhörbar aktuell. Das ist das Christentum. Es hat die Kraft, Hoffnung einzuflößen und Leben zu spenden, und das nicht nur in seiner eigenen Ordnung, der religiösen und übernatürlichen, sondern auch in der profanen und natürlichen Ordnung, so dass diese letztere ihre irdischen und damit hinfälligen Hoffnungen mit der unerschütterlichen Hoffnung verbindet, die vom Himmel herabsteigt, und darum nicht mehr zu befürchten braucht, dass ihr eigenes Mühen vergeblich sei. Das ist das lebendige

Christentum in den Realitäten, die Christus unter uns wirkt: die strahlende und fromme Unschuld der Kinder, das von den Kranken als Opfer dargebrachte Leiden, der selbstvergessene Großmut der Jugend, die demütige und flehentliche Geduld der Armen, die nach größerer Gerechtigkeit dürstende Mühsal der Arbeiter, die stille und tatkräftige Wohltätigkeit guter Menschen, das unablässige Gebet der Gemeinschaft der Glaubenden. Das ist das lebendige Christentum der heiligen katholischen Kirche, der Mittlerin der ewigen Hoffnung und Stütze der irdischen, wahrhaft menschlichen Hoffnung.[37]

Auch Wir sind davon so ergriffen und dessen so sicher, geliebte Brüder und Söhne, dass wir aus tiefstem Herzen und einmal mehr diese beseligende Botschaft wiederholen und sie mit unserem Apostolischen Segen bekräftigen.

Homilie in der Mitternachtsmesse am 25. Dezember 1969

Weihnachten: Begegnung mit Christus.

Diese nächtliche Feier hat symbolischen Charakter. Was will sie zum Ausdruck bringen? Sie ist Sinnbild des Menschen, der in der Nacht dahinschreitet und auf der Suche ist. Er sucht ein Licht, er sucht einen Orientierungspunkt, er sucht die Begegnung mit einem Menschen, den er notwendig braucht, den er unbedingt finden muss.

Das will sagen: Der tiefere Sinn dieser einzigartigen Feier ist vor allem darin zu suchen, dass wir zum Bewusstsein unserer selbst vordringen. Wer sind wir? Wir sind Menschenwesen, die in Finsternis dahinschreiten. Freilich bietet unser Leben in vielfacher Hinsicht eine Fülle des Lichtes: Licht,

---

[37] Vgl. *GS*.

das uns aus unserem Denken aufleuchtet, Licht aus der Wissenschaft, Licht aus der Geschichte und aus der Erfahrung, Licht aus dem modernen Fortschritt. Unter einem anderen Gesichtspunkt aber, der wichtiger und entscheidender ist, weil er uns selbst betrifft, unsere persönliche Existenz und unser Schicksal, liegt unser Leben im Dunkel. Es ist das Dunkel des Zweifels, der sich auf alles legen will wie eine totale Nacht; es ist das Dunkel unserer inneren Einsamkeit; ein Dunkel, das sich sogar über die Welt ausbreitet, in der wir leben, die wir so gut kennen, die aber voller Geheimnisse ist, je mehr sie sich uns auftut. Was ist die Welt tatsächlich? Was ist ihr letzter Sinn? Worin liegt ihr letzter Wert? Hier liegt unsere Finsternis. Man könnte darüber weinen und verzweifeln, wenn uns nicht eine wunderbare innere Kraft aufrichten würde, die Kraft, unsere Suche fortzusetzen, und wenn uns nicht eine frohe Hoffnung erfüllen würde, die diese Nacht verklärt und unseren Geist erhebt, die Hoffnung, den Gesuchten zu finden. Wen zu finden? Jenen Menschen zu finden, sagten wir, den wir unbedingt brauchen, der alles über uns weiß (vgl. Joh 2, 25), jenen Menschen, der uns erretten kann.

Bei unserem Suchen aber entbehren wir nicht eines Lichtes, das unsere Schritte erhellt und das uns in dieser Nacht hierher geführt hat. Es ist das Licht der natürlichen Vernunft, das Licht der religiösen Überlieferungen in allem, was an ihnen wahr und sittlich ist. Es ist vor allem das Licht unserer christlichen Überlieferung, das Licht unserer religiösen Erziehung, das Licht unserer geistlichen Erfahrung. Wir kennen den Inhalt des Evangeliums. Wir glauben an Christus, wir bauen auf das Zeugnis der Kirche, dieser durch die Jahrhunderte hallenden prophetischen Stimme. Das ist die Macht des Glaubens. Was ist der Glaube? Der Glaube ist die Begegnung mit Christus, Glauben bedeutet, Christus aufnehmen. Wir erinnern uns an ein schicksalhaftes Wort, das im Johannesevangelium als Prolog der messianischen Heilserzählung geschrieben steht: «Er kam in die Welt, in sein Eigentum, aber die Seinigen nahmen ihn nicht auf» (Joh 1, 11). Eine versäumte Begegnung! Von größter Bedeutung ist es, darauf hinzuweisen, dass er auf der Suche ist, auf der Suche nach der Menschheit. Und wie weit ist sein Weg, um zu uns zu kommen! Von wo kommt er? Er musste ungeheure Abgründe überbrücken, unermessliche Entfernungen überwinden. Er ist vom Himmel herabgestiegen und hat einen Leib angenommen. Das unaussprechliche Wort Gottes, das selbst Gott ist, wurde Mensch, um in unseren Lebensbereich einzutreten und diese Begegnung zu ermöglichen. Unbegrenzte Liebe, göttliche Liebe nur konnte einen solchen Plan ersinnen und verwirklichen. Darin liegt der Sinngehalt unserer Religion: Begegnung, ja, Gemeinschaft, *Communio*. Aber weiter: Wie verwirklicht sich sein Kommen zu uns und seine Aufnahme durch uns? Die Antwort ist immer die gleiche: im Glauben. Er kommt als Gott in Menschengestalt; er wird zu uns kommen, die wir zeitlich weit entfernt sind von jenem geschichtlichen Augenblick des Evangeliums, er kommt verhüllt unter dem Schleier des Sakramentes, das ihn aber gleichzeitig in geheimnisvoller Weise offenbart. Werden wir ihn aufnehmen? Werden wir an ihn glauben?

In dieser entscheidenden Stunde ist psychologisch gesehen das beste Gebet, das uns auf die Lippen kommen muss, jenes der Jünger im Evangelium: «Vermehre in uns den Glauben» (Lk 17, 5). Wir stellen nämlich fest, dass der Glaube, diese lebensvolle Verbindung mit Gott, der in Jesus Christus Mensch geworden ist, verschiedene Grade hat. Er kann untätig und passiv, er kann ein zweifelnder und unbeständiger, ein müder und suchender Glaube sein (vgl. Mt 11, 3). Er kann sich aber auch voll einsetzen im Suchen nach der

Wahrheit im Sinne der bekannten Dialektik: Der Verstand sucht den Glauben und der Glaube sucht den Verstand. Der Glaube kann dramatische Formen annehmen wie bei jenem Familienvater im Evangelium, der Symbol für uns alle ist: «Ich glaube, Herr, hilf meinem Unglauben» (Mk 9, 24). Damit aber unser Glaube ein wahrer Glaube ist, ein wirksamer Glaube, muss er ein ganzer, lebendiger und persönlicher Glaube sein. Die Begegnung mit Christus vollzieht sich in einem glaubensvollen Ja, das ihn uns aufzeigt als Lehrer, als Heiland, wie er sich selbst bezeichnet hat und wie wir ihn an diesem Weihnachtsfest anerkennen und in gewissem Grade erleben wollen: «Ich bin der Weg, die Wahrheit und das Leben» (Joh 14, 6).

Hier unterbrechen wir unsere Betrachtung und kehren aus unserer Versunkenheit, in die uns unsere Überlegungen in dieser heiligen Nacht geführt haben, wieder in die Gegenwart zurück. Denken wir an die Wirklichkeit, jene andere äußere und greifbare, die konkrete und erfahrbare Wirklichkeit, in der sich unser natürliches und tätiges Leben abspielt. Diese Betrachtung darf uns nicht, wie in einem Traum, von den greifbaren Lebensbedingungen ablenken, die uns als Menschenkinder dieser Welt ausweisen. Nein, der Glaube, das christliche Leben lenken uns nicht von der normalen Fühlungnahme mit dem menschlichen Leben ab, wie es uns eigen ist. Hier geht es um ein Thema, über das man lange sprechen müsste, wie man nämlich das übernatürliche Leben des Glaubens mit dem natürlichen Leben unserer Umgebung sowie unseren persönlichen Rechten und Pflichten verbinden kann. Nach außen hin ändert sich nichts. Aber es ist so, als ob die Nacht beendet wäre und die Morgenröte eines neuen Tages aufgehen und das ganze Bild unseres Weges durch die Zeitlichkeit sich erhellen würde. Alle Dinge erhalten im Licht des Glaubens ihre wahre

Gestalt. «Alles, was wahr, was hehr, was recht, was schön, was liebenswürdig, was lobwürdig ist...» (vgl. Phil 4, 8) wird offenbar. Jeder Bereich des Lebens behauptet sich nach dem ihm eigenen Wert, und inmitten dieser wunderbaren und dramatischen, bisweilen schmerzlichen und schlimmen Lage der Welt, die uns umgibt und uns gefangenhält, steht der Mensch, die menschliche Person, und weiß sich überlegen und frei durch eine neue Wahrheit (vgl. Joh 8, 32). Das kündet uns das Evangelium von der Menschwerdung: «Allen aber, die ihn aufnahmen, gab er Macht, Kinder Gottes zu werden» (Joh 1, 12).

Hierin liegt das Wunder der Weihnacht: Das Geburtsfest Christi wird unser Geburtsfest. Das Geheimnis göttlichen Lebens, das in Christus, dem Gottmenschen, aufgebrochen ist, teilt sich allen mit, nicht mehr nur durch den Glauben, sondern ebenso durch die Gnade, und zwar allen, die ihn aufnehmen, den Erstgeborenen von uns Menschen, allen, die wir Brüder geworden sind (vgl. Röm 8, 29).

Und Sie, liebe Laien, Kinder Gottes in der Welt, die Sie der zeitlichen Interessensphäre ihre Selbständigkeit einräumen, Sie im besonderen, meine Herren Diplomaten, die Sie eine uneingeschränkte Hoheit in Ihrem Bereich vertreten, unabhängig nämlich von jeder anderen Autorität, vielleicht auch von jener der Kirche, die im Dienste der übernatürlichen Ordnung steht, fürchten Sie nicht für Ihre natürliche Freiheit, fürchten Sie nicht für Ihre zeitlichen Hoheitsrechte, weil «jener nicht irdische Reiche an sich reißt, der das Himmelreich verleiht».[38] Christus ist nicht gekommen, um zu nehmen, sondern um zu geben. Bleiben wir alle vielmehr in der Furcht Gottes und in heiligem Frohlocken. Christus ist gekommen, um Feuer auf die Erde zu bringen. Das Feuer

---

[38] Hymnus von Epiphanie.

der Liebe. Und was will er anderes, als dass dieses Feuer sich in der Welt entzünde (Lk 12, 49): das Feuer der Liebe und des Friedens.

Homilie im «Quezon Circle» in Manila, Philippinen, am 29. November 1970[39]

Wir, Paulus, Nachfolger des heiligen Petrus, betraut mit der pastoralen Mission für die ganze Kirche, wären niemals aus Rom in dieses weit entlegene Land gekommen, wären Wir nicht zutiefst von zwei grundlegenden Dingen überzeugt: erstens von Christus; zweitens von Eurem Heil.

Von Christus! Ja, Wir fühlen diese Forderung, Ihn zu verkünden, Wir können Ihn nicht verschweigen: «Weh mir, wenn ich das Evangelium nicht verkünde!» (1 Kor 9, 16). Wir sind von Ihm, von Christus selbst, dazu beauftragt. Wir sind Apostel, Wir sind Zeuge. Je weiter das Ziel, je schwieriger Unser Auftrag, um so wichtiger ist die Liebe, die Uns dazu drängt (vgl. 2 Kor 5, 14). Wir müssen Seinen Namen bekennen: Jesus ist der Christus, der Sohn des lebendigen Gottes (Mt 16, 16); Er offenbart den unsichtbaren Gott, Er ist der Erstgeborene der ganzen Schöpfung, das Fundament aller geschaffenen Dinge. Er ist der Lehrer der Menschheit und ihr Erlöser. Er wurde geboren, ist gestorben, ist auferstanden für uns. Er ist der Mittelpunkt der Geschichte und der Welt. Er ist der, der uns kennt und uns liebt. Er ist der Gefährte und der Freund unseres Lebens. Er ist der Mann der Schmerzen und der Hoffnung. Er ist der, der kommen wird und der einmal unser Richter sein wird und, so hoffen wir, die ewige Fülle unseres Seins, unsere Glückseligkeit.

[39] Apostolische Pilgerreise nach Ostasien, Ozeanien und Australien.

Wir können nicht davon ablassen, von ihm zu reden: Er ist das Licht und die Wahrheit, ja «Er ist der Weg, die Wahrheit und das Leben» (Joh 14, 6). Er ist das Brot, der Quell lebendigen Wassers für unseren Hunger und unseren Durst. Er ist der Hirte, unser Führer, unser Vorbild, unser Trost, unser Bruder. Wie wir, und mehr als wir, war Er klein, arm, erniedrigt, mühselig, verlassen, geduldig. Für uns hat Er gesprochen, hat Wunder gewirkt, ein neues Reich gegründet, wo die Armen selig sind, wo Friede der Grundstein des Zusammenlebens ist, wo die Herzensreinen und die Trauernden erhöht und gekrönt werden, wo die nach Gerechtigkeit Dürstenden erhört werden, wo die Sünder Vergebung finden und wo alle Brüder sind.

Jesus Christus: Ihr habt von Ihm reden hören. Ihr seid sogar, wenigstens zum größten Teil, die Seinen, Ihr seid Christen. Für Euch also, Ihr Christen, wiederholen Wir Seinen Namen, und allen verkünden Wir Ihn: Jesus Christus ist der Anfang und das Ende, Alpha und Omega. Er ist der Herr der Neuen Welt; Er ist das Geheimnis der Geschichte; Er ist der Schlüssel unserer Schicksale; Er ist der Mittler, die Brücke zwischen Erde und Himmel; Er ist zugleich der Menschensohn und der Sohn des ewigen, unendlichen Gottes; Er ist der Sohn Mariens, der gesegneten unter allen Frauen, Seiner Mutter dem Fleische nach und unserer Mutter in der Teilhabe am Geiste des mystischen Leibes.

Jesus Christus. Vergesst nicht: Das ist Unsere immerwährende Botschaft, die Stimme, die Wir ertönen lassen über die ganze Erde hin (vgl. Röm 10, 18) und durch alle Jahrhunderte hindurch (vgl. Röm 9, 5). Merkt Euch das gut und bedenkt: Der Papst ist zu Euch gekommen und hat laut gerufen: Jesus Christus!

Mit diesem Ruf drücken Wir auch den zweiten Leitgedanken aus, der Uns zu Euch führt: Nämlich, dass Christus nicht nur zu lobpreisen ist für das, was Er in sich selbst ist, sondern dass Er zu rühmen und zu lieben ist für das, was Er für uns ist, für jeden Einzelnen von uns, für jedes Volk und für jede Kultur. Christus ist unser Erlöser. Christus ist unser größter Wohltäter, Christus ist unser Befreier. Wir brauchen Christus, um würdige und wahre Menschen zu sein in dieser zeitlichen Ordnung, und gerettete und erhöhte Menschen in der übernatürlichen Ordnung.

Hier stellen sich viele Fragen, die unsere Zeit bedrängen und von denen Wir annehmen, dass sie auch Euren Geist beschäftigen. Diese Fragen lauten: Ist Christus wirklich auch im Stande, die praktischen und konkreten Probleme des gegenwärtigen Lebens zu lösen? Hat Er nicht gesagt, Sein Reich sei nicht von dieser Welt? Was kann Er für uns tun? Anders gesagt: Kann das Christentum einen echten Humanismus begründen? Kann die christliche Lebensauffassung tatsächlich eine Erneuerung der Gesellschaft bewirken? Kann sie den Forderungen des heutigen Lebens gerecht werden und den Fortschritt und Wohlstand für alle fördern? Kann das Christentum den Hoffnungen der Völker Ausdruck verleihen und sich die besonderen Tendenzen Eurer Kultur zu eigen machen?

Der Fragen sind viele, und Wir können sie nicht mit einer einzigen Formel beantworten, die der Komplexität der Probleme und der verschiedenen menschlichen Bedürfnisse – spiritueller, ethischer, wirtschaftlicher, politischer, ethnischer, geschichtlicher, gesellschaftlicher Art – Rechnung trüge. Doch was die Aussichten auf eine gedeihliche und glückliche Entwicklung Eurer sozialen Bedingungen anbelangt, kann man Eure Frage bejahen: Das Christentum kann Heil bringen auch auf dieser irdischen und menschlichen Ebene. Christus hat Brot vermehrt auch für den physischen Hunger der Menschenmenge, die ihm nachgefolgt war. Und Christus vollbringt weiterhin dieses Wunder für jene, die an Ihn glauben und von Ihm die Grundsätze einer dynamischen Gesellschaftsordnung lernen, das heißt die Grundsätze ständiger Erneuerung und steten Fortschritts.

So verkündet Christus – wie Ihr alle wisst – für alle Zeit sein großes Hauptgebot der Liebe. Es gibt kein stärkeres und besseres soziales Ferment als dieses, sowohl positiv, indem es unvergleichliche und unerschöpfliche sittliche Energien freisetzt, als auch negativ, indem es jeden Egoismus, jede Hinhaltetaktik und jede Missachtung der Bedürfnisse der andern anprangert. Christus proklamiert die Gleichheit und Brüderlichkeit aller. Wer, wenn nicht Er, verkündete und verkündet immer wieder machtvoll diese Grundsätze, die von der Revolutionsideologie verworfen werden, obwohl sie zugleich von ihnen profitiert? Wer, wenn nicht Er, offenbarte die Vaterschaft Gottes, die wahre und unanfechtbare Ursache der Brüderlichkeit unter den Menschen? Und wo leitet sich die wahre und heilige Freiheit des Menschen her, wenn nicht von der Menschenwürde, zu deren Lehrer und Verteidiger sich Christus gemacht hat? Und wer, wenn nicht Er, hat die zeitlichen Güter zu unserer Verfügung gestellt, indem Er ihre eigennützige Zweckbindung bestritt und sie zu Mitteln machte, zu Mitteln, die in einem gewissen Maße für alle ausreichen sollen, zu Mitteln, die weniger gelten als die hohen Güter des Geistes? Wer wenn nicht Christus legte in die Herzen der Seinen die Begabung zu selbstloser Liebe und zum Dienst an allen menschlichen Leiden und Nöten? Wer gab der Arbeit ihr Gesetz, das sie als Recht und als Pflicht und als Mittel der Vorsorge anerkannte, wer verlieh ihr ihre Würde als Teilhabe und Mitarbeit am göttlichen Heilsplan, wer schenkte ihr die Befreiung von jeglicher Form von unmenschlicher Knechtschaft, und ihren Lohn der Gerechtigkeit und des Verdienstes?

Wir wenden Uns an Euch, Studenten, die Ihr diese Grundgedanken und diese Werthierarchie gut verstehen könnt, an Euch, die Ihr Euch heute gegen die Strukturen der Wohlstandsgesellschaft, dieser von der Technik beherrschten, auf Produktion und Genuss erpichten Gesellschaft, auflehnt und damit das Ungenügen und den Betrug des wirtschaftlichen und gesellschaftlichen Materialismus unseres heutigen Fortschritts aufdeckt. Ihr könnt die Überlegenheit, Fruchtbarkeit und Aktualität der wahrhaft christlichen Gesellschaftslehre bestätigen, die auf der wahren Kenntnis des Menschen und seiner Bestimmung beruht.

Wir wenden Uns an Euch, Arbeiter, die Ihr Euch heute Eurer Rechte und Eurer Macht bewusst geworden seid: Hütet Euch davor, für Eure Forderung nach vollständiger Wiedereinsetzung in Eure Rechte unzulängliche oder unrichtige Formeln zu wählen, die Euch im Zeichen eines selbstsüchtigen und erbitterten Kampfes nur Teilerfolge in Form von wirtschaftlichen Vorteilen oder Lebensgenüssen bringen, dann aber mit der desto größeren Enttäuschung aufwarten, dass Ihr um die höheren, geistigen Güter geprellt worden seid, um Euer religiöses Person-Sein, um die Hoffnung auf das Leben, das keinen Tod kennt. Stärkt Eure Bestrebungen mit einer Kraft und Klugheit, wie sie nur das Evangelium und der göttliche Arbeiter selbst schenken kann.

Wir wenden Uns an Euch, Arme: Vergesst nicht, dass Ihr einen allerhöchsten Freund habt, jenen Christus, der Euch selig gepriesen hat als die bevorzugten Erben seines Reiches, und der in Euch sichtbar werden wollte, um jeden guten Menschen Euch geneigt zu machen, jedes großmütige Herz, jeden, der das Heil erlangen will, indem er in Euch Christus den Erlöser sucht. Ja, versucht Euch aufzurichten, das ist Euer Recht und Eure Pflicht, und fordert die Hilfe einer sich zivilisiert nennenden Gesellschaft; aber verwünscht weder Euer Schicksal noch die fühllosen Menschen, sondern denkt daran, dass Ihr reich seid an Werten der christlichen Geduld und des erlösenden Leidens.

Schließlich wenden Wir Uns an Euch, Ihr Reichen: Bedenkt, wie streng Christus Euch gegenüber war, als er Euch selbstzufrieden, träge, selbstsüchtig fand, und wie berührt und dankbar er war, wenn er Euch fürsorglich und großmütig sah und sagte, nicht einmal ein Glas Wasser, in christlicher Gesinnung gereicht, werde ohne Belohnung bleiben. Vielleicht ist für Euch die Stunde gekommen, Augen und Herzen neuen, großen Visionen zu öffnen, die nicht mehr im Zeichen der Interessenkonflikte, des Hasses und der Gewalt stehen, sondern im Zeichen fürsorglicher und großherziger Liebe und wahren Fortschritts.

All dies, geliebte Söhne und Brüder, ist Teil der christlichen Glaubensbotschaft, die hier zu verkünden Wir die Pflicht und die Freude haben, im Namen Jesu Christi, unseres Herrn und Erlösers.

Aus: Apostolisches Schreiben Marialis cultus *vom 2. Februar 1974*

Die von Uns gewünschte Entfaltung der Andacht zur Jungfrau Maria, die – wie Wir eingangs angedeutet haben – in den Rahmen des einen Kultes eingefügt ist, der mit gutem Recht christlich genannt werden kann, da er von Christus seinen Ursprung und seine Wirksamkeit hat, in Christus seinen vollkommenen Ausdruck findet und durch Christus im Heiligen Geiste zum Vater führt, ist ein Element, das die echte Frömmigkeit der Kirche kennzeichnet. Denn mit innerer Notwendigkeit lässt sie im liturgischen Leben der Kirche den Erlösungsplan Gottes widerspiegeln, durch den Maria im Hinblick auf die einzigartige Stellung, die sie in ihm einnimmt, eine einzigartige Verehrung zukommt.[40] So folgt auch jeder echten Entfaltung des christlichen Kultes notwendig ein echtes Wachstum in der Verehrung der Mutter des Herrn. Im Übrigen zeigt die Geschichte des religiösen Lebens auf, wie «die verschiedenen Formen der Verehrung der Gottesmutter, die die Kirche im Rahmen der gesunden und rechtgläubigen Lehre gutgeheißen hat»,[41] sich in harmonischer Unterordnung unter die Christusverehrung entfalten und um ihn kreisen wie um ihren natürlichen und notwendigen Mittelpunkt. Auch in unserem Zeitalter ist dies so der Fall. Die Betrachtung der Kirche unserer Tage über das Geheimnis Christi und über ihr eigenes Wesen haben sie dahin geführt, in der Wurzel des Christusgeheimnisses und in der Krönung ihres Wesens dieselbe Frauengestalt vorzufinden: die Jungfrau Maria, die Mutter Christi und Mutter der Kirche. Und die tiefere Erkenntnis der Sendung Mariens hat sich in jubelnde Verehrung zu ihr gewandelt und in anbetende Ehrfurcht gegenüber dem weisen Plan Gottes, der in seiner Familie – der Kirche –, wie in jedem Heim, die Gestalt einer Frau gegenwärtig wissen wollte, die verborgen und in der Haltung einer Dienerin wach «und in Güte schützend ihre Schritte zum Vaterland lenkt, bis der glorreiche Tag des Herrn kommt».[42] [...]

4. Auf diese Weise werden die Gläubigen, die mit der Liturgie den Geist des Advents leben, indem sie die unaussprechliche Liebe betrachten, mit der die jungfräuliche Mutter den Sohn erwartete,[43] dazu angeleitet, Maria als Vorbild zu nehmen und sich vorzubereiten, dem kommenden

---

[40] Vgl. *LG* 66.
[41] Ebd.
[42] Votivmesse BMV, Mutter der Kirche, Präfation.
[43] Vgl. Römisches Messbuch, II. Adventspräfation.

Heiland entgegenzugehen «wachend im Gebet und ... in frohlockenden Lobgesängen».[44] Überdies wollen Wir darauf hinweisen, wie die Adventsliturgie durch die Verbindung der Erwartung des Messias und der Erwartung der glorreichen Wiederkunft Christi mit der verehrungswürdigen Gedächtnisfeier der Gottesmutter ein glückliches Gleichgewicht im Kult darstellt, das als wegweisend angenommen werden kann, um jedes Bestreben zu verhindern, wie es bisweilen in einigen Formen der Volksfrömmigkeit der Fall war, die Marienverehrung von ihrem notwendigen Beziehungspunkt zu lösen, nämlich von Christus. So kommt es, dass dieser Zeitabschnitt, wie die Kenner der Liturgie gezeigt haben, als besonders geeignete Zeit für die Verehrung der Mutter der Herrn gesehen werden muss. Diesem Hinweis pflichten Wir bei. Wir möchten ihn überall bejaht und befolgt sehen.

5. Die Weihnachtszeit bildet eine verlängerte Gedächtnisfeier der göttlichen, jungfräulichen, heilbringenden Mutterschaft jener, deren «unversehrte Jungfräulichkeit dieser Welt den Heiland gebar».[45] In der Tat, bei der Festfeier der Geburt des Herrn verehrt die Kirche in der Anbetung des göttlichen Heilandes seine glorreiche Mutter; während sie am Feste der Erscheinung des Herrn die universale Berufung zum Heile feiert, betrachtet sie die Jungfrau, den wahren Sitz der Weisheit und wahre Mutter des Königs, die den Weisen den Erlöser aller Völker zur Anbetung entgegenhält (vgl. Mt 2, 11); und am Feste der heiligen Familie Jesus, Maria und Joseph[46] sucht sie voll Ehrfurcht das heilige Leben zu ergründen, das Jesus, der Gottes- und Menschen-

---

[44] Ebd.
[45] Römisches Messbuch, Erstes Eucharistisches Hochgebet, Communicantes an Weihnachten und während der Oktav.
[46] Sonntag in der Weihnachtsoktav.

sohn, Maria, seine Mutter, und Joseph, der gerechte Mann (vgl. Mt 1, 19), im Hause von Nazaret führen.

Bei der Neuordnung des Weihnachtsfestkreises will es Uns scheinen, dass die gemeinsame Aufmerksamkeit auf das wiedereingeführte Fest der heiligen Gottesgebärerin Maria hingelenkt werden muss. Nachdem dieses entsprechend einer antiken Anregung der Liturgie der Stadt Rom auf den 1. Januar festgesetzt wurde, ist es dazu angetan, den Anteil feierlich herauszustellen, den Maria bei diesem Heilsgeheimnis innehatte, sowie die einzigartige Würde zu betonen, die sich hieraus für die «heilige Gottesgebärerin ergab ... durch die wir den Urheber des Lebens empfangen durften».[47] Gleichermaßen bietet sich eine wiederum günstige Gelegenheit, den neugeborenen Friedensfürsten anzubeten, die Frohbotschaft der Engel zu vernehmen (vgl. Lk 2, 14) und von Gott durch die Vermittlung der Königin des Friedens das hohe Geschenk des Friedens zu erflehen. Darum haben Wir durch das glückliche Zusammentreffen der Oktav des Weihnachtsfestes mit dem 1. Januar, an dem wir unsere Glückwünsche austauschen, den Weltfriedenstag eingesetzt, der wachsende Zustimmung findet und schon im Herzen vieler Menschen die Segnungen des Friedens reifen lässt. [...]

25. Es ist vor allem sehr angemessen, dass die Andachtsübungen zur seligen Jungfrau Maria deutlich den trinitarischen und christologischen Charakter zum Ausdruck bringen, der ihnen wesentlich innewohnt. Denn der christliche Kult ist seiner Natur nach ein Kult, der dem Vater, dem Sohn und dem Heiligen Geist erwiesen wird, oder besser, wie sich die Liturgie ausdrückt, dem Vater durch Christus im Heiligen Geist. In dieser Sicht bezieht sich der Kult be-

---

[47] Römisches Messbuch, 1. Januar, Antiphon zum Introitus und Tagesgebet.

rechtigterweise, wenn auch wesentlich verschieden, in erster Linie auf die Mutter des Herrn und dann auf die Heiligen, in denen die Kirche das Ostergeheimnis verkündet, weil sie mit Christus gelitten haben und mit ihm verherrlicht worden sind.[48] Bei Maria ist alles auf Christus hin bezogen und von ihm abhängig: im Hinblick auf ihn hat sie Gottvater von aller Ewigkeit her als ganz heilige Mutter erwählt und sie mit den Gaben des Heiligen Geistes ausgestattet, wie sie keinem anderen zuteil geworden sind. Sicher hat die echte christliche Frömmigkeit niemals verfehlt, die unlösliche Verbindung und die wesentliche Beziehung der Jungfrau zum göttlichen Erlöser[49] ins Licht zu rücken. Immerhin scheint es der geistlichen Ausrichtung unserer Zeit, die ganz beherrscht und eingenommen ist von der «Christusfrage»,[50] in besonderer Weise zu entsprechen, dass bei den Ausdrucksformen der Marienverehrung vornehmlich der christologische Charakter hervorgehoben wird. Es gilt dahin zu wirken, dass diese Ausdrucksformen den Plan Gottes widerspiegeln, der «in ein und demselben Beschluss den Ursprung Mariens und die Menschwerdung der göttlichen Weisheit»[51] vorherbestimmte. Dies wird ohne Zweifel dazu beitragen, die Andacht zur Mutter Jesu Christi gediegener zu machen und darauf ein wirksames Mittel zu schaffen, um zur «vollen Erkenntnis des Sohnes Gottes zu gelangen, bis zur Erreichung des Vollmaßes des Alters Christi» (Eph 4, 13); und anderseits wird es mithelfen, den Kult, der Christus

---

[48] Vgl. *SC* 104.
[49] Vgl. *LG* 66.
[50] Vgl. Paul VI., Ansprache vom 24. April 1970, gehalten im Marienheiligtum «U. L. von Bonaria» in Cagliari.
[51] Pius IX., Dogmatische Bulle *Ineffabilis Deus*: Pii IX Pontificis Maximi Acta, I, 1, Rom 1854, S. 599; vgl. auch V. Sardi, *Die feierliche Definition des Dogmas der unbefleckten Empfängnis Mariens*. Akten und Dokumente..., II, Roma 1904-1905, S. 302.

selbst geschuldet ist, zum Wachstum zu bringen, da nach der ständigen Auffassung der Kirche, die in unseren Tagen maßgeblich bekräftigt worden ist,[52] «auf den Herrn bezogen wird, was der Magd an Verehrung dargebracht wird; auf den Sohn strahlt zurück, was der Mutter an Ehre geleistet wird; ... dem König gilt die Ehre, die der Königin im Dienste erwiesen wird».[53] [...]

57. Christus ist der einzige Weg zum Vater (vgl. Joh 14, 4-11). Christus ist das höchste Vorbild, nach dem der Jünger seinen Lebenswandel gestalten soll (vgl. Joh 13, 15), bis dass er seine Geisteshaltung in sich verwirklicht (vgl. Phil 2, 5), sein Leben lebt und seinen Geist besitzt (vgl. Gal 2, 20; Röm 8, 10-11). Dies hat die Kirche zu jeder Zeit gelehrt, und nichts in der Seelsorge darf diese Lehre verdunkeln. Doch erkennt die Kirche, geführt vom Geiste und durch eine jahrhundertealte Erfahrung belehrt, dass auch die Verehrung der Seligen Jungfrau, die der Verehrung zum göttlichen Erlöser untergeordnet und mit ihr verbunden ist, eine große pastorale Wirksamkeit besitzt und eine Kraft darstellt, die die christlichen Sitten zu erneuern vermag. Der Grund für diese Wirksamkeit ist leicht einzusehen. Die vielfältige Sendung Mariens im Gottesvolk ist nämlich eine Wirklichkeit, die auf übernatürliche Weise wirksam und im kirchlichen Organismus fruchtbar wird. Es ist beglückend, die einzelnen Aspekte dieser Sendung zu betrachten und zu sehen, wie sie sich, jeder mit der ihm eigenen Wirksamkeit, auf das gleiche Ziel hinordnen: in ihren Kindern die geistigen Züge ihres erstgeborenen Sohnes nachzuzeichnen. Wir meinen: die mütterliche Fürsprache der Jungfrau, ihre vorbildliche Heiligkeit, die göttliche Gnade, die in ihr für

---

[52] Vgl. *LG* 66.
[53] Hl. Ildephons, *Über die ewige Jungfräulichkeit Mariens*, Kap. 12; PL 96, 108.

das Menschengeschlecht Grund zu größten Hoffnungen wird.

*Homilie zum Abschluss des Heiligen Jahres
am 25. Dezember 1975*

Söhne der Kirche! Brüder in aller Welt!

Vernehmt jetzt das Abschlusswort zum Heiligen Jahr. Wir haben es eröffnet, indem Wir Gottes Erbarmen auf Uns, auf die Kirche und auf die Welt herabflehten. Wir haben dem Ritus der Öffnung der Heiligen Pforte einen symbolischen und zugleich erschreckend realen Doppelsinn verliehen. Da war die Notwendigkeit, eine Vergebung zu erlangen, ohne welche eine Schranke von Verzweiflung uns den Eintritt in den Tempel Gottes verwehrt hätte. Wir wurden unserer Angst gewahr und der existentiellen Notwendigkeit, unser gewohntes und glückliches Verhältnis zum lebendigen Gott wiederherzustellen; wir erfuhren in unserem Innern unsere absolute Ohnmacht, von uns aus diesen unverzichtbaren Bezug wieder anzuknüpfen, wir spürten mit schwindelerregender Angst den Abgrund eines endgültigen Scheiterns vor uns, und wir, als Menschen dieses glorreichen, mit Babel wetteifernden Zeitalters, ungestüm und unentwegt, erkühnten uns, noch einmal an diese Pforte des Hauses des Vaters zu klopfen, der wir selbst den Rücken gekehrt hatten, an die Pforte der Wiedererweckung zum Heilsangebot des Evangeliums, der Wiederherstellung der ursprünglichen Harmonie mit Dir, o Gott der Gerechtigkeit.

Das wird uns unvergesslich bleiben: Ein Akt, ein religiöser Pakt, versuchte und brachte es zustande, unser sogenanntes modernes Leben, unser gegenwärtiges, geschichtliches und gesellschaftliches Leben, wie immer es gesinnt sein mag: gottesleugnerisch, skeptisch, irrgläubig, gleichgültig, oder aber fromm und gläubig, wieder mit Dir zu verbinden, Gott, Du erster, wahrer, einziger, unaussprechlicher Lebensquell, Du Licht, das nie erlischt und alles erleuchtet. Du bist, o Gott, der in jeder Hinsicht Notwendige. Du bist heute unser Ein und Alles, o Gott, Du bist der Unersetzliche, Du Geheimnis des Friedens und der Seligkeit. Wir bekennen Dich: Wir haben uns, von Stolz, Hochmut und Torheit verblendet, vor Dir verneigt und in aufrichtiger und einsichtiger Demut unser Gewissen wieder aufgerichtet an den Forderungen der Botschaft vom Reich Gottes. Die christliche Metanoia, die an der Wegscheide der Lebensorientierung die Schritte des Menschen unfehlbar in die Richtung des Heiles weist, hat unsere Wahl bestimmt, die ja den Christen unter uns schon in der Taufe vorgezeichnet war. Jetzt ist die Entscheidung bestätigt und soll es für immer bleiben. Wir sind konvertierte Christen.

Und das ist der zweite Sinn, den das Heilige Jahr für uns angenommen hat: Glauben ist Leben. Er ist Leben, weil er zu Dir führt, o Gott, und wäre es auch am letzten Ufer, an der äußersten Grenze unseres Erkennens- und Liebesvermögens. Unserer Fähigkeit, Dich zu kennen und zu lieben, Du Ozean des Seins, überwältigende und endgültige Fülle allen Daseins, Himmel von unauslotbarer Tiefe, nicht nur der Grenzenlosigkeit von Erde und Kosmos, sondern Deines über allen Raum hinaus unendlichen, nur Dir selbst gleichen Seins, Du Vater alles Seienden. Das Leben bist Du, o Gott, Du stehst wie ein beseligendes Licht über dem Zwielicht unserer im Dunkeln tappenden Erfahrung, die, angerührt von der Welt, von der Geschichte, von unserer eigenen, geheimnisvollen inneren Einsamkeit, dieses Lichtes von oben um so mehr bedarf, je unüberschaubarer und fremder das Panorama ist, das Wissenschaft und Zivilisation vor unserem begehrlichen und unheilbar kurzsichtigen Blick aufrollen. Und auch das wird bestehen bleiben. Wir werden aus dem Glauben, dessen Quelle Christus, der Sohn des Vaters ist, das fehlende Licht schöpfen, dessen das menschliche Wissen bedarf, um frei und zuversichtlich auf seiner Bahn voranschreiten zu können, froh, seine von eigenen Prinzipien geleiteten rationalen und experimentellen Erkenntnisbemühungen immer wieder abwechseln zu lassen mit Gebet, ja, mit dem Gebet, diesem Seufzen, diesem Lied der Seele, das jene Wissensprinzipien bestätigt, sie einordnet und überhöht.

Der neue Mensch des Heiligen Jahres wird also das Gebet nicht vergessen, und zu der unschuldsvollen Sprache der Gotteskinder werden ihn seine Kindheitserinnerungen zurückführen; die Kirche wird ihm dabei Begleiterin und Lehrmeisterin sein. Und wohin sollen wir uns wenden im Überschwang dieser wiedergefundenen und immer neu beginnenden Seligkeit, dieses Friedens, der ganz Tatendrang ist und Aufruf zu noch mehr Großmut, noch mehr Brüderlichkeit, noch mehr Hingabe? O Christus, der Du als Hirte unsere eiligen Schritte leitest, mit denen wir dem Ziel zustreben in der so kurzen und flüchtigen Zeit, die unserem Versuch gewährt ist, Deine wahren Nachfolger zu sein: Werden wir jenes «Zeichen der Zeit» verstehen, das die Nächstenliebe ist, in die Du jeden Menschen einbeziehst, ja, ausnahmslos jeden Menschen, der auf Verständnis, Hilfe, Trost, Opferbereitschaft angewiesen ist, jeden Menschen, auch wenn wir ihn nicht persönlich kennen, jeden Menschen, auch wenn er aufdringlich und feindselig ist, doch immer Träger der unvergleichlichen Würde, unser Bruder zu sein? Die Wissenschaft der Bruderliebe hat mit ihren zu Recht als christlich bezeichneten Tugenden und Werken den Weg der Kirche durch die Geschichte markiert und ist jetzt wieder im Aufbruch begriffen in neuer Fruchtbarkeit, in sieghafter Lebensfreude und kräftigendem Gemeinschaftssinn.

Nicht Hass, nicht Kampf, nicht Habgier soll die Dialektik dieser Wissenschaft sein, sondern Liebe, Liebe, die wieder Liebe hervorruft, Liebe von Mensch zu Mensch. Diese Liebe entstammt nicht einem kurzlebigen und fragwürdigen Interesse, oder einer unwilligen und beleidigenden Herablassung, sondern der Liebe zu Dir – zu Dir, o Christus, den wir entdecken im Leiden und in den Nöten eines jeden unserer Mitmenschen. Die Zivilisation der Liebe wird sich behaupten gegen das Elend der unversöhnlichen sozialen Kämpfe und wird der Welt die erträumte Verklärung der endlich christlich gewordenen Menschheit bringen. So geht, o Herr, dieses Heilige Jahr zu Ende; und so soll, Mitmenschen und Brüder, mutig und freudig unsere Wanderschaft durch die Zeit weitergehen bis zu der endgültigen Begegnung, die uns jetzt schon in jenen endzeitlichen Anruf einstimmen lässt: «Komm, Herr Jesus» (Offb 22, 20).

Euch allen frohe Weihnachten!

Homilie am Fest Peter und Paul
am 29. Juni 1978

Verehrte Brüder! Liebe Söhne und Töchter im Herrn!

Die Gestalten der Apostel Petrus und Paulus stehen Uns heute in dieser Liturgiefeier mehr als sonst lebendig vor Augen. Und dies nicht nur, weil der gewohnte Ablauf des Kirchenjahres Uns heute diesen Festtag anzeigt, sondern auch wegen der besonderen Bedeutung, die für Uns dieser 15. Jahrestag Unserer Wahl zum obersten Hirten der Kirche enthält, führt Uns doch der naturgegebene Ablauf Unseres

Lebens – nach Erreichung Unseres 80. Geburtstages – dem Abend Unseres irdischen Daseins entgegen.

Petrus und Paulus, «die großen und aufrechten Säulen»[54] der Kirche von Rom und der Weltkirche! Die Texte des Wortgottesdienstes, die Wir soeben vernommen haben, stellen die beiden Apostel in einem Zusammenhang dar, der Uns tief beeindruckt: hier Petrus, wie er als Geschenk für alle Zeit das große Bekenntnis von Cäsarea Philippi ablegt; dort Paulus, der von seiner römischen Gefangenschaft aus das tiefste Vermächtnis seiner Sendung dem Timotheus hinterlässt. Beide Apostel stehen Uns vor Augen, wenn Wir jetzt jenen Zeitraum überblicken, in dem der Herr Uns seine Kirche anvertraut hat. Auch wenn wir Uns für den geringsten und unwürdigen Nachfolger des heiligen Petrus halten, fühlen wir Uns doch an dieser entscheidenden Schwelle Unseres Lebens bestärkt und getragen vom Bewusstsein, immer wieder und unermüdlich vor der Kirche und der Welt bekannt zu haben: «Du bist der Messias, der Sohn des lebendigen Gottes» (Mt 16, 16). Und wie Paulus, so glauben auch Wir sagen zu dürfen: «Ich habe den guten Kampf gekämpft, den Lauf vollendet, den Glauben bewahrt» (2 Tim 4, 7).

Unsere Aufgabe ist noch dieselbe wie die des Petrus, dem Christus den Auftrag gegeben hat, die Brüder zu stärken (Lk 22, 32): die Aufgabe, der Wahrheit des Glaubens zu dienen und diese Wahrheit allen, die danach suchen, anzubieten, so wie es der heilige Petrus Chrysostomus unübertrefflich ausdrückt: «Der heilige Petrus, der noch immer an seinem angestammten Ort lebt und den Vorsitz führt, bietet den Suchenden die Wahrheit des Glaubens dar.»[55] Ja, der Glaube

---

[54] Klemens von Rom, I, 5, 2.
[55] *Brief an Eutyches, Briefe Leos des Großen,* XXV, 2; PL 54, 743-4.

ist «wertvoller als Gold» (1 Petr 1, 7), sagt der heilige Petrus; es reicht nicht aus, ihn einmal empfangen zu haben, sondern man muss ihn bewahren, auch unter Schwierigkeiten – «im Feuer geprüft» (ebd.). Die Apostel haben den Glauben auch unter Verfolgung verkündet und ihr Glaubenszeugnis mit dem eigenen Tod besiegelt. Darin sind sie ihrem Herrn und Meister gleich geworden, der, wie der heilige Paulus es so schön sagt, «vor Pontius Pilatus das große Bekenntnis abgelegt hat» (1 Tim 6, 13). Der Glaube ist also nicht menschlicher Spekulation entsprungen (vgl. 2 Petr 1, 16), sondern von den Aposteln als ihr «Vermächtnis» hinterlassen worden, das diese wiederum von Christus übernommen haben, so wie sie es «gesehen, betrachtet und gehört haben» (vgl. 1 Joh 1, 1-3). Dies ist der Glaube der Kirche, der apostolische Glaube. Diese von Christus empfangene Botschaft bleibt in der Kirche unversehrt erhalten durch den inneren Beistand des Heiligen Geistes und durch den besonderen, dem Petrus anvertrauten Auftrag, für den Christus gebetet hat: «Ich habe für dich gebetet, damit dein Glaube nicht erlischt!» (Lk 22, 32), sowie durch den Auftrag des Apostelkollegiums in Einheit mit Petrus: «Wer euch hört, hört mich» (Lk 10, 16). Diese Funktion des Petrus setzt sich in seinen Nachfolgern fort, so dass die Bischöfe des Konzils von Chalkedon, nachdem sie den Inhalt des ihnen von Papst Leo übersandten Briefes vernommen hatten, ausrufen konnten: «Petrus hat durch den Mund Leos gesprochen!»[56] Der Herr dieses Glaubens aber ist Jesus Christus, wahrer Gott und wahrer Mensch, nach dem Bekenntnis des Petrus: «Du bist der Messias, der Sohn des lebendigen Gottes» (Mt 16, 16).

Dies ist, liebe Brüder und Schwestern, das unermüdliche, wache, brennende Anliegen, das Uns die fünfzehn Jahre Un-

---

[56] Vgl. Hartmann Grisar, *Roma alla fine del mondo antico*, I, Roma 1930, S. 339.

seres Pontifikates hindurch bewegt hat. «Den Glauben habe ich bewahrt!» können Wir heute sagen aufgrund Unserer demütigen und zugleich festen Überzeugung, niemals «die heilige Wahrheit»[57] verraten zu haben. Um diese Überzeugung zu stützen und Unserer Seele Trost zu spenden, da Wir Uns beständig auf die Begegnung mit dem gerechten Richter vorbereiten (2 Tim 4, 8), erinnern Wir Uns an einige wesentliche Dokumente dieses Pontifikates, die gleichsam einzelne Etappen auf dem Weg Unseres leidvollen Dienstes an der Liebe, dem Glauben und an der Kirchenordnung darstellen: in der Reihe der Enzykliken und der päpstlichen Schreiben ist als erstes *Ecclesiam suam* (9.8.1964) zu nennen, das zu Beginn des Pontifikates die Grundlinien für das Handeln der Kirche im eigenen Bereich und für ihren Dialog mit den getrennten Brüdern, mit den Nichtchristen und den Nichtglaubenden aufzeichnet; dann *Mysterium fidei* (3.9.1965) über die Lehre der heiligen Eucharistie; *Sacerdotalis coelibatus* (24.6.1967) über die volle Selbsthingabe, die das Charisma und den Auftrag des Priesters auszeichnet; *Evangelica testificatio* (29.6.1971) über das Zeugnis, das das Ordensleben in vollkommener Nachfolge Christi heute vor der Welt ablegen muss; *Paterna cum benevolentia* (8.12.1974) zu Beginn des Heiligen Jahres über die Versöhnung innerhalb der Kirche; *Gaudete in Domino* (9.5.1975) über die reiche Quelle und weltverändernde Kraft christlicher Freude; und schließlich *Evangelii nuntiandi* (8.12.1975), das einen Überblick über die herrliche und vielfältige Missionstätigkeit der Kirche von heute darbieten wollte.

Vor allem aber möchten Wir Unser «Glaubensbekenntnis» in Erinnerung rufen, das Wir vor genau zehn Jahren, am 30. Juni 1968, im Namen und zur Verpflichtung der

---

[57] Alessandro Manzoni.

ganzen Kirche als *Credo des Volkes Gottes*[58] feierlich verkündet haben: zur Bekräftigung und Bestätigung der Hauptpunkte des Glaubens der Kirche, wie er von den wichtigsten Ökumenischen Konzilien verkündet worden ist, zu einem Zeitpunkt, an dem leichtfertiges Experimentieren am Glauben die Sicherheit so vieler Priester und Gläubigen zu erschüttern schien und eine erneute Hinwendung zu den Quellen erforderte. Gott sei Dank, sind viele Gefahren schwächer geworden; aber angesichts der Schwierigkeiten, auf die die Kirche auch heute noch im Bereich der Lehre und der Kirchenordnung stößt, berufen Wir Uns noch mit gleichem Nachdruck auf dieses Glaubensbekenntnis, das Wir als einen wichtigen Akt Unseres päpstlichen Lehramtes betrachten. Nur in der Treue zur Lehre Christi und der Kirche, wie sie Uns durch die Väter überliefert ist, können Wir jene Überzeugungskraft und Klarheit des Geistes und der Seele haben, die der reife und bewusste Besitz der göttlichen Wahrheit verschafft. Zugleich möchten Wir einen herzlichen, aber auch ernsten Appell an alle diejenigen richten, die sich selbst und unter ihrem Einfluss auch andere durch Wort und Schrift sowie durch ihr Verhalten zunächst auf den Weg privater Meinungen führen, dann auf die Spur der Häresie und des Schismas gelangen und die Gewissen der Einzelnen und der ganzen Glaubensgemeinschaft verunsichern, die doch eine «koinonia» im gemeinsamen Festhalten an der Wahrheit des Wortes Gottes sein soll, um die «koinonia» in dem einen Brot und dem einen Kelch verwirklichen und sichern zu können. Wir ermahnen sie, als Vater: Lasst ab davon, die Kirche weiter zu verwirren; es ist die Stunde der Wahrheit gekommen: jeder Einzelne muss seine eigene Verpflichtung zu den Entscheidungen erkennen, die

---

[58] Vgl. *AAS* 60 (1968) 436-445.

den Glauben sicherstellen sollen, diesen allen gemeinsamen Schatz, den Christus, das Felsfundament, dem Petrus als dem Stellverterter dieses Felsens, wie der heilige Bonaventura ihn nennt,[59] anvertraut hat.

Bei diesem hochherzigen und von Schwierigkeiten begleiteten Einsatz des Lehramtes im Dienst und zur Verteidigung der Wahrheit betrachten Wir auch die Verteidigung des menschlichen Lebens als eine unerlässliche Aufgabe. Das Zweite Vatikanische Konzil hat mit großem Nachdruck daran erinnert, dass «Gott, der Herr des Lebens, den Menschen die hohe Aufgabe der Erhaltung des Lebens übertragen hat».[60] Wir, die Wir es als Unseren besonderen Auftrag ansehen, die Lehren des Konzils mit größter Treue zu beobachten, haben die Verteidigung des Lebens in allen seinen Formen, in denen es bedroht, behindert oder sogar unterdrückt wird, zu einem Hauptanliegen Unseres Pontifikates gemacht.

Wir erinnern auch hier an die entscheidenden Verlautbarungen, die diese Unsere Absicht bezeugen.

a) Wir haben vor allem auf die Pflicht zur Förderung des technischen und materiellen Fortschritts der Entwicklungsländer hingewiesen. Dies geschah in der Enzyklika *Populorum progressio* (26.3.1967).

b) Die Verteidigung des Lebens muss aber schon bei den Ursprüngen der menschlichen Existenz selbst beginnen. Dies lehrt nachdrücklich und klar das Konzil, das in der Pastoralkonstitution *Gaudium et spes* dazu ermahnt, dass «das Leben von der Empfängnis an mit höchster Sorgfalt zu schützen ist»: Abtreibung und Tötung des Kindes sind

---

[59] *Quaestiones disputatae de perfectione evangelica*, q. 4, a. 3; ed. Quaracchi, V/1891, S. 193.
[60] *GS* 51.

verabscheuungswürdige Verbrechen.[61] Wir haben nichts anderes getan, als Uns diese Lehre zu eigen gemacht, als Wir vor zehn Jahren die Enzyklika *Humanae vitae* veröffentlicht haben (23.7.1968). Sie orientiert sich an der unantastbaren Lehre des Evangeliums, die die Normen des Naturgesetzes und die unüberhörbaren Forderungen des Gewissens hinsichtlich der Achtung des Lebens bekräftigt, dessen Weitergabe einer verantwortlichen Vater- und Mutterschaft anvertraut ist. Dieses Dokument erhält heute eine neue und noch dringlichere Aktualität wegen der Angriffe, die vonseiten staatlicher Gesetzgebungen auf die Heiligkeit des unauflösbaren Ehebundes und auf die Unantastbarkeit des menschlichen Lebens vom Mutterleib an unternommen werden.

c) Dies erklärt die wiederholten Lehrverlautbarungen der katholischen Kirche über die schmerzlichen Gegebenheiten und die bedauerlichen Folgen der Ehescheidung und der Abtreibung, wie sie in Unserem ordentlichen Lehramt und in entsprechenden Stellungnahmen der zuständigen Kongregation enthalten sind. Nur die hohe Verantwortung als oberster Lehrer und Hirte der Kirche und die Sorge um das Wohl der Menschen haben Uns veranlasst, Uns dazu zu äußern.

d) Wir wurden dazu aber auch durch die Liebe zur Jugend bewegt, die heranwächst im Vertrauen auf eine friedlichere Zukunft, sich mit Enthusiasmus um die eigene Selbstverwirklichung bemüht, jedoch nicht selten dadurch enttäuscht und entmutigt wird, dass sie vonseiten der Gesellschaft der Erwachsenen keine zufriedenstellende Antwort erhält. Die Jugend leidet als erste unter den Umwälzungen in der Familie und der Unordnung des sittlichen Lebens. Sie ist das kostbare Erbe, das es zu schützen und zu festigen gilt. Des-

[61] Ebd.

halb schauen Wir auf die Jugendlichen: sie sind die Zukunft der Gesellschaft, die Zukunft der Kirche.

Verehrte Brüder! Liebe Söhne und Töchter im Herrn! Wir haben euch Unser Herz geöffnet in einem flüchtigen Überblick über die entscheidenden Verlautbarungen Unseres päpstlichen Lehramtes, auf dass sich aus Unserem Herzen ein lauter Bittruf zu unserem Erlöser erheben möge. Angesichts der Gefahren, die Wir beschrieben haben, wie auch der schmerzlichen Verirrungen kirchlicher oder sozialer Natur fühlen Wir Uns wie Petrus gedrängt, zu ihm zu gehen als unserem einzigen Heil und zu ihm zu rufen: «Herr, zu wem sollen wir gehen? Du hast Worte des ewigen Lebens» (Joh 6, 68). Er allein ist die Wahrheit, er allein ist unsere Stärke, er allein unser Heil! Durch ihn gestärkt, werden wir gemeinsam unseren Weg fortsetzen.

An diesem heutigen Jahrestag bitten Wir euch aber auch, mit Uns dem Allmächtigen für die Hilfe zu danken, mit der er Uns bisher gestärkt hat, so dass Wir wie Petrus sagen können: «Nun weiß ich wahrhaftig, dass der Herr seine Engel gesandt hat» (Apg 12, 11). Ja, der Herr ist Uns beigestanden: Wir danken ihm dafür und preisen ihn. Wir bitten euch, Ihn mit Uns und für Uns zu preisen durch die Fürsprache der Schutzpatrone dieser Stadt, der *«Roma nobilis»*, und der ganzen Kirche, die auf ihnen gegründet ist.

Heilige Petrus und Paulus, ihr habt den Namen Christi in die Welt getragen und für ihn das höchste Zeugnis der Liebe und des Blutes abgelegt. Behütet auch heute noch und immer diese Kirche, für die ihr geliebt und gelitten habt. Erhaltet sie in der Wahrheit und im Frieden. Vermehrt in allen ihren Gliedern die unerschütterliche Treue zum Worte Gottes, die Heiligkeit des eucharistischen und sakramentalen Lebens, die friedvolle Einheit im Glauben, die Eintracht in der Bruderliebe und den verantwortungsbewussten Gehorsam gegenüber den Oberhirten. Möge die heilige Kirche auch weiterhin in der Welt das lebendige, freudige und wirksame Zeichen des Heilsplanes Gottes und seines Bundes mit den Menschen sein. Deshalb fleht sie durch die bewegte Stimme des demütigen Stellvertreters Christi zu euch, der auf euch, heilige Petrus und Paulus, wie auf Vorbilder und Wegweiser geschaut hat. Gewährt ihr Schutz durch eure Fürsprache, jetzt und alle Zeit, bis zur endgültigen und beseligenden Begegnung mit dem Herrn, der kommt. Amen, amen.

II. DAS CHRISTLICHE MENSCHENBILD

Immer wieder verleiht Paul VI. seiner Überzeugung Ausdruck, dass sich nur in Christus die letzte Wahrheit über den Menschen zu erkennen gibt. Zugleich versteht er die Schwierigkeit, auf welche die Kirche stößt, wenn sie diese Wahrheit der zeitgenössischen Menschheit nahebringen will, weil ihre Sprache oft als der Erfahrung des heutigen Menschen fremd empfunden wird. Zumal die Arbeiter stehen häufig vor dieser Schranke, und mit seiner Präsenz mitten unter ihnen versucht der Papst, den Dialog wieder anzuknüpfen, der den Weg öffnet für die Aufnahme von Gottes Wahrheit über Ursprung und Bestimmung des Menschen.

Den wissenschaftlichen Fortschritten und den technischen Errungenschaften unserer Zeit spricht Paul VI. seine Hochachtung und seine Bewunderung aus, sind sie doch Zeugnisse der Tatkraft der Menschheit und der Kreativität des nach Gottes Bild geschaffenen Menschen.

Heutzutage aber erobert die Technik immer mehr auch den Bereich der Weitergabe des menschlichen Lebens und ändert von Grund auf die natürlichen Prozesse der Fortpflanzung. Angesichts derartiger Entwicklungen fordert Paul VI. dazu auf, die anthropologischen Implikationen dessen, was die Technik zustandebringt, einer nicht nur oberflächlichen Wertung zu unterziehen, und er dringt auf die Notwendigkeit eines moralischen Urteils über das technisch Machbare. Auf dem Spiel steht die Würde der menschlichen Person, die nur dann gewahrt bleibt, wenn die menschliche Fortpflanzung nicht von ihrem humanen Kontext losgelöst wird, das heißt von jener Beziehung gegenseitiger und restloser Hingabe und Zuwendung zwischen Mann und Frau, welche die Ehe begründet und der Ursprung der Familie ist. (A. M.)

Homilie[62] *an die Konzilsväter bei der hl. Messe
im Rahmen der Schlusssitzung des Zweiten Vatikanischen
Ökumenischen Konzils am 7. Dezember 1965*

Heute bringen wir das Zweite Vatikanische Konzil zum Abschluss. Wir beenden es in der Fülle seiner Tatkraft und Wirksamkeit. Das beweist der Anblick Eurer so zahlreichen Gegenwart, das bezeugt der wohlgeordnete Zusammenhalt dieser Versammlung, das bestätigt der planmäßige Abschluss ihrer Arbeiten, das verkündet auch der Einklang von Denken und Willen der Teilnehmer. Wenn nicht wenige Fragen, die im Laufe der Beratungen angegangen wurden, noch einer angemessenen Antwort harren, so zeigt das an, dass das Konzil seine Arbeiten nicht aus Erschöpfung beendet, sondern vielmehr aus jener Lebendigkeit heraus, die von diesem Konzil geweckt wurde und die auch nach seinem Abschluss mit Gottes Hilfe ganz der Lösung dieser Fragen zugute kommen soll. Dieses Konzil überliefert der Nachwelt ein Bild der Kirche, so wie es diese Halle versinnbildet, erfüllt von Seelenhirten, die den gleichen Glauben bekennen, von der gleichen Liebe beseelt und in der gleichen Gemein-

---

[62] In der offiziellen italienischen und englischen Übersetzung wird diese Predigt als «Ansprache» bei der letzten öffentlichen Sitzung des Konzils bezeichnet. Um dem Charakter dieser in lateinischer Sprache gehaltenen Homilie besser gerecht zu werden, diente der lateinische Text der vorliegenden Übersetzung als Grundlage. Dabei werden etliche Abweichungen von den seltenen, auf dem italienischen Text basierenden deutschen Versionen in Kauf genommen (vgl. die in der Einführung nach der italienischen Fassung zitierten Stellen). Der auch im Deutschen erhaltene Habitus des Lateinischen stellt den Text in einen für seine Interpretation sehr relevanten Kontext. Im Übrigen weckt schon die Tatsache, dass die feierliche Messe mit 24 Konzilsvätern konzelebriert wurde, bei dieser Schlussbilanz des Konzils endzeitliche Assoziationen (vgl. Offb 4, 4). (Anm. d. Übers.)

schaft des Gebetes, der Disziplin und des Arbeitseifers verbunden sind, und die auf wunderbare Weise alle nur nach dem Einen trachten, nämlich so wie Christus, unser Meister und Herr, sich hinzugeben für das Leben der Kirche und das Heil der Welt.

Das Konzil hinterlässt der Nachwelt nicht nur ein Bild der Kirche, sondern auch das Erbe ihrer Lehren und Weisungen. Dieses Vermächtnis, das Glaubensgut, ist ihr von Christus selbst anvertraut worden; es wurde von den Völkern all die Jahrhunderte hindurch überdacht; es ging ihnen sozusagen in Fleisch und Blut über und fand Ausdruck in ihren Sitten. Nun ist es in mehreren Bereichen geklärt und in seiner Ganzheit festgehalten und geordnet worden. Es ist ein Erbgut, das aus der Kraft der es begründenden göttlichen Wahrheit und Gnade lebt, und das es daher vermag, jeden Menschen zu beleben, der es in frommer Gesinnung empfängt und damit sein eigenes Leben nährt.

Was dieses Konzil tatsächlich war und was es bewirkte, wäre das naheliegende Thema dieser Unserer abschließenden Betrachtung. Doch das würde allzuviel Aufmerksamkeit und Zeit erheischen, und Wir wollen Uns nicht erdreisten, in dieser letzten und feierlichen Stunde eine so gewichtige Angelegenheit kurz abzuhandeln. Wir ziehen es deshalb vor, diese kostbaren Momente Unserer Zeit einer Betrachtung zu widmen, die Unseren Geist zugleich in Demut beugt und zu höchsten Aufschwüngen beflügelt. Und zwar möchten Wir aus Unserer Sicht fragen: Welches war die religiöse Motivation unseres Konzils? Mit dem Wort «religiös» meinen Wir unsere Beziehung zu Gott, an welcher kund wird, wozu die Kirche da ist, was sie glaubt, was sie hofft, was sie liebt, was sie ist, was sie tut.

Können wir von uns sagen, dass wir Gott Lob gezollt, nach seiner Erkenntnis und seiner Liebe getrachtet haben?

Dass wir fortgeschritten sind im Streben nach seiner Schau, im Eifer, Ihn zu feiern, in der Kunst, Ihn den Menschen zu verkünden, die uns als ihre Hirten und als Lehrer der Wege Gottes betrachten?

Unsere aufrichtige Überzeugung ist, dass dem wirklich so ist, und zwar weil gerade aus dieser ersten und grundsätzlichen Zielsetzung heraus der Plan gereift ist, welcher der eigentliche Anstoß für die Durchführung dieses Konzils war. Noch hallen in dieser Basilika die Worte nach, die in der feierlichen Eröffnungsrede dieses Konzils Unser verehrter Vorgänger, Johannes XXIII. seligen Gedenkens, aussprach, den Wir mit gutem Recht als den Urheber dieses Ökumenischen Konzils bezeichnen können: «Das größte Anliegen ist, dass das Erbe des heiligen Glaubens besser gehütet und verkündet werde... Der Herr hat nämlich gesagt: *Sucht zuerst das Reich Gottes und seine Gerechtigkeit*. Das Wort ‹zuerst› erklärt, woraufhin wir unsere Bemühungen und unsere Gedanken richten sollen».[63]

Und die Absicht wurde in die Tat umgesetzt. Will man die Tragweite dieser Tatsache richtig ermessen, muss man bedenken, in welcher Zeit das geschah. Es ist eine Zeit, in der die Menschen, wie jeder zugeben wird, sich eher für die Herrschaft über diese Welt interessieren als für das Reich Gottes. Eine Zeit, in der die Gottvergessenheit zur Gewohnheit geworden ist, als wäre das ein Gebot der Wissenschaft und ihrer Fortschritte. Eine Zeit, da der Grundakt der ihrer selbst und ihrer Freiheit klarer bewusst gewordenen menschlichen Person darauf abzielt, für sich die uneingeschränkte, keinem transzendenten Gesetz unterstehende Freiheit einzufordern; eine Zeit, in der die Postulate des Laizismus als die zwingende Folgerung aus dem heutigen Denken gelten

---

[63] *Discorsi*, S. 583.

und als die maßgebliche, hochgeistige Norm, nach der die menschliche Gesellschaft organisiert werden soll; eine Zeit, in der die menschliche Vernunft so weit gediehen ist, dass sie nur noch das Absurde kennt und Verzweiflung lehrt; eine Zeit endlich, die durch bisher nie gekannte Erschütterungen und Umwälzungen in den Religionen aller Völker gekennzeichnet ist.

In dieser Zeit also wurde das Konzil abgehalten zur Ehre Gottes, im Namen Christi und im Anhauch des Heiligen Geistes, *der alles ergründet,* der auch die Kirche innerlich belebt, *damit wir das erkennen, was uns von Gott geschenkt worden ist* (vgl. 1 Kor 2, 10-12), und der bewirkt, dass die Kirche das Leben und die Welt in ihrem Innersten und ihrer ganzen Weite erkennt. Die theo-zentrische und theo--logische Auffassung des Konzils vom Menschen und von der Welt hat sozusagen durch Provokation die Menschen für sich gewonnen und selbst jene überzeugt, denen diese Sichtweise mit dem Zeitgeist unvereinbar und weltfremd vorkam. Sie hat für sich einen Anspruch erhoben, den die Welt zunächst als absurd abtat und den sie nun, so hoffen Wir, als durchaus human, weise und überaus heilsam gelten lassen muss – den Anspruch nämlich, dass Gott ist. Dass Er wirklich ist, dass Er lebt; dass Er Person ist, dass Er in unendlicher Güte vorsehend und vorsorgend ist, dass Er gut ist nicht nur in sich selbst, sondern überaus gut auch zu uns. Er ist unser Schöpfer, unsere Wahrheit, unsere Seligkeit; so sehr, dass der Mensch, wenn er seinen Geist und sein Herz mit Gott zu vereinen sucht, indem er sich Seiner Betrachtung hingibt, den geistigen Akt vollzieht, der von allen der edelste und vollkommenste ist, den Akt, in dem auch in der heutigen Zeit die zahllosen Bereiche des menschlichen Tuns den Gradmesser ihres Wertes finden können und sollten.

Es könnte einer sagen, das Konzil habe sich weniger der Erörterung der göttlichen Wahrheiten gewidmet, als – und zwar hauptsächlich – der Betrachtung der Kirche, ihrer Natur, ihrer Struktur, ihrer ökumenischen Sendung, ihrem apostolischen und missionarischen Dienst. Tatsächlich wollte diese altehrwürdige religiöse Gemeinschaft, die Kirche, über sich selbst nachdenken, um sich besser zu verstehen, sich besser zu definieren und entsprechend ihren Geist und ihre Satzungen zu bestimmen. Das ist richtig. Doch diese Selbstbesinnung war nicht Selbstzweck, war auch nicht ein Zurschaustellen eines rein weltlichen Intellektualismus. Die Kirche ist nämlich in sich gegangen und in die Tiefen ihres Bewusstseins hinabgestiegen, nicht um gelehrte Untersuchungen zur Religionspsychologie oder zur Kirchengeschichte beizusteuern, oder um systematisch ihre Rechte einzufordern oder ihre Gesetzgebung darzustellen, sondern um, in sich selbst eingekehrt und aus dem Heiligen Geist wirkend, das Wort Christi besser zu erkennen und das in ihr und in ihrem Umkreis waltende Geheimnis des Ratschlusses und der Gegenwart Gottes tiefer zu ergründen, und um in ihrem Innern immer mehr das Feuer des Glaubens zu entfachen, jene geheime Kraft, die ihr Standhaftigkeit und Weisheit verleiht, und das Feuer der Liebe zu nähren, das sie zum unablässigen Lobpreis Gottes antreibt; denn *cantare amantis est* – Singen ist Sache des Liebenden, wie der heilige Augustinus sagt.[64] Diese selbe primär religiöse Motivation spricht aus den Konzilsdokumenten, insbesondere jenen über die göttliche Offenbarung, über die Liturgie, über die Kirche, über die Priester, über die Ordensleute und über die Laien. Sie alle lassen erkennen, wie klar, erfrischend und reich das geistliche Quellwasser ist, das, vom lebendigen

---

[64] *Sermo* 336; PL 38, 1472.

Gott berührt, aus dem Innern der Kirche hervorbricht und sich auf die dürren Felder dieser Erde ergießt.

Doch dürfen wir etwas nicht übersehen, was von höchster Bedeutung ist, wenn wir die religiöse Dynamik des Konzils begreifen wollen: es war diesem ein besonderes Anliegen, die heutige Welt zu erkunden. Wohl nie zuvor hatte die Kirche so wie in der Zeit dieses Konzils die Notwendigkeit verspürt, die sie umgebende Gesellschaft kennenzulernen, ihr zu begegnen, sie gebührend schätzen zu lernen, auf sie zuzugehen, ihr zu dienen und ihr die Botschaft des Evangeliums zu überbringen, sie sozusagen einzuholen in ihrem schnellen und unaufhaltsamen Lauf. Diese Geisteshaltung, dadurch nahegelegt, dass die Kirche in der Vergangenheit, im letzten und vor allem in diesem Jahrhundert, der Profankultur fern stand und von ihr getrennt war, diese Haltung, wie sie im Übrigen der primäre Heilsauftrag der Kirche zu jeder Zeit nahelegt, war im Konzil ständig und wirkungsvoll am Werk. So konnte bei manchen sogar der Verdacht aufkommen, in den Gedanken und Handlungen der Konzilsversammlung habe aus Nachlässigkeit oder übertriebener Toleranz jener Relativismus Fuß gefasst, der ganz in der empirischen Welt gründet, in der Geschichtlichkeit aller Dinge, und der sich äußert in immer neuen kulturellen Modeströmungen, in immer neuen Bedürfnissen und im Druck der allgemeinen Meinung; das alles auf Kosten der Treue, die der seit Alters her überlieferten Lehre gebührt, und zum Schaden für das religiöse Denken und Streben, wie es dem Konzil eigen sein sollte. Wir sind aber sicher, dass man derlei Missstände dem Konzil nicht unterstellen kann, wenn man sich seine wahren und tiefen Absichten und seine authentischen Verlautbarungen vor Augen hält.

Gegen all diese Vorwürfe wollen Wir hervorheben, dass die Religion unseres Konzils die Liebe war. Angesichts dieser grundsätzlichen Option wird niemand dem Konzil nachsagen können, es sei sozusagen irreligiös gewesen oder vom Evangelium abgewichen, besonders wenn wir bedenken, dass Christus selbst uns lehrte, dass alle daran erkennen, dass wir seine Jünger sind, wenn wir einander lieben (vgl. Joh 13, 36), und wenn wir die Worte der Apostel in unserem Inneren nachklingen lassen: «die reine und unbefleckte Religion ist vor Gott dem Vater diese: Waisen und Witwen in ihrer Not aufsuchen und sich rein halten von dieser Zeit» (Jak 1, 27) und weiterhin: «wer seinen Bruder nicht liebt, den er sieht, wie soll er Gott lieben, den er nicht sieht?» (1 Joh 4, 20).

In der Tat hat die im Konzil versammelte Kirche ihre Aufmerksamkeit – abgesehen von der Betrachtung ihrer selbst in ihrer unabdingbaren Verbundenheit mit Gott – auf den Menschen gerichtet, den Menschen, wie er sich in der heutigen Wirklichkeit dem Blick darbietet. Der Mensch, so wie er lebt, der Mensch, der nur auf sich selbst bedacht ist, der Mensch, der sich anmaßt, einziges Objekt und Mittelpunkt aller Interessen zu sein, und der nicht ansteht, sich als Ursprung und Sinn aller Dinge zu betrachten. Der phänomenale Mensch – um einen neuzeitlichen Terminus zu verwenden – der Mensch, gekleidet in die vielfältigen Erscheinungsformen seines Geistes, hat sich sozusagen vor die Versammlung der Konzilsväter hingestellt, die ja auch Menschen sind, und außerdem Hirten und Brüder, also voll gespannter Aufmerksamkeit und liebevoller Zuwendung. Vor ihnen stand der Mensch der Moderne, der wortreich sein Schicksal beklagt, der Übermensch von gestern und heute, voll Verachtung für alle und dabei selbst schwach und unehrlich, selbstsüchtig und unbeherrscht; der an sich selbst krankende Mensch, der bald lacht, bald weint; der Allerweltsmensch, der in jede beliebige Rolle schlüpft, der einseitige Mensch, für den es nichts gibt als seine Wissenschaft. Der Mensch wie er eben ist, der Mensch, der denkt, der liebt, der arbeitet und immer auf etwas wartet, wie jener *filius accrescens* (Gen 49, 44), der heranwachsende Sohn, der aufschießende Sprössling. Der Mensch, der mit geradezu religiöser Verehrung zu betrachten ist wegen seiner kindlichen Unschuld, wegen des Geheimnisses seiner Armut, wegen der Ergebenheit seines Leidens; dieser bald mit sich selbst beschäftigte, bald die Gemeinschaft suchende Mensch, der Mensch, welcher als *laudator temporis acti*[65] der Vergangenheit nachtrauert und der sich eine Zukunft besser als alles je Dagewesene erträumt. Der Mensch, einerseits in Schuld verstrickt, andererseits mit hohen Tugenden geziert, und so fort.

Der laizistische, religionsfeindliche Humanismus zeigte sich schließlich in seiner ganzen ungeheuren Größe und forderte das Konzil gleichsam zum Zweikampf heraus. Die Religion des menschgewordenen Gottes ist auf die Religion (denn um eine solche handelt es sich) des gottgewordenen Menschen gestoßen. Und was geschah dann? Eine Auseinandersetzung, ein Kampf, ein Anathema? Das wäre durchaus denkbar gewesen, doch es geschah überhaupt nichts. Die alte Erzählung vom guten Samariter diente als Beispiel und Maßstab, nach dem sich die Spiritualität des Konzils richtete. Grenzenlose Menschenliebe durchflutete das Konzil. Die Erforschung und vielfache Erörterung der menschlichen Bedürfnisse – die immer problematischer werden, je mehr der Erdensohn heranwächst – nahm die Aufmerksamkeit des Konzils ganz in Beschlag. Gesteht ihm zumindest dieses eine Verdienst zu, ihr Humanisten der Moderne, die ihr die Transzendenz der höchsten Dinge leugnet, und ihr

---

[65] Lobredner der Vergangenheit. Horaz, *Ars poetica,* v. 173. (Anm. d. Übers.)

werdet eine neue Art von Humanismus kennenlernen: Auch wir, wir allen voran, sind Wohltäter des Menschen.

Denn was hat diese ehrwürdige Versammlung in der menschlichen Natur vorgefunden, die sie, vom göttlichen Licht geleitet, zu ergründen suchte? Das Antlitz der Menschen, das wie eh und je ein Doppelgesicht zeigt: sein Elend und seine Größe zugleich; hier, unübersehbar, das abgrundtiefe, aus sich heraus unheilbare Böse, dort das im Menschen erhalten gebliebene Gute, das geheimnisvolle Schönheit und unvergleichliche Hoheit ausstrahlt. Hier muss ehrlicherweise zugegeben werden, dass unser Konzil bei der Beurteilung des heutigen Menschen eher beim glücklichen Antlitz verweilte als bei jenem traurigen, wobei es darauf bedacht war, alles zum Guten hin zu interpretieren. Das Konzil brachte den Vertretern der Moderne viel Interesse und Bewunderung entgegen. Irrtümer wurden zwar zurückgewiesen, wie es die Nächstenliebe und die Wahrheit gebieten, doch die Menschen selbst wurden lediglich ermahnt und im Übrigen nach allen Regeln des Zuvorkommens und der Nächstenliebe empfangen. So kann es nicht wundern, dass statt die Krankheiten zu diagnostizieren, was ja die Stimmung hätte drücken können, wohltuende und beruhigende Therapien vorgeschlagen wurden und das Konzil statt unheilvoller Zukunftsbilder Botschaften der Hoffnung und Zuversicht verbreitete, die bei den Menschen in angenehmer Erinnerung bleiben sollten. Die Wertvorstellungen der heutigen Menschheit fanden nicht nur die gebührende Beachtung, sondern auch viel Lob; ihre Praktiken wurden bestätigt und ihre Theorien in bereinigter Form ausdrücklich gebilligt.

Lasst Euch nun aber einige Beispiele für die Tätigkeit des Konzils vor Augen führen: Ungezählte Sprachen, die heute in der Welt verwendet werden, wurden in die Liturgie übernommen, um dem Dialog des Menschen mit Gott und

Gottes mit dem Menschen Ausdruck zu verleihen. Dem Menschen als solchem wurde die naturgegebene Tendenz zuerkannt, eine Vielzahl von Rechten für sich geltend zu machen, und darüber hinaus ein transzendentes Lebensziel anzustreben. Die Ansprüche, die seinen vordringlichsten Wünschen entsprechen, nämlich Recht auf eine Existenz in Würde und wahrer Freiheit, auf Kultur, auf Bildung, auf eine erneuerte Gesellschaftsordnung, auf Gerechtigkeit und Frieden – alle diese Postulate wurden sozusagen überarbeitet und damit zur wirkungsvolleren Entfaltung gebracht. Und schließlich wurden alle Menschen mit der Stimme von Hirten und Missionaren aufgerufen, das Licht des Evangeliums in sich aufzunehmen. Wir können hier nur kurz die vielen und komplexen Probleme erwähnen, die das wahre Wohlergehen des Menschen betreffen und mit denen sich das Konzil befasst hat. Es war ja auch nicht die Aufgabe des Konzils, alle drängenden Probleme der heutigen Zeit zu lösen. Einige wurden einer vertieften Untersuchung vorbehalten, welche die Kirche später in die Wege leiten wird; wieder andere sind unter Zeitdruck und nur in allgemeinen Umrissen behandelt worden und bedürfen detaillierter Studien, die differenziertere Anwendungen ermöglichen sollen.

Nun ist Eines zu beachten: Die Kirche hat zwar kein Gebiet der Doktrin in außerordentlichen Lehrentscheiden durch ihr Lehramt definieren wollen; sie hat aber doch mehrere Fragen autoritativ als ihre Lehre vorgelegt, an die sich Gewissen und Handlungsmaximen der Menschen zu halten haben. Die Kirche ist deshalb mit den heutigen Menschen ins Gespräch gekommen; dabei legte sie, unter Wahrung ihrer Autorität und Festigkeit, Wert auf jenen umgänglichen und freundschaftlichen Ton, welcher der pastoralen Liebe entspringt. Sie wollte ja von allen gehört und verstanden werden. Deshalb suchte sie nicht allein den Verstand anzusprechen, sondern bediente sich der im Gespräch üblichen heutigen Umgangssprache, also eines Diskurses, der aus konkreter Lebenserfahrung und echter mitmenschlichen Einfühlung lebt und deshalb einnehmend und überzeugend wirkt. Die Kirche hat den Dialog aufgenommen mit dem heutigen Menschen, so wie er ist.

Ein Weiteres erscheint Uns bedenkenswert. Diese ganze Fülle von Lehrinhalten hat das eine Ziel, dem Menschen zu dienen, in all seinen Lebensumständen, in all seinen Schwächen und Nöten. Die Kirche hat sich gleichsam zur Dienerin der Welt erklärt, und zwar gerade in der Zeit, wo ihre lehramtliche Tätigkeit und ihre pastorale Führung wegen des feierlichen Anlasses des Konzils in hellerem Licht und in größerer Stärke erstrahlte. Die Idee des Dienstes stand dabei immer im Vordergrund.

Deutet das, was Wir bereits erwähnt haben, und was Wir außerdem noch über die allgemeinmenschliche Bedeutung des Konzils sagen können, etwa darauf hin, dass sich die Kirche in Richtung der modernen, ausschließlich auf den Menschen bezogenen Geisteshaltung von ihrem Weg ablenken ließ? Dazu ist zu sagen, dass die Kirche nicht vom rechten Pfad abgekommen ist, vielmehr hat gerade dieser Weg sie in diese Richtung geführt. Wer unvoreingenommen die vorrangige Beschäftigung des Konzils mit menschlichen und zeitlichen Problemen betrachtet, wird zugeben müssen, dass diese Gewichtung dem pastoralen Eifer und Bestreben zuzuschreiben ist, den das Konzil zum Leitprinzip seiner Arbeit erhoben hat. Ebenso wird er anerkennen müssen, dass dieser Eifer nie vom wahren religiösen Eifer zu trennen ist, zum einen wegen der Liebe, die ihm innewohnt (und wo die Liebe ist, da ist Gott – *ubi caritas ibi Deus est!),* zum anderen wegen der vom Konzil stets bekräftigten und hochgehaltenen engen Verbindung zwischen den allgemeinmenschlichen und irdischen Gütern und den wahrhaft geistigen, religiösen und ewigen Gütern. Die Kirche neigt sich zum Menschen und zur Welt hin und erhebt sich zugleich zum Reich Gottes.

Die Menschen unserer Zeit, von ihrer Denkweise her gewohnt, den Wert der Dinge an ihrem Nutzen zu messen, müssen Wert und Bedeutung des Ökumenischen Konzils allein schon aus dem Grund anerkennen, dass dieses selbst alles auf Nutzen und Wohl des Menschen bezogen hat. Es sage keiner, eine Religion wie die katholische sei zu nichts nütze, wo sie doch in der zuhöchst bewussten und wirkmächtigen Ausdrucksform, das heißt wenn sie feierlich im Konzil vereint ist, sich ganz zu Gunsten und zu Diensten des Menschen erklärt. Somit haben die katholische Religion und das menschliche Leben miteinander einen Freundschaftsbund geschlossen und streben beide nach einem gleichen menschlichen Ziel: dass die katholische Religion für die Menschheit da ist und in einem gewissen Sinn das Leben der Menschheit ist. Sie ist das Leben der Menschheit wegen der hohen und abschließenden Lehre, die sie vom Menschen vermittelt (bleibt der Mensch, auf sich selbst gestellt, nicht sich selbst ein Rätsel?), und sie kann diese Lehre weitergeben, weil sie sie aus dem Wissen schöpft, das sie über Gott hat. Denn um den Menschen, den wahren Menschen, zu kennen, müssen wir zuerst Gott kennen. Als Beweis mögen die flammenden Worte der heiligen Katharina von Siena genügen: «In Deiner Natur, ewiger Gott, kenne ich meine Natur.» Deshalb ist die katholische Religion das Leben, weil sie die Natur des Menschen und seine Letztbestimmung aufzeigt und ihm seinen vollsten Sinn gibt: sie ist das Leben, weil sie als oberstes Lebensgesetz seinem Leben innewohnt und ihm jene geheimnisvolle Kraft verleiht, die es wahrhaft vergöttlicht.

Wenn wir mithin bedenken, verehrte Brüder und geliebte Söhne, die Ihr alle hier versammelt seid, dass wir im Angesicht eines jeden Menschen, zumal wenn es vor lauter Schmerzen und Tränen durchscheinend geworden ist, das Angesicht Christi, des Menschensohnes, erblicken können und sollen (vgl. Mt 25, 40); und wenn im Antlitz Christi das Angesicht des himmlischen Vaters erkennbar ist nach dem Worte «Wer mich sieht, sieht den Vater» (Joh 14, 9), dann wird unser Humanismus zur christlichen Weltanschauung, die auf Gott als den Mittelpunkt allen Seins ausgerichtet ist, so dass wir es auch so sagen können: Um Gott zu erkennen, muss man den Menschen kennen.

Ist es also nicht Sache dieses Konzils, das sein Augenmerk mit Vorliebe und Bedacht auf den Menschen richtet, dem Menschen unserer Zeit den Weg zu weisen, auf dem er Stufe um Stufe Befreiung und Trost findet? Lehrt uns nicht letztlich das Konzil auf einfache, neue, feierliche Art, den Menschen zu lieben, um Gott zu lieben? Den Menschen zu lieben, sagen Wir, nicht als Werkzeug, sondern gleichsam als unser erstes Ziel, das uns auf das höchste, jenseits aller menschlichen Belange liegende Ziel verweist? Und so fasst sich dieses ganze Konzil in seiner abschließenden religiösen Bedeutung zusammen, die nichts anderes ist als eine beschwörende und freundschaftliche Einladung an die ganze Menschheit, auf dem Weg der brüderlichen Liebe Gott zu finden *a quo averti cadere, in quem converti resurgere, in quo manere consistere, in quem redire revivescere, in quo habitare vivere est* (von ihm weggehen heißt fallen, sich ihm zuwenden heißt auferstehen; in ihm bleiben heißt sein, zu ihm zurückkehren heißt wieder aufleben, bei ihm wohnen heißt leben).[66]

---

[66] Augustinus, *Soliloquies* I, 1, 3; PL 23, 870.

Das ist Unsere Hoffnung am Ende dieses Zweiten Vatikanischen Ökumenischen Konzils und am Anfang der menschlichen und religiösen Erneuerung, die vorzubereiten und herbeizuführen es sich vorgenommen hat. Das erhoffen Wir für uns, verehrte Brüder und Konzilsväter, das erwarten Wir vertrauensvoll; das erhoffen Wir auch für die ganze Menschheit, die noch mehr zu lieben und der noch besser zu dienen Wir hier gelernt haben.

Auf dass sich so alles zum Besten füge, rufen Wir einmal mehr unsere heiligen Fürsprecher an: den heiligen Johannes den Täufer und den heiligen Joseph, die Patrone des Ökumenischen Konzils; die heiligen Apostel Petrus und Paulus, die Grundsteine und Beschützer der heiligen Kirche, und mit ihnen den heiligen Bischof Ambrosius, dessen Fest wir heute feiern und damit gleichsam die Kirche des Ostens mit der Kirche des Westens miteinander verbinden; ebenso und von ganzem Herzen rufen Wir die Hilfe der seligsten Jungfrau Maria an, der Mutter Christi, die wir deshalb auch die Mutter der Kirche genannt haben, und einstimmig und einmütig danken wir Gott und preisen Seine Herrlichkeit, der da ist der lebendige und wahre Gott, der Eine und Allerhöchste, der Vater, der Sohn und der Heilige Geist. Amen.

Aus: Enzyklika Populorum progressio *vom 26. März 1967*

1. Die Entwicklung der Völker wird von der Kirche aufmerksam verfolgt: vor allem derer, die dem Hunger, dem Elend, den herrschenden Krankheiten, der Unwissenheit zu entrinnen suchen; derer, die umfassender an den Früchten der Zivilisation teilnehmen und ihre menschlichen Fähigkeiten wirksamer zur Geltung bringen wollen, die sich entschieden ihrer volleren Entfaltung zuwenden. Das Zweite

Vatikanische Konzil wurde vor kurzem abgeschlossen. Die Forderung des Evangeliums Jesu Christi steht neu im Bewusstsein der Kirche. Es ist ihre Pflicht, sich in den Dienst der Menschen zu stellen, um ihnen zu helfen, dieses schwere Problem in seiner ganzen Breite anzupacken und sie in diesem entscheidenden Augenblick der Menschheitsgeschichte von der Dringlichkeit gemeinsamen Handelns zu überzeugen. [...]

12. Treu der Weisung und dem Beispiel ihres göttlichen Stifters, der die Verkündigung der Frohbotschaft an die Armen als Erweis seiner Sendung hingestellt hat (vgl. Lk 7, 22), hat sich die Kirche immer bemüht, den menschlichen Fortschritt der Völker, denen sie den Glauben an Christus brachte, zu fördern. Ihre Missionare haben mit den Kirchen auch Hospize, Krankenhäuser, Schulen und Universitäten gebaut. Sie haben die Einheimischen gelehrt, das natürliche Potential ihres Landes besser zu nutzen, und haben sie so nicht selten vor fremder Gier geschützt. Natürlich war auch ihr Werk, wie jegliches menschliche Werk, nicht vollkommen, und manche von ihnen mögen ihre nationale Denk- und Lebensweise mit der Verkündigung der eigentlichen Frohbotschaft Christi vermischt haben. Trotzdem verstanden sie es, auch die dortigen Lebensformen zu pflegen und zu fördern. Vielerorts gehören sie zu den Pionieren des materiellen Fortschritts und des kulturellen Aufstiegs; um nur ein Beispiel zu nennen: Charles de Foucauld, der um seiner Nächstenliebe willen «Bruder aller» genannt werden dürfte und der ein wertvolles Lexikon der Sprache der Tuareg schuf. Sie alle sollen in Ehren erwähnt sein, die allzuoft Unbekannten, die Vorläufer, die die Liebe Christi drängte, und ihre Schüler und Nachfolger, die auch heute noch in einem hochherzigen und selbstlosen Dienst bei denen ausharren, denen sie die Frohbotschaft Christi bringen.

13. Diese Initiativen der Einzelnen und Gruppen genügen heute jedoch nicht mehr. Die gegenwärtige Situation verlangt ein gemeinsames Handeln, das bereits mit einer klaren Konzeption auf wirtschaftlichem, sozialem, kulturellem und geistigem Gebiet beginnt. Ohne sich in die Verwaltung der öffentlichen Fragen einmischen zu wollen, geht es der Kirche, erfahren in Fragen, die den Menschen betreffen, nur um dies: «unter Führung des Geistes, des Trösters, das Werk Christi selbst weiterzuführen, der in die Welt kam, um der Wahrheit Zeugnis zu geben; zu retten, nicht zu richten; zu dienen, nicht sich bedienen zu lassen».[67] Gegründet, um schon auf dieser Erde das Himmelreich zu errichten, nicht jedoch um irdische Macht zu erringen, bezeugt sie eindeutig, dass die beiden Zuständigkeiten voneinander verschieden sind, dass kirchliche und staatliche Gewalt je höchste in ihrer Ordnung sind.[68] Aber sie lebt in der Geschichte, und darum hat sie «die Pflicht, nach den Zeichen der Zeit zu forschen und sie im Licht des Evangeliums zu deuten».[69] Sie teilt die besten Absichten der Menschen und leidet, wenn sie so oft nicht erfüllt werden. Sie möchte ihnen helfen, sich voll zu entfalten, und deswegen eröffnet sie ihnen, was nur ihr eigen ist: eine umfassende Sicht des Menschen und der Menschheit.

14. Entwicklung ist nicht gleichbedeutend mit wirtschaftlichem Wachstum. Wahre Entwicklung muss umfassend sein, sie muss den ganzen Menschen im Auge haben und die gesamte Menschheit. So hat ein Sachkenner geschrieben: «Wir lehnen es ab, die Wirtschaft vom Menschlichen zu trennen, von der Entwicklung der Kultur, zu der sie ge-

---

[67] Vgl. *GS* 3.
[68] Vgl. Enzyklika *Immortale Dei*, 1. November 1885: Acta Leonis XIII., t. V (1885) 127.
[69] *GS* 4.

hört. Was für uns zählt, ist der Mensch, jeder Einzelne, jede Gruppe von Menschen bis zur gesamten Menschheit.»[70] [...]

16. Dieses Wachstum ist nicht seinem [des Menschen] freien Belieben anheimgestellt. Wie die gesamte Schöpfung auf ihren Schöpfer hingeordnet ist, so ist auch das geistbegabte Geschöpf gehalten, von sich aus sein Leben auf Gott, die erste Wahrheit und das höchste Gut, auszurichten. Deshalb ist für uns das Wachstum in unserem Menschsein die Summe unserer Pflichten. Dieser durch persönliche und verantwortungsbewusste Anstrengung zur Ausgewogenheit gelangte Mensch ist zu noch Höherem berufen. Durch seine Eingliederung in den lebendigen Christus gelangt er zu einer neuen Entfaltung, zu einem Humanismus, der seine Natur übersteigt und ihm eine umgreifende Vollendung schenkt: das ist der letzte Sinn menschlicher Entwicklung. [...]

22. «Erfüllt die Erde und macht sie euch untertan» (Gen 1, 28): Die Heilige Schrift lehrt uns auf ihrer ersten Seite, dass die gesamte materielle Schöpfung für den Menschen da ist. Freilich, er muss seine geistige Kraft daransetzen, um ihre Werte zu entwickeln und sie durch seine Arbeit sich dienstbar zu machen. Wenn aber die Erde dazu da ist, jedem die Mittel für seine Existenz und seinen Fortschritt zu geben, dann hat jeder Mensch das Recht, auf ihr das zu finden, was er nötig hat. Das Zweite Vatikanische Konzil hat dies in Erinnerung gerufen: «Gott hat die Erde mit allem, was sie enthält, zum Nutzen aller Menschen und Völker bestimmt; darum müssen diese geschaffenen Güter in einem billigen Verhältnis allen zustatten kommen. Dabei hat die Gerechtigkeit die Führung. Hand in Hand geht mit ihr die Liebe.»[71] Alle anderen Rechte, ganz gleich welche, auch das des

---

[70] Vgl. L.-J. Lebret OP, *Dynamique concrète du développement (Economie et Humanisme)*, Paris 1961, S. 28.

[71] Vgl. *GS* 69.

Eigentums und des freien Handels, sind ihm untergeordnet. Sie dürfen seine Verwirklichung nicht erschweren, sondern müssen sie im Gegenteil erleichtern. Es ist eine ernste und dringende gesellschaftliche Aufgabe, sie alle auf ihre ursprüngliche Sinnrichtung hinzuordnen. [...]

28. Aber sie [die Arbeit] ist ohne Zweifel ambivalent: sie verspricht Geld, Vergnügen und Macht, sie treibt die einen zum Egoismus, die anderen zur Revolte; aber sie entwickelt auch Berufsethos, Pflichtbewusstsein und Nächstenliebe. Obwohl die Arbeit heute wissenschaftlicher und wirksamer organisiert wird, so entsteht die Gefahr, dass sie den Menschen entmenschlicht, indem sie ihn zu ihrem Sklaven macht. Die Arbeit ist nur dann menschlich, wenn sie von Intelligenz und Freiheit bestimmt bleibt. Johannes XXIII. hat an die dringende Aufgabe erinnert, dem Arbeiter seine Würde zu geben, indem man ihn wirklich am gemeinsamen Werk teilnehmen lässt: «Das Ziel muss in jedem Fall sein, das Unternehmen zu einer echten menschlichen Gemeinschaft zu machen; diese muss den wechselseitigen Beziehungen der Beteiligten bei aller Verschiedenheit ihrer Aufgaben und Pflichten das Gepräge geben.»[72] Die Mühen der Menschen haben für den Christen noch einen weiteren Sinn: mitzuarbeiten an dem Aufbau der übernatürlichen Welt,[73] die noch nicht vollendet ist, bis wir alle zusammen jenen vollkommenen Menschen bilden, von dem der heilige Paulus im Zusammenhang mit «dem Maß des Vollalters Christi» spricht (Eph 4, 13). [...]

37. Es ist richtig, dass allzuoft ein schnelles Anwachsen der Bevölkerung für das Entwicklungsproblem eine zusätzliche Schwierigkeit bedeutet. Die Bevölkerung wächst

---

[72] Vgl. *Mater et Magistra*, AAS 53 (1961) 423.
[73] Vgl. z. B. Oswald von Nell-Breuning SJ, *Wirtschaft und Gesellschaft*, Bd. 1: *Grundfragen*, Freiburg 1956, S. 183-184.

schneller als die zur Verfügung stehenden Unterhaltsmittel. Man gerät sichtlich in einen Engpass. Die Versuchung ist groß, das Anwachsen der Bevölkerung durch radikale Maßnahmen zu bremsen. Der Staat hat zweifellos innerhalb der Grenzen seiner Zuständigkeit das Recht, hier einzugreifen: eine zweckmäßige Aufklärung durchzuführen und geeignete Maßnahmen zu treffen, vorausgesetzt, dass diese in Übereinstimmung mit dem Sittengesetz sind und die Freiheit der Eheleute respektieren. Ohne das unabdingbare Recht auf Ehe und Zeugung gibt es keine Würde des Menschen.

Es ist schließlich Sache der Eltern, in voller Kenntnis der Sachlage über die Kinderzahl zu entscheiden. Sie übernehmen diese Aufgabe vor Gott, vor sich selbst, vor den Kindern, die sie bereits zur Welt gebracht haben, vor der Gemeinschaft, der sie angehören, nach den Forderungen ihres durch das authentisch interpretierte Gesetz Gottes unterrichteten und durch das Vertrauen auf Gott gestärkten Gewissens.[74] [...]

49. Es sei nochmal wiederholt: Der Überfluss der reicheren Länder soll den Armen dienen. Die Regel, die einmal für die unmittelbare Umgebung galt, muss heute auf die Gesamtheit der Notleidenden angewandt werden. Die Reichen haben davon den ersten Vorteil. Tun sie es nicht, so wird ihr hartnäckiger Geiz das Gericht Gottes und den Zorn der Armen erregen. Die Folgen werden unabsehbar sein. Würden sich die heute wohlhabenden Kulturen in ihrem Egoismus verschanzen, so verletzten sie ihre höchsten Werte; sie opferten den Willen, mehr zu sein, der Gier, mehr zu haben. Und es gälte von ihnen das Wort vom Reichen, dessen Ländereien so guten Ertrag gaben, dass er hierfür keine Verwendung wusste: «Aber da sprach Gott zu ihm:

---

[74] Vgl. *GS* 50-51 (mit Fußnote 14); *GS* 87.

Du Tor! In dieser Nacht wird man dein Leben von dir fordern» (Lk 12, 20). [...]

75. Alle sollen den Allmächtigen bitten, dass sich die Menschheit in Erkenntnis der großen Übel mit Intelligenz und Mut daranmache, sie aus der Welt zu schaffen. Diesem Gebet muss die Entschlossenheit eines jeden entsprechen, sich nach dem Maß seiner Kräfte und Möglichkeiten im Kampf gegen die Unterentwicklung einzusetzen. Mögen sich die Einzelnen, die gesellschaftlichen Gruppen und die Völker brüderlich die Hand reichen, die Starken zur Förderung der Schwachen mit dem Einsatz ihres ganzen Könnens, ihrer Begeisterung und selbstlosen Liebe. Im Aufdecken der Ursachen des Elends und im Finden der Mittel zu ihrer Behebung ist derjenige am erfinderischsten, der von wahrer Liebe getragen ist. Der Friedensstifter «geht gerade seinen Weg, entzündet die Freude und verbreitet Licht und Gnade in den Herzen der Menschen auf der ganzen Welt und lehrt sie, über alle Grenzen hinweg das Antlitz von Brüdern, das Antlitz von Freunden entdecken».[75] [...]

79. Manche mögen solche Hoffnungen für utopisch halten. Es könnte aber sein, dass sich ihr Realismus als irrig erweist, dass sie die Dynamik einer Welt nicht erkannt haben, die brüderlicher leben will, die sich trotz ihrer Unwissenheit, ihrer Irrtümer, ihrer Sünden, ihrer Rückfälle in die Barbarei, ihrer großen Abweichungen vom Weg des Heils langsam, ohne sich darüber klar zu sein, ihrem Schöpfer nähert. Dieser Weg zu einer größeren Menschlichkeit verlangt Anstrengungen und Opfer. Aber auch das Leid, angenommen aus Liebe zu unseren Brüdern, trägt bei zum Fortschritt der gesamten Menschheitsfamilie. Die Christen wissen, dass die Vereinigung mit dem Opfer des Erlösers beiträgt zur

---

[75] Ansprache Johannes' XXIII. anlässlich der Überreichung des Balzanpreises, 10. Mai 1963, *AAS* 55 (1963) 455.

Erbauung des Leibes Christi in seiner Fülle zum einen Volk Gottes.[76]

Aus: Enzyklika Humanae vitae *vom 25. Juli 1968*

1. Die überaus ernste Aufgabe, menschliches Leben weiterzugeben, durch die die Gatten freie und bewusste Mitarbeiter des Schöpfergottes sind, erfüllt sie immer mit großer Freude; doch ist die Freude vielfach mit nicht geringen Schwierigkeiten und Bedrängnissen verbunden. Zu allen Zeiten stellte die Erfüllung dieser Aufgabe das Gewissen der Gatten vor schwere Probleme. Die jüngste Entwicklung jedoch, die die menschliche Gesellschaft nimmt, bringt derartige Veränderungen mit sich, dass sich neue Fragen erheben, denen die Kirche sich stellen muss, weil sie aufs engste mit menschlichem Leben und Glück zusammenhängen.

2. Die Veränderungen sind wirklich bedeutsam und verschiedenartig. Zunächst handelt es sich um die rasche Bevölkerungszunahme: viele fürchten, dass die Weltbevölkerung schneller zunimmt, als die zur Verfügung stehende Nahrung erlaubt. Dadurch wächst die Not in vielen Familien und in den Entwicklungsländern. Das kann staatliche Regierungen leicht dazu drängen, diese Gefahr mit radikalen Maßnahmen zu bekämpfen. Dazu erschweren nicht nur Arbeits- und Wohnverhältnisse, sondern auch gesteigerte Ansprüche wirtschaftlicher Art, auch im Hinblick auf die Erziehung und den Unterricht der Jugend, den angemessenen Unterhalt einer größeren Zahl von Kindern. Wir erleben auch einen gewissen Wandel in der Auffassung von der Persönlichkeit der Frau und ihrer Aufgabe in der mensch-

---

[76] Vgl. *LG* 13.

lichen Gesellschaft; ebenso in der Auffassung vom Wert der Gattenliebe in der Ehe und in der Beurteilung des ehelichen Verkehrs im Hinblick auf diese Liebe. Schließlich ist vor allem der beeindruckende Fortschritt des Menschen in der Beherrschung der Naturkräfte und deren rationaler Auswertung in Betracht zu ziehen. Diese Herrschaft sucht nun der Mensch auf sein ganzes Leben auszudehnen: auf seinen Körper, seine seelischen Kräfte, auf das soziale Leben und selbst auf die Gesetze, die die Weitergabe des Lebens regeln.

3. Diese Sachlage wirft neue Fragen auf. Wäre es nicht angebracht, angesichts der gegenwärtigen Lebensverhältnisse und der Bedeutung, die der eheliche Verkehr für die Harmonie und gegenseitige Treue der Gatten hat, die heute geltenden sittlichen Normen zu überprüfen? Zumal, wenn man erwägt, dass diese unter Umständen nur unter heroischen Opfern befolgt werden können? Könnte nicht das sogenannte Ganzheitsprinzip auf diesen Bereich angewandt werden und damit die Planung einer weniger großen, aber vernünftig geregelten Fruchtbarkeit einen physisch unfruchtbar machenden Akt in eine erlaubte und vorausschauende Geburtenkontrolle verwandeln? Kann man nicht die Meinung vertreten, dass das Ziel des Dienstes an der Fortpflanzung mehr dem Eheleben als Ganzem aufgegeben sei als jedem einzelnen Akt? Man stellt auch die Frage, ob bei dem gesteigerten Verantwortungsbewusstsein des heutigen Menschen nicht die Zeit gekommen sei, wo die Weitergabe des Lebens mehr von Vernunft und freier Entscheidung bestimmt werden sollte als von gewissen biologischen Regelmäßigkeiten.

4. Zweifellos forderten solche Fragen vom kirchlichen Lehramt eine neue und vertiefte Überlegung über die Prinzipien der Ehemoral, die ihre Grundlage im natürlichen Sittengesetz haben, das durch die göttliche Offenbarung

erhellt und bereichert wird. Kein gläubiger Christ wird bestreiten, dass die Auslegung des natürlichen Sittengesetzes zur Aufgabe des kirchlichen Lehramtes gehört. Denn zweifellos hat – wie Unsere Vorgänger wiederholt ausgesprochen haben[77] – Christus Jesus, als er dem Petrus und den übrigen Aposteln an seiner göttlichen Gewalt Anteil gab und sie aussandte, alle Völker zu lehren, was er uns geboten hat (vgl. Mt 28, 18-19), sie zu zuverlässigen Wächtern und Auslegern des ganzen Sittengesetzes bestellt, das heißt nicht nur des evangelischen, sondern auch des natürlichen Sittengesetzes. Denn auch das natürliche Sittengesetz bringt den Willen Gottes zum Ausdruck, und dessen treue Befolgung ist ja allen Menschen zum ewigen Heil notwendig (vgl. Mt 7, 21). In Erfüllung dieses Auftrags hat sich die Kirche zu allen Zeiten, besonders oft in letzter Zeit über die Natur der Ehe, über die sittlich geordnete Inanspruchnahme der ehelichen Rechte und die Pflichten der Eheleute in übereinstimmenden Dokumenten geäußert.[78] [...]

[77] Vgl. Pius IX., Enzyklika *Qui Pluribus*, 9. November 1846: Pius IX. P. M. Acta, Bd. 1, S. 9-10; Pius X., Enzyklika *Singulari Quadam*, 24. September 1912: *AAS* 4 (1912) 658; Pius XI., Enzyklika *Casti Connubii*, 31. Dezember 1930: *AAS* 22 (1930) 579-581; Pius XII., Ansprache *Magnificate Dominum*, 2. November 1954: *AAS* 46 (1954) 671-672; Johannes XXIII., Enzyklika *Mater et Magistra*, 15. Mai 1961: *AAS* 53 (1961) 457.

[78] Vgl. *Catechismus Romanus Concilii Tridentini*, II. Teil, c. CIII; Leo XIII., Enzyklika *Arcanum*, 10. Februar 1880: Acta Leonis XIII., 2 (1881) 26-29; Pius XI., Enzyklika *Divini Illius Magistri*, 31. Dezember 1929: *AAS* 22 (1930) 56-61; Enzyklika *Casti Connubii*: *AAS* 22 (1930) 545-546; Pius XII., Ansprache an die italienische medizinisch-biologische Vereinigung vom hl. Lukas, 12. November 1944: *Ansprachen und Radiobotschaften*, VI, S. 191-192; An die katholische Vereinigung der Hebammen Italiens, 29. Oktober 1951: *AAS* 43 (1951) 835-854; An den Kongress des Fronte della Famiglia und der Vereinigung der kinderreichen Familien, 28. November 1951: *AAS* 43 (1951)

7. Die Frage der Weitergabe menschlichen Lebens darf – wie jede andere Frage, die das menschliche Leben angeht – nicht nur unter biologischen, psychologischen, demographischen und soziologischen Gesichtspunkten gesehen werden; man muss vielmehr den ganzen Menschen im Auge behalten, die gesamte Aufgabe, zu der er berufen ist; nicht nur seine natürliche und irdische Existenz, sondern auch seine übernatürliche und ewige. Da nun viele, die sich für künstliche Geburtenregelung einsetzen, sich dabei auf die Forderungen der ehelichen Liebe und der verantwortlichen Elternschaft berufen, ist es nötig, diese beiden bedeutsamen Elemente des ehelichen Lebens genauer zu bestimmen und zu beleuchten. – Dabei wollen Wir vor allem zurückgreifen auf die Pastoralkonstitution *Gaudium et spes*, in der sich jüngst das Zweite Vatikanische Konzil mit sehr hoher Autorität dazu geäußert hat.

8. Die eheliche Liebe zeigt sich uns in ihrem wahren Wesen und Adel, wenn wir sie von ihrem Quellgrund her sehen; von Gott, der «Liebe ist» (vgl. 1 Joh 4-8), von ihm, dem Vater, «nach dem alle Vaterschaft im Himmel und auf Erden ihren Namen trägt» (vgl. Eph 3, 15). Weit davon entfernt, das bloße Produkt des Zufalls oder Ergebnis des blinden Ablaufs von Naturkräften zu sein, ist die Ehe in Wirklichkeit vom Schöpfergott in weiser Voraussicht so eingerichtet, dass sie in den Menschen seinen Liebesplan verwirklicht. Darum streben Mann und Frau durch ihre gegenseitige Hingabe, die ihnen in der Ehe eigen und ausschließlich ist, nach jener personalen Gemeinschaft, in der sie sich gegen-

---

857-859; An den 7. Kongress der internationalen Gesellschaft für Hämatologie, 12. September 1958: *AAS* 50 (1958) 734-735; Johannes XXIII., Enzyklika *Mater et Magistra*: *AAS* 53 (1961) 446-447; *Codex Iuris Canonici*, c. 1067; c. 1068, § 1; c. 1076, §§ 1-2; 2. Vatikanisches Konzil, *GS* 47-52.

seitig vollenden, um mit Gott zusammenzuwirken bei der Weckung und Erziehung neuen menschlichen Lebens. Darüber hinaus hat für die Getauften die Ehe die hohe Würde eines sakramentalen Gnadenzeichens, und bringt darin die Verbundenheit Christi mit seiner Kirche zum Ausdruck.

9. In diesem Licht wird die besondere Eigenart und Forderung der ehelichen Liebe deutlich. Es kommt sehr darauf an, dass man davon die rechte Vorstellung hat. An erster Stelle müssen wir sie als vollmenschliche Liebe sehen; das heißt als sinnhaft und geistig zugleich. Sie entspringt darum nicht nur Trieb und Leidenschaft, sondern auch und vor allem einem Entscheid des freien Willens, der darauf hindrängt, in Freud und Leid des Alltags durchzuhalten, ja dadurch stärker zu werden: so werden dann die Gatten ein Herz und eine Seele und kommen gemeinsam zu ihrer menschlichen Vollendung. Weiterhin ist es Liebe, die aufs Ganze geht; jene besondere Form personaler Freundschaft, in der die Gatten alles großherzig miteinander teilen, weder unberechtigte Vorbehalte machen noch ihren eigenen Vorteil suchen. Wer seinen Gatten wirklich liebt, liebt ihn um seiner selbst willen, nicht nur aufgrund von dem, was er von ihm empfängt. Und es ist seine Freude, dass er durch seine Ganzhingabe bereichern darf. Die Liebe der Gatten ist zudem treu und ausschließlich bis zum Ende des Lebens; so wie sie Braut und Bräutigam an jenem Tag verstanden, da sie sich frei und klar bewusst durch das gegenseitige eheliche Jawort aneinander gebunden haben. Niemand kann behaupten, dass die Treue der Gatten – mag sie auch bisweilen schwer werden – unmöglich sei. Im Gegenteil. Zu allen Zeiten hatte sie ihren Adel und reiche Verdienste. Beispiele sehr vieler Ehepaare im Lauf der Jahrhunderte sind der Beweis dafür: Treue entspricht nicht nur dem Wesen der Ehe, sie ist darüber hinaus eine Quelle innigen, dauernden Glücks.

Diese Liebe ist schließlich fruchtbar, da sie nicht ganz in der ehelichen Vereinigung aufgeht, sondern darüber hinaus fortzudauern strebt und neues Leben wecken will. «Ehe und eheliche Liebe sind ihrem Wesen nach auf die Zeugung und Erziehung von Nachkommenschaft ausgerichtet. Kinder sind gewiss die vorzüglichste Gabe für die Ehe und tragen zum Wohl der Eltern selbst sehr bei.»[79]

10. Deshalb fordert die Liebe von den Ehegatten, dass sie ihre Aufgabe verantwortlicher Elternschaft richtig erkennen. Diese Aufgabe, auf die man heute mit gutem Recht ganz besonderen Wert legt, muss darum richtig verstanden werden. Sie muss aber unter verschiedenen berechtigten, miteinander zusammenhängenden Gesichtspunkten betrachtet werden. Was zunächst die biologischen Vorgänge angeht, bedeutet verantwortungsbewusste Elternschaft die Kenntnis und die Beachtung der mit ihnen zusammenhängenden Funktionen. So vermag der Mensch in seinen Fortpflanzungskräften die biologischen Gesetze zu entdecken, die zur menschlichen Person gehören.[80] Was dann psychologisch Trieb und Leidenschaft betrifft, so meint verantwortungsbewusste Elternschaft ihre erforderliche Beherrschung durch Vernunft und Willen. Im Hinblick schließlich auf die gesundheitliche, wirtschaftliche, seelische und soziale Situation bedeutet verantwortungsbewusste Elternschaft, dass man entweder, nach klug abwägender Überlegung, sich hochherzig zu einem größeren Kinderreichtum entschließt, oder bei ernsten Gründen und unter Beobachtung des Sittengesetzes zur Entscheidung kommt, zeitweise oder dauernd auf weitere Kinder zu verzichten. Endlich und vor allem hat verantwortungsbewusste Elternschaft einen inneren Bezug zur sogenannten objektiven sittlichen Ordnung,

---

[79] Vgl. *GS* 50.
[80] Vgl. Thomas von Aquin, *Summa Theologiae* I-II, q. 94, a. 2.

die auf Gott zurückzuführen ist, und deren Deuterin das rechte Gewissen ist. Die Aufgabe verantwortungsbewusster Elternschaft verlangt von den Gatten, dass sie in Wahrung der rechten Güter- und Wertordnung ihre Pflichten gegenüber Gott, sich selbst, gegenüber ihrer Familie und der menschlichen Gesellschaft anerkennen. Daraus folgt, dass sie bei der Aufgabe, das Leben weiterzugeben, keineswegs ihrer Willkür folgen dürfen, gleichsam als hinge die Bestimmung der sittlich gangbaren Wege von ihrem eigenen und freien Ermessen ab. Sie sind vielmehr verpflichtet, ihr Verhalten auf den göttlichen Schöpfungsplan auszurichten, der einerseits im Wesen der Ehe selbst und ihrer Akte zum Ausdruck kommt, den anderseits die beständige Lehre der Kirche kundtut.[81] [...]

18. Es ist vorauszusehen, dass vielleicht nicht alle diese überkommene Lehre ohne weiteres annehmen werden; es werden sich, verstärkt durch die modernen Kommunikationsmittel, zu viele Gegenstimmen gegen das Wort der Kirche erheben. Die Kirche aber, die es nicht überrascht, dass sie ebenso wie ihr göttlicher Stifter gesetzt ist «zum Zeichen, dem widersprochen wird» (vgl. Lk 2, 34), steht dennoch zu ihrem Auftrag, das gesamte Sittengesetz, das natürliche und evangelische, demütig, aber auch fest zu verkünden. Die Kirche ist ja nicht Urheberin dieser beiden Gesetze; sie kann deshalb darüber nicht nach eigenem Ermessen entscheiden, sondern nur Wächterin und Auslegerin sein; niemals darf sie etwas als erlaubt erklären, was in Wirklichkeit unerlaubt ist, weil das seiner Natur nach dem wahren Wohl des Menschen widerspricht. Indem sie das eheliche Sittengesetz unverkürzt wahrt, weiß die Kirche sehr wohl, dass sie zum Aufbau echter menschlicher Kultur beiträgt; darüber hinaus spornt sie den

---

[81] Vgl. *GS* 50 und 51.

Menschen an, sich nicht seiner Verantwortung dadurch zu entziehen, dass er sich auf technische Mittel verlässt; damit sichert sie die Würde der Eheleute. Indem die Kirche so dem Beispiel und der Lehre unseres göttlichen Erlösers getreu vorgeht, zeigt sie, dass ihre aufrichtige und uneigennützige Liebe den Menschen begleitet: sie will ihm helfen in dieser Welt, damit er wirklich als Kind am Leben des lebendigen Gottes teilhabe, der aller Menschen Vater ist.[82]

Homilie in der Mitternachtsmesse im Metallindustrie-Zentrum, Tarent, am 24.-25. Dezember 1968

Brüder! Freunde! Ihr, die Ihr Uns unbekannt seid und doch schon Uns lieb, ganz als wären wir miteinander verbunden – Ihr mit Uns, Wir mit Euch – durch höhere Bande als jene des Blutes, der Heimat, der Kultur: verbunden durch eine Verwandtschaft, die eine schicksalhafte Solidarität bedeutet, eine Gemeinschaft im Glauben, mag dieser nun tatsächlich vorhanden oder erst im Keim angelegt sein, eine geheimnisvolle Einheit, die uns zu Christen macht, zu einem einzigen Ganzen in Christus!

Alle Distanzen sind überwunden, die Unterschiede fallen dahin, Misstrauen und Zurückhaltung schwinden. Wir sind beisammen, als wären wir einander nicht fremd. Das gilt besonders von Uns, denn wir gehören ja Euch, wie eben der Papst allen gehört, und besonders allen Katholiken, und das seid Ihr ja – als Vater, Hirte, Lehrer, Bruder, Freund! Für jeden, für alle.

So sollt Ihr jetzt von Uns denken! So sollt Ihr Uns jetzt zuhören!

---

[82] Vgl. *PP* 21.

Für Euch sind wir hierher gekommen, Arbeiter! Für Euch Werktätige dieses neuen, kolossalen Metallindustrie-Zentrums, und auch für die anderen Arbeiter der Produktionsstätten und Werkgelände dieser Stadt und dieser Region. Wir meinen damit überhaupt alle Arbeiter dieses gigantischen und mächtigen Sektors der modernen Industrie, und Wir vergessen dabei auch nicht die Landarbeiter, die Fischer, die Werftarbeiter, die Seeleute, und die in jedem anderen Sektor der menschlichen Tätigkeit Beschäftigten: in Unseren Augen vertretet Ihr sie alle.

Euretwegen also sind Wir da, Arbeiter!

Doch bevor Wir zu Euch sprechen, gestattet, dass Wir Uns hochachtungsvoll und dankbar an all jene wenden, die Uns hier empfangen und aufgenommen haben. Wir möchten Uns bei den zivilen und militärischen Behörden erkenntlich zeigen, bei den Gründern und Leitern dieses riesigen Unternehmens. Unser Dank gilt auch Eurem Erzbischof und allen, die Euch in geistlicher oder sozialer Funktion zur Seite stehen, ferner Euren Vertretungen und Euren Familien, Euren Kindern, allen Bewohnern dieser Stadt und dieser Region. Euch allen gilt Unser Gruß, Unsere guten Wünsche und auch Unser Segen. Das Weihnachtsfest erfüllt Unser Herz mit Glück- und Segenswünschen für alle.

Nun aber zu Euch, Ihr Arbeiter: Was sollen Wir Euch sagen in der kurzen Zeit, die für unsere Begegnung vorgesehen ist?

Wir sprechen zu Euch ohne Umschweife und von Herzen. Wir sagen Euch etwas ganz Einfaches, aber Bedeutsames. Und zwar Folgendes: Es fällt Uns gar nicht leicht, mit Euch zu reden. Wir wissen, dass es nicht einfach ist, Uns Euch verständlich zu machen. Oder vielleicht sind Wir es, die Euch nicht gut genug verstehen? Jedenfalls steht fest, dass Uns das Gespräch nicht leicht fällt. Wir haben immer wieder das Gefühl, dass es zwischen Euch und Uns keine gemeinsame Sprache gibt. Ihr bewegt Euch in einer Welt, die der Welt, in der wir Männer der Kirche leben, fremd ist. Ihr denkt und arbeitet auf eine Weise, die so verschieden ist von der Art und Weise, wie die Kirche denkt und wirkt! Wir sagten Euch bei der Begrüßung, wir seien Freunde und Brüder: Aber stimmt das auch wirklich? Denn wir haben doch alle diese unübersehbare Tatsache vor Augen: Arbeit und Religion sind in dieser unserer heutigen Welt zwei ganz verschiedene Dinge, die miteinander nichts zu tun haben und manchmal sogar einander entgegengesetzt sind. Früher war das nicht so. (Vor Jahren sprachen wir in Turin über dieses Phänomen.) Doch diese Trennung, dieses Einander-nicht-Verstehenkönnen darf nicht sein. Es ist dies nicht der Moment, Euch zu sagen warum. Für den Augenblick mag es Euch genügen, dass Wir zu Euch gekommen sind eben in dieser Unserer Eigenschaft als Papst der katholischen Kirche, als armseliger, aber rechtsgültiger Stellvertreter Jesu Christi, dessen Geburt wir in dieser Nacht feiern, und damit auch eine geistige Erneuerung. So sind Wir also zu Euch gekommen, um Euch zu sagen, dass es diese Trennung zwischen Eurer Welt der Arbeit und Unserer Welt der Religion, des Christentums, nicht gibt oder besser gesagt nicht geben darf.

Von diesem Industriekomplex aus, in dem Wir den typischen Ausdruck der Arbeit in der heutigen Welt erblicken, an der Spitze der Entwicklung von Industrie, Planung, Wissenschaft und Technik mit ihren wirtschaftlichen und sozialen Dimensionen, von diesem Mittelpunkt aus also möchten Wir wiederholen, dass die christliche Botschaft der Welt der Arbeit nicht fremd ist, ihr nicht verwehrt ist. Wir würden sogar sagen, dass je mehr das menschliche Schaffen sich hier in all seinen Dimensionen bestätigt – Wissensfortschritt,

Naturbeherrschung, Entwicklungsdynamik, Organisation, Innovation – in all diesen wahren Wunderwerken – kurz und gut, in dieser Welt der Moderne, um so mehr verdient und braucht dieses menschliche Wirken Christus und verlangt danach, dass Er, der Arbeiter und Prophet, der Meister und Freund der Menschheit, der Retter der Welt, das Wort Gottes, das Mensch wurde und unsere menschliche Natur annahm, der Mann der Schmerzen und der Liebe, der geheimnisvolle Messias und der Richter der Geschichte – dass Er hier, und von hier aus der ganzen Welt Seine Botschaft der Erneuerung und der Hoffnung verkündet.

Arbeiter, die Ihr Uns zuhört: Jesus, der Christus, ist für Euch da!

Merkt es Euch und überlegt: Der Christus des Evangeliums, Er, den die katholische Kirche Euch vorstellt und anbietet, Er ist für Euch da! In dieser Nacht ist er unter Euch!

Ihr braucht nicht zu befürchten, dass diese Gegenwart, diese im Glauben und im Alltag gelebte Verbundenheit das Image, die Zielsetzung, das Funktionieren von Unternehmen wie diesem beeinträchtigen könnten, dass dadurch, wie man so sagt, die Arbeit des modernen Menschen verkirchlicht und in ihrer Expansion gehemmt werden könnte, die Entwicklung der menschlichen Aktivität durch die religiöse Zielsetzung des Lebens in Frage gestellt würde oder der wissenschaftliche, technische, wirtschaftliche und soziale Fortschritt durch das Evangelium.

Ihr habt gewiss vom letzten Konzil gehört, in dem die Kirche ihre Vorstellungen von ihren Beziehungen zur Welt von heute ausgesprochen und klargestellt hat. Und das sagte das Konzil: «Den Christen liegt es fern, zu glauben, dass die von des Menschen Geist und Kraft geschaffenen Werke einen Gegensatz zu Gottes Macht bilden oder dass das mit Vernunft begabte Geschöpf sozusagen als Rivale dem

Schöpfer gegenübertrete. Im Gegenteil, sie (die Christen) sind überzeugt, dass die Siege der Menschheit ein Zeichen der Größe Gottes und die Frucht seines unergründlichen Ratschlusses sind. Je mehr aber die Macht der Menschen wächst, desto mehr weitet sich ihre Verantwortung, sowohl die der Einzelnen wie die der Gemeinschaften.»[83]

Das ist an die Adresse jener gesagt, die das Christentum gegen den Humanismus der modernen Arbeitswelt ausspielen wollen, und es gilt besonders für jene, die der Arbeit die Ressourcen der Wissenschaft, der Technik, der industriellen Organisation zuführen und so gigantische und perfekte Werke errichten wie das, in dem wir uns jetzt befinden. Das gilt auch für jene, welche die Naturgesetze und Naturkräfte so weit beherrschen, dass sie dem Wagemut des Menschen ungeahnte und wunderbare Möglichkeiten eröffnen, wie das Projekt, dank dem gerade in dieser Nacht drei Menschen im Weltraum um den Mond kreisen. Lob und Anerkennung den Pionieren der Erweiterung menschlichen Denkens und Tuns! Und Ehre sei Gott, der auf dem Antlitz des Menschen Sein Licht leuchten lässt und den Fähigkeiten des Menschen die königliche Macht aufprägt, über seine Mitgeschöpfe zu herrschen. Der heilige Irenäus sagt: *Gloria Dei vivens homo:* Gottes Ruhm ist der lebendige Mensch.

Das ist ein Gedanke, der für den modernen Menschen immer mehr Anlass zum Meditieren werden sollte und in ihm nicht die Überheblichkeit und die Tragik eines Prometheus wachrufen darf, sondern jenes ursprüngliche und beflügelnde Gefühl der Zuneigung und des Vertrauens zur Natur, deren Teil wir sind und deren Entdecker wir werden.[84] Ein Gefühl, das Bewunderung heißt – ein Gefühl

---

[83] *GS* 34.
[84] Vgl. Albert Einstein, *Cosmic Religion*, New York 1931, S. 52-53.

von Jugend und Wissensdrang – und das von der verzauberten Betrachtung der Dinge übergeht in die Suche nach ihrem letzten Ursprung und weiter in die Entdeckung des Bereiches des Geheimnisses, in Anbetung, in Gebet.

Liebe Arbeiter! Sind diese Worte schwer zu verstehen? Nein, sie sind einfach und tröstlich, vor allem für Euch, die Ihr in dieser Umgebung lebt, die auf den ersten Blick wie ein riesiges Rätsel wirkt, ein Wirrsal von unverständlichen Maschinen und Kräften, ein Reich der Materie, die manche von ihren Geheimnissen preisgibt, die Ihr in einem mühseligen und geschickten Ringen in Elemente umwandelt, die wiederum für andere Arbeitsschritte verwendet werden können, bis sie schließlich für den Dienst am Menschen und seinen Bedürfnissen taugen. Ihr habt ein durchaus realistisches, aber keineswegs materialistisches Bild der Welt vor Augen. Ihr versteht mit der Materie umzugehen, die ein recht undankbares Objekt zu sein scheint und sich jedem Zugriff menschlicher Kunst widersetzt, Ihr wisst sie anzupacken und Euch gefügig zu machen. Denn einerseits seid Ihr so klug geworden, Ihr und jene, die Euch leiten, dass Ihr die neuen Gesetze des menschlichen Schaffens entdeckt, nämlich die Kunst, die Dinge zu beherrschen, und andererseits habt Ihr, Ihr und jene, die Euch Anleitungen geben, die in den Dingen selbst verborgenen Gesetze entdeckt. Die Gesetze? Was sind Gesetze, wenn nicht Gedanken? In den Dingen verborgene Gedanken, wirkungsvolle Gedanken, welche den Dingen nicht nur die allen bekannten Namen geben, Eisen, Feuer und so fort, sondern die ihnen auch ihr besonderes Wesen zuerkennen, ein Sein, das die Dinge – das ist offensichtlich – sich nicht selbst verleihen können: es ist ein empfangenes Sein, ein Sein, das wir als geschaffen bezeichnen. In jeder Phase Eurer Arbeit begegnet Ihr diesem geschaffenen Sein, und geschaffen bedeutet gedacht.

Gedacht von wem? Ohne es zu bemerken, entlockt Ihr den Dingen eine Antwort, ein Wort, ein Gesetz, einen Gedanken, der in den Dingen liegt; einen Gedanken, der, überlegt man es recht, uns veranlasst, die Hand aufzuspüren, die Kraft – was sagen wir? – die Gegenwart, die in den Dingen anwesende und sie übersteigende Präsenz, das Darin-Sein und das Darüber-Stehen eines denkenden und allgegenwärtigen Geistes, dem man gewöhnlich den Namen gibt, den Unsere Lippen jetzt kaum mehr auszusprechen wagen, den geheimnisvollen Namen «Gott».

Das ist es, liebe Arbeiter! Ihr seht: Wenn Ihr in diesen Fabrikhallen arbeitet, ist das in gewissem Sinn wie wenn Ihr in der Kirche seid. Ohne Euch dabei viel zu denken, kommt Ihr hier mit dem Werk, mit dem Gedanken, mit der Gegenwart Gottes in Berührung. Ihr seht, dass Arbeit und Gebet eine gemeinsame Wurzel haben, auch wenn ihre Ausdrucksweise verschieden ist. Wenn Ihr klug seid, wenn Ihr wahre Menschen seid, könnt und müsst Ihr religiös sein, hier in Euren riesigen Werkhallen der irdischen Arbeit, und dazu braucht Ihr nichts anderes zu tun als Eure mühselige Arbeit zu lieben, zu bedenken, zu bewundern.

Wir sagten mühselig. Wir wissen also um den menschlichen Aspekt Eurer Arbeit und anerkennen ihn. Hier begegnen sich zwei Welten: die Materie und der Mensch: die Maschine, das Instrument, die industrielle Infrastruktur einerseits, und die Hand, die Mühe, die Lebensbedingungen des Arbeiters andererseits. Die erste dieser Welten, die der Materie, birgt eine eigene, geheime geistliche und göttliche Offenbarung in sich, die, wie Wir sagten, sich jedem erschließt, der sie zu erfassen weiß. Doch die andere Welt, die Welt des Menschen, des von seiner Arbeit beanspruchten, von seiner Mühsal bedrückten, von Gefühlen, Bedürfnissen, Erschöpfung, Schmerz erfüllten Menschen: welches

Schicksal erwartet ihn hier? Mit anderen Worten: Welches sind die Lebensbedingungen des Arbeiters in der industriell organisierten Arbeitswelt? Wird auch er zur Maschine? Ist auch er bloß ein Werkzeug, das die eigene Leistung verkauft, um Brot zu haben, Brot fürs tägliche Leben? Denn vor allem und letztlich ist das Leben wichtiger als alles andere. Der Mensch ist mehr wert als jede Maschine und als alle ihre Produkte. Wir wissen alle sehr wohl um diese Dinge, die in der letzten Zeit eine neue, überwältigende und ausschlaggebende Bedeutung erlangt haben und die auch heute noch immer an Bedeutung gewinnen. Sie haben ihren Ausdruck gefunden in jenem Komplex von Problemen und Auseinandersetzungen, den wir die soziale Frage nennen. Es ist allgemein bekannt, welches die kulturellen, geschichtlichen, sozialen, wirtschaftlichen und politischen Umstände waren, in denen die soziale Frage sich gestellt hat und weiterhin stellt. Es ist jetzt nicht der Augenblick, darüber zu sprechen.

In diesem Augenblick liegt Uns, und sicher auch Euch, vielmehr daran, hier, und wäre es auch nur in Kürze, eine Antwort auf den Einwand zu finden, den Wir selbst hier eingangs erhoben haben, nämlich: Was hat der Botschafter des Evangeliums hier zu suchen? Was hat der Stellvertreter Christi dieser Eurer modernen Arbeitswelt zu sagen? Und vor allem Euch, die Ihr mit Euren Armen und mit dem Einsatz all Eurer Kräfte eine körperliche, wenig beachtete und erschöpfende Arbeitsleistung erbringt, die noch durch keine Maschine ersetzt werden kann?

Liebe Arbeiter, unter diesem Gesichtspunkt, dem menschlichen, fällt es Uns leichter zu sprechen, und Unser Wort kommt von Herzen, weil Wir es sozusagen von Euren Herzen abgelesen haben. Was liegt Euch am Herzen? Ihr seid Menschen: Aber seid Ihr auch glücklich? Habt Ihr alles, worauf es Euch als Menschen ankommt und wonach Ihr

Euch zutiefst sehnt? Gewiss kann das nicht alles in Erfüllung gehen, das kann es für niemanden, und vielleicht für Euch noch viel weniger als für andere. Jeder trägt in der Tiefe seines Wesens ein Leid: Lebt Ihr im Elend? Seid Ihr wirklich frei? Hungert Ihr nach Gerechtigkeit und Menschenwürde? Ist Eure Gesundheit angeschlagen? Mangelt es Euch an Liebe? Hegt Ihr in Eurem Herzen Gefühle des Grolls und der Missgunst? Dürstet es Euch nach Rache und Aufstand? Wo liegt für Euch der Friede, die Brüderlichkeit, die Solidarität, die Freundschaft, die Loyalität, die Güte? In Euch oder außerhalb von Euch?

Wir wollen Euch Eines sagen, was Ihr nicht vergessen dürft: Wir verstehen Euch. Wenn Wir «Wir» sagen, meinen Wir die Kirche. Ja, die Kirche versteht Euch wie eine Mutter. Sagt nie, denkt nie, die Kirche sei blind für Eure Nöte, taub für Eure Anliegen. Noch bevor Ihr Eurer selbst voll und ganz bewusst seid, bevor Ihr Eure wirklichen, totalen und tiefen Daseinsbedingungen erkannt habt, kennt die Kirche Euch schon, denkt an Euch, versteht Euch und setzt sich für Euch ein. Und das mehr, als Ihr Euch manchmal vorstellen könnt. Was würdet Ihr sagen, wenn Wir, die Kirche, Uns damit zufrieden geben wollten, die Leidenschaften zu kennen, die so oft die Arbeiterklassen aufgewühlt haben? Was hat diese Leidenschaften ausgelöst? Die Sehnsucht, das Verlangen nach Gerechtigkeit. Die Kirche billigt die Leidenschaften der Klassenideologien nicht, wenn sie in Hass und Gewalt ausarten; aber die Kirche anerkennt durchaus das Gerechtigkeitsbedürfnis des rechtschaffenen Volkes, verteidigt es, so gut sie kann, und unterstützt es. Und merkt Euch wohl: Der Mensch lebt nicht vom Brot allein, sagt die Kirche mit den Worten Christi; nicht allein wirtschaftliche Gerechtigkeit, Lohn und einen angemessenen materiellen Wohlstand braucht der Arbeiter, er braucht auch bürgerliche und soziale Gerechtigkeit. Auch für diese Forderung findet er bei der Kirche Verständnis und Unterstützung. Mehr noch: Ihr habt noch andere Bedürfnisse und Rechte, und diese zu verteidigen ist die Kirche oft Eure einzige Fürsprecherin. Wir meinen die Bedürfnisse und die Rechte des Geistes, wie sie den Gotteskindern zustehen, den Bürgern des Reiches der Seelen, die berufen sind zu einer eigentlichen und höheren Bestimmung, zur Fülle des wahren gegenwärtigen und zukünftigen Lebens. Seid nicht auch Ihr zu dieser Gleichheit berufen, die alle soziale Ungleichheit überwindet? Gehört nicht auch Ihr zu den Bevorzugten des Evangeliums, wenn Ihr die Kleinen, die Armen, die Leidenden, die Unterdrückten, die nach Gerechtigkeit Dürstenden seid, wenn Ihr fähig seid zu wahrer Freude und wahrer Liebe?

Die Kirche denkt und sagt das von Euch und für Euch. Und es ist klar, warum. Weil die Kirche die Fortsetzung des Lebens Christi ist. Die Kirche ist die Brücke, die durch die Jahrhunderte das Wort des Herrn trägt und es in der ganzen Welt verbreitet; sie ist auch Seine Gegenwart, die nur jener wahrnimmt, der glaubt, die Gegenwart jenes Christus, dessen Geburt wir heute feiern und in uns zu neuem, geistigen Leben erwecken.

Sagt Uns eines: Findet Ihr es seltsam, altmodisch, unverschämt, wenn die Botschaft des Evangeliums hier verkündet wird? Sind denn nicht gerade hier lebendige Menschen, leidende Menschen, Menschen, die sich nach Würde, nach Frieden, nach Liebe sehnen, die sich gar nicht der Gefahr bewusst sind, zu «eindimensionalen Menschen» zu werden, nämlich zu Menschen mit der einzigen Dimension des Instrument-Seins, und die hier (wir meinen damit im Herzen dieser Industriewelt großen Stiles), wo die Gefahr dieser Entmenschlichung besonders groß ist, nicht merken, dass gerade hier der Atem des Evangeliums als Sauerstoff für ein menschenwürdiges Leben mehr denn je gefragt ist und die demütige und liebevolle Gegenwart Christi mehr denn je notwendig?

Das, geliebte Söhne, ist der Grund, weshalb Wir hierher gekommen sind. Wir sind Euretwegen gekommen. Wir sind gekommen, damit Unsere Anwesenheit Euch die tröstliche, erlösende Gegenwart Christi bezeuge mitten in dieser wunderbaren, aber ohne Glauben und Gnade auskommenden modernen Arbeitswelt. Wir sind hierher gekommen, um wie ein Fanfarenstoß, der in der ganzen Welt widerhallt, die frohe Nachricht von Weihnachten der Menschheit zu verkünden, der Menschheit, die sich auf den Weg macht, die sucht, die arbeitet, die sich müht, die leidet, die weint und die hofft. Und die Botschaft ist die der Engel von Bethlehem: Heute ist euch der Heiland geboren, der Herr Jesus Christus.

Ansprache an die Teilnehmer des Europäischen Kolloquiums für die Pastoral in der Arbeitswelt am 12. Oktober 1972

Liebe Brüder, liebe Söhne und Töchter, liebe Freunde,

Ihr beendet heute das Europäische Kolloquium für die Pastoral in der Arbeitswelt, dem mehrere Begegnungen in Paris und Fribourg vorausgegangen sind und das eine wichtige Etappe in Eurer apostolischen Forschungsarbeit darstellt. Ihr habt Rom als Tagungsort gewählt, um Eure Sorge um die Evangelisierung der Arbeitswelt Europas mit der Weltkirche zu teilen. Bedarf es Unserer Versicherung, dass dieses Anliegen Uns sehr am Herzen liegt? Seid willkommen in diesem Haus, wo Wir bestrebt sind, die Sorgen aller Kirchen zu teilen und insbesondere jene zu ermutigen, die nicht davor zurückschrecken, eine so schwierige und dringliche Mission wie die Eure in Angriff zu nehmen.

Ja, Wir sind Uns, zweifelt nicht daran, der tiefen Liebe bewusst, die Ihr Euren und Unsern werktätigen Brüdern entgegenbringt; Wir kennen Eure Bereitwilligkeit, ihre Anliegen und Wünsche anzuhören und zu analysieren, Eure verständnisvolle Offenheit für Geschichte und Kultur ihrer Herkunftsländer, Eure vertrauensvolle Hoffnung, sie bald ganz in der Kirche aufgehoben zu sehen, Euren vom Glauben geschärften Blick, der in vielen von ihnen die verborgenen oder schon erblühten evangelischen Werte entdecken und entwickeln möchte, Eure Hoffnung, sie, jeden auf seine Weise, ihre Berufung zu Söhnen Gottes verwirklichen zu sehen. Und was Uns auch freut, ist dieses gemeinsame Forschen und diese zwar mühselige, doch fruchtbringende Koordinierung der Zusammenarbeit, bei der die verschiedenen Glieder des Gottesvolkes ihren eigenen Platz in der Arbeitermission erhalten: werktätige Laien natürlich, denn nichts ersetzt die Missionierung der Arbeitswelt durch die Arbeitswelt – aber auch Ordensfrauen und Priester in loyaler Zusammenarbeit mit Euren Bischöfen. Ohne diese Einheit, ohne diesen durch die Nachfolger der Apostel beglaubigten Sendungsauftrag, gibt es, wie Ihr wisst, keine wahre Mission, kein fruchtbares Apostolat, in einem Wort: keine Kirche. Kurz gesagt, Ihr scheint Uns von der Leidenschaft des heiligen Paulus erfüllt zu sein, die ihn drängte, in allen Kreisen Jesus Christus zu verkünden, ganz besonders in jenen, die dem Glauben noch fremd waren.

Diese weite Arbeitswelt entwickelte sich vorab in Europa im Gefolge der massiven Industrialisierung. Die Arbeiterschaft wurde sich immer mehr des gemeinsamen Elends bewusst, aber auch der Möglichkeit, eine menschenwürdigere Situation zu erringen dank einer wachsenden internationalen Solidarität, die eine gewisse Vielfalt nicht auszuschließen braucht. Auch heute lassen die Lebensbedingungen noch oft zu wünschen übrig, vor allem bei den aus dem Ausland zugezogenen Arbeitskräften. Es geht dabei um die Auswirkungen nicht nur der materiellen Armut, sondern auch der fehlenden Partizipation auf allen Ebenen. Zudem stellt der praktische Materialismus eine große Gefahr dar, gegen die auch die Arbeiter nicht gefeit sind. Was die eigentlich religiöse Einstellung betrifft, so haben in unseren Ländern mit althergebrachtem Christentum viele Arbeiter nicht aufgehört, mit der Kirche in gelegentlichem Kontakt zu bleiben und zumeist auch ihre Kinder taufen zu lassen; doch ist festzustellen, dass aufs Ganze gesehen die Arbeitswelt der Kirche eher fernbleibt. Wie könnte sich die Kirche mit dieser Sachlage abfinden, wo doch das Signet ihrer Mission die Verkündigung der Frohbotschaft an die Armen ist? Ihr versteht also, welche entscheidende Bedeutung Wir Eurem Apostolat beimessen, wie Unser Vorgänger Pius XI. es im Falle des hochverehrten Abbé Cardijn[85] tat.

Doch dieses Apostolat ist, Ihr wisst das so gut wie Wir, schwierig und anspruchsvoll. Es setzt Eigenschaften und Anforderungen voraus, die zu verschweigen Wir nicht berechtigt zu sein glauben, wobei Wir nicht den Anspruch erheben, ein endloses Thema erschöpfend zu behandeln.

Ein solches Apostolat verlangt insbesondere von den Priestern und Ordensfrauen eine pastorale Spezialausbildung. Guter Wille allein genügt nicht. Wer das Werk der Evangelisierung in der Arbeitswelt ausüben will, muss, wie jeder Apostel, seine Inspiration und seine Kraft aus Gottes Plan schöpfen «als sähe er den Unsichtbaren» (Hebr 11, 27).

[85] Joseph Léon Kardinal Cardijn (1882-1967) gründete 1925 in Belgien die internationale Christliche Arbeiterjugend (CAJ) (Jeunesse ouvrière chrétienne, JOC). (Anm. d. Übers.)

Aber er braucht auch eine solide Kenntnis der kirchlichen Lehre, der sozialen, ökonomischen und philosophischen Systeme, die der Welt und der Arbeitswelt ihren Stempel aufdrücken; er soll vertraut sein mit allem, was die Seele der Arbeiter auszeichnet und bewegt. Es ist gut, wenn er eine gewisse Erfahrung ihrer Lebensweise hat, sie in einem gewissen Maße mit ihnen teilt, in aller Brüderlichkeit, aber doch bestrebt, den nötigen Abstand zu wahren, um mit Sachverstand und Unterscheidungsvermögen urteilen zu können.

Soll man in diesem Zusammenhang von Assimilation an die Arbeitswelt sprechen? Bis zu einem gewissen Grad ja, auf der Ebene der Pastoral kann man sich in diesem Sinn auf das Wort des heiligen Paulus berufen: «Da ich also von niemand abhängig war, habe ich mich für alle zum Sklaven gemacht, um möglichst viele zu gewinnen. Den Juden bin ich ein Jude geworden... Allen bin ich alles geworden» (1 Kor 9, 19-22). Der erste Schritt ist also das Bemühen, von innen heraus, wie Wir eben sagten, die Reaktionen der Seele des arbeitenden Menschen zu verstehen. Ein solches Verständnis entspringt dem Wohlwollen und ist immer von Liebe getragen. Es zeigt seine Solidarität in der Suche nach realistischen Bedingungen, welche Menschenwürde, Gerechtigkeit, Mitverantwortung, Brüderlichkeit besser garantieren können, mit jener die Welt der Arbeiter besonders auszeichnenden Betonung der kollektiven Besserstellung.

Doch kann für einen Christen, das muss hier klargestellt werden, die Angleichung an ein gewisses Lebensmilieu nicht bedingungslos sein, im sogenannten freiberuflichen Umfeld so wenig wie in jenem der Arbeiter. Sie war es ja auch nicht in den Anfängen der Kirche, und zwar ebensowenig in der Welt der zum Aufstand bereiten Sklaven wie in der Welt ihrer zu Härte und Habgier neigenden Herren. Christus freilich hat vorbehaltlos das Leben der Menschen geteilt in allem, außer der Sünde.[86] Seine Menschlichkeit, seine Nähe ließ aber keinen Zweifel an der Transzendenz des von ihm verkündeten Reiches aufkommen. «Es war unmöglich, Christus aus der Menschheit zu verstoßen, und ebenso unmöglich, ihn darauf zu reduzieren.»[87] Ebenso bewahrt sein Jünger, ob Laie oder Priester, eine gewisse Originalität in seiner Art, nach Gerechtigkeit zu streben, Liebe vorzuleben, Solidarität zu üben, kurz – die Seligkeiten zu bezeugen. In noch höherem Maße muss der Priester ein Mensch der evangelischen Gebote und ein Vorbild der Offenheit für alle sein, selbst wenn sein Dienst ihn vermehrt an ein gewisses soziales Milieu bindet.

In diesem Sinn können Denkweise und Gepflogenheiten des Arbeitermilieus nicht unbesehen als Idealtypen unseres Amtes dienen. Sie sind eher, wie für den heiligen Paulus, Gegenstand unserer Sorge, unserer apostolischen Arbeit. Wir wollen dem geliebten Nächsten dienen und ihn ehren, und diese Hochachtung und dieser Dienst sind es, die uns drängen, der von uns vertretenen Lehrmeinung in allem treu zu bleiben, die Mittel zu suchen, um diese religiöse und christliche Botschaft mit apostolischem Eifer weiterzugeben, sie in einleuchtender Weise zu bezeugen, so dass die Personen, die Arbeitsplätze, die Strukturen von ihrem Geist durchtränkt, von ihrem Sauerteig durchwirkt werden. Sind wir selbst hinreichend davon überzeugt, dass unser Glaube mit der ganzen dazugehörigen Gottes-, Moral- und Soziallehre nicht einfach eine Ideologie unter anderen ist? Euch ist es klar: Glaube ist Leben und unerschöpfliche Lebensquelle in allen Bereichen. In der wirklichen Evangelisierung bleibt der Glaube die Wurzel der Missionsdynamik.

[86] Vgl. das Eucharistische Hochgebet.
[87] Y. de Montcheuil, *Problèmes de vie spirituelle,* 1963, S. 12.

In diesem Zusammenhang werdet Ihr immer häufiger mit einer Hoffnung auf «Befreiung» in einem weitgefassten Sinn konfrontiert, die oft zur «Revolution» aufruft, manchmal auch zu «Gewalt» oder doch zu «drastischen Mitteln», die als einzig wirksam gelten, um diese «Befreiung» durchzusetzen. Hier ist der Christ, und besonders der Priester und jeder in der Verkündigung Engagierte, aufgerufen, den Geist der Unterscheidung walten zu lassen. Sie müssen freie Menschen bleiben und dürfen sich von keinem Mythos versklaven lassen, und käme er mit noch so viel affektivem Pathos daher. Ihr Blick soll in die Weite und in die Tiefe gehen. Wir bestreiten nicht die Notwendigkeit einer Befreiung, aber sie soll von allen Leiden und allen Übeln befreien, einschließlich Sünde, Hass und Selbstsucht. Wir sagten es unlängst in Unserer Rede vom 16. August: «Und die Kirche, was hat sie in ihrem eigenen Bereich nicht alles getan, damit diese Theologie (der Befreiung) wirksam werde, welche die Theologie der immer neuen und immer lebendigen Liebe ist?» Es gibt Änderungen, und manchmal recht radikale, die an den Strukturen vorgenommen werden müssen, aber es gibt Mittel, derer sich die Christen nicht bedienen dürfen. Der Zweck heiligt die Mittel nicht; manche von ihnen bergen – dafür gibt es Beispiele aus jüngster Zeit – eine Unmenschlichkeit in sich, die das Kommen der gerechten Gesellschaft, die man aufbauen möchte, nur hinauszögern kann; auf jeden Fall stehen solche Mittel in Widerspruch zum Apostolat und zum priesterlichen Dienstamt im katholischen Verständnis.

Nach diesen grundsätzlichen Klarstellungen steht weiterhin das Problem der Pastoral in seinem ganzen Umfang an – die Frage, wie man der Arbeiterschaft das religiöse Leben möglich, verständlich, zugänglich machen kann. Hier liegt der Einsatz und das Verdienst Eures besonderen Apostolats, für das die Kirche Euch großes Vertrauen schenkt. Vor allem muss allen der christliche Blick des Glaubens auf alle ihnen begegnenden Dinge und ein gediegenes evangelisches Zeugnis zur Gewohnheit werden. Dann wird es Laien, Priestern und Ordensfrauen im Dienst der Arbeiterschaft gelingen, ohne je ihre christliche Identität zu verleugnen, mitten im Beziehungsnetz des Alltagslebens ihren Brüdern und Schwestern mit ihrer echten und zuverlässigen Freundschaft einen Weg zu Christus und zur Kirche zu bahnen. Sie werden auch darauf bedacht sein, die anderen Mitglieder ihrer christlichen Gemeinschaft für ihr apostolisches Wirken in der Arbeitswelt zu sensibilisieren. Es versteht sich von selbst, dass die Arbeiter sich in der Kirche Christi wohl fühlen sollten. Und sogar dass, wie die von Euch geprägte Redewendung besagt, die Kirche in der Welt der Arbeiter geboren werden soll, damit diese sich mit ihrer eigenen Kultur einbringen können, ohne freilich eine Kirche für sich zu bilden: Es gibt nur das eine Volk Gottes, unterwegs zu dem einen Heil, das alle menschlichen Erwartungen übertrifft.

Wir sprechen Euch unsere Hochachtung für die schon geleistete Arbeit aus, für die zahlreichen schon in dieser Treue zur Kirche unternommenen Versuche, die Wir mit Interesse verfolgen. Wir ermutigen Euch, sie fortzusetzen, die schon bewährten Formen des Apostolats weiter zu pflegen und neue auszudenken. Von allen wird verlangt, dass sie das Liebes- und Glaubenszeugnis, das jeder Jünger Christi ablegen soll, immerzu läutern und vervollkommnen. Wir dürfen uns nicht beirren lassen durch das langsame Aufgehen der Saat des Evangeliums, noch durch die Opfer, die jedes Apostolat uns abverlangt. Möge die österliche Hoffnung Euch voran leuchten und Euch stärken. In diesem Geiste segnen Wir Euch von ganzem Herzen.

Ansprache von Kardinalstaatssekretär Jean-Marie Villot im Auftrag Pauls VI. an die Teilnehmer der Weltbevölkerungskonferenz am 28. März 1974

Sehr geehrte Herren,
 zuerst möchten Wir Ihnen danken, dass Sie hierher gekommen sind, um Uns einen Besuch abzustatten. Sie wünschten diese Begegnung, um Uns über die Ihnen von der UNO im Zusammenhang mit dem Weltbevölkerungsjahr und der Weltbevölkerungskonferenz anvertrauten hohen Verantwortungen in Kenntnis zu setzen. Wir ergreifen diese Gelegenheit, Sie des Interesses zu versichern, mit dem der Heilige Stuhl die Bemühungen der internationalen Gemeinschaft um Gerechtigkeit und Frieden verfolgt.

Die zahlreichen Veranstaltungen, die im Rahmen des Weltbevölkerungsjahres und im Zusammenhang mit der Weltbevölkerungskonferenz, die im kommenden August in Bukarest stattfindet, organisiert wurden, können den Heiligen Stuhl nicht gleichgültig lassen. Obgleich die Suche nach Lösungen für die durch das Bevölkerungswachstum aufgeworfenen Probleme auf viele Jahre hinaus den großzügigen Einsatz aller Menschen guten Willens erfordern wird, sind Weltbevölkerungsjahr und Weltbevölkerungskonferenz ganz besondere Gelegenheiten zur Sensibilisierung der Weltmeinung für die Bedürfnisse der Menschen und der Völker.

Wenn die Kirche sich mit Bevölkerungsproblemen befasst, tut sie es in Treue zu ihrem Sendungsauftrag. Dieses Anliegen ergibt sich aus ihrem Engagement für die Förderung des umfassenden, materiellen und spirituellen Wohls des ganzen Menschen und eines jeden Menschen. Die Kirche weiß, dass Bevölkerung Menschen bedeutet, menschliche Wesen. Da sie die Treuhänderin einer Offenbarung ist, in welcher der Herr des Lebens zu uns vom Menschen spricht, von seinen Bedürfnissen, seiner Würde, seinem menschlichen und spirituellen Schicksal, liegt der Kirche alles am Herzen, was dem Menschen dienen kann, bereitet ihr aber auch Sorgen, was die angeborene Würde und Freiheit der menschlichen Person gefährden kann.

Wir sind uns bewusst, dass das Bevölkerungswachstum in der Welt insgesamt und in gewissen Ländern insbesondere für die Völkergemeinschaft und für die Regierungen eine Herausforderung darstellt. Die Probleme von Hunger, Gesundheit, Erziehung, Wohnung und Arbeit sind schwieriger zu lösen, wenn die Bevölkerung schneller wächst als die verfügbaren Ressourcen.

Für manche ist die Versuchung groß, das Problem nur dadurch als lösbar zu betrachten, dass man das Bevölkerungswachstum mit radikalen Maßnahmen zu bremsen sucht, Maßnahmen, die nicht selten den von Gott der Natur des Menschen eingeschriebenen Gesetzen widersprechen und die es an Achtung vor der Würde des Menschenlebens und der Freiheit der menschlichen Person fehlen lassen. Solche Maßnahmen beruhen oft auf einer materialistischen Sicht des menschlichen Daseins.

Die wahren, Wir würden sagen, die einzigen, Lösungen werden jene sein, welche die Gesamtheit der Faktoren berücksichtigen: die Forderungen der sozialen Gerechtigkeit wie auch den Respekt vor den das Leben bestimmenden göttlichen Gesetzen; die Würde der menschlichen Person wie auch die Freiheit der Völker; die vorrangige Rolle der Familie wie auch die Eigenverantwortung der Ehepaare.[88]

Wir wollen hier nicht im Einzelnen die Grundsätze in Erinnerung rufen, die den Stellungnahmen der Kirche auf

---

[88] Vgl. *PP* 37; *HV* 23, 31.

dem Gebiet der Bevölkerungspolitik zugrunde liegen und die in der Konstitution *Gaudium et spes* des Zweiten Vatikanischen Konzils sowie in Unseren Enzykliken *Populorum progressio* und *Humanae vitae* deutlich zum Ausdruck gekommen sind. Diese Dokumente, die Ihnen dem Inhalt nach bekannt sind, zeigen, dass die Lehre der Kirche zur Bevölkerungsfrage zugleich bestimmt und differenziert ist, sowohl auf das Grundsätzliche bedacht als auch zutiefst menschlich in ihrer pastoralen Betrachtungsweise.

Die Kirche darf keinem Druck nachgeben, indem sie sich auf Kompromisse in Fragen der Lehre oder auf kurzsichtige Lösungen einlässt. Freilich ist es nicht ihre Sache, technische Lösungen vorzuschlagen. Ihre Rolle ist es vielmehr, für die Würde und die höhere Bestimmung des Menschen Zeugnis abzulegen und ihn zu befähigen, sittlich und geistig über sich selbst hinauszuwachsen. Die Lehre der Kirche, die zu verkünden Wir nicht müde werden, hilft den Gläubigen, ihre eigene Verantwortung und den Beitrag, den sie zur Lösung dieser Probleme leisten können, besser zu verstehen. Dabei dürfen sie sich nicht durch Behauptungen von Einzelnen oder Gruppierungen beirren lassen, die vorgeben, die Position der Kirche wiederzugeben, dabei aber gewisse wesentliche Aspekte der Doktrin des authentischen Lehramtes ausblenden.

Die Kirche bestand immer und besteht weiterhin auf der Notwendigkeit, das Bevölkerungsproblem in der objektiven Realität seiner vielfältigen Aspekte zu betrachten, die wohl wirtschaftlicher und gesellschaftlicher Art sind, aber auch und vor allem den Menschen als solchen betreffen.

Die Erörterung des Bevölkerungsproblems konfrontiert uns mit der Frage der eigentlichen Zielrichtung des menschlichen Lebens. In einer Auseinandersetzung, in der es um die menschliche Existenz als solche geht, kann die schöpferische und erlösende Absicht Gottes für den Menschen erkannt, bejaht oder verworfen werden. Und die Existenz ist nur dann wirklich menschlich, wenn der Mensch «Herr seiner Handlungen und Richter über ihren Wert ist und so selbst an seinem Fortschritt arbeitet, in Übereinstimmung mit seiner Natur, die ihm der Schöpfer gegeben hat und deren Möglichkeiten und Forderungen er frei auf sich nimmt».[89]

Jedes Bevölkerungsprogramm muss sich also in den Dienst der menschlichen Person stellen. Es soll dazu dienen, «Ungleichheiten zu vermindern, Diskriminierungen zu bekämpfen, den Menschen aus seiner Abhängigkeit zu befreien, ihn fähig zu machen, in eigener Verantwortung sein eigenes Wohl, seinen sittlichen Fortschritt, seine geistige Entfaltung in die Hand zu nehmen».[90] Es muss also alles ausschließen, was dem Leben selbst feindlich ist oder was die freie und verantwortliche Personalität des Menschen verletzt.

Jede Bevölkerungspolitik muss ferner Würde und Stabilität der Institution der Familie gewährleisten, indem sie dafür sorgt, dass die Familie über die Mittel verfügt, die ihr gestatten, ihre wahre Rolle zu spielen. Die gesellschaftliche Kerneinheit Familie steht im Dienste eines vollauf menschlichen Lebens; sie ist Ausgangspunkt eines ausgewogenen Gemeinschaftslebens, für das Selbstachtung untrennbar mit Achtung vor dem Andern verbunden ist. Die Eheleute müssen daher ihre Aufgaben in vollem Bewusstsein ihrer eigenen Pflichten gegenüber Gott, sich selbst, der Familie und der Gesellschaft im Rahmen einer richtigen Werthierarchie wahrnehmen. Der Entschluss, wie viele Kinder sie haben, hängt von ihrer verantwortlichen Entscheidung ab und kann nicht dem Gutdünken einer staatlichen Autorität

---

[89] *PP* 34.
[90] Ebd.

überlassen werden. Doch weil eine solche Entscheidung ein gut ausgebildetes Gewissen voraussetzt, ist es wichtig, dass alle Bedingungen geschaffen werden, die es Eltern gestatten, ein mit der Moral in Einklang stehendes und wahrhaft humanes Niveau des Verantwortungsbewusstseins zu erreichen, das, ohne die Gesamtheit der Umstände aus dem Auge zu verlieren, sich nach dem göttlichen Gesetz richtet.[91]

Eines der in diesem Zusammenhang zu behandelnden großen Themen ist die soziale Gerechtigkeit. Ein vollauf menschliches Leben, ein Leben in Würde und Freiheit ist allen Menschen und allen Völkern erst dann sicher, wenn die Ressourcen der Erde gerechter verteilt sind, wenn die Bedürfnisse der Unterprivilegierten bei der Verteilung der Reichtümer unseres Planeten den Vorrang erhalten, wenn die Begüterten – als Einzelne oder in Gruppen – mit Hilfsprogrammen und Investitionen neue Anstrengungen zugunsten der am meisten Bedürftigen unternehmen.

Das Weltbevölkerungsjahr sollte ein Wiederaufleben des Einsatzes aller für eine uneingeschränkte Gerechtigkeit in der Welt ankünden, so dass alle zusammenarbeiten beim Aufbau einer gemeinsamen Zukunft für die Menschheit.[92]

Man hört oft sagen, um die Entwicklung der Minderprivilegierten zu ermöglichen und den kommenden Generationen eine gesunde Umwelt und ein menschenwürdiges Leben zu gewährleisten, müsse das Bevölkerungswachstum radikal gebremst werden, und es sei Sache der staatlichen Stellen, dafür zu sorgen.

Die Behörden können gewiss in den Grenzen ihrer Zuständigkeit intervenieren, indem sie für vermehrte Information sorgen und vor allem Maßnahmen zur Ankurbelung des Wirtschaftswachstums und des sozialen Fortschritts er-

[91] Vgl. *HV* 10; *GS* 50, 87.
[92] Vgl. *PP* 43.

greifen, vorausgesetzt, dass diese zur Erhaltung und Förderung der wahren menschlichen Werte auf individueller und gesellschaftlicher Ebene dienen und dass die Sittengesetze gewahrt bleiben.[93]

Sehr geehrte Herren, die Grundhaltung der Kirche in diesem Weltbevölkerungsjahr ist die der Hoffnung. Die Weltgeschichte beweist, dass es dem Menschen gelingen kann, richtige Antworten auf die sich ihm stellenden Fragen zu finden, wenn er seine ganze Kreativität und alle seine Herzens- und Geistesgaben in aufrichtiger Zusammenarbeit mit seinen Brüdern dafür einsetzt, allen ein wahrhaft menschliches Leben in Freiheit und Verantwortung zu ermöglichen.

Die Hoffnung der Kirche beruht sicherlich auf Realismus, aber auch auf der Gewissheit, dass der Bereich des Möglichen sich immer ausweiten kann, wenn man mit Gott auf dem Weg ist.

Ansprache an die Teilnehmer der Pilgerreise der «Equipes Notre-Dame» am 22. September 1976

Eure Anwesenheit, liebe Söhne und Töchter, Ehepaare und Seelsorger der Equipes Notre-Dame, bringt dem, der in der großen Familie der Kirche die Aufgabe des Vaters erfüllt, eine tiefe Freude.

Es ist die Freude, hinter jedem Ehepaar die Gesichter seiner Kinder und Großkinder sich abzeichnen zu sehen und sich so umgeben zu fühlen nicht nur von Neuverheirateten, sondern von ganzen Familien. Die Freude, durch Euch mein Wort zu richten an die Tausende von Ehepaaren, die

---

[93] Vgl. *Mater et magistra,* AAS 53 (1961) 447; *PP* 37; *HV* 23.

ihr gewissermaßen vertretet. Und schließlich die Freude, zu wissen, dass Unsere Stimme durch Eure Vermittlung alle Christen erreicht, die den Auftrag haben, in der Ehe und im Familienleben eine wahrhaft menschliche und christliche Berufung zu verwirklichen.

Diese Freude ist um so größer, als Euer internationales Treffen in Rom stattfindet, wo die wohltuende Gnade, die in der immer neuen Entdeckung der Universalität der Kirche liegt, gleichsam mit Händen zu greifen ist.

Behaltet die grundsätzlichen Worte gut im Gedächtnis, die Wir Euch bei Eurem letzten Besuch mitgegeben haben und die Ihr als Charta der ehelichen Spiritualität meditiert habt.[94] Wir brauchen am heutigen Morgen nicht darauf zurückzukommen. Doch heutzutage, wo die Entwicklung der Gesellschaft so weit geht, dass sogar die Moral in Frage gestellt wird, wollen wir einige kurze Erwägungen beifügen, um Eure Überzeugung angesichts der in letzter Zeit bezüglich der Familie aufgeworfenen Fragen zu festigen, Euren Glauben zu stärken und Eure Hoffnung zu mehren in der Kraft des Ehesakramentes, das wirklich Euch gehört, damit Ihr es in größter Fülle leben könnt «inmitten der Heimsuchungen der Welt und der Tröstungen Gottes».[95]

Indem Wir Bezug nahmen auf den großartigen und verpflichtenden Titel der «Hauskirche», erinnerten wir vor einigen Monaten die christlichen Familien an das in ihnen liegende Evangelisierungspotential.[96] Wir luden sie ein, zu bedenken, dass die Frohbotschaft Jesu Christi als Heilsverkündigung, als Predigt des Gesetzes der Liebe und der evan-

---

[94] Vgl. *L'Osservatore Romano*, 7. Mai 1970; *AAS* (1970) 428-437.
[95] Augustinus, *De civitate Dei*, XVIII, 51, 2; PL 41, 614; zitiert in *LG* 8.
[96] *EN* 71.

gelischen Gebote, als Einladung zum Eintritt in die Glaubensgemeinschaft, in jeder christlichen Familie gegenwärtig ist im Strom der Zuneigung, des Vertrauens, der Nähe, der ihre Mitglieder verbindet. Aber, so fügten Wir hinzu, diese Kraft muss von den christlichen Familien auch auf andere Familien ausstrahlen.

Wir berührten dieses Thema schon, als Wir Uns anlässlich der kürzlichen Versammlung des Ausschusses für die Familie an diesen wandten,[97] und unlängst noch betonten Wir, dass der Aufbau der Weltkirche und der Ortskirchen beim unscheinbaren, doch unverzichtbaren Aufbau der Hauskirche beginnen muss.[98]

Gestattet Uns, Euch das noch einmal in Erinnerung zu rufen: Die Ehe ist wohl ein frei gewählter Lebensstand, in dem man das Wohlergehen, das Glück des Ehepaares und seiner Kinder anstrebt und in dem man – zumal wenn man Christ ist – im Licht des Glaubens und im Vertrauen auf Gottes Gnade lebt. Die Ehe ist aber auch ein Zeugnis, das man ablegt und ein Auftrag, den man erfüllt. Und auf Grund dieser letzteren Dimension ist die Ehe nach außen gerichtet, den anderen zugewandt, zum Wohl der anderen bestimmt. Die Familie muss also bestrebt sein, schon als solche die Werte der Evangelisierung und Mission in sich zu tragen. Sie erfüllt diese Sendung, wenn sie bemüht ist, ein wahres Zeugnis christlichen Lebens zu geben und so immer mehr zu einem Aufruf zur Annahme der Frohbotschaft des Evangeliums zu werden.

Die offizielle Anerkennung Eurer Organisation durch den Heiligen Stuhl als Internationale katholische Organisation kann Euren Willen, immer mehr am gesamten Leben

---

[97] Vgl. *L'Osservatore Romano,* 14. März 1974; *AAS* 66 (1974) 232-234.
[98] Vgl. *L'Osservatore Romano,* 12. August 1976.

der Kirche teilzunehmen, zur Anschauung bringen und bekräftigen, und das erfüllt Uns mit Freude.

Unzählige Ehepaare werden Euch dankbar sein für die Hilfe, die Ihr ihnen damit leistet. Die Mehrzahl der Eheleute brauchen heute tatsächlich Hilfe in ihren Nöten. Zuerst steigen Misstrauen und Zweifel in ihnen auf, dann verfallen sie in Angst und Mutlosigkeit, und schließlich wenden sie sich von den edelsten Werten der Ehe ab. Oft kommt es mit ihnen so weit, weil jene, die ihre Lehrer sein sollten, eben diese Werte in Frage stellen, ihre theologischen Dimensionen herunterspielen und die elementarsten Anforderungen von Ehe und Familie als lebensfremd, überholt, unerfüllbar und überflüssig abtun.

Es gilt daher immer wieder, diese Werte und Forderungen durch das Zeugnis christlicher Ehen zu bekräftigen, aber auch, und das ist ein Erfordernis unserer heutigen Zeit, sie zu bestätigen durch das klare und mutige Wort der Seelsorger und Lehrer in einer abstrichlosen Treue zum Lehramt.

Die Ehe – Wir können es nicht genug wiederholen – ist eine auf Liebe gegründete und durch ein unauflösliches Bündnis und Versprechen beständig und endgültig gemachte Gemeinschaft. Wahre Liebe ist also das wichtigste Element dieser Gemeinschaft: Liebe als Gabe, Verzicht, Dienst, Selbstlosigkeit. Diese einmal besiegelte Einheit ist nicht mehr dem Auf und Ab des wankelmütigen und unsteten subjektiven menschlichen Willens ausgeliefert. Sie steht über den Schwankungen der Leidenschaft und der Willkür der Eheleute. Deshalb darf die Ehe auch nicht dem Wechselspiel des Gefühlslebens ausgeliefert werden, bleibt dieses doch, wie edel es auch sein mag, immer von Wandel, Verschleiß, Verirrung und Absterben bedroht. Wir wollen einmal mehr die traditionelle Lehre bekräftigen, die schon die

Pastoralkonstitution *Gaudium et spes* in Erinnerung rief,[99] entgegen dem Scheinargument, die Ehe sei zu Ende, wenn die Liebe – aber welche Liebe? – erlischt.[100]

Für die Christen gilt, dass dieser Bund vor Gott und vor der Kirche geschlossen wird. Die interpersonale Beziehung der Eheleute wird zum Sakrament. Sie wird verbürgt durch die tätige und maßgebliche Gegenwart Christi. Das macht die erhabene Größe der christlichen Ehe aus, das ist es, was die Gewähr bietet, dass die Verpflichtungen des Ehebundes von den Eheleuten getrost eingegangen werden können, auch wenn diese nach wie vor schwache und sündige Menschen bleiben. Der Bericht des Johannes-Evangeliums, der davon spricht, dass Jesus bei der Hochzeit zu Kanaa anwesend war (vgl. Joh 2, 2), muss für das Leben der Eheleute im wörtlichen Sinn gelten: Jesus soll jederzeit der geladene Gast sein, der das Wasser der immer drohenden Alltäglichkeit und Gleichgültigkeit verwandelt in den Wein der stets neu verjüngten Liebe, des wiedererlangten Ideals, der wiedergefundenen Kraft zur Überwindung aller Hindernisse. Gottes Liebe fasst um so leichter in Eurem Leben Wurzel, als Ihr einander helft, Euch dieser Liebe zu öffnen.

So verstanden ist diese interpersonale Gemeinschaft, diese *Communio,* erweitert durch die Geburt von Kindern, ein Zeichen von Gottes Liebe und Güte. Jedes christliche Ehepaar und jede christliche Familie verkündet allein schon durch ihre Existenz, dass Gott Liebe ist und das Wohl der Menschheit will.

Das Kreuz fehlt freilich auch in dieser Gemeinschaft nicht, so wenig wie in jeder von Liebe bestimmten Gemeinschaft. Es wäre daher vergeblich und gefährlich, wollte man

---

[99] Vgl. *GS* 48.
[100] Vgl. Paul VI., *Allocutio ad Sacram Romanam Rotam*, 9. Februar 1976, *AAS* 68 (1976) 204-208.

sich eine Ehe ausbedingen, die nicht das Zeichen des Kreuzes trägt, sei es in Gestalt körperlicher Leiden, sei es in der Form seelischer oder geistiger Qualen. Ihr seid hier, um zu bezeugen, dass Gottes Gnade, Stärke und Treue die Kraft verleihen, das Kreuz zu tragen. Das Sakrament ist für die Eheleute eine Gnadenquelle, deren Strom sie auf ihrem ganzen Lebensweg begleitet.

Diese Treue Gottes heben im Übrigen der heilige Paulus (vgl. 1 Kor 1, 9; 2 Tim 2, 13) und der heilige Johannes (1 Joh 1, 9; Offb 1, 5; 2, 13) immer wieder hervor. Sie hat den Vorsatz bewirkt, sie wird auch das Gelingen schenken; sie inspiriert, erweckt und ermöglicht zugleich die eheliche Treue. Die großzügige und hochherzige gegenseitige Treue der Gatten und die Treue beider gegenüber ihrem gemeinsamen Sendungsauftrag und gegenüber einem Ideal, das sie nur Seite an Seite verwirklichen können – so, wie sie ihre Ehe angetreten haben: Treue zu ihren Kindern, zu der Gesellschaft, in der sie leben und der zu dienen sie bereit sind. Dann ist es – ganz gleich, was die Leute heute sagen mögen – möglich, diese Treue zu halten und zu hegen bis zum Schluss, bis ans Ende.

Die Gemeinschaft der «Equipes» ist in einem kritischen Moment der Weltgeschichte entstanden, als ein entsetzlicher Krieg Ruinen hinterließ, deren schlimmste sittlicher und seelischer Art waren. Eure Bewegung trug dazu bei, das Ideal der Familie zu erhalten und zu vertiefen. Bleibt also das, was Ihr in der ersten Stunde sein wolltet, haltet an Eurer Berufung fest, eine echte Schule der Spiritualität für die christlichen Ehen zu sein, in fester Treue zum kirchlichen Lehramt in allen Bereichen: der Doktrin, der Liturgie und der Moral (vgl. Phil 2, 13).

Die priesterlichen Betreuer der «Equipes» «ermahne ich, da ich ein Ältester bin wie sie und ein Zeuge der Leiden

Christi und auch an der Herrlichkeit teilhaben soll, die sich offenbaren wird» (1 Petr 5, 1): Zögert nicht, das Beste an Wissen, Kraft und pastoralem Eifer herzugeben für dieses privilegierte apostolische Arbeitsfeld. Dort erwartet Euch ein Teil der Kirche, der Euch als Hirten braucht. Gebt nicht der Versuchung nach zu meinen, Eure pastorale Arbeit gelte nur einer kleinen Gruppe von Christen. Euer Einsatz wird vervielfältigt durch die Ausstrahlung so vieler Familien. Ihr helft ihnen, ihr christliches Leben zu vertiefen: Möge sich das Eure in gleichem Maße vertiefen.

Es ist Uns ein Anliegen, dass diese Pilgerreise nach Rom und Assisi Euch helfen möge, in allen Ländern die grundlegenden Werte der Ehe einzupflanzen und so Familien heranwachsen zu lassen, die aus diesen Werten leben. In dieser Hoffnung, liebe Söhne und liebe Töchter, versichern Wir Euch unseres Gebetes und erteilen Euch Unseren apostolischen Segen.

Homilie am Palmsonntag, den 23. März 1975

Euch, junge Menschen, die Ihr zu diesem so bedeutsamen Gottesdienst geladen seid, gilt Unser ganz besonderer Gruß. Allen Gläubigen, die mit Euch daran teilnehmen, entbieten Wir unser geistliches und herzliches Willkommen. Das ist ein wichtiger Augenblick, nicht nur in der Gottesdienstordnung der heiligen Karwoche, die wir heute beginnen, sondern auch wegen der geistigen und religiösen Wirkung, die diese in Euren, in unseren Seelen entfalten soll im Blick auf die Entscheidung des heutigen Tages. Einmal mehr gedenken wir heute des Pascha-Geheimnisses und durchleben es aufs Neue. Das große, zugleich tragische und triumphale Drama des Leidens, des Todes und der sieghaften Auferstehung unseres Herrn Jesus Christus spiegelt sich wider in der Welt, in der Geschichte, und gerade in diesem Jahr, das wir das Heilige Jahr nennen, aus den besonderen Gründen, die Wir schon dargelegt haben. Es soll uns Den vergegenwärtigen, der die Mitte der Zeit ist (vgl. Gal 4, 4): Wie die ferne Sonne ist Er hier mit seinem Licht, mit seinem Wirken, mit seiner immerwährenden Hilfe.

Hört Uns nun zu, ganz besonders Ihr, die Jungen. Es geht vor allem darum, Euch bewusst zu werden, wer Ihr seid, was Eure Identität ist, wie man heute sagt. Ihr seid hier als die Jugend – eben weil Ihr jung seid. Ihr seid hier als die typischen Vertreter unserer Zeit, als Protagonisten Eurer Generation; nicht als Zuschauer, Gäste oder passive Hilfskräfte, sondern als Akteure und Gestalter des charakteristischen Phänomens Eurer Jugend, des Phänomens der Neuheit. Ein Zweites: In Kenntnis dessen, was der Grund für Eure Gegenwart bei der heutigen Liturgie ist, nämlich Eure Jugend, übernehmt Ihr gegenüber Eurer Generation eine repräsentative Funktion. Ihr vertretet in Eurer Person die Menschenkategorie, der Ihr angehört, Ihr vertretet die Jugend unserer Zeit, ohne Rücksicht auf Eure Herkunft hinsichtlich Staatsangehörigkeit, Klasse und Bildung. Ihr seid hier, weil Ihr jung seid, und deshalb haben Wir Euch eingeladen: Wir möchten Uns in Euch ein Bild von der Jugend in ihren typischen Ausdrucksformen machen, ungeachtet der Unterschiede, die natürlich zwischen Euch und Euren vielen Altersgenossen bestehen, die Ihr in der heutigen Zeremonie stellvertretet.

Warum haben Wir Euch hierher geladen? Aus zwei Gründen. Der eine liegt im heutigen Ritus, der auf symbolische und sakrale Weise Euch die vertraute Szene aus dem Evangelium vor Augen führen will, den seiner Form nach unscheinbaren, doch seiner Absicht nach aufsehenerregenden Einzug Jesu in Jerusalem (vgl. Lk 19, 40), der Stadt, in der sich damals wegen des bevorstehenden Pascha-Feiertags die Menschenmassen drängten. Christus sollte ein für allemal und öffentlich anerkannt und bejubelt werden als der Christus, als der Messias, als der seit Jahrhunderten erwartete, von Gott gesandte und endlich gekommene wundertätige Retter. Ein historischer, feierlicher, geheimnisvoller Augenblick, dessen tiefere Bedeutung von Erneuerung und Zeremoniell in dieser vom Freudentaumel hingerissenen Menge gerade von den Kindern und Jugendlichen am besten wahrgenommen wurde, die, ohne recht zu wissen, wie sie dieser improvisierten Kundgebung den gebührenden Glanz verleihen sollten, in biblische und volkstümliche Zurufe ausbrachen: «Hosanna, hochgelobt sei, der da kommt im Namen des Herrn, der König von Israel» (Joh 19, 38). Sie rissen Palmwedel und Ölbaumzweige von den Bäumen an diesem Ort, welcher der Ölberg war, und schwenkten sie in festlichem Überschwang, indem sie riefen: «Friede im Himmel und Herrlichkeit in der Höhe» (Lk 19, 38).

Überlegt Euch diese Szene des Evangeliums noch einmal ganz gut. Die Kinder, die Jungen erkennen Christus, und das im treubrüchigen und feindseligen Umfeld der Pharisäer und Schriftgelehrten des judäischen Jerusalem jener Zeit (vgl. Joh 12, 19). Sie jubeln Ihm zu, sie verherrlichen Ihn. So wie heute, in diesem Gottesdienst.

Nun aber zum zweiten Grund. Ihr, die Jungen, Ihr spürt, was kommt. Wir möchten, dass der Glaube und die Freude der Jugend, die damals den Herrn Jesus lobpries, in welchem sie den Christus erkannten, den Mittelpunkt der Geschichte und der Hoffnung ihres Volkes – dass also dieser Glaube und diese Freude heute und für immer auch die Euren wären. Dass das so sei, darum haben Wir zuerst in aller Stille persönlich gebetet, dann erst haben Wir Euch eingeladen. Wir sind Uns bewusst: Unsere Einladung ist eine Herausforderung! Wie eine Liebeserklärung! Die Einladung zu dieser Feier will den Weg in Eure Herzen finden, mit einer drängenden Frage: Jugendliche unserer Zeit, wollt Ihr anerkennen, dass Jesus der Erlöser ist? Dass Er der Meister ist? Dass Er der Hirte ist, der Führer und Freund für unser ganzes Leben?

Er ist es, Er allein, der die Tiefe unseres Daseins und unserer Bestimmung kennt (Joh 2, 25). Er ist es, Er allein, der aus dem Dunkel unseres Bewusstseins unsere wahre Persönlichkeit ans Licht bringen kann. Er, Er allein, kann uns mit beseligender Wirkkraft dazu ermächtigen, den unsere Grenzen sprengenden Dialog mit dem Geheimnis der Religion aufzunehmen und den unendlichen und unerreichbaren Gott in der vertrauensvollen Redeweise von Kindern anzusprechen mit der unendlich beglückenden und wahren Anrede «Vater unser, der du bist im Himmel». Er, und Er allein, kann unsere Gottesbeziehung in eine echte zwischenmenschliche und soziale Beziehung übersetzen, das heißt unsere Gottesliebe zum überreichen, fruchtbaren Wurzelgrund unserer Nächstenliebe, das heißt der Liebe zu allen Menschen, werden lassen, ganz besonders, wenn unser Einsatz für das Wohl der andern absichtslos und grenzenlos ist und wenn die Menschen, die nunmehr in Christus unsere Brüder sind, von Not, Leiden und vielleicht Krieg betroffen sind. Das bedeutet, dass Unsere Einladung zu dieser besonderen Feier im Herzen des Heiligen Jahres auf eine entscheidende Anfrage hinausläuft: Wollt auch Ihr, die Jugend dieses kritischen geschichtlichen und geistigen Moments, wie damals die Jungen an jenem ursprünglichen Palmsonntag in Jerusalem, Jesus als den Messias anerkennen, als Christus den Herrn, den Mittelpunkt und Angelpunkt Eures Lebens? Wollt Ihr Ihm wirklich und wahrhaft in Eurem Glauben und in Eurer Freude den ersten Platz einräumen?

Es gilt, aus dem Zustand des Zweifels, der Unsicherheit, der Mehrdeutigkeit herauszufinden, in dem sich ein Großteil der heutigen Jugend so oft bewegt. Es gilt, die geistige Krise zu überwinden, die für den Übergang vom Kindes- zum Jugendalter und dann wieder vom Jugend- zum Erwachsenenalter typisch ist: eine Krise des Denkens, eine Krise des Glaubens, eine Krise der moralischen Einstellung, eine Krise der Gewissheit über Bedeutung und Wert des Lebens. Wie viele Jugendliche wachsen mit geschlossenen oder vielleicht nur kurzsichtigen Augen heran, wenn es um die geistige und gesellschaftliche Orientierung ihres Weges in die Zukunft geht. Gewiss gibt die Unverbrauchtheit der Kräfte und der Drang der Lebensinstinkte ihrer Bewegung freies Spiel und ihrem Verhalten Lebendigkeit; aber wissen sie denn, wohin sie gehen und wofür es lohnt, die eigene Existenz einzusetzen? Kompensiert die jugendliche Unruhe nicht oft das Fehlen des stilvollen und energischen Formwillens eines von höheren Idealen erleuchteten Lebens? Entdecken wir nicht heutzutage oft in der Tiefe der jugendlichen Seele eine seltsame Traurigkeit, die eine innere Leere verrät? Und was bedeutet diese Bezauberung durch den geringsten spirituellen Lichtschimmer bei so vielen unbefriedigten und von allem, was die moderne Welt zu bieten hat, enttäuschten jungen Leuten? Ist es ein Rückruf ins Innere, zum Gewissen, zum Gebet, zum Glauben?

Wir wollen diese Diagnose nicht fortsetzen und vielmehr zu dem Schluss kommen, den Uns diese gesegnete Stunde nahelegt. Am Schluss steht der Christus des Palmsonntags. Ein wiederentdeckter Christus. Ein mit Jubelrufen empfangener Christus. Ein demütig und fest geglaubter Christus, geglaubt nicht im ewig gleichen und bequemen Halbdunkel des Zweifels, sondern im hellen Licht der Lehre, welche die Kirche uns als Lehrmeisterin vorlegt. Ein Christus, der uns begegnet in der freudigen Bejahung seines Wortes und seiner geheimnisvollen kirchlichen und sakramentalen Gegenwart. Ein Christus, der in der schlichten und geradlinigen Treue zu seinem Evangelium gelebt wird, welches alles von uns fordert bis zum Selbstopfer, das aber der einzige Quell unerschöpflicher Hoffnung und wahrer Seligkeit ist. Ein Christus, der sich verbirgt und doch durchschimmert im Menschengesicht des Arbeitskollegen, des Bruders, dem es an Gerechtigkeit, an Hilfe, an Freundschaft und an Liebe fehlt. Ein lebendiger Christus. Und dann das Ja unserer Wahl. Das Ja unserer Existenz. Junge Menschen, versucht Eure Stunde zu ergreifen. Die zeitgenössische Welt öffnet Euch neue Wege und ruft Euch auf als Träger von Glauben und Hoffnung. Als Träger der Palmzweige, die Ihr jetzt in Händen haltet als Symbole eines neuen Frühlings, der Gnade, der Schönheit, der Poesie, der Güte und des Friedens. Nichts ist vergebens, nichts ist umsonst; es gilt: Christus für Euch! Christus mit Euch! Heute und morgen. Christus für immer.

III. EINHEIT

Mit der Enzyklika Ecclesiam suam *(1964) will Paul VI. etwas mehr als ein Jahr nach seiner Wahl die im Konzil vereinigten Bischöfe und die ganze Kirche an seiner Reflexion beteiligen. Das Zwiegespräch des Papstes betrifft in erster Linie die katholische Kirche, die aufgerufen ist, das Bewusstsein ihrer eigenen Identität aufzuarbeiten und sich auf den Weg zu machen zu einer mutigen Erneuerung und Reform. Zugleich will die Enzyklika den Dialog mit den getrennten Christen, den anderen Religionen und der ganzen Menschheit in die Wege leiten. Auf der Achse, welche die Identität der Kirche, die nicht als fester Zustand, sondern als ein Reformprozess mit dem Ziel der immer besseren Übereinstimmung mit der empfangenen Sendung definiert wird, und den Dialog mit allen, denen die Kirche auf ihrem Weg durch die Geschichte begegnet, miteinander verbindet, lassen sich auch die in diesem Teil versammelten Äußerungen Pauls VI. einordnen.*

Der Papst identifizierte sich mit der vom Vatikanum II geforderten ökumenischen Öffnung und setzte sie anlässlich von Begegnungen mit Oberhäuptern und Vertretern der verschiedenen christlichen Kirchen und Gemeinschaften in die Symbolsprache seiner Gesten um. Zugleich ist er sich der objektiven Schwierigkeiten bewusst, die bei der Wiederherstellung der vollen Gemeinschaft bestehen, und in seinen Ansprachen mahnt er, man dürfe die bestehenden Differenzen – unter ihnen das Verständnis des Amtes des Bischofs von Rom – nicht unterschätzen, ohne aber diese Schwierigkeiten zum Vorwand zu nehmen, sich dem Imperativ der Einheit zu entziehen. In einem weiteren Schritt weitet er diesen Dialog aus und schließt in ihn das Volk Israel und die Vertreter der großen Weltreligionen mit ein, sowie die Lenker aller Nationen, die zum Aufbau des Friedens beizutragen berufen sind.

Die Auslandreisen Pauls VI. sind eine neue Weise der Ausübung des päpstlichen Amtes. Sie brachten den Papst in unmit-

telbaren Kontakt mit der auf verschiedenen Kontinenten lebenden Kirche wie auch mit den Gesprächspartnern, mit denen diese den Dialog sucht. Die Armut und der christliche Einsatz für die Gerechtigkeit, die Notwendigkeit der Anpassung der Kirche an die Kultur der Völker, unter denen sie lebt, und der Ruf nach Neubelebung der missionarischen Dynamik mit dem Ziel, auch all jene zu erreichen, die das Wort des Evangeliums noch nicht gehört haben – das sind die Hauptthemen, die der Papst auf seinen Reisen angesprochen hat.

Aus den vor verschiedenen Zuhörern und in verschiedenen Kontexten gehaltenen Reden ergibt sich ein Begriff der Einheit der Kirche, der nicht mit Einförmigkeit zu verwechseln ist, sondern eine Vielfältigkeit umschließt, die im gemeinsamen Grund des christlichen Glaubens wurzelt und vom Vertrauen getragen ist, dass die Kirche in verschiedenen Kulturen ihren Ausdruck finden kann, ihrer eigenen Identität gewiss und gerade deshalb zum Dialog mit allen bereit. (A. M.)

*Rede an der Eröffnungsfeier
der Zweiten Sitzungsperiode des Zweiten Vatikanischen
Ökumenischen Konzils am 29. September 1963*

Seid gegrüßt, geliebteste Brüder in Christus!

Wir haben Euch aus allen Teilen der Welt, in denen die katholische Kirche ihre hierarchische Ordnung aufgerichtet hat, herbeigerufen. Seid gegrüßt, die Ihr auf Unsere Einladung hin hier zusammengeströmt seid, um gemeinsam mit Uns an der Zweiten Sitzungsperiode des Zweiten Vatikanischen Ökumenischen Konzils teilzunehmen, die Wir heute unter dem Schutze des Erzengels Michael, des Verteidigers des christlichen Volkes, freudigen Herzens eröffnen.

Ja, diese feierliche Versammlung von Brüdern, zu der von Ost und West, von Nord und Süd hervorragende Männer zusammengekommen sind, verdient zu Recht den erhabenen, prophetischen Namen Kirche, das heißt den Namen Gemeinschaft, Berufung. Ja, hier erfüllt sich offenbar von neuem jenes Wort, das Uns beim Anblick dieser Versammlung in den Sinn kommt: «Über die ganze Erde ging aus ihr Schall und bis an die Enden des Erdkreises ihre Worte» (Röm 10, 18; Ps 19, 5). Mögen doch, wunderbar vereint, jene geheimnisvollen Kennzeichen der Kirche aufleuchten, derentwegen wir sie als die eine und katholische bezeichnen! Durch diesen Anblick, in dem die ganze Kirche sichtbar wird, werden wir angeleitet, nicht nur über ihren apostolischen Ursprung nachzudenken, der uns in dieser Feier gleichsam vor Augen gestellt wird, sondern auch über ihr Ziel, die wirksame Heiligung der Menschen, das die von uns geliebte Kirche anstrebt. Hier werden die der Kirche eigentümlichen Merkmale sichtbar. Hier leuchtet das Antlitz der Braut Christi. Wir alle werden von jener sichtbaren, aber immer geheimnisvollen Erfahrung ergriffen, die uns sagt, dass wir der mystische Leib Christi sind. Zugleich erleben wir jene große, beispiellose und der Welt noch unbekannte Freude, die sich in dem Satz ausdrückt: «Wie schön ist es, wenn Brüder in Eintracht zusammen wohnen» (Ps 132, 1). Wir glauben also, es sei keineswegs nutzlos, gleich zu Beginn zu bedenken und zu erwägen, was bei der feierlichen Begehung dieses Ereignisses an Göttlichem und Menschlichem sich anzeigt. Wir befinden uns hier gleichsam in einem zweiten Abendmahlssaal, der sich als zu eng erweist, zwar nicht als Raum, wohl aber wegen der großen Zahl der darin versammelten Menschen. Sicher ist vom Himmel her die Jungfrau Maria, Mutter Christi, bei uns. Hier habt Ihr, ehrwürdige Brüder, Euch mit Uns versammelt, dem der

Zeit und dem Verdienst nach letzten Nachfolger des Apostels Petrus, der aber mit der gleichen Autorität und der gleichen Verantwortung ausgestattet ist. Ihr aber seid selbst Apostel. Ihr selbst geht auf das Apostelkollegium zurück und seid dessen wahre Erben. Hier sind wir durch denselben Glauben und dieselbe Liebe im Gebete vereint. Wir werden hier ohne Zweifel unter dem übernatürlichen Schutz des Heiligen Geistes stehen. Er wird bei uns sein, uns beleben, uns lehren und uns stärken. Hier werden alle Sprachen aller Völker zu einer, und ein und dieselbe Botschaft wird der Welt verkündet. Hierher kommt mit sicherem Schritt die Kirche nach fast 2000-jähriger Pilgerschaft auf dieser Erde. Hier wird das aus der ganzen Welt versammelte Apostelkollegium gestärkt gleichsam wie an einer Quelle, die jeden Durst stillt und doch immer neuen Durst weckt, und von hier nimmt es neu den Pilgerweg auf durch die Welt und die Zeit, dem Ziel entgegen, das über diese Erde und diese Weltzeit hinausweist.

Seid gegrüßt, ehrwürdige Brüder!

So empfängt Euch der Geringste unter Euch, der Diener der Diener Gottes, obwohl beladen mit der von Christus Jesus dem Petrus übertragenen obersten Schlüsselgewalt. So dankt er Euch für die Zeichen des Gehorsams und des Vertrauens, die Ihr ihm entgegenbringt. So will er Euch konkret zeigen, dass er mit Euch zusammensein, mit Euch beten, sprechen, überlegen und arbeiten will. Gleich zu Beginn der Zweiten Session dieser großen Synode bezeugen Wir Gott, dass Wir keinerlei menschliche Machtansprüche erheben und keinerlei Verlangen nach persönlicher Herrschaft hegen, sondern nur den Wunsch und den Willen haben, den göttlichen Auftrag zu erfüllen, durch den Wir, Brüder, unter Euch zum obersten Hirten von Euch allen berufen worden sind. Dieser Auftrag verlangt von Euch, was «unsere Freude und unsere Krone» ist (vgl. Phil 4, 1), die «Gemeinschaft der Heiligen», Eure Treue, Eure Verbindung und Eure Zusammenarbeit mit Uns. Dafür schenken Wir Euch, was Uns zu geben besonders freut, Unsere Verehrung, Unsere Hochachtung, Unser Vertrauen und Unsere Liebe.

Wir hatten vor, der Tradition entsprechend, Euch Unsere Antrittsenzyklika zu senden. Aber warum – so überlegten Wir – schriftlich mitteilen, was Wir bei dieser so glücklichen und einzigartigen Gelegenheit, eben in diesem Konzil, mündlich vor Euch aussprechen können. Selbstverständlich können Wir nicht alles vorlegen, was Uns beschäftigt und was sich schriftlich leichter darstellen lässt. Aber Wir glauben, dass die jetzige Ansprache ein Vorspiel sein kann für das Konzil wie für Unser Pontifikat. Sie möge also für jetzt die Enzyklika ersetzen, die Wir, so Gott will, nach Abschluss dieser arbeitsreichen Tage an Euch richten möchten.

Nachdem Wir Euch begrüßt haben, glauben Wir, auch Uns selbst vorstellen zu sollen. Denn Wir sind neu im päpstlichen Dienst, den Wir ausüben oder besser, erst beginnen. Ihr wisst, dass Uns am vergangenen 21. Juni, auf den durch einen glücklichen Umstand das Fest des heiligsten Herzens Jesu fiel, das Kardinalskollegium, dem Wir hier nochmals Unsere Ergebenheit und Verehrung bekunden möchten, trotz Unserer menschlichen Schwäche zum Bischof von Rom und zum Hirten über die ganze Kirche wählen wollte.

Wir können nicht an dieses Ereignis denken, ohne Uns Unseres unvergesslichen Vorgängers Johannes XXIII. zu erinnern, den Wir sehr geliebt haben. Sein Name ruft Uns und sicher all denen, die ihn hier an derselben Stelle, die Wir innehaben, erleben durften, seine gütige und priesterliche Gestalt in Erinnerung, als er am 11. Oktober des vergangenen Jahres die Erste Sitzungsperiode dieses Zweiten Vatikanischen Ökumenischen Konzils eröffnete und jene

Ansprache hielt, die nicht nur der Kirche, sondern der ganzen Menschheit als Vorausschau eines prophetischen Geistes in Bezug auf unsere Zeit erschien. Jene Rede klingt noch in Unserem Gedächtnis und Bewusstsein nach, weil sie den Weg anzeigt, den das Konzil vor sich hat. Sie wird völlig ausreichen, um Uns von jedem Zweifel und jeder Ermüdungserscheinung zu befreien, wenn Uns solche einmal auf diesem schwierigen Weg überkommen sollten. Lieber, verehrter Papst Johannes! Lob und Dank sei Dir, dass Du, gleichsam einem göttlichen Plan Folge leistend, dieses Konzil einberufen hast, um der Kirche neue Wege zu eröffnen und durch die Gnade der Erde neue und befruchtende, wenn auch noch verborgene Wasser zuzuführen. Du wolltest ganz aus Dir selbst, ohne irgendeinen irdischen Anreiz und ohne besondere Zwänge, die Pläne der göttlichen Vorsehung erratend und die schweren Nöte unserer Zeit durchschauend, den abgerissenen Faden des Ersten Vatikanischen Konzils wiederaufnehmen. Indem Du das tatest, hast Du vorweg das Misstrauen zerstreut, das manche in Bezug auf jenes Konzil hegen, so als ob die von Christus Jesus dem römischen Papst übertragene und von dem genannten Konzil anerkannte oberste Gewalt ohne Hilfe der ökumenischen Konzilien ausreichen würde. Du hast außerdem die Brüder, die Nachfolger der Apostel, nicht nur zusammengerufen, damit sie das unterbrochene Studium aufnehmen und die in Schwebe gelassenen Gesetze wieder in Angriff nehmen, sondern auch damit sie sich mit dem Papst wie in ein und demselben Leibe vereint fühlten und um, von ihm gestärkt und geleitet, «das heilige Überlieferungsgut *(depositum)* der christlichen Lehre mit wirksameren Methoden zu bewahren und zu erklären».[101] Aber dieser obersten Zielsetzung des

---

[101] *AAS* 54 (1962) 790.

Konzils hast Du noch eine andere hinzugefügt, die pastorale, die jetzt noch dringender und noch fruchtbringender erscheint als früher. Du sprachst die Mahnung aus: «Es ist auch nicht unsere Sache, gleichsam in erster Linie einige Hauptpunkte der kirchlichen Lehre zu behandeln... Diese sichere und beständige Lehre, der gläubig zu gehorchen ist, muss so erforscht und ausgelegt werden, wie unsere Zeit es verlangt.»[102] Du hast außerdem bei denen, die das kirchliche Lehramt ausüben, die Überzeugung bekräftigt, dass die christliche Lehre nicht nur eine Wahrheit ist, die es mit der vom Glauben erleuchteten Vernunft zu erforschen gilt, sondern auch lebenspendendes und tatsetzendes Wort, und dass sich die Autorität der Kirche nicht darauf beschränken darf, die sie gefährdenden Irrtümer zu verurteilen, sondern dass sie auch die unmittelbare lebendige Lehre zu verkünden hat, deren fruchtbare Trägerin sie ist. Da aber die Aufgabe des kirchlichen Lehramtes weder eine rein theoretische noch eine rein negative sein darf, muss es in diesem Konzil mehr und mehr die lebenspendende Kraft der Lehre Christi erweisen. Christus hat ja gesagt: «Die Worte, die ich zu euch gesprochen habe, sind Geist und Leben» (Joh 6, 63).

Wir werden also keinesfalls die Richtlinien vergessen, die von Dir als erstem Vater dieses Konzils mit klugem Rat vorgezeichnet worden sind und die Wir hier wiederholen möchten: «...Es ist nicht unsere Aufgabe, diesen kostbaren Schatz der katholischen Lehre nur zu bewahren, als ob wir uns einzig und allein für das interessierten, was alt ist, sondern wir wollen jetzt freudig und furchtlos an das Werk gehen, das unsere Zeit erfordert, und den Weg fortsetzen, den die Kirche seit zwanzig Jahrhunderten zurückgelegt hat.» Daher sind «die Fragen zu klären, wie es einem Lehr-

---

[102] Ebd., S. 791.

amt entspricht, dessen Wesen vorwiegend pastoral ist».[103] Es wird von Uns auch jenes schwerwiegende Problem nicht vernachlässigt werden, das sich auf die Einheit all derer bezieht, die an Christus glauben und zu seiner Kirche gehören wollen, die Du, Johannes, als das allen offenstehende Haus des Vaters bezeichnet hast. So möge der Verlauf der Zweiten Sitzungsperiode des von Dir einberufenen und begonnenen Konzils glücklich den Weg fortsetzen, den Du eröffnet hast, und mit Gottes Hilfe zu den von Dir so ersehnten Zielen gelangen. So nehmen wir also, ehrwürdige Brüder, den eingeschlagenen Weg wieder auf. Dieser erklärte Entschluss führt Uns zu einem weiteren Gedanken. Und dieser ist von so großer Bedeutung und so wichtig, dass es Uns drängt, ihn Euch mitzuteilen, obwohl ihn diese ganze Versammlung bereits kennt und gleichsam von seiner Leuchtkraft durchdrungen ist.

Wo, ehrwürdige Brüder, wird der Ausgangspunkt unseres Weges liegen? Welche Richtung muss er zudem verfolgen, wenn wir mehr noch als auf die eben genannten Gesichtspunkte auf die göttlichen Gesetze achten, denen wir folgen müssen? Und schließlich, welches ist das Ziel unseres Weges? Ein Ziel, das, solange wir auf Erden weilen, wohl der Zeit und den Umständen unseres vergänglichen Lebens Rechnung tragen, sich aber trotzdem immer nach der übernatürlichen Bestimmung des Menschen richten muss, zu der wir nach dieser irdischen Pilgerschaft gelangen sollen.

Auf diese drei zwar leicht einsichtigen, aber doch sehr wichtigen Fragen gibt es nur eine Antwort. Eine Antwort, von der Wir glauben, dass Wir sie in dieser feierlichen Stunde und in dieser Versammlung selbst in Erinnerung bringen und der ganzen Welt verkünden müssen: Christus. Christus

---

[103] Ebd., S. 791f.

ist unser Ausgangspunkt. Christus ist unser Führer und unser Weg, Christus ist unsere Hoffnung und unser Ziel.

Möge dieses Ökumenische Konzil diese eine und zugleich vielfältige, feste und doch dynamische, geheimnisvolle und doch klare, zwingende und zugleich beglückende Bindung, durch die wir Jesus Christus zugehören, ganz und gar erkennen. Durch dieses Band wird diese lebendige und heilige Kirche, das heißt wir, an Christus gebunden, von dem wir ausgehen, von dem wir leben und nach dem wir streben. Möge diese Versammlung hier durch kein anderes Licht erleuchtet werden als durch Christus, das Licht der Welt. Suchen wir keine andere Wahrheit als das Wort des Herrn, unseres einzigen Lehrers! Suchen wir nichts anderes, als seinen Gesetzen treu zu gehorchen. Kein anderes Vertrauen soll uns aufrecht halten, außer das Vertrauen zu seinem Herrenwort, das unsere klägliche Schwachheit stärkt: «Seht, ich bin bei euch alle Tage bis ans Ende der Welt» (Mt 28, 20). Erheben wir doch in dieser Stunde unsere Stimme zu unserem Herrn Jesus Christus, wie sie seiner würdig ist. Beten wir mit den Worten der Liturgie: «Christus, dich allein kennen wir, dich suchen wir einfachen und aufrichtigen Herzens, klagend und singend, blicke auf unser Flehen.»[104] Während Wir diese Worte aussprechen, sehen Wir mit Unseren verwunderten und geblendeten Augen gleichsam Jesus selbst, und zwar in solcher Majestät, wie er in Euren Basiliken, ehrwürdige Brüder aus den Ostkirchen, aber auch in denen des Westens, als Pantokrator dargestellt ist. Wir sehen Uns selbst gleichsam in die Rolle Unseres Vorgängers Honorius III. versetzt, wie er Christus anbetend in der Apsis der Basilika St. Paul vor den Mauern in einem wunderschönen Mosaik dargestellt wird. Jener Papst, klein von Gestalt, kniet

---

[104] Hymnus der Laudes am Mittwoch.

wie ein Nichts auf dem Boden und küsst die Füße Christi, der in seiner überragenden Größe wie ein königlicher Lehrer dem in der Basilika versammelten Volk, der Kirche, vorsteht und sie segnet. Diese Szene, so scheint Uns, wiederholt sich hier, aber nicht mehr in einem in prächtigen Farben an die Mauer gemalten Bild, sondern leibhaftig in dieser unserer Versammlung selbst, die Christus als den Ursprung und die Quelle ansieht, der das menschliche Erlösungswerk und die Kirche entspringen und die zugleich die Kirche als seine irdische und geheimnisvolle Ausstrahlung und Fortsetzung versteht, und zwar so, dass vor Unserem geistigen Auge jene apokalyptische Vision erscheint, die der Apostel Johannes mit den Worten beschreibt: «Und er zeigte mir einen Strom mit dem Wasser des Lebens, glänzend wie Kristall, der vom Throne Gottes und des Lammes hervorkam» (Offb 22, 1).

Es scheint Uns ganz und gar richtig, dass dieses Konzil von diesem Bilde, ja vielmehr von dieser mystischen Feier ausgeht. Denn diese Feier verkündet unseren Herrn Jesus Christus als das menschgewordene Wort, als Sohn Gottes und Menschensohn, als Erlöser der Welt, als Hoffnung des Menschengeschlechtes, als einzigen und obersten Lehrer und Hirten, als Brot des Lebens, als unseren Hohepriester und als unsere Opfergabe, als einzigen Mittler zwischen Gott und den Menschen, als Retter der Welt und als König der Ewigkeit. Diese selbe Feier zeigt uns außerdem, dass wir von Christus durch göttliche Eingebung gerufen und seine Schüler, seine Apostel, seine Zeugen, seine Diener, seine Gesandten sind und zugleich mit allen übrigen Gläubigen seine lebendigen Glieder, zusammengefasst in jenen alles umfassenden einzigen mystischen Leib, den er sich durch den Glauben und die Sakramente in dem geschichtlichen Ablauf der Welt selbst fortwährend bildet, seine Kirche also, die eine geistliche und sichtbare, brüderliche und hierarchische, jetzt noch zeitliche, aber einmal ewig währende Gemeinschaft ist.

Ehrwürdige Brüder, wenn wir diese äußerst bedeutsame Lehre aufmerksam erwägen, dass nämlich Christus unser Gründer und unser zwar unsichtbares, aber wirkliches Haupt ist und dass wir von ihm alles empfangen, so dass wir mit ihm «der ganze Christus» werden, von dem der heilige Augustinus spricht und von dem die ganze Lehre über die Kirche durchdrungen ist, dann werden wir die Hauptziele dieses Konzils klarer sehen, die Wir der Kürze und der Klarheit wegen in vier Punkte zusammenfassen: der Begriff, oder wenn man lieber will, das Selbstverständnis der Kirche, ihre Erneuerung, die Wiederherstellung der Einheit zwischen allen Christen und das Gespräch der Kirche mit den Menschen unserer Zeit.

Zweifellos ist es zunächst einmal Wunsch, Bedürfnis und Pflicht der Kirche, eine umfassende Begriffsbestimmung von sich selbst zu geben. Wir kennen alle die wunderschönen Bilder, mit denen die Heilige Schrift das Wesen der Kirche umschreibt. Sie wird an verschiedenen Stellen als der Bau Christi bezeichnet, als Haus Gottes, als Tempel und Wohnstatt Gottes, als sein Volk, seine Herde, sein Weinberg, sein Acker, seine Stadt und schließlich als die Braut Christi und sein mystischer Leib. Dieser Reichtum wunderbarer Bilder ist der Grund dafür, dass durch deren Betrachtung die Kirche sich erkannte als eine in dieser Welt aufgerichtete, sichtbare und hierarchisch geordnete, zugleich aber als eine von innerer geheimnisvoller Kraft belebte Gemeinschaft. Das bekannte Rundschreiben Pius' XII., das mit den Worten *Mystici corporis* beginnt, hat schon zum Teil dem Wunsch der Kirche nach klarer Selbstdarstellung entsprochen, zum anderen Teil wurde sie durch diese Enzyklika noch mehr dazu angeregt, eine eigene und ausreichende Begriffsbestimmung ihrer selbst zu geben. Bereits das Erste Vatikanische Konzil hatte einen derartigen Entwurf vorbereitet, und Gelehrte von innerhalb und außerhalb der katholischen Kirche wurden durch eine Reihe äußerer Umstände veranlasst, in dieser Richtung zu arbeiten. Solche Umstände waren: die gesellschaftliche Verdichtung der Kultur unserer Zeit, die Zunahme der menschlichen Beziehungen, die Notwendigkeit, die verschiedenen christlichen Bekenntnisse nach einer zutreffenden und einheitlichen, in der göttlichen Offenbarung enthaltenen Begriffsbestimmung zu beurteilen, etc.

Es nimmt nicht wunder, wenn nach fast zwanzig Jahrhunderten seit der Gründung der christlichen Religion, nach so breitem Wachstum der katholischen Kirche in aller Welt und der übrigen religiösen Gemeinschaften, die ihre Namen von Christus herleiten und Kirchen genannt werden, es nimmt nicht wunder, sagen Wir, wenn der wahre, erschöpfende und volle Begriff der Kirche, wie sie Christus gegründet hat und die Apostel sie aufzubauen begannen, noch einer genaueren Verdeutlichung bedarf. Denn die Kirche ist ein Geheimnis, eine verborgene Wirklichkeit, die von Gottes Gegenwart ganz durchdrungen wird. Ihre Natur ist dergestalt, dass sie immer eine Vertiefung ihres Selbstverständnisses zulässt.

Der menschliche Geist vervollkommnet sich selbst durch fortschreitende Erkenntnis und Forschung. Ausgehend von empirisch gewonnenen Wahrheiten steigt er zu einleuchtender und höherer Vernunfterkenntnis auf. Von den einen Wahrheiten leitet er dialektisch andere Wahrheiten ab. Und während er bei der Ergründung einer komplexen und eben erst erkannten Tatsache verweilt, erforscht er sie bald unter diesem, bald unter jenem Gesichtspunkt. So wird durch diesen Forschergeist des Menschen verständlich, was in der Geschichte des Menschengeschlechts sich anzeigt.

Uns scheint jetzt auf jeden Fall die Zeit gekommen, wo die Wahrheit über die Kirche Christi besser erforscht, erörtert und verdeutlicht werden muss, wohl nicht durch solche feierliche Erklärungen, die man dogmatische Definitionen nennt, sondern eher durch Erklärungen, durch die die Kirche sich selbst durch eine besonders ausdrückliche lehramtliche Kundgebunug vergegenwärtigt, was sie über sich selbst denkt.

Das Selbstverständnis der Kirche wird verdeutlicht durch den treuesten Gehorsam gegenüber den Worten und Lehren Christi, durch das Festhalten an den sicheren Gesetzen der heiligen Überlieferungen, durch die Gefolgschaft gegenüber dem Lichte des Heiligen Geistes, der jetzt von der Kirche offenbar verlangt, dass sie alles tut, um vor den Menschen als das zu erscheinen, was sie ist.

Wir glauben, der Geist der Wahrheit wird in diesem Ökumenischen Konzil der lehrenden Kirche noch strahlungskräftigeres Licht schenken und eine noch einsichtigere Lehre über das Wesen der Kirche vorlegen; dann wird sie, als Christi Braut, in Christus ihr eigenes Urbild suchen, und in ihm selbst, von brennender Liebe getrieben, ihre eigene Gestalt zu entdecken sich bemühen, jenen Glanz nämlich, mit dem Christus auch die Kirche ausgestattet sehen will.

Aus diesem Grund wird das Hauptthema dieser Zweiten Sitzungsperiode des Ökumenischen Konzils die Kirche selbst sein: Es wird ihr eigenes innerstes Wesen erforscht werden, um, soweit es der menschlichen Sprache möglich ist, eine Begriffsbestimmung zu erarbeiten, die uns über die wahre Grundverfassung der Kirche besser belehrt und ihren vielfältigen Heilsauftrag klarer hervorhebt.

Die Theologie wird von daher große Entwicklungsmöglichkeiten erhalten, die auch von den getrennten Brüdern ein aufmerksames Studium verdienen. Entwicklungsmöglichkeiten, von denen Wir sehnlichst wünschen, dass sie ihnen den Weg zur Zustimmung zur Verwirklichung der Einheit leichter machen.

Von den vielen verschiedenen Fragen, die auf dem Konzil zur Beratung kommen werden, gehört zu den ersten eine, die Euch selbst, die Bischöfe der Kirche Gottes, angeht. Wir möchten Euch nicht verschweigen, dass Wir mit großer Hoffnung und aufrichtigem Vertrauen diese Diskussion erwarten. Denn unbeschadet der dogmatischen Erklärungen des Ersten Vatikanischen Ökumenischen Konzils über den römischen Papst wird die Lehre vom Episkopat, seinen Aufgaben und seinen notwendigen Verbindungen mit Petrus zu untersuchen sein. Daraus werden sich auch für Uns Richtlinien ergeben, aus denen Wir in der Ausübung Unserer apostolischen Sendung lehrhaften und praktischen Nutzen ziehen werden. Denn obwohl Wir in der Ausübung der universalen Sendung von Christus mit der Fülle und dem rechten Maß an Gewalt ausgestattet worden sind, können Wir Uns, wie Ihr wisst, zur Unterstützung weitere Kräfte zuziehen, wenn die geliebten und ehrwürdigen Brüder im Bischofsamt nach einem noch entsprechend festzulegenden Modus eine wirksamere und in Bezug auf die übernommenen Aufgaben bewusstere Mitarbeit anbieten werden.

Wenn diese Lehre verabschiedet sein wird, muss ihr die Diskussion eines weiteren Kapitels folgen, das den Aufbau des sichtbaren und mystischen Leibes Christi betrifft, die kämpfende und pilgernde Kirche auf Erden, das heißt die Priester, die Ordensleute, die Gläubigen und auch die von uns getrennten Brüder, da auch sie zur vollen Mitgliedschaft in ihr berufen sind.

Niemandem wird das Gewicht und die Bedeutung der theologischen Aufgabe dieses Konzils entgehen. Die Kirche wird daraus ihr Selbstverständnis, ihre Kraft, ihr Licht, ihre Freude und ihre heiligende Wirkung schöpfen. Möge Gott Unsere Hoffnungen erfüllen!

Diese Hoffnungen erstrecken sich auch auf ein weiteres erstrangiges Problem, dessentwegen das Konzil einberufen wurde, auf das, was man die Erneuerung der Kirche nennt.

Wir meinen, dass eine solche Erneuerung ebenfalls von dem Wissen um die notwendige Verbindung der Kirche mit Christus ausgehen muss. Die Kirche will, so sagen Wir, in Christus ihr Urbild suchen. Wenn sie nach dieser Selbstprüfung irgendwelche Schatten oder Verunstaltungen in ihrem Gesicht oder an ihrem hochzeitlichen Kleid entdecken sollte, was gilt es dann, freiwillig und eilends zu tun? Sie wird ihr Bemühen auf nichts anderes richten, als sich zu erneuern, zu korrigieren und ihre Gleichförmigkeit mit dem göttlichen Urbild wiederherzustellen, denn das ist ihre vornehmliche Aufgabe.

Wir wiederholen hier die Worte Jesu Christi, die er vor seinem bevorstehenden Kreuzestod im hohepriesterlichen Gebet gesprochen hat: «Ich heilige mich selbst, damit auch sie in Wahrheit geheiligt seien» (Joh 17, 18).

Das Zweite Vatikanische Ökumenische Konzil muss nach Unserer Meinung diese feste Lebensordnung, wie Christus sie gewollt hat, bekräftigen und sich zu eigen machen. Nur wenn das Werk der inneren Vervollkommnung der Kirche voll gelungen sein wird, nur dann wird die Kirche der ganzen Welt ihr Gesicht zeigen können mit den Worten: «Wer mich sieht, sieht den Vater» (Joh 14, 9). So muss das Ökumenische Konzil als ein neuer Frühling angesehen werden, der große geistige Kräfte wecken will, die im Schoß der Kirche gleichsam verborgen sind. Es ist ganz offenkundig Aufgabe des Konzils, die inneren Kräfte der Kirche und die Normen, die ihr rechtliches Gefüge und ihre rituellen Formen regeln, auf ihren ursprünglichen Wert zurückzuführen. Diese allgemeine Synode wird also das Wachstum jener Vollkommenheit und Heiligkeit erstreben, die ihr nur die Nachfolge Jesu Christi und die geheimnisvolle Vereinigung mit ihm durch den Heiligen Geist bringen kann.

Ja, das Konzil strebt nach einer sichtbaren Erneuerung. Man darf aber nicht aus dem, was Wir sagen und wünschen, den Schluss ziehen, Wir wollten damit bestätigen, dass man der Kirche unserer Tage den Vorwurf machen könnte, sie habe in entscheidenden Punkten den Absichten des Erlösers zuwidergehandelt. Vielmehr erfüllt sie die genauere Erkenntnis ihrer Treue zu Christus in den wesentlichsten Punkten mit dankbarer und demütiger Freude. Von daher kommt auch der Mut und das Bestreben, sich von jenen Verunstaltungen zu reinigen, die menschlicher Schwäche eigen sind. Deswegen soll man nicht meinen, das Konzil wolle mit diesen Erneuerungsbestrebungen das kirchliche Leben der Gegenwart von Grund aus verändern noch mit der Tradition, soweit sie vorzüglich und verehrungswürdig ist, brechen. Im Gegenteil, es will sie zu Ehre bringen und was gut und fruchtbar an ihr ist, durch Beseitigung überholter und unpassender Formen herausstellen.

Sagte nicht Jesus zu seinen Jüngern: «Ich bin der wahre Weinstock und mein Vater ist der Winzer. Jede Rebe an mir, die keine Frucht bringt, schneidet er ab, und jede Rebe, die Frucht bringt, reinigt er, damit sie mehr Frucht bringt» (Joh 15, 1-2)? Diese Worte der Bibel reichen sehr wohl aus, um zu zeigen, welches die wesentlichen Punkte der Erneuerung sind, die die Kirche in unserer Zeit anstrebt und verwirklichen will. Im Zentrum dieser Erneuerung steht ihre Verlebendigung nach innen und außen. Dem lebendigen Christus muss eine lebendige Kirche entsprechen. Wenn aber der Glaube und die Liebe die Fundamente ihres Lebens sind, so darf nichts übersehen werden, was den Glauben neu festigt und stärkt und die christliche Durchformung und Erziehung für die Erreichung diese Zieles geeigneter machen kann. Wir sagen, es darf ein noch gründlicheres Studium und eine noch hingebungsvollere Verehrung des Wortes Gottes nicht unterlassen werden. Dieses Studium und diese Verehrung bilden ja gerade das Fundament dieser Erneuerung. Dann muss die Übung der Liebe einen bevorzugten Platz erhalten. Denn wir müssen eine *Kirche der Liebe* anstreben, wenn wir wollen, dass sie imstande sei, durch und durch sich selbst und – was sehr schwierig und mühevoll ist – die ganze Welt zu erneuern, auch weil die Liebe die Königin und die Wurzel aller anderen christlichen Tugenden ist: der Demut, der Armut, der Frömmigkeit, der Selbstverleugnung, der standhaften Bezeugung der Wahrheit, des Strebens nach Gerechtigkeit und aller anderen Vorzüge, die der neue Mensch in sich entfaltet.

Hier eröffnen sich dem Ökumenischen Konzil breite Bereiche für seine Arbeit. Einer davon, ein sehr wichtiger und liebevoll gepflegter, ist die Liturgie. Da darüber während der Ersten Sitzungsperiode lang und ausführlich beraten worden ist, hoffen Wir, dass er nunmehr glücklich abgeschlossen werden kann. Auch auf andere Gebiete wird sich derselbe Eifer und der gleiche Fleiß der Väter erstrecken, obwohl zu befürchten ist, dass wegen der Kürze der Zeit nicht alle Fragen behandelt werden können, wie sie es verdienten, und deshalb noch Arbeit für eine weitere Sitzung übrigbleiben wird.

Es gibt eine dritte Aufgabe, die dem Ökumenischen Konzil von Unserem Vorgänger Johannes XXIII. vorgezeichnet wurde. Eine Aufgabe, die im Hinblick auf die Erneuerung des geistlichen Lebens von eminenter Bedeutung ist. Eine Aufgabe, die auf die «anderen Christen» gerichtet ist, die zwar an Christus glauben, die wir aber – o welche Freude bleibt uns versagt! – nicht zu jenen zählen können, die mit uns durch das Band der vollkommenen Einheit in Christus verbunden sind. Diese Einheit, zu der sie an sich kraft der Taufe gehören müssten, kann ihnen nur von der einen katholischen Kirche angeboten werden und wird von ihnen in ihrem Wesen bereits angestrebt.

Was in neuester Zeit innerhalb der von uns getrennten christlichen Gemeinschaften vor sich geht und was von dort immer stärker wächst, beweist ein Doppeltes: Die Kirche Christi ist nur eine und darf nur eine sein. Diese geheimnisvolle und zugleich sichtbare Einheit kann nur in dem einen Glauben, in der Teilnahme an denselben Sakramenten und durch den zweckmäßigen Zusammenhalt einer einzigen obersten Kirchenleitung verwirklicht werden, wenngleich verschiedene Sprachen, Riten, von den Vorfahren ererbte Überlieferungen, örtliche Vorrechte, Beurteilungen geistiger Strömungen, rechtmäßige Einrichtungen und frei gewählte eigene Lebensformen zugelassen werden können.

Wie wird das Konzil angesichts der großen Zahl der von uns getrennten Brüder und dieser möglichen Vielfalt in der Einheit sich verhalten, was wird es tun? Die Sache ist ganz klar. Auch aus diesem Grund wurde es einberufen. Es strebt nach einer vollen und allumfassenden Ökumenizität; wenigstens im Wunsch, wenigstens im Gebet, wenigstens in der Vorbereitung. Heute entsteht eine Hoffnung, morgen wird diese Hoffnung vielleicht Wirklichkeit. Während nämlich das Konzil jene Schafe ruft, zählt und in Christi Schafstall sammelt, die diesen ganz und mit vollem Recht bilden, öffnet es alle Türen und ruft und lädt alle Schafe Christi ein, die noch nicht von dem einzigen Schafstall Christi umschlossen werden. Diesbezüglich wird es also ein Konzil sein, das ruft, wartet und darauf vertraut, dass in

Zukunft sich mehr von ihnen in brüderlicher Gesinnung sowie echter ökumenischer Haltung anschließen.

Hier wenden Wir Uns an die Delegierten der von der katholischen Kirche getrennten christlichen Gemeinschaften, die von diesen gesandt wurden, um als Beobachter der feierlichen Versammlung beizuwohnen.

Wir entbieten ihnen Unseren herzlichen Gruß. Wir danken ihnen, dass sie gekommen sind.

Durch sie senden Wir Unsere Botschaft als Ausdruck Unserer väterlichen und brüderlichen Liebe an die ehrwürdigen christlichen Gemeinschaften, die sie hier vertreten.

Unsere Stimme zittert, Unser Herz bebt, weil ihre Gegenwart hier für Uns ein unaussprechlicher Trost und eine große Hoffnung ist, gleich wie ihre lange Trennung Uns zutiefst schmerzt.

Wenn uns eine Schuld an dieser Trennung zuzuschreiben ist, so bitten wir demütig Gott um Verzeihung und bitten auch die Brüder um Vergebung, wenn sie sich von uns verletzt fühlen. Was uns betrifft, sind wir bereit, der Kirche zugefügtes Unrecht zu verzeihen und den großen Schmerz ob der langen Zwietracht und Trennung zu vergessen.

Möge der himmlische Vater diese Unsere Erklärung gnädig annehmen und zwischen uns allen den wahren brüderlichen Frieden wiederherstellen. Wir wissen, dass noch schwierige und verwickelte Fragen zu studieren, zu klären und zu lösen sind. Wir möchten, dass das bald geschieht, um der Liebe Christi willen, die Uns drängt, aber Wir wissen, dass für die Klärung und Lösung solcher Probleme viele Voraussetzungen nötig sind, Voraussetzungen, die heute noch nicht so weit gegeben sind, um die Sache zu einem guten Ende führen zu können. Wir werden nicht müde, gelassen jene glückliche Zeit abzuwarten, in der vollkommene Wiederversöhnung Wirklichkeit wird.

Indessen möchten Wir den hier anwesenden Beobachtern die Kriterien neu bestätigen, von denen Wir Uns im Streben nach kirchlicher Einheit mit den getrennten Brüdern leiten lassen wollen, damit sie diese an ihre christlichen Gemeinschaften weiterleiten. Zugleich möchte Unsere Stimme auch jene von Uns getrennten ehrwürdigen christlichen Gemeinschaften erreichen, die Unsere Einladung zur Teilnahme an diesem Konzil, die freilich ohne gegenseitige offizielle Verpflichtung an sie ergangen ist, abgelehnt haben. Wir glauben zwar, dass sie diese Kriterien bereits kennen, dass es aber gut ist, sie hier auszusprechen. Unsere Sprache ihnen gegenüber ist friedfertig und absolut ehrlich. Sie enthält keinerlei Fallen und verfolgt keinerlei verschleierte weltliche Interessen. Wir müssen unseren Glauben, von dem wir mit Sicherheit annehmen, dass er göttlichen Ursprungs ist, offen und ehrlich bekennen. Trotzdem glauben Wir, dass er in keiner Weise ein Hindernis darstellt für die ersehnte Wiederherstellung der Einmütigkeit zwischen uns und den von uns getrennten Brüdern. Es handelt sich ja um die göttliche Wahrheit, die das Fundament der Einheit und nicht der Zwietracht und Spaltung ist. Auf keinen Fall wollen Wir, dass unser Glaube für sie ein Anlass zur Polemik sei.

Dann sehen Wir mit der geschuldeten Achtung auf von alters überliefertes und allen gemeinsames religiöses Erbe, das die getrennten Brüder bewahrt und zum Teil gut entfaltet haben. Gerne anerkennen Wir das Bestreben derjenigen, die bemüht sind, die echten Schätze der Wahrheit und des religiösen Lebens der getrennten Brüder ins Licht zu stellen und zu Ehren zu bringen, mit dem Ziele, die Hindernisse, die zwischen ihnen und uns liegen, zum Besseren zu wenden. Wir vertrauen darauf, dass auch sie den gleichen Willen bekunden, unsere Lehre besser kennenzulernen und zu erforschen, die man auf Grund von Vernunfteinsichten aus der göttlichen Offenbarung herleiten kann, und dass sie sich auch eine umfassendere Kenntnis unserer Geschichte und unseres religiösen Lebens anzueignen versuchen werden.

Außerdem möchten Wir darauf hinweisen, dass Wir Uns der übergroßen Schwierigkeiten bewusst sind, die der so sehr ersehnten Einheit immer noch entgegenstehen, und dass Wir Unser Vertrauen ganz auf Gott setzen. Wir werden also fortfahren zu beten und Uns zu bemühen, ein besseres Beispiel echten christlichen Lebens und brüderlicher Liebe zu geben. Sollten die Ereignisse Unserer Hoffnung und Unseren Erwartungen nicht entsprechen, werden Wir Uns mit dem Gedanken an das Wort des Herrn trösten: «Was dem Menschen unmöglich ist, ist möglich bei Gott» (Lk 18, 27).

Schließlich will das Konzil eine Brücke schlagen zur menschlichen Gesellschaft unserer Tage. Es ist ein erregendes Phänomen: Indem die Kirche ihre innere Kraft mit der Hilfe des Heiligen Geistes immer mehr zu beleben bemüht ist, hebt sie sich von der sie umgebenden weltlichen Gesellschaft ab und unterscheidet sich von ihr. Zugleich aber wird sie zum lebenspendenden Ferment und zum Werkzeug des Heils für diese menschliche Gesellschaft, sie entdeckt und bekräftigt so von neuem ihre missionarische Sendung, ihre oberste Aufgabe, die darin besteht, der Menschheit, in jeder Situation ihrem Auftrag entsprechend, das Evangelium zu verkünden.

Ihr selbst, ehrwürdige Brüder, habt diesen wunderbaren Vorgang erlebt. Denn nach der Eröffnung der Ersten Sitzungsperiode wolltet Ihr, durch die Eröffnungsrede Johannes' XXIII. gleichsam entflammt, die Tore dieser Versammlung sozusagen weit aufschließen und von da aus mit lauter Stimme eine Botschaft des Grußes, der Brüderlichkeit und der Hoffnung aus den geöffneten Toren an alle Menschen richten. Ein ungewöhnliches, aber großartiges Ereignis! Das der Kirche geschenkte prophetische Charisma, um es so auszudrücken, schien damals plötzlich lebendig geworden zu sein. Und wie sich am Pfingsttag Petrus getrieben fühlte, ohne zu zaudern seinen Mund zu öffnen und zum Volke zu predigen, so wollet auch Ihr Euch nicht sogleich euren Arbeiten, sondern dem zuwenden, was die Menschheitsfamilie angeht, und nicht unter Euch sprechen, sondern Euch an die Menschen wenden.

Daraus ist zu entnehmen, ehrwürdige Brüder, dass dieses Konzil von der Liebe besonders gezeichnet ist, von einer großen und drängenden Liebe, die mehr an die anderen als an den eigenen Vorteil denkt, von der alles umfassenden Liebe Christi. Möge diese Liebe uns aufrechterhalten. Denn blicken wir auf das Leben der Menschen, so wie es ist, werden wir mehr mit Furcht als mit Trost, mehr mit Schmerz als mit Freude erfüllt, und mehr zur Verurteilung von Fehlern als zum Vertrauen und zur Freundschaft hingezogen.

Man muss die Dinge sehen, wie sie sind, und darf die Wunden nicht verbergen, die aus mehreren Gründen dieser allgemeinen Synode zugefügt wurden. Oder sind wir blind und sollten die leeren Sitze in dieser Versammlung nicht sehen? Wo sind unsere Brüder aus den Ländern, wo der Kirche der Krieg erklärt worden ist, und in welcher Lage befindet sich die Religion dort? Diese Dinge erscheinen Uns als sehr schlimm, wenn Wir an das denken, was Wir wissen, und als noch schlimmer in Bezug auf das, was Wir nicht wissen dürfen, über die Lage der Hierarchie, der Ordensleute und Ordensfrauen und über die große Zahl Unserer Söhne, die wegen ihrer unerschütterlichen Treue zu Christus und zur Kirche Ängsten, Qualen, Leiden und Verfolgungen ausgesetzt sind. Welch große Trauer empfinden Wir angesichts solcher Leiden, und wie schmerzt es Uns, wenn Wir sehen, wie in manchen Ländern die religiöse Freiheit und andere

Rechte der Menschen unterdrückt werden durch Gesetze und Praktiken, die die andersgearteten politischen Meinungen, Rassen und religiösen Bekenntnisse nicht tolerieren. Wir beklagen außerdem all das Unrecht, das wo immer denen zugefügt wird, die ihre Religion ehrbar und frei bekennen möchten. Wenn Wir aber diese Übel beklagen, so wollen Wir nicht so sehr bittere Worte aussprechen als vielmehr ehrlich und menschlich von neuem jene ermahnen, die die Schuld an dieser traurigen Lage trifft. Mögen sie endlich aufhören, die katholische Religion grundlos zu verfolgen. Die Bekenner der katholischen Religion dürfen nicht als Feinde und Verräter, sondern als ehrenhafte und arbeitsame Bürger ihrer Staaten angesehen werden. Den Katholiken aber, die um ihres Glaubens willen zu leiden haben, möchten Wir bei dieser Gelegenheit Unseren liebevollen Gruß entbieten. Wir erflehen für sie den besonderen göttlichen Beistand.

Unser Schmerz ist noch nicht zu Ende. Wenn Wir auf die Menschheit blicken, empfinden Wir übergroße Trauer aufgrund vieler anderer Übel, mit denen sie zu kämpfen hat, allem voran wegen des Atheismus, der einen Teil der Menschheit durchdringt und die kulturelle, sittliche und soziale Ordnung erschüttert, so dass die Menschen nach und nach das Wissen um das ursprüngliche und eigentliche Wesen dieser Ordnung verlieren. Während die naturwissenschaftliche Erkenntnis klarere Fortschritte erzielt, verflüchtigt sich bei der Menschheit das Wissen von Gott und damit auch die rechte Erkenntnis vom Menschen. Der technische Fortschritt verbessert zwar die Instrumente jeglicher Art, deren sich der Mensch bedient, aber zugleich fühlt er sich müder, einsamer, leerer, verzweifelter.

Über die komplexe und aus vielen Gründen tragische Situation des Menschen unserer Zeit hätten Wir noch viel zu sagen. Aber heute bleibt Uns keine Zeit, darüber zu sprechen. Heute sprechen Wir, wie Wir eben sagten, ganz in Liebe, wie auch die im Konzil versammelte Kirche von Liebe erfüllt ist. Wir verfolgen diese unsere Gegenwart und ihre vielfältigen und gegensätzlichen Erscheinungen mit größtem Wohlwollen und setzen all Unser Bemühen darauf, die Botschaft der Liebe, des Heils und der Hoffnung, die Christus der Welt gebracht hat, den Menschen von heute nahezubringen: «Denn Gott hat seinen Sohn nicht in die Welt gesandt, damit er die Welt richte, sondern damit die Welt durch ihn das Heil erlange» (Joh 3, 17).

Die Welt wird wohl erkannt haben, dass sie von der Kirche mit viel Liebe angesehen wird. Denn diese bringt ihr aufrichtige Bewunderung entgegen, und sie hat das ehrliche Verlangen, nicht über sie zu herrschen, sondern ihr zu dienen, nicht sie zu verurteilen, sondern ihr Trost und Heil zu bringen.

In diesem Konzil, von dem aus der Blick über die ganze Welt hin frei ist, richtet die Kirche ihr geistiges Auge auf einige besondere Gruppen von Menschen. Sie schaut auf die Armen, die Bedürftigen, die Traurigen; auf die, die Hunger und Schmerz ertragen müssen und die im Gefängnis sind. Sie schaut besonders auf jenen Teil der Menschheit, der leidet und trauert, da sie weiß, dass diese Menschen nach dem Wort des Evangeliums zu ihr gehören. Deshalb freut sie sich, auf sie die Worte des Herrn anzuwenden: «Kommet alle zu mir» (Mt 11, 28).

Die Kirche blickt außerdem auf die Männer der Wissenschaft, auf die Vertreter der Geisteswissenschaften wie der naturwissenschaftlichen Forschung. Auch diese hält die Kirche hoch in Ehren. Sie ist bemüht, sich ihre Erfahrungen zu eigen zu machen, den geistigen Fortschritt zu fördern, ihre Freiheit zu schützen und ihrem skeptischen und schwankenden Herzen den Zugang zum Wort Gottes und zur Gnade zu öffnen.

Sie blickt auf die Arbeiter, auf die Würde ihrer Person und ihres Tuns, ihre legitimen Forderungen, auf die Nöte, in denen sie sich noch häufig befinden, damit ihre soziale Lage verbessert und ihre geistige Belebung vervollkommnet werde, so dass sie Aufgaben, die ihnen übertragen werden können, richtig und in christlichem Geist zu erfüllen vermögen. Sie denkt an die Verpflichtung, eine neue Ordnung zu schaffen, in der die Menschen frei sind und wissen, dass sie Brüder sind. Die Kirche, Mutter und Lehrmeisterin, ist mit ihnen.

Sie blickt auf die Lenker der Völker. Anstelle der ernsten Mahnungen, die die Kirche oft an sie richten muss, spricht sie heute zu ihnen diese ermunternden und vertrauensvollen Worte: Seid guten Mutes, die Ihr die Völker regiert! Viele Güter, die die Menschen zum Leben brauchen, könnt Ihr heute euren Völkern vermitteln: Brot, Bildung, Ordnung, die Würde, wie sie freien und friedliebenden Bürgern entspricht, aber nur dann, wenn Ihr erkennt, was der Mensch ist. Das kann Euch nur die christliche Weisheit mit voller Klarheit sagen. Wenn Ihr nach den Normen der Gerechtigkeit und Liebe zusammenarbeitet, könnt Ihr den Frieden erwirken, dieses kostbarste aller Güter, das alle so sehr herbeisehnen und das die Kirche so nachdrücklich schützt und fördert. So könnt Ihr aus der ganzen Menschheitsfamilie eine Gesellschaft aufbauen. Gott sei mit Euch!

Die katholische Kirche blickt aber auch über die Grenzen des Christentums hinaus. Wie könnte sie ihrer Liebe Grenzen setzen, da sie die Liebe des göttlichen Vaters nachahmen soll, der seine Güter allen austeilt (vgl. Mt 5, 48) und die Welt so sehr liebt, dass er zu ihrem Heil seinen eingeborenen Sohn dahingab (vgl. Joh 3, 16)? Sie schaut also über das christliche Lager hinaus und blickt auf die anderen Religionen, die den Sinn für das Göttliche und den Begriff des einen höchsten, transzendenten Schöpfergottes und Erhalters bewahrt haben, und die in echter Religiosität Gott verehren. Und die aus solchem Tun und solchem Glauben die Grundlagen für das sittliche und soziale Leben herleiten. In diesen Religionen sieht die katholische Kirche nicht ohne Bedauern Lücken, Mängel und Irrtümer. Aber sie kann nicht umhin, sich auch ihnen zuzuwenden, um ihnen zu sagen, dass die katholische Religion mit der schuldigen Hochachtung dem begegnet, was sie an Wahrem, Gutem und Menschlichem bei ihnen findet, und zugleich zu versichern, dass sie in vorderster Reihe steht, wenn es darum geht, den Sinn für Religion und Gottesverehrung, die Vorbedingung und zugleich Verpflichtung für das irdische Gemeinwohl sind, in den Menschen unserer Tage zu schützen, gleichsam um die Rechte Gottes über die Menschen wirksam zu verteidigen.

Schließlich blickt die Kirche noch auf andere unendlich weite Bereiche der menschlichen Gesellschaft, in der die heranwachsenden jungen Generationen leben und sich ihren Aufstieg sichern wollen, in der die jungen Völker sich ihrer Rechte und ihrer Freiheit bewusst geworden sind und ihr eigenes Gesellschaftsgefüge aufzubauen verlangen, in der unzählige Menschen ihre Einsamkeit ertragen müssen, obwohl sie mitten im Treiben der Gesellschaft leben, die ihnen kein heilendes Wort zu sagen vermag. An sie alle wendet sie sich voller Hoffnung. Sie wünscht ihnen und bietet ihnen allen das Licht der Wahrheit, des Lebens und des Heils an, weil Gott will, «dass alle Menschen gerettet werden und zur Erkenntnis der Wahrheit gelangen» (1 Tim 2, 4).

Ehrwürdige Brüder!

Unsere Sendung als Diener des Heils ist groß und schwer. Damit wir diesen Dienst würdiger bestehen können, haben wir uns hier versammelt. Unsere feste und brüderliche Eintracht führe und stärke uns. Die Gemeinschaft mit der Kirche der Heiligen möge uns Stütze sein. Es mögen uns beistehen die Heiligen, die in den verschiedenen Diözesen und Ordensfamilien besonders verehrt werden. Alle heiligen Engel mögen uns beistehen und besonders die heiligen Petrus und Paulus, der heilige Johannes der Täufer und ganz besonders der heilige Joseph, der zum Patron dieses Konzils erklärt worden ist. Es helfe uns die seligste Jungfrau Maria, die wir inständig anrufen, mit ihrem mütterlichen und mächtigen Schutz. Christus führe den Vorsitz. Und alles geschehe zur Ehre des dreifaltigen Gottes, dessen Segen Wir Euch erteilen wollen im Namen des Vaters und des Sohnes und des Heiligen Geistes.

[Am Schluss der Ansprache richtete der Papst kurze Grußworte in griechischer Sprache an die «Christen mit östlicher Tradition», verbunden mit einer besonderen Hervorhebung der griechischen Kirchenväter und -lehrer, und ebenso ein kurzes Wort des Grußes in Russisch an die slawischen Völker.]

Ansprache bei der Begegnung mit dem israelischen Staatspräsidenten Salman Shazar in Megiddo am 5. Januar 1964

Der zuvorkommende und herzliche Empfang, den Uns Eure Exzellenz bereitet haben, indem Sie Uns persönlich entgegengekommen sind, berührt Uns zutiefst. Wir möchten Ihnen dafür unseren Dank aussprechen und Uns auch für alle Aufmerksamkeiten erkenntlich zeigen, mit denen die Behörden unsere Reise umgeben haben.

Mit Unseren ersten Worten möchten wir der Ergriffenheit Ausdruck geben, die Uns überkommt, wenn Wir mit

Unseren Augen dieses Land erblicken und mit Unseren Füßen diesen Boden betreten, wo dereinst die Patriarchen lebten, Unsere Väter im Glauben – dieses Land, in dem so viele Jahrhunderte hindurch die Stimme der Propheten erschallte, die im Namen Abrahams, Isaaks und Jakobs sprachen, dieses Land endlich und vornehmlich, welches die Gegenwart Jesu Christi für uns Christen und, so kann man sagen, für die ganze Menschheit, auf immer gesegnet und geheiligt hat.

Eure Exzellenz wissen, und Gott ist Unser Zeuge, dass Wir bei diesem Besuch von keinem Beweggrund geleitet sind, der nicht rein geistlicher Art wäre. Wir sind hier als Pilger, wir kommen, um die heiligen Orte zu verehren, wir kommen, um zu beten.

Aus diesem Land, das auf der ganzen Welt nicht seinesgleichen hat auf Grund der Erhabenheit der Ereignisse, deren Schauplatz es war, erhebt sich Unser demütiges Flehen zu Gott für alle Menschen, Gläubige und Ungläubige; und mit Freude schließen wir in unser Gebet die Söhne des Bundesvolkes ein, dessen Rolle in der religiösen Geschichte der Menschheit Wir niemals vergessen könnten.

Als Pilger des Friedens flehen wir insbesondere um die Wohltat der Versöhnung des Menschen mit Gott und der tiefen und wahren Eintracht zwischen allen Menschen und zwischen allen Völkern. Möge Gott Unser Gebet erhören, dieser Gott, der für uns Menschen, wie der Prophet verkündet, «Pläne des Friedens und nicht des Unheils» (Jer 29, 11) hegt.

Möge Gott über die gepeinigte Welt von heute jene unvergleichliche Gabe ausgießen, deren Namen durch alle Seiten der Bibel widerhallt – der Name, in dem Wir Unseren Gruß, Unser Gebet und Unseren Segenswunsch zusammenfassen möchten: *Schalom! Schalom!*

*Ansprache zum Hochfest der Epiphanie in der Geburtsgrotte
in Bethlehem am 6. Januar 1964*

Wir möchten Uns einfach zuerst an Christus, dann an die Kirche und schließlich an die Welt wenden.

Christus bringen Wir an diesem Fest der Epiphanie, das die Doppelbedeutung der Selbstkundgabe Gottes und des Aufrufs an alle Völker zum Glauben hat, demütig und einfach und zugleich aufrichtig und freudig das Opfer Unseres Glaubens, Unserer Hoffnung und Unserer Liebe dar.

Feierlich wiederholen Wir vor Ihm das Glaubensbekenntnis des heiligen Petrus: «Du bist der Christus, der Sohn des lebendigen Gottes» (Mt 16, 16).

Und mit Petrus sagen Wir zu Ihm: «Herr, zu wem sollten wir gehen? Du allein hast Worte des ewigen Lebens» (Joh 6, 68).

Wir machen Uns auch den Ausruf der Reue und das aufrichtige Bekenntnis Petri zu eigen: «Herr, du weißt alles, du weißt auch, dass ich dich liebe» (Joh 21, 17).

Zu Seinen Füßen legen Wir wie dereinst die Weisen aus dem Morgenland die symbolischen Gaben nieder und bekennen Ihn damit als das menschgewordene Wort, den Sohn der seligsten Jungfrau Maria, unserer Mutter, als den Erstgeborenen der Menschheit. Wir begrüßen Ihn als den Messias, den Christus, den einzigen und notwendigen Mittler zwischen Gott und den Menschen; den Hohepriester, den Meister, den König, Ihn, der war, der ist und der wieder kommt.

Eben dieses Bekenntnis verkündet heute die Kirche von Rom, die selbe, welche die Kirche des Petrus war und die Du selbst, Herr, gegründet hast auf diesem Felsen, und die mithin Deine Kirche ist. Und deshalb dauert Deine Kirche auch weiter kraft der seit den Anfängen ununterbrochenen apostolischen Sukzession. Diese Kirche begleitest Du, Herr, und verteidigst sie, Du läuterst sie und stärkst sie; Du bist ihr Leben, o Christus der Kirche von Rom!

Dieses Bekenntnis, Herr, ist das Bekenntnis Deiner ganzen Kirche, die Du als die eine, katholische und apostolische willst und bewahrst. All ihre Hirten und Priester, alle Ordensleute und Gläubigen, alle Katechumenen der Weltkirche legen Dir gemeinsam mit Uns dieses Bekenntnis von Glauben, Hoffnung und Liebe ab.

Wir alle empfangen Deine Demut und bekennen Deine Größe; wir alle hören auf Dein Wort und erwarten Deine Wiederkunft am Ende der Zeiten. Wir alle danken Dir, Herr, dass Du uns errettet und uns zur Würde von Gotteskindern erhoben hast, uns zu Brüdern und Schwestern gemacht und uns mit den Gaben des Heiligen Geistes überreich beschenkt hast.

Wir alle versprechen Dir, als Christen zu leben, immer bemüht, uns Deiner Gnade zu fügen und uns sittlich zu erneuern.

Wir wollen alles tun, um in der Welt Deine Heils- und Liebesbotschaft zu verbreiten.

Vor dieser Krippe, Herr, wollen Wir als Nächstes Unser Wort an die Kirche richten, an deren Spitze Du Unsere armselige Person als den Hirten aller stellen wolltest.

Dieses Wort lautet ganz schlicht: Möge die Kirche Christi heute mit Uns sein und sich mit diesem Opfer vereinen, das Wir in ihrem Namen dem Herrn darbringen. In dieser Gemeinschaft liegt ihre Tatkraft, ihre Würde und ihr Einklang mit den Wesenszügen, die sie als die wahre Kirche ausweisen. Wir leben in der geschichtlichen Stunde, in der die Kirche Christi ihre tiefe und sichtbare Einheit leben muss. Es ist die Stunde, in der wir dem Wunsche Christi entsprechen müssen: «So sollen sie vollendet sein in der Einheit, damit die Welt erkenne, dass du mich gesandt hast» (Joh 17, 23). Der inneren Einheit der Kirche entspricht nach außen ihre apologetische und missionarische Kraft.

Wir müssen unser Ökumenisches Konzil zum Abschluss bringen; wir müssen dem Leben der Kirche eine neue Art des Fühlens, des Wollens und des Handelns sichern; wir müssen sie in jeder Hinsicht ihre geistliche Schönheit wiederfinden lassen: im Bereich des Denkens und des Wortes, des Gebetes und der Erziehung, der Kunst und des Kirchenrechts.

Dazu bedarf es einer gemeinsamen Anstrengung, zu der alle Gruppen das Ihre beitragen müssen. Möge jeder den Ruf vernehmen, den Christus mit Unserer Stimme an ihn richtet.

Dieses Wort gilt den Katholiken, die schon der Schafhürde Christi angehören. Aber Wir dürfen es nicht versäumen, die gleiche Einladung auch an unsere christlichen Brüder zu richten, die noch nicht in vollkommener Gemeinschaft mit uns stehen. Es ist nunmehr allen bewusst geworden, dass das Problem der Einheit nicht mehr zu umgehen ist. Der Wille Christi ergreift Unseren Geist und drängt Uns, mit Umsicht und Liebe alles in unseren Kräften Liegende zu unternehmen, damit alle Christen in den Genuss der großen Wohltat und der hohen Ehre der Einheit der Kirche gelangen.

Selbst unter den ganz außerordentlichen Umständen, in denen wir uns heute befinden, können Wir nicht umhin zu sagen, dass dieses Ergebnis nicht auf Kosten der Glaubenswahrheiten erzwungen werden darf. Wir können dem Erbe Christi nicht untreu werden, es gehört nicht uns, sondern Ihm; wir sind nur seine Treuhänder und Ausleger. Aber lasst es Uns noch einmal wiederholen: Wir sind bereit, jedes erdenkliche Mittel in Betracht zu ziehen, das geeignet ist, die

Wege eines Dialogs in gegenseitiger Achtung und Liebe im Hinblick auf eine künftige Einheit mit unseren noch von uns getrennten Brüdern zu ebnen – und Gott gebe, dass diese Einheit nahe sei. Das Tor zur Hürde steht offen. Die Erwartung aller ist aufrichtig und herzlich. Das Verlangen ist stark und geduldig. Der Raum ist weit und einladend. Der Schritt durch die Pforte wird von uns mit liebevoller Aufmerksamkeit erwartet und kann in aller Ehre und beidseitiger Freude erfolgen. Wir wollen zu keinen Schritten auffordern, die nicht völlig freiwillig und von Überzeugung getragen wären, das heißt vom Geist des Herrn bewegt, der da weht, wann und wo Er will. Wir werden diese glückliche Stunde abwarten. Für den jetzigen Augenblick erbitten Wir von unseren geliebten getrennten Brüdern nichts anderes als das, was Wir selbst Uns vornehmen: dass jeder eventuelle Schritt zur Annäherung oder zur Begegnung von der Liebe zu Christus und Seiner Kirche inspiriert sei. Wir werden ein Übriges tun, damit der Wunsch nach Verständigung und Vereinigung lebendig und unerschütterlich bleibt. Wir setzen Unser Vertrauen in das Gebet. Ist dieses auch noch nicht gemeinschaftlich, so kann es doch zumindest gleichzeitig sein und einhellig unseren Herzen wie auch den Herzen der von uns getrennten Christen entströmen, um zusammenzufließen zu Füßen Gottes, des Herrn der Einheit.

In dieser Erwartung begrüßen Wir mit viel Wertschätzung und Liebe die ehrwürdigen und verehrten Oberhäupter der von der unsrigen verschiedenen Kirchen. Wir danken ihnen von Herzen für Ihre Teilnahme an Unserer Pilgerfahrt, und Wir verneigen Uns vor jenem Anteil am authentischen Schatz der christlichen Tradition, den sie besitzen; zugleich sprechen Wir den Wunsch aus, dass zwischen uns eine Übereinkunft im Glauben, in der Liebe und in der Ordnung der einen Kirche Christi gefunden werde.

Wir senden Unsere Friedens- und Glückwünsche an alle Hirten, Priester, Ordensleute und Gläubigen dieser Kirchen und über alle flehen Wir das Licht und die Gnade des Heiligen Geistes herab.

Es erfüllt Uns jetzt mit großem Glück, dass die Begegnung, die Wir hier in diesen gesegneten Tagen mit dem Ökumenischen Patriarchen von Konstantinopel hatten, in herzlichem Einvernehmen erfolgte und zu den besten Hoffnungen Anlass gab. Wir danken dem Herrn von ganzem Herzen dafür und Wir bitten, dass Er, *qui coepit in nobis opus bonum ipse perficiat,* dass der Herr, der das gute Werk des Friedens und der Einheit in uns begonnen, es vollenden möge (vgl. Phil 1, 6).

Schließlich möchten Wir von diesem gesegneten Ort aus und in dieser ganz besonderen Stunde einige Worte an die Welt richten. In das Wort «Welt» wollen Wir all jene einschließen, die das Christentum gleichsam von außen sehen, ob sie ihm nun fremd seien oder sich ihm fremd fühlen.

Wir möchten uns vor allem einmal mehr dieser Welt vorstellen, in deren Mitte wir leben. Wir sind Vertreter und Verkünder der christlichen Religion. Wir haben die Gewissheit, uns für eine Sache einzusetzen, die von Gott kommt. Wir sind die Jünger, die Apostel, die Missionare Jesu, des Sohnes Gottes und des Sohnes Mariens, des Messias, des Christus. Wir sind die Erben Seiner Sendung, die Herolde Seiner Botschaft, die Diener Seiner Religion, von der wir wissen, dass sie alle göttlichen Garantien ihrer Wahrheit besitzt. Wir haben kein anderes Interesse als das, unseren Glauben zu verkünden. Wir verlangen nichts, es sei denn die Freiheit, diese Religion zu bekennen und sie jedem anzubieten, der sie in aller Freiheit empfangen will: diese Religion, diese neue Verbindung, die Jesus Christus, unser Herr, zwischen den Menschen und Gott begründet hat.

Sodann möchten Wir einen weiteren Punkt ansprechen, den Wir der Welt vorlegen mit der Bitte, ihn unvoreingenommen zu betrachten. Es handelt sich um die unmittelbare Zielsetzung unserer Sendung und zwar um Folgendes: Wir wollen arbeiten zum Wohl der Welt, zu ihrem Vorteil, zu ihrem Heil. Und wir sind sogar überzeugt, dass sie das Heil braucht, das wir ihr anbieten.

Diese Aussage schließt viele andere mit ein. Zunächst: Wir betrachten die Welt mit großer Zuneigung. Mag die Welt sich dem Christentum fremd fühlen, das Christentum fühlt sich der Welt nicht fremd, ganz gleich, wie sie sich seinem Blick darbietet und welche Haltung sie ihm gegenüber einnimmt. Die Welt soll also wissen: Die Vertreter und die Verkünder der christlichen Religion achten und lieben sie mit einer höheren und unerschöpflichen Liebe – mit jener Liebe, die der christliche Glaube in die Herzmitte der Kirche stellt. Diese Liebe tut nichts anderes, als dass sie als Mittlerin dient für die grenzenlose und wunderbare Liebe Gottes zu den Menschen.

Das bedeutet, dass die Sendung des Christentums eine Mission der Freundschaft unter den Völkern der Erde ist, eine Mission der Verständigung, der Ermutigung, der Förderung und, sagen wir es einmal mehr, des Heiles. Wir wissen, dass der moderne Mensch seinen ganzen Stolz daran setzt, alles selbst zu machen. Er erfindet Neues und stellt bewundernswerte Dinge her. Doch all diese Leistungen machen ihn weder besser noch glücklicher, sie bringen keine radikale, endgültige und umfassende Lösung für die menschlichen Probleme. Der Mensch, auch das wissen Wir, liegt mit sich selbst im Streit, er kennt tödliche Zweifel. Wir wissen, dass seine Seele von Finsternis überschattet und von Leiden bedrängt ist. Ihm haben wir eine Botschaft zu bringen, von der wir glauben, dass sie Befreiung bringt. Und wir glauben uns um so mehr dazu ermächtigt, sie zu überbringen, als sie eine wahrhaft menschliche ist. Es ist die Botschaft des Menschen schlechthin an jeden Menschen.

Denn Christus, den Wir der Menschheit bringen, ist der «Menschensohn», wie er sich selbst genannt hat. Er ist der Erstgeborene, das Urbild der Menschheit. Er ist der Bruder, der Gefährte, der Freund schlechthin. Von Ihm allein konnte man sagen, dass er «wusste, was im Menschen ist» (Joh 2, 25). Er ist von Gott gesandt, doch nicht um die Welt zu richten, sondern um sie zu retten (vgl. Joh 3, 17).

Er ist der gute Hirte der Menschheit. Es gibt keinen menschlichen Wert, den Er nicht geachtet, erhöht und erkauft hätte. Es gibt kein menschliches Leiden, das Er nicht verstanden, geteilt und geheiligt hätte. Es gibt keinen menschlichen Mangel – ausgenommen sittliche Unzulänglichkeit jeder Art –, den Er nicht auf sich genommen und selbst erfahren hätte und den Er nicht dem Geist und dem Herzen der anderen Menschen als Gegenstand ihrer Fürsorge und ihrer Liebe, ja sozusagen als Bedingung ihres eigenes Heiles, anvertraut hätte. Selbst für das Böse, das er als Arzt der Menschheit kannte und mit aller Entschiedenheit verurteilte, hatte er ein unendliches Erbarmen, so groß, dass er durch das Mittel der Gnade im Menschenherzen ungeahnte Quellen der Erlösung und des Lebens hervorsprudeln ließ.

Möge deshalb die ganze Welt erfahren, wie Christus, der heute noch in Seiner Kirche wohnt, sich von diesem Ort aus, von dieser Krippe her, die an Seine Geburt erinnert, der ganzen Welt kundtut.

Möge die Welt, die Uns umgibt, heute im Namen Jesu Christi Unseren ehrerbietigen und liebevollen Gruß entgegennehmen. Diesen hochachtungsvollen Gruß richten wir besonders an alle, die sich zum Monotheismus bekennen und mit uns dem einen und wahren Gott dienen, dem lebendigen und höchsten Gott, dem Gott Abrahams, dem Allerhöchsten. Diesem Gott hat auf diesem Flecken Erde – an einem längst vergangenen Tag, den uns die Bibel und das Messbuch in Erinnerung rufen – eine geheimnisvolle Gestalt, Melchisedech, von dem uns die Heilige Schrift weder Herkunft noch Ende überliefert und dessen königliches Priestertum dazu diente, das Priestertum Christi zu versinnbilden, ein Opfer dargebracht, Ihm, dem «Allerhöchsten Gott, dem Schöpfer des Himmels und der Erde» (vgl. Gen 14, 19). Wir Christen, durch die Offenbarung belehrt, wissen, dass Gott ist in drei Personen, als Vater, Sohn und Heiliger Geist, doch immer verehren wir die göttliche Wesenheit als eine einzige, wir bekennen den lebendigen und wahren Gott in seiner Einheit und Einzigkeit. Möge Unser Wunsch für Frieden in Gerechtigkeit auch alle diese Völker erreichen, die wie wir einen einzigen Gott anbeten.

Unsere Grüße gehen auch an alle Völker, denen unsere katholischen Missionare mit dem Evangelium die Einladung überbringen, seinen Universalismus zu teilen, und damit zugleich ein Ferment für die Ausbreitung der Kultur. Doch Unser Gruß darf heute keine Grenzen kennen: Er setzt sich über alle Schranken hinweg und will alle Menschen guten Willens erreichen, unter ihnen auch die Menschen, die keinerlei Wohlwollen für die Religion Christi hegen, die versuchen, ihre Verbreitung zu verhindern und ihre Anhänger zu bekämpfen. Selbst den Verfolgern des Katholizismus und den Verächtern Gottes und Christi schicken wir Unseren betrübten und leidvollen Gruß und fragen sie nur: Warum? – Warum?

Das Herz erfüllt von diesen Gedanken und Gebeten erflehen Wir in Bethlehem, der irdischen Heimat Jesu Christi, für die ganze Menschheit die ganze Fülle der göttlichen Gaben.

Rede vor den Vereinten Nationen,
New York am 4. Oktober 1965

Im Augenblick, da Wir vor diesem auf der Welt einzigartigen Auditorium das Wort ergreifen, wollen Wir zunächst Ihrem Generalsekretär, U Thant, Unseren tiefen Dank dafür aussprechen, dass er Uns eingeladen hat, den Vereinten Nationen anlässlich des 20. Jahrestages dieser Weltorganisation für den Frieden und die Zusammenarbeit unter den Völkern der ganzen Erde einen Besuch abzustatten.

Dank auch dem Herrn Präsidenten der Versammlung, Amintore Fanfani, der seit dem Tag seines Amtsantritts so freundliche Worte für Uns fand.

Dank Ihnen allen, die Sie hier anwesend sind, für Ihren wohlwollenden Empfang. Einem jeden von Ihnen entbieten Wir Unseren herzlichen und ehrerbietigen Gruß. Ihre Freundschaft hat Uns eingeladen und lässt Uns zu dieser Versammlung zu: als Freund stellen Wir Uns Ihnen vor.

Neben Unserer persönlichen Ehrerbietung überbringen Wir Ihnen auch die des derzeit in Rom versammelten Zweiten Ökumenischen Vatikanischen Konzils, dessen hervorragende Vertreter die Uns begleitenden Kardinäle sind. In ihrem wie in Unserem Namen Ihnen allen Ehre und Begrüßung!

Diese Begegnung – Sie sind sich dessen bewusst – hat einen doppelten Charakter: sie ist zugleich von Einfachheit und von Größe geprägt. Von Einfachheit, denn der, der zu Ihnen spricht, ist ein Mensch wie Sie. Er ist Ihr Bruder und sogar einer der kleinsten unter Ihnen, die Sie souveräne Staaten vertreten, da er – wenn Sie Uns unter diesem Gesichtspunkt betrachten wollen – nur mit einer winzigen und fast symbolischen zeitlichen Macht ausgestattet ist, gerade mit dem nötigen Minimum, um seine geistliche Mission frei auszuüben und jenen, die mit ihm verhandeln, versichern zu können, dass er von jeglicher Staatsmacht dieser Welt unabhängig ist. Er hat keine weltliche Macht, keinerlei Ehrgeiz, mit Ihnen in Wettstreit zu treten. Wir haben denn auch nichts zu verlangen, keine Frage aufzuwerfen, sondern lediglich einen Wunsch zu äußern, eine Erlaubnis zu erbitten: die Erlaubnis, Ihnen in dem was in Unseren Zuständigkeitsbereich fällt, uneigennützig, bescheiden und in Liebe dienen zu dürfen.

Das ist die erste Erklärung, die Wir abzugeben haben. Wie Sie sehen, ist sie so einfach, dass sie für diese Versammlung, die gewohnt ist, äußerst wichtige und schwierige Angelegenheiten zu behandeln, unbedeutsam erscheinen mag.

Und doch – Wir sagten es Ihnen, und Sie spüren es alle – ist dieser Augenblick von einer eigenartigen Größe erfüllt: er ist groß für Uns, er ist groß für Sie.

Einmal für Uns. Sie wissen sehr wohl, wer Wir sind. Welches auch immer Ihre Meinung über den römischen Papst sein mag, Sie kennen Unsere Mission: Wir sind Träger einer Botschaft für die ganze Menschheit. Und Wir sind das nicht nur in Unserem eigenen Namen und in dem der großen katholischen Familie, sondern auch im Namen der christlichen Brüder, die die Gefühle, die Wir ausdrücken, teilen, und namentlich derer, die Uns ausdrücklich aufgetragen haben, ihr Sprecher zu sein.

Einem Boten gleich, der nach langer Reise das ihm anvertraute Schreiben überreicht, haben Wir das Bewusstsein, den – wenn auch noch so kurzen – ausgezeichneten Augenblick zu erleben, da sich ein Wunsch erfüllt, den wir seit fast zwanzig Jahrhunderten im Herzen tragen. Ja, Sie wissen es. Seit langem sind wir unterwegs. Wir sind Träger einer langen Geschichte. Wir feiern hier den Epilog einer mühsamen

Pilgerfahrt auf der Suche nach einem Zwiegespräch mit der ganzen Welt, seit dem Tag, da uns aufgetragen wurde: «Geht hin und verkündet allen Völkern die frohe Botschaft!» Und Sie sind es, die alle Völker vertreten.

Erlauben Sie Uns, Ihnen zu sagen, dass Wir für Sie alle eine Botschaft haben, dass Wir einem jeden von Ihnen eine frohe Botschaft zu übermitteln haben.

Unsere Botschaft will zunächst die moralische und feierliche Bestätigung dieser wichtigen Institution sein. Diese Botschaft kommt aus Unserer geschichtlichen Erfahrung. Gewissermaßen als Experte für Menschlichkeit überbringen Wir dieser Organisation nun die Unterstützung Unserer letzten Vorgänger, des ganzen katholischen Episkopats und Unsere eigene, überzeugt davon, dass diese Organisation der gebotene Weg für die moderne Zivilisation und für den Weltfrieden ist.

Wenn Wir dieses sagen, sind Wir Uns bewusst, sowohl im Namen der Toten als auch der Lebenden zu sprechen: der Toten, die in den schrecklichen Kriegen der Vergangenheit fielen und die von Eintracht und Weltfrieden träumten. Der Lebenden, die überlebt haben und die in ihrem Herzen im voraus jene verurteilen, die versucht sein sollten, solche Kriege zu wiederholen. Und noch anderer Lebender: der heutigen jungen Generationen, die vertrauensvoll vorwärtsschreiten und mit gutem Recht eine bessere Menschheit erwarten. Wir machen auch die Stimme der Armen, der Enterbten, der Unglücklichen zu der Unseren, und jener, deren Sehnen und Trachten nach Gerechtigkeit geht, nach der Würde zu leben. Nach Freiheit, Wohlstand und Fortschritt. Die Völker wenden sich zu den Vereinten Nationen als zu ihrer letzten Hoffnung auf Eintracht und Frieden: Wir überbringen hier, mit dem Unseren, ihren Tribut an Ehre und Hoffnung. Darum ist dieser Augenblick auch für Sie groß.

Wir wissen, dass Sie sich dessen voll bewusst sind. Hören Sie weiter Unsere Botschaft! Sie ist ganz auf die Zukunft ausgerichtet. Das Gebäude, das Sie erbaut haben, darf niemals mehr in Trümmer gehen. Es muss vervollkommnet werden und den Erfordernissen der Weltgeschichte angepasst. Sie repräsentieren eine Stufe in der Entwicklung der Menschheit. Von nun an ist es unmöglich zurückzuweichen, man muss voranschreiten.

Der Vielheit von Staaten, die einander nicht mehr ignorieren können, schlagen Sie eine äußerst einfache und fruchtbare Form der Koexistenz vor: Damit, dass Sie zunächst *die einen wie die anderen* anerkennen und unterscheiden. Gewiss verleihen Sie den Staaten nicht deren Existenz, Sie erklären aber jede Nation für würdig, in der geordneten Versammlung der Völker einen Platz einzunehmen. Sie verleihen jeder nationalen Gemeinschaft eine Anerkennung von hohem moralischem und rechtlichem Wert und garantieren ihr ein ehrenvolles internationales Bürgerrecht. Das ist bereits ein großer, der Sache der Menschheit geleisteter Dienst: die nationalen Subjekte der Weltgemeinschaft genau zu definieren und zu ehren, ihnen rechtliche Grundlagen zu verschaffen, die ihnen die Anerkennung und die Achtung aller sichern und woraus sich ein geordnetes und stabiles System internationalen Lebens ableiten lässt. Sie sanktionieren das große Prinzip, dass die Beziehungen unter den Völkern durch Vernunft, Gerechtigkeit, Recht und Verhandlungen und nicht durch Macht, Gewalt, Krieg und auch nicht durch Furcht und Täuschung geregelt werden müssen.

So muss es auch sein. Gestatten Sie Uns, Ihnen dafür Unsere Anerkennung auszusprechen, dass Sie den Zugang zu dieser Versammlung auch den jungen Völkern freigaben, den Staaten, die erst vor kurzem zu nationaler Unabhängigkeit und Freiheit gelangt sind. Deren Anwesenheit hier ist der Beweis für die Universalität und die Großherzigkeit, die die Prinzipien dieser Institution beseelen.

So muss es auch sein. Das ist Unser Lob und Unser Wunsch. Und wie Sie sehen, spenden Wir dies nicht von außen, sondern von innen her, aus dem Genius Ihrer Institution.

Ihr Statut geht noch weiter, und Unsere Botschaft schreitet zusammen mit ihm fort. Sie bestehen und arbeiten daran, die Nationen zu einen und die Staaten zu verbinden. Nehmen wir die Formulierung: *Die einen mit den anderen zusammenbringen.* Sie sind eine Vereinigung, eine Brücke zwischen den Völkern. Sie sind ein Netz von Beziehungen unter den Staaten. Wir wären versucht zu sagen, dass Ihr Charakteristikum in der zeitlichen Ordnung gewissermaßen das widerspiegelt, was unsere katholische Kirche in der geistlichen Ordnung sein will: einzig und universal. Man kann auf der natürlichen Ebene im ideologischen Bau der Menschheit nichts Höheres ersinnen. Ihre Berufung ist, nicht nur einige Völker, sondern alle Völker zu Brüdern zu machen. Ein schwieriges Unterfangen? Ganz sicher. Das ist aber Ihr Anliegen, Ihr edles Bemühen. Wer sähe nicht die Notwendigkeit, allmählich dazu zu kommen, eine Weltautorität einzusetzen, die in der Lage ist, im rechtlichen und politischen Bereich wirksam tätig zu sein?

Hier wiederholen Wir nochmals Unseren Wunsch: Schreiten Sie voran! Ja, Wir sagen noch mehr: Wirken Sie dahin, dass jene, die sich von Ihnen abgewendet haben, zurückkehren. Überlegen Sie, wie jene in Ehre und Loyalität zu Ihrem Pakt der Brüderlichkeit gerufen werden können, die ihm noch nicht angehören. Machen Sie, dass die noch Außenstehenden das gemeinsame Vertrauen wünschen und verdienen, und seien Sie dann edelmütig, es ihnen zu gewähren. Und Sie, die Sie das Glück und die Ehre haben, in dieser Versammlung der friedliebenden Gemeinschaft zu tagen, hören Sie Uns: Das wechselseitige Vertrauen, das Sie eint und Ihnen gestattet, Gutes und Großes zu tun, sorgen Sie dafür, dass diesem Vertrauen niemals Schaden zugefügt wird, dass es nie verraten wird.

Die Logik dieses Wunsches, der, so kann man sagen, zur Struktur Ihrer Organisation gehört, lässt Uns ihn noch durch weitere Aussagen ergänzen: Niemand soll als Mitglied Ihrer Union über einem anderen stehen. *Keiner sei über dem anderen.* Das ist die Formel der Gleichheit. Wir wissen natürlich, dass noch andere Faktoren als die bloße Zugehörigkeit zu Ihrer Organisation in Betracht zu ziehen sind. Die Gleichheit gehört aber auch zur Verfassung Ihrer Organisation. Nicht, dass Sie gleich seien, doch hier machen Sie sich gleich. Es mag sein, dass dies für mehrere von Ihnen ein Akt großer Tugend ist. Gestatten Sie, dass Wir Ihnen das sagen, Wir, der Vertreter einer Religion, die das Heil durch die Demut ihres göttlichen Stifters bewirkt. Es ist unmöglich, Bruder zu sein, wenn man nicht demütig ist. Denn der Stolz, so unabwendbar er scheinen mag, ruft Spannungen und Kämpfe hervor, genährt von Prestige-und Vorherrschaftsstreben, von Kolonialismus und Egoismus. Stolz bricht die Brüderlichkeit.

Und nun erreicht Unsere Botschaft ihren Höhepunkt. Zuerst negativ: Es handelt sich um das Wort, das Sie von Uns erwarten und das Wir nicht aussprechen können, ohne seiner Schwere und Feierlichkeit bewusst zu sein: *Niemals mehr die einen gegen die anderen, niemals, niemals mehr!* Ist nicht die Organisation der Vereinten Nationen gerade aus dieser Zielsetzung entstanden: gegen den Krieg und für den Frieden? Hören Sie die klaren Worte eines großen Verstorbenen, John F. Kennedys, der vor vier Jahren erklärte: «Die Menschheit muss dem Krieg ein Ende setzen, sonst setzt der

Krieg der Menschheit ein Ende.» Es bedarf keiner weiteren Worte, um die erhabene Zielsetzung Ihrer Organisation zu verkünden. Man muss nur daran erinnern, dass das Blut von Millionen Menschen, dass unerhörte und unzählige Leiden, dass unnütze Massaker und schreckliche Ruinen den Pakt, der sie eint, heiligen, in einem Eid, der die zukünftige Geschichte verändern muss: Niemals Krieg, nie wieder Krieg! Der Friede, der Friede muss das Geschick der Völker und der ganzen Menschheit leiten!

Dank sei Ihnen und Ehre, die Sie seit zwanzig Jahren für den Frieden arbeiten und die Sie diesem heiligen Anliegen sogar weltbekannte Opfer gebracht haben! Dank sei Ihnen und Ruhm für die Konflikte, die Sie verhindert oder beigelegt haben. Die Ergebnisse Ihrer Anstrengungen zugunsten des Friedens bis in die allerletzten Tage verdienen, selbst wenn sie noch nicht endgültig sind, dass Wir Uns zum Sprecher der ganzen Welt machen und Ihnen in ihrem Namen Glückwunsch und Dank abstatten.

Meine Herren, Sie haben ein großes Werk vollbracht und vollbringen es weiterhin. Sie lehren die Menschen den Frieden. Die UNO ist die große Schule, wo man diese Erziehung erhält, und wir sind hier in der *Aula Magna* dieser Schule. Wer immer hier Platz nimmt, wird Schüler und Lehrer in der Kunst, den Frieden zu bauen. Und wenn Sie diesen Saal verlassen, dann schaut die Welt auf Sie als die Architekten, die Erbauer des Friedens.

Der Friede, Sie wissen es, wird nicht nur durch Politik und durch ein Gleichgewicht der Kräfte und Interessen aufgebaut. Der Friede wird mit Geist, mit Ideen und mit Friedenswerken errichtet. Sie arbeiten an diesem großen Werk. Sie stehen noch am Anfang Ihrer Bemühungen. Wird die Welt einmal dahin kommen, die partikularistische und kriegerische Mentalität, die bislang einen so großen Teil ihrer

Geschichte gewoben hat, zu ändern? Es ist schwer, eine Voraussage zu machen, doch es ist leicht zu bekräftigen, dass man sich entschlossen auf den Weg zu einer neuen, zu einer friedlichen Geschichte machen muss, zu jener, die echt und voll menschlich sein wird, zu jener, die Gott den Menschen guten Willens versprochen hat.

Die Wege sind vorgezeichnet: Der erste ist der Weg der Abrüstung. Wenn Sie Brüder sein wollen, legen Sie die Waffen aus der Hand! Man kann nicht lieben mit Waffen des Angriffs in den Händen. Die Waffen, vorab die verheerenden Waffen, die die moderne Wissenschaft Ihnen gegeben hat, verursachen – ehe sie Opfer und Ruinen fordern – böse Träume, sie nähren üble Gefühle, bewirken Alpdruck, Misstrauen, finstere Entschlüsse. Sie erheischen Riesenausgaben, unterbrechen Planungen der Solidarität und nützlicher Arbeit und verfälschen die Psychologie der Völker.

Solange der Mensch schwach, unbeständig und sogar böse ist, wie er sich oft zeigt, so lange werden Defensivwaffen leider nötig sein. Aber Sie, Ihr Mut und Ihre Weitsicht drängen dazu, nach den Mitteln zu forschen, um die Sicherheit des internationalen Lebens ohne Zuflucht zu den Waffen zu gewährleisten. Das ist ein würdiges Ziel Ihrer Anstrengungen. Die Völker erwarten es von Ihnen. Das muss erreicht werden! Darum muss das einhellige Vertrauen in diese Institution wachsen, darum muss Ihre Autorität wachsen, und dann wird – so kann man hoffen – das Ziel erreicht. Sie werden sich den Dank der Völker verdienen, die von den drückenden Rüstungsausgaben erleichtert und vom Alpdruck des ständig drohenden Krieges befreit werden.

Wir wissen – und wie sollte man sich nicht darüber freuen? –, dass viele von Ihnen mit Wohlwollen die Einladung betrachtet haben, die Wir für die Sache des Friedens von Bombay aus im Dezember letzten Jahres an alle Staaten erlassen haben: einen Teil der durch Rüstungsbeschränkung erzielten Einsparungen für die Entwicklungsländer zu opfern. Wir erneuern diese Einladung mit dem Vertrauen, das Ihre Gefühle der Menschlichkeit und der Großherzigkeit Uns einflößen.

Von Humanität und Edelmut sprechen heißt, auf ein weiteres Grundprinzip der UNO eingehen, auf den positiven Aspekt und Gipfel ihres Programms. Man ist hier nicht nur am Werk, um Konflikte unter den Staaten zu beschwören, sondern um die Staaten zu befähigen, füreinander zu arbeiten. Sie begnügen sich nicht damit, die Koexistenz unter den Nationen zu erleichtern. Sie tun einen viel größeren Schritt vorwärts, der Unseres Lobes und Unserer Unterstützung würdig ist: Sie organisieren brüderliche Zusammenarbeit unter den Völkern. Hier entsteht ein System der Solidarität. Es bewirkt, dass hohe Zielsetzungen in der Förderung der Zivilisation die einmütige und geordnete Unterstützung der ganzen Völkerfamilie zum Wohl aller erhalten. Das ist das Schönste an der Organisation der Vereinten Nationen: ihr authentisch menschliches Antlitz. Das ist das Ideal, das die Menschheit auf ihrer Pilgerschaft durch die Zeiten erträumt. Das ist die größte Hoffnung der Welt.

Wir wagen zu sagen: Das ist der Abglanz des Planes Gottes – ein alles übersteigender Plan voller Liebe – für den Fortschritt der menschlichen Gesellschaft auf Erden, ein Abglanz jener Stelle, wo die himmlische evangelische Botschaft irdisch wird. Hier scheint Uns tatsächlich, dass Wir das Echo der Stimmen Unserer Vorgänger vernehmen und namentlich die des Papstes Johannes XXIII., dessen Botschaft *Pacem in terris* unter Ihnen eine so ehrenvolle und bedeutende Resonanz ausgelöst hat.

Was Sie hier verkünden, sind die Grundrechte und Grundpflichten des Menschen, seine Würde, seine Freiheit und vor allem die Religionsfreiheit. Wir spüren, dass Sie die Interpreten des in der menschlichen Weisheit Höchsten sind – Wir möchten fast sagen: Interpreten ihres heiligen Charakters. Denn es handelt sich vor allem um das Leben des Menschen, und das Leben des Menschen ist heilig. Niemand darf es antasten. In Ihrer Versammlung muss die Achtung vor dem Leben, auch in allem, was das große Problem der Geburten betrifft, ihr höchstes Bekenntnis und ihre vernünftige Verteidigung finden. Ihre Aufgabe besteht darin, dafür zu sorgen, dass genügend Brot auf dem Tisch der Menschheit liegt, und nicht darin, eine künstliche Geburtenkontrolle zu fördern, die unvernünftig ist, insofern man damit die Zahl der zum Tisch des Lebens Geladenen vermindert.

Es genügt aber nicht, die Hungernden zu nähren. Man muss auch jedem Menschen ein Leben sichern, das mit seiner Würde in Einklang steht. Sie mühen sich darum. Ist das nicht, in Unseren Augen, die Erfüllung der prophetischen Botschaft, die sich so gut auf Ihre Institution anwenden lässt: «Sie werden ihre Schwerter einschmelzen, um daraus Pflüge zu machen, und ihre Lanzen, um daraus Sensen zu schmieden» (Jes 2, 4)? Stellen Sie nicht mehr die wunderbaren Energien der Erde und die prächtigen Erfindungen der Wissenschaft in den Dienst des Todes, sondern in den des Lebens für das neue Zeitalter der Menschheit!

Wir wissen, mit welch wachsender Intensität und Wirksamkeit die Organisation der Vereinten Nationen und die von ihr abhängigen Weltorganismen arbeiten, um den Regierungen, die es nötig haben, zu helfen, ihren wirtschaftlichen und sozialen Fortschritt zu beschleunigen.

Wir wissen, mit welchem Eifer Sie daran gehen, das Analphabetentum zu besiegen und die Kultur in der Welt auszubreiten, den Menschen die richtige und zeitgemäße

Hilfe im Gesundheitswesen zu geben, die wunderbaren
Quellen der Wissenschaft, der Technik und der Organisation in den Dienst des Menschen zu stellen: All das ist
großartig und verdient Lob und Unterstützung aller, Unsere
eigene inbegriffen.

Wir selber möchten auch versuchen, Hilfe zu leisten,
selbst wenn Uns die Geringfügigkeit Unserer Mittel hindert, ihre praktische und mengenmäßige Auswirkung zu
ermessen. Wir wollen Unseren karitativen Institutitonen
eine neue Ausrichtung gegen den Hunger in der Welt und
für ihre hauptsächlichen Bedürfnisse geben. So und nicht
anders schafft man den Frieden.

Noch ein Wort, meine Herren, ein letztes Wort: Das
Gebäude, das Sie errichten, ruht nicht auf rein materiellen
und irdischen Grundlagen, denn dann wäre es auf Sand
gebaut. Das Gebäude ruht vor allem auf unserem Gewissen.
Ja, der Augenblick der «Umkehr» ist da, der Augenblick der
persönlichen Umwandlung, der inneren Erneuerung. Wir
müssen uns daran gewöhnen, den Menschen auf eine neue
Art zu denken, auf eine neue Art das gemeinsame Leben der
Menschen und schließlich auch die Wege der Geschichte
und die Bestimmung der Welt. Nach dem Wort des heiligen
Paulus: «Zieht den neuen Menschen an, der nach Gott geschaffen ist, in wahrer Gerechtigkeit und Heiligkeit» (Eph
4, 23). Die Stunde ist gekommen, in der eine Pause, ein Moment der Sammlung, der Besinnung, gleichsam des Gebetes
sich aufdrängt: wieder an unseren gemeinsamen Ursprung
zu denken, an unsere Geschichte, an unsere gemeinsame
Bestimmung. Nie war der Appell an das sittliche Gewissen
des Menschen so notwendig wie heute, in einer von solchem
Fortschritt der Menschen gekennzeichneten Epoche.

Denn die Gefahr kommt weder vom Fortschritt noch
von der Wissenschaft; diese können, wenn sie in rechter

Weise genutzt werden, viele schwere Probleme lösen, die die Menschheit bedrängen. Die wahre Gefahr lauert im Menschen, der über immer mächtigere Instrumente verfügt, die sowohl den Ruin wie die höchsten Errungenschaften ermöglichen.

Kurz: Das Gebäude der modernen Zivilisation muss auf geistigen Prinzipien errichtet werden, den einzigen, die nicht nur fähig sind, es zu stützen, sondern auch es zu erleuchten und zu beseelen. Und diese unerlässlichen Prinzipien höherer Weisheit können nur, das ist Unsere Überzeugung, Sie wissen es, auf dem Glauben an Gott gründen. Der unbekannte Gott, von dem der heilige Paulus zu den Athenern auf dem Areopag sprach? Unerkannt von jenen, die doch, ohne es zu ahnen, ihn suchten und ihn nahe bei sich hatten, wie das bei so vielen Menschen unseres Jahrhunderts der Fall ist? – Für uns, auf jeden Fall, und für alle jene, die die unaussprechliche Offenbarung annehmen, die Christus uns von ihm gemacht hat, ist es der lebendige Gott, der Vater aller Menschen.

Aus: Enzyklika Ecclesiam suam *vom 6. August 1964*

9. Unser erster Gedanke ist der, dass die Kirche heute das Bewusstsein ihrer selbst vertiefen und über ihr Geheimnis nachdenken muss, um zu ihrer Unterweisung und Erbauung ihren Ursprung, ihr Wesen, ihre Sendung und ihr Endziel besser zu erfassen. Denn obwohl das alles ihr bekannt ist und es im letzten Jahrhundert entfaltet und verbreitet wurde, kann man doch nie sagen, es sei bereits genügend erforscht und verstanden. Es ist das «Geheimnis, das von Ewigkeit her verborgen war in Gott..., damit es jetzt kundgemacht werde ... durch die Kirche» (Eph 3, 9-10), mit

anderen Worten, die Schatzkammer der verborgenen Pläne Gottes, die durch die Kirche verkündet werden. Wenn dieses Geheimnis heute bei jedem, der Christus treu nachfolgt, auf größeres Interesse stößt als andere Themen, so um so mehr bei Euch, die «der Heilige Geist zu Bischöfen bestellt hat, um die Gemeinde Gottes zu leiten» (vgl. Apg 20, 28).

10. Aus diesem erleuchteten und aktiven Bewusstsein ergibt sich der spontane Wunsch, das vollkommene Idealbild der Kirche, so wie Christus sie wollte als seine heilige und unbefleckte Braut (Eph 5, 27), mit ihrem tatsächlichen Antlitz, so wie es sich heute zeigt, zu vergleichen. Durch Gottes Gnade ist die Kirche den Zügen treu geblieben, die ihr göttlicher Gründer ihr eingeprägt und der Heilige Geist durch die Jahrhunderte belebt und entfaltet hat, damit sie immer mehr der Absicht ihres Gründers, aber auch der menschlichen Natur entsprach, welcher sie das Evangelium verkündete und welche sie trug. Dieses Antlitz ist jedoch nie so vollkommen, so schön, so heilig und so voll Licht, dass es dem göttlichen Urbild entspricht.

11. Daraus ergibt sich ein starkes und ungeduldiges Verlangen nach Selbsterneuerung, nach Verbesserung der Fehler, die dieses Bewusstsein bei einem Vergleich mit dem Urbild, das Christus uns hinterlassen hat, aufdeckt und ablehnt. Die Pflicht, die die Kirche heute hat, die Fehler ihrer eigenen Glieder zu verbessern und diese zu größerer Vollkommenheit anzuhalten, und die Methode, die bei der Verwirklichung einer so wichtigen Reform anzuwenden ist: das ist der zweite Gedanke, mit dem Wir Uns beschäftigen und den Wir Euch mitteilen möchten, nicht nur um für die Durchführung der notwendigen Reformen größeren Mut zu schöpfen, sondern auch, damit Wir in dieser wichtigen und schwierigen Sache von Euch Zustimmung, Rat und Hilfe erhalten.

12. Aus den zwei genannten Gedanken – die sicher auch die Euren sind, ergibt sich ein dritter. Er betrifft die Beziehungen der Kirche zur Welt, die sie umgibt, in deren Mitte sie lebt und wirkt.

13. Wie alle wissen, hat ein Teil dieser Menschheit den Einfluss des Christentums tief erfahren und daraus Kraft und Leben geschöpft, häufig ohne zu wissen, dass jedes Volk gerade das Beste an seiner Kultur dem christlichen Glauben zu verdanken hat. In den letzten Jahrhunderten aber hat er sich von diesem Ursprung losgelöst und entfernt. Ein anderer Teil der Menschheit, der sich auf weite Gebiete der Welt erstreckt, besteht aus zahlreichen sogenannten jungen Völkern. Diese ganze Welt bietet der Kirche nicht nur eine, sondern hundert Kontaktmöglichkeiten. Von diesen sind manche offen und leicht herzustellen, andere aber sind verwickelt und schwierig. Schließlich gibt es leider auch sehr viele Menschen, die ein freundschaftliches Gespräch nicht wollen.

14. Es erhebt sich also die Frage, wie das Gespräch der Kirche mit den Menschen unserer Zeit zu führen ist. Es wird Sache des Konzils sein, dieses Problem in seiner Breite und Verflechtung darzustellen und so gut wie möglich zu lösen. Die Notwendigkeit, dieses Problem zu lösen, ist für Uns eine Last, ein Anreiz, fast ein Ruf, den Wir Uns selbst und Euch, die ihr dieses Anliegen nicht weniger aus Erfahrung kennt, irgendwie klarmachen möchten. So werden Wir besser auf die Diskussionen und Beratungen vorbereitet, die Wir in einer so schwierigen und komplexen Sache mit Euch gemeinsam im Konzil zu führen für richtig halten. [...]

18. Wir glauben, dass die Kirche heute verpflichtet ist, das Bewusstsein ihrer selbst zu vertiefen, das Bewusstsein vom Schatz der Wahrheit, dessen Erbin und Hüterin sie ist, und von ihrer Sendung in der Welt. Noch bevor sie sich an

das Studium spezieller Fragen begibt und bevor sie überlegt, welche Haltung sie gegenüber der Welt einnehmen soll, muss die Kirche über sich selbst nachdenken, um sich durch die Erkenntnis der göttlichen Pläne in Bezug auf sie selbst zu stärken, um mehr Klarheit, neue Energie und größere Freude bei der Erfüllung ihrer Sendung zu finden und um die besten Mittel ausfindig zu machen, die ihre Beziehungen zur Menschheit unmittelbarer, wirksamer und fruchtbarer gestalten; einer Menschheit, der sie selbst angehört, auch wenn sie sich durch unverkennbare Merkmale von ihr unterscheidet. [...]

35. Die erste Frucht der Vertiefung des Bewusstseins der Kirche ist die Neuentdeckung ihrer lebendigen Beziehung zu Christus. Eine sehr bekannte Tatsache, aber eine grundlegende, unerlässliche, nie genug gekannte, bedachte und betonte Tatsache. Was wäre nicht alles zu sagen über dieses zentrale Kapitel unseres Glaubensgutes? Gott sei Dank ist Euch diese Lehre bereits vertraut. Deshalb wollen Wir nichts weiter hinzufügen, sondern euch nur empfehlen, sie stets als die wichtigste und richtunggebende Norm für euer geistliches Leben und eure Predigt vor Augen zu haben. Mehr als das, was Wir sagen, möge die Mahnung Unseres Vorgängers in der Enzyklika *Mystici corporis* gelten: «Wir müssen uns gewöhnen, in der Kirche Christus selbst zu sehen. Christus ist es nämlich, der in seiner Kirche lebt, der durch sie lehrt, leitet und heiligt; Christus ist es auch, der sich auf verschiedene Weise in seinen verschiedenen sozialen Gliedern offenbart.»[105] Wie gern würden Wir bei den Gedanken verweilen, die Uns aus der Heiligen Schrift, den Vätern, den Kirchenlehrern und den Heiligen in den Sinn kommen, wenn Wir an diesen lichtvollen Punkt un-

---

[105] *AAS* 35 (1943) 238.

seres Glaubens denken. Hat nicht Jesus selbst gesagt, dass er der Weinstock ist und wir die Reben (Joh 15, 5)? Haben wir nicht die reiche Lehre des heiligen Paulus gegenwärtig, der nicht aufhört, uns zu erinnern: «Alle seid ihr eins in Christus Jesus» (Gal 3, 28), uns aufzufordern: «...dass wir in Liebe hineinwachsen in ihn, der das Haupt ist, Christus. Von ihm aus wird der ganze Leib zusammengefügt...» (Eph 4, 15-16), und uns zu ermahnen: «...alles und in allen Christus» (Kol 3, 11)? Wir erwähnen von allen Meistern nur den heiligen Augustinus: «... Beglückwünschen wir uns und danken wir, dass wir nicht nur Christen geworden sind, sondern Christus. Versteht ihr, Brüder, die Gnade Gottes, des Hauptes über uns? Bewundert und freut euch: Christus sind wir geworden. Wenn nämlich er das Haupt ist, sind wir die Glieder; das ist der ganze Mensch, er und wir... Also die Fülle Christi, Haupt und Glieder. Was ist Haupt und Glieder? Christus und die Kirche.»[106]

36. Wir wissen, dass dies ein Geheimnis ist. Es ist das Geheimnis der Kirche. Wenn wir mit Gottes Hilfe unser geistiges Auge auf dieses Geheimnis richten, werden wir viele geistliche Wohltaten empfangen, gerade jene, von denen wir glauben, dass die Kirche ihrer heute am meisten bedarf. Die Gegenwart Christi, sein Leben selbst wird in den einzelnen Menschen und im Ganzen des mystischen Leibes durch den lebendigen und belebenden Glauben wirksam werden nach dem Wort des Apostels: «...dass Christus durch den Glauben wohne in euren Herzen» (Eph 3, 17). Das Bewusstsein des Geheimnisses der Kirche ist in der Tat ein Akt reifen und gelebten Glaubens. Dieser bringt in den Menschen jenen «Sinn der Kirche» hervor, von dem jeder Christ erfüllt ist, der in der Schule des göttlichen Wortes

---

[106] *In 10 tract.* 21, 8; PL 35, 1568.

groß geworden ist, der durch die Gnade der Sakramente und durch die unaussprechlichen Eingebungen des Tröstergeistes genährt, in der Übung der evangelischen Tugenden bestärkt und von der Pflege und dem Umgang mit der kirchlichen Gemeinschaft geprägt wurde, der sich der tiefen Freude des königlichen Priestertums des Volkes Gottes bewusst ist (vgl. 1 Petr 2, 9). [...]

41. Wir sind sodann von dem Wunsch erfüllt, dass die Kirche Gottes so sei, wie Christus sie will: einig, heilig, ganz der Vollkommenheit zugewandt, zu der er sie berufen und befähigt hat. Da sie in ihrem Idealbild, im Plan Gottes, vollkommen ist, muss die Kirche in ihrer konkreten Verwirklichung, in ihrem irdischen Dasein nach Vollkommenheit streben. Dies ist das große sittliche Problem, das das Leben der Kirche beherrscht, es anspornt, anklagt, aufrecht hält, mit Klagen und Gebeten erfüllt, mit Reue und Hoffnung, mit Kraft und Zuversicht, mit Verantwortung und Verdiensten. Es ist ein Problem, das den theologischen Wirklichkeiten inhärent ist, von denen das menschliche Leben abhängt. Ohne die Lehre Christi und ohne das kirchliche Lehramt kann man sich über den Menschen kein Urteil bilden, weder über seine Natur noch über seine ursprüngliche Vollkommenheit und die verheerenden Folgen der Erbsünde, weder über die Fähigkeit des Menschen zum Guten noch über die Hilfe, die er braucht, um danach zu verlangen und es zu vollbringen, weder über den Sinn des gegenwärtigen Lebens und sein Ziel noch über die Werte, nach denen der Mensch verlangen oder über die er verfügen kann, weder über das Kennzeichen von Vollkommenheit und Heiligkeit noch über die Mittel und Wege, um dem Leben den höchsten Ausdruck an Schönheit und Fülle zu geben. Das Bestreben, die Wege des Herrn kennenzulernen, ist und muss ständig in der Kirche vorhanden sein, und Wir möchten,

dass die fruchtbare und breite Diskussion, die über Fragen der Vollkommenheit von Jahrhundert zu Jahrhundert in der Kirche geführt wird, wiederum das Interesse wecke, das sie verdient. Nicht jedoch, um neue Theorien aufzustellen, sondern um neue Energien zu wecken, jene Heiligkeit anzustreben, die Christus uns lehrte und die er durch sein Beispiel, sein Wort, seine Gnade und seine Schule zu erkennen, zu verlangen und auch zu erreichen uns ermöglicht. Diese Heiligkeit wird von der kirchlichen Überlieferung getragen, durch gemeinschaftliches Tun zusammengehalten und durch die einzigartigen Gestalten der Heiligen veranschaulicht. [...]

51. Nochmals sei zu unser aller Nutzen und Mahnung wiederholt: Die Kirche wird ihre neue Jugend nicht so sehr durch Änderung ihrer äußeren Gesetze finden, als vielmehr durch die innere Haltung des Gehorsams gegenüber Christus, durch Beobachtung jener Gesetze, die die Kirche sich selbst gibt, um Christi Weg zu gehen. Hier liegt das Geheimnis ihrer Erneuerung, hier ihre «Metanoia», hier ihre Übung der Vollkommenheit. Die Beobachtung der kirchlichen Gesetze mag durch Vereinfachung mancher Vorschrift und durch das Vertrauen erleichtert werden, das in die Freiheit des Christen von heute gesetzt wird, da er besser über seine Pflichten belehrt ist und klarer und mit mehr Einsicht über die Art, sie zu erfüllen, sich zu entscheiden vermag. Trotzdem bleibt das Gesetz in seiner wesentlichen Forderung bestehen. Das christliche Leben, wie die Kirche es deutet und durch kluge Vorschriften umschreibt, wird immer durch den «schmalen Weg», von dem unser Herr sprach (vgl. Mt 7, 13), gezeichnet sein. Es werden von uns, Christen dieser Zeit, nicht geringere, sondern vielleicht größere sittliche Anstrengungen verlangt als von den Christen von gestern, und Bereitschaft zum Gehorsam, der heute nicht

weniger als in der Vergangenheit verpflichtend und vielleicht schwieriger, sicher aber verdiensvoller ist, weil er mehr von übernatürlichen als natürlichen Beweggründen geleitet wird. Nicht die Gleichförmigkeit mit dem Geist der Welt, nicht das Freisein von der Zucht einer vernünftigen Aszese, nicht die Gleichgültigkeit gegenüber den freien Sitten unserer Zeit, nicht die Befreiung von der Autorität kluger und rechtmäßiger Vorsteher, nicht die Gleichgültigkeit gegenüber den Widersprüchen im gegenwärtigen Denken können der Kirche Kraft geben oder sie befähigen, die Wirkung der Gaben des Heiligen Geistes zu erfahren; nicht sie können ihr die Echtheit ihrer Christusnachfolge garantieren oder ihr die Sorge um die Liebe zu den Brüdern eingeben und die Fähigkeit, ihnen ihre Heilsbotschaft zu verkünden. Nein, das alles vermag nur ihre Bereitschaft, nach Gottes Gnade zu leben, ihre Treue gegenüber dem Evangelium des Herrn, ihr hierarchischer und gemeinschaftsförmiger Zusammenschluss. Ein Christ ist kein verweichlichtes und feiges Wesen, sondern eine starke und treue Persönlichkeit. [...]

54. Wir weisen zunächst auf den Geist der Armut hin. Dieser wird, so meinen Wir, in der Heiligen Schrift so sehr betont, er ist so sehr einbezogen in den Plan unserer Bestimmung für das Reich Gottes, so gefährdet durch die Einschätzung der Güter in der gegenwärtigen Mentalität, so notwendig, um uns unsere Schwächen und Verwirrungen in der Vergangenheit verstehen zu lassen und uns anderseits bewusst zu machen, wie unser Leben gestaltet werden muss und welches die beste Methode ist, den Menschen die Religion Christi zu verkünden, und schließlich so schwer, in der rechten Weise gelebt zu werden, dass Wir den Geist der Armut in Unserer Botschaft ausdrücklich erwähnen müssen. Nicht weil Wir spezielle kirchliche Maßnahmen treffen möchten, sondern vielmehr, um Euch, ehrwürdige Mit-

brüder, um den Trost Eurer Zustimmung, Eures Rates und Eures Beispiels zu bitten. Wir erwarten, dass Ihr als angesehene Autorität und als Interpreten der besten Impulse, durch die der Geist Christi in der Kirche lebendig wird, Uns sagt, wie Hirten und Gläubige in Sprache und Verhalten zur Armut angeleitet werden sollen. «Seid auf das in euch bedacht, was auch in Christus Jesus war» (Phil 2, 5), mahnt der Apostel. Ihr müsst Uns sagen, welche Leitsätze wir für das kirchliche Leben aufstellen müssen, die uns helfen, unser Vertrauen mehr auf die Hilfe Gottes und auf die geistlichen Güter zu setzen als auf die irdischen Mittel. Sie sollen uns ferner daran erinnern und die Welt darüber unterrichten, dass die geistlichen Güter gegenüber den wirtschaftlichen Vorrang haben und dass wir den Besitz und den Gebrauch der materiellen Güter soweit beschränken und unterordnen müssen, als es für die rechte Ausübung unserer apostolischen Sendung von Nutzen ist. [...]

56. Der andere Hinweis bezieht sich auf den Geist der Liebe. Ist Euch dieses Thema jedoch nicht längst vertraut? Bezeichnet die Liebe nicht etwa den Brennpunkt der religiösen Heilsordnung des Alten und des Neuen Testamentes? Kreist nicht die geistliche Erfahrung der Kirche gerade um die Liebe? Ist die Liebe nicht stets die lichtvollste und beglückendste Entdeckung, die Theologie und Frömmigkeit machen können, wenn sie unablässig die Schätze der Schrift und der Sakramente betrachten, deren Erbin, Hüterin, Lehrerin und Ausspenderin die Kirche ist? Wir meinen mit Unseren Vorgängern, mit der Vielzahl der Heiligen, die unser Zeitalter der Kirche im Himmel und auf Erden gegeben hat, und mit dem frommen Sinn des gläubigen Volkes: Die Liebe muss heute jenen Platz einnehmen, der ihr zukommt, den ersten, den höchsten auf der Stufenleiter der religiösen und sittlichen Werte, nicht nur in der theoretischen Wert-

schätzung, sondern auch in der praktischen Verwirklichung des christlichen Lebens. Das gilt von der Liebe zu Gott, der seine Liebe an uns verschenkt hat, wie auch von der Liebe, die wir unseren Nächsten, das heißt allen Menschen, weiterschenken müssen. Die Liebe erklärt alles, die Liebe gibt in allem das Rechte ein. Die Liebe macht alles möglich. Die Liebe erneuert alles. Die Liebe «erträgt alles, sie glaubt alles, sie hofft alles, sie duldet alles» (1 Kor 13, 7). Wer von uns wüsste das alles nicht? Und wenn wir es wissen, ist es dann nicht die Stunde der Liebe? [...]

58. Noch eine dritte Haltung muss die katholische Kirche in dieser Stunde der Weltgeschichte einnehmen. Diese Haltung ist gekennzeichnet durch das Bemühen um die Begegnung mit der Menschheit von heute. Wenn die Kirche ein immer klareres Bewusstsein ihrer selbst gewinnt und wenn sie danach trachtet, sich selbst nach dem Urbild, das Christus ihr vor Augen stellt, zu bilden, dann wird sie sich tief von der menschlichen Umgebung unterscheiden, in der sie dennoch lebt und der sie nahe ist. [...]

62. Hören wir, wie der heilige Paulus die Christen der ersten Generation erzog: «Beugt euch nicht mit Ungläubigen unter das gleiche Joch! Was haben denn Gerechtigkeit und Gesetzwidrigkeit miteinander zu tun? Was haben Licht und Finsternis gemeinsam? ... Was hat ein Gläubiger mit einem Ungläubigen gemeinsam?» (2 Kor 6, 14f). Die christliche Pädagogik wird den heutigen Menschen immer an seine besondere Stellung und an die daraus folgende Pflicht erinnern müssen, in der Welt zu leben, aber nicht von der Welt zu sein, entsprechend dem Gebet Jesu für seine Jünger: «Ich bitte nicht, dass du sie aus der Welt nimmst, sondern dass du sie vor dem Bösen bewahrst. Sie sind nicht von der Welt, wie auch ich nicht von der Welt bin» (Joh 17, 15-16). Die Kirche macht sich diesen Wunsch zu eigen. [...]

64. Wenn sich die Kirche wirklich, wie Wir sagten, dessen bewusst ist, was sie nach dem Willen des Herrn sein soll, dann fühlt sie in sich eine einzigartige Fülle und das Bedürfnis, sich mitzuteilen, und auch die klare Erkenntnis einer über sie selbst hinausgehenden Sendung, einer Botschaft, die sie zu verbreiten hat. Es ist die Pflicht der Verkündigung des Evangeliums, der missionarische Auftrag, die apostolische Aufgabe. Eine Haltung treuen Bewahrens genügt nicht. Gewiss müssen wir den uns als Erbe von der christlichen Überlieferung überkommenen Schatz der Wahrheit und der Gnade bewahren, ihn auch verteidigen. «Bewahre das anvertraute Gut!» mahnt der heilige Paulus (1 Tim 6, 20). Doch weder das Bewahren noch die Verteidigung erschöpfen die Pflicht der Kirche gegenüber den ihr anvertrauten Gütern. Die Pflicht, die dem von Christus erhaltenen Erbe einzig und ganz entspricht, ist die Verbreitung, das Angebot und die Verkündigung, wie wir wissen: «Darum geht hin und macht alle Völker zu Jüngern!» (Mt 28, 19) Das ist der letzte Auftrag Christi an seine Apostel. Der Name Apostel selbst weist sie auf ihre unabweisliche Sendung hin. Diesem inneren Antrieb der Liebe, die danach strebt, sich zur äußeren Gabe der Liebe zu machen, wollen Wir den heute allgemein gewordenen Namen «Dialog» geben.

65. Die Kirche muss einen Dialog mit der Welt beginnen, in der sie lebt. Die Kirche macht sich selbst zum Wort, zur Botschaft, zum Dialog. [...]

70. Der transzendente Ursprung des Dialogs, ehrwürdige Brüder, liegt im Plan Gottes selbst. Die Religion ist ihrer Natur nach eine Beziehung zwischen Gott und dem Menschen. Das Gebet spricht im Dialog diese Beziehung aus. Die Offenbarung, das heißt die übernatürliche Beziehung, die Gott selbst durch freien Entschluss mit der Menschheit herstellen wollte, wird in einem Dialog verwirklicht, wo-

bei das Wort Gottes sich in der Menschwerdung und dann im Evangelium zum Ausdruck bringt. Das heilige väterliche Gespräch Gottes mit dem Menschen wurde durch die Erbsünde unterbrochen, aber im Laufe der Weltgeschichte wunderbar wiederaufgenommen. Die Heilsgeschichte erzählt diesen langen und vielgestaltigen Dialog, der von Gott ausgeht und zu einer wunderbar vielgestaltigen Zwiesprache mit dem Menschen wird. In diesem Gespräch Christi mit den Menschen (vgl. Bar 3, 38) gewährt Gott Einblick in das Geheimnis seines Lebens, in das Einzigartige seines Wesens, dreifaltig in den Personen; er sagt uns, wie er erkannt werden will – er ist Liebe; und wie er von uns geehrt werden will und wie wir ihm dienen sollen – Liebe ist unser oberstes Gebot. Der Dialog wird eng und vertraulich. Das Kind ist dazu eingeladen, der Mystiker erschöpft sich darin.

71. Wir müssen uns diese unaussprechliche und wirkliche Beziehung des Dialogs vor Augen halten, der uns angeboten und mit uns aufgenommen wurde von Gott Vater, durch die Vermittlung Christi, im Heiligen Geist, um zu verstehen, welche Beziehung wir, das heißt die Kirche, mit der Menschheit anzubahnen und zu fördern suchen sollen.

72. Der Dialog des Heils wurde durch die freie göttliche Initiative eröffnet: «Er (Gott) hat uns zuerst geliebt» (1 Joh 4, 10): An uns liegt es nun, die Initiative zu ergreifen, um den Dialog auf die Menschen auszudehnen, ohne zu warten, bis wir gerufen werden.

73. Der Dialog des Heils ging aus von der Liebe, von der göttlichen Güte: «Denn so liebte Gott die Welt, dass er seinen eingeborenen Sohn hingab» (Joh 3, 16): Eifrige und selbstlose Liebe wird auch unseren Dialog leiten müssen.

74. Der Dialog des Heils war nicht abhängig von den Verdiensten derer, an die er gerichtet war, und nicht einmal von den Ergebnissen, die er hätte erreichen oder verfehlen

können: «Nicht die Gesunden bedürfen des Arztes» (Lk 5, 31): Auch unser Dialog soll keine Grenzen und keine Berechnungen kennen. [...]

94. Niemand ist ihrem [der Kirche] Herzen fremd. Niemanden betrachtet sie, als hätte er mit ihrer Aufgabe nichts zu tun. Niemand ist ihr Feind, der es nicht selbst sein will. Nicht umsonst nennt sie sich katholisch, nicht vergebens ist sie beauftragt, in der Welt Einheit, Liebe und Frieden zu fördern.

Homilie zum «Tag der Entwicklung» am Eucharistischen Kongress, Bogotá am 23. August 1968

Liebe Brüder! Liebe Söhne und Töchter! Ihr alle, in Christus geliebte Freunde!

Unser heutiges Wort an Euch ist ganz einfach. Es geht davon aus, dass wir alle, die wir heute hier anwesend sind, verbunden mit all jenen, die in der Ferne Unsere Stimme hören, überzeugt sind von dem Titel, den man dem eucharistischen Geheimnis verliehen hat, um diesem Kongress sein Thema zu geben: Band der Liebe. Damit hat man versucht, die Absicht des Herrn zu erkunden, der, indem er dieses Sakrament einsetzte, Sein göttliches Leben mit dem unseren vereinen wollte, so innig, so liebevoll, dass er sich für uns zur Nahrung machte und uns so persönlich an Seinem erlösenden Opfer teilhaben ließ, das im eucharistischen Sakrament zur Anschauung gebracht und verewigt wird. Dabei wollte Er aber den Strom Seiner Liebe nicht bei jedem Teilnehmer an Seinem sakramentalen Mahle versiegen lassen, sondern vielmehr jeden Einzelnen von uns in Seinen Heilsplan einbeziehen und mitnehmen. Dieser Plan ist auf die ganze Menschheit hin offen und verwirklicht sich in allen, die sich eingliedern lassen in die wirkmächtige Gemeinschaft seines mystischen Leibes, welcher die Kirche ist.[107] Die Wirkung, die Gnade, die Kraft der heiligen Eucharistie, die der Liebe Christi zu uns entströmt, ist auf die Weitergabe dieser Liebe von uns zu den anderen ausgerichtet. Wer sich von der heiligen Eucharistie ernährt, muss aus ihr den Aufruf zur Nächstenliebe heraushören, er muss den Raum seiner Liebe von sich auf die anderen hin ausdehnen,[108] er muss das sakramentale Liebesband, das ihn mit Christus vereint, verknüpfen mit dem gesellschaftlichen Liebesband, mit dem er sein eigenes Leben mit dem seiner Mitmenschen verbindet, die potenziell zu seinen Brüdern geworden sind.

Das ist die Voraussetzung, das ist die Abmachung, von der wir alle überzeugt sein müssen.

Wenn Wir also mitten unter Euch, mit Euch und für Euch die heilige Messe feiern, haben Wir Euch nichts anderes zu sagen als dies: Im Namen Christi und in der inneren Kraft Seiner Liebe werdet Ihr alle gemeinsam und jeder Einzelne von Euch zu Überbringern Seiner Liebe. Lasst Euch bis in die geheimnisvollen Tiefen Eures Innern von Seiner Liebe erfüllen, und dann lasst diese Liebe überströmen, geistigerweise in den weiten Kreis der ganzen Menschheit, und praktisch in das Geflecht Eurer familiären und gesellschaftlichen Beziehungen. Lasst die Liebe Christi zum Prinzip der sittlichen Erneuerung und der sozialen Gesundung Lateinamerikas werden, das Wir besuchen, um die Flamme jener Liebe zu entfachen, die uns mit dem Urgrund unseres Heils verbindet und die den Wandel des menschlichen Zusammenlebens zur brüderlichen Gemeinschaft bewirkt, diesen Wandel, der so nötig ist, um alle Spaltungen und Gegensätze zu überwinden. Liebe ist das Grundprinzip. Liebe ist

---

[107] Vgl. Thomas von Aquin, *Summa Theologiae* II, 78, 3.
[108] Vgl. Augustinus, *Sermo 10 de verbis Domini*.

die treibende Kraft. Liebe ist der Weg zur Einsicht. Liebe ist das Geheimnis des Erfolgs. Liebe ist die Sache, für die sich einzusetzen und zu kämpfen sich lohnt. Die Liebe muss das Band sein, das ein unwissendes, gestaltloses, ungeordnetes, leidgeplagtes und manchmal böses Volk zu einem neuen Volk werden lässt, zu einem lebendigen Volk, einem aktiven Volk, einem einträchtigen Volk, einem selbstbewussten, wohlhabenden und glücklichen Volk. Die Liebe, damit meinen Wir: die Liebe Christi, Seine geheimnisvolle, göttliche und zugleich menschliche Liebe. Liebe zu Gott, von der Liebe zu den Menschen verschieden und diese übersteigend, aber ihr Licht und ihr Quellgrund.

Wir wollen Unsere Rede nicht in die Länge ziehen, doch möchten Wir Uns mit einigen Worten direkt an die zahlreichsten und besonders repräsentativen Gruppen wenden, aus denen diese Versammlung besteht, und dabei einem Einwand begegnen, der vielleicht in allen aufgestiegen ist: Ist es denn mit der Liebe getan? Genügt die Liebe, um der Welt zu helfen? Um die unzähligen und vielfältigen Schwierigkeiten aus dem Weg zu räumen, die eine verändernde und aufbauende Entwicklung der Gesellschaft hemmen, so wie sie uns heute Geschichte, Sozialwissenschaft, Wirtschaftslehre, Politik und das öffentliche Leben vor Augen führen? Sind wir angesichts des modernen Mythos von der Effektivität in der Zeit sicher, dass die Liebe keine Illusion ist, kein Wahn?

Wir müssen mit Ja und Nein antworten. Ja, die Liebe ist unverzichtbar und ausreichend als Antriebsprinzip des Wandels in der mangelhaften Welt, in der wir leben. Nein, die Liebe genügt nicht, wenn sie bloß eine Frage der Theorie, der Worte und der Gefühle bleibt (vgl. Mt 7, 21) und wenn nicht andere Tugenden sich zu ihr gesellen, allen voran die Gerechtigkeit, die das Mindestmaß an Liebe darstellt, sowie andere Faktoren, die bewirken, dass die von Liebe inspirierte und getragene Aktion im jeweiligen menschlichen und zeitlichen Umfeld praktisch durchführbar, wirksam und nachhaltig ist. Wir wissen sehr wohl, dass im Augenblick des ersten Besuches des Papstes auf diesem Kontinent diese Faktoren sich in Lateinamerika in einer tiefen, wahrhaft historischen Krise befinden, und dass diese Situation viele – allzu viele – Anzeichen erkennen lässt, die zu schwerwiegender Besorgnis Anlass geben.

Kann der Papst diese quälende Ungewissheit ignorieren? Hätte er nicht eines der Ziele seiner Reise verfehlt, wollte er nach Rom zurückkehren, ohne sich mit dem Kernpunkt des Problems, das so große Beunruhigung auslöst, auseinandergesetzt zu haben?

Viele, vor allem unter den Jungen, drängen darauf, unverzüglich die Gesellschaftsstrukturen zu ändern, die ihrer Ansicht nach die Durchsetzung der Gerechtigkeit für den Einzelnen und die Gemeinschaft nicht zulassen. Und Einzelne kommen zum Schluss, dass das Grundproblem Lateinamerikas nicht anders zu lösen ist als durch Gewalt.

Mit der gleichen Ehrlichkeit, mit der Wir einräumen, dass derartige Theorien und Praktiken in vielen Fällen ihre Letztbegründung in edlen Gefühlen von Gerechtigkeit und Solidarität haben mögen, müssen Wir sagen und immer wieder betonen, dass Gewalt nicht evangelisch, nicht christlich ist, und dass plötzliche oder gewaltsame Strukturänderungen trügerisch und selbstaufhebend sind, und auf jeden Fall unvereinbar mit der Würde des Volkes, denn diese verlangt, dass die notwendigen Veränderungen von innen her erfolgen, auf dem Wege eines entsprechenden Bewusstseinswandels, ausreichender Vorbereitung und jener tatsächlichen Beteiligung – *Partizipation* – aller, wie sie beim heute herrschenden Bildungsmangel und den manchmal menschenunwürdigen Lebensbedingungen nicht verwirklicht werden kann.

Deshalb kann, so wie Wir die Dinge sehen, das Grundproblem Lateinamerikas nur in einem zweifachen, gleichzeitigen, koordinierten und für beide Seiten vorteilhaften Vorgehen gelöst werden. Eine Reform der Gesellschaftsstrukturen, gewiss, aber eine schrittweise, von allen nachvollziehbare Reform, die gleichzeitig – und Wir würden sagen zwingend – begleitet wäre von einem umfassenden und geduldigen Bemühen, den «Standard des Menschseins» der großen Mehrheit der heutigen Bewohner Lateinamerikas anzuheben. Das heißt: Jedem helfen, sich der eigenen Würde bewusst zu werden, seine eigene Persönlichkeit zu entwickeln im Rahmen der Gemeinschaft, der er angehört, bewusst das Subjekt von Rechten und Pflichten zu sein, aus freiem Entschluss ein zuverlässiges Element des wirtschaftlichen, politischen und sittlichen Fortschritts seiner gesellschaftlichen Umwelt zu sein. Das ist das große, vorrangige Unternehmen, ohne das jede plötzliche Veränderung der Gesellschaftsstrukturen ein zweckloses, kurzlebiges und gefährliches Blendwerk wäre.

Dieses große Vorhaben setzt sich, wie Ihr wisst, in jeder Tätigkeit um, welche die umfassende Förderung des Menschen und seine aktive Eingliederung in die Gesellschaft zum Ziel hat: Bekämpfung des Analphabetentums, Schulbildung, Weiterbildung, Berufsbildung, Förderung des staatsbürgerlichen und politischen Bewusstseins, methodische Beschaffung der materiellen Infrastrukturen für die normale Entwicklung des individuellen und gemeinschaftlichen Lebens in der heutigen Zeit.

Wir dürfen hoffen, dass dieses schwerwiegende Problem auch im Lichte des Mysteriums der Liebe, das wir hier feiern, überdacht und richtig verstanden wird, und dass Ihr, geliebte Söhne und Töchter Lateinamerikas, in diesem Geheimnis die Kraft zu schöpfen wisst, dank der jeder von Euch den geschuldeten und dringend benötigten Beitrag zur Lösung dieses Problems leisten kann. Ja, der Papst hofft auf Euch. Der Papst vertraut Euch.

Unsererseits möchten Wir hier vor Euch, den qualifizierten Vertretern aller gesellschaftlichen Gruppierungen Lateinamerikas, Unser Anliegen in Erinnerung rufen: Dass mit neuem Schwung und unter Einsatz aller möglichen Mittel Anstrengungen zur Erreichung der von Uns erwähnten Ziele unternommen werden, der Ziele, die Wir schon in Unserer Enzyklika *Populorum progressio* der Welt vorgelegt haben.

Wir möchten nun zuerst ein besonderes Wort an Euch richten, Ihr Studenten, an Euch, Ihr Wissenschaftler und Kulturschaffende: Eure Liebe soll vorab den geistigen Dingen gelten und getragen sein vom Durst nach der Wahrheit, der Demut vor der Wahrheit und dem Mut zur Wahrheit. An Euch liegt es in erster Linie, Euch selbst und die Welt zu befreien von der Verfallenheit an die Gemeinplätze, an die Massenkultur, an die Ideologien, welche dank der Mode oder der Propaganda so eingängig werden und abhängig machen. An Euch liegt es, in der Wahrheit, die allein einen Herrschaftsanspruch über unser Denken hat, die Freiheit zu finden, als Menschen und als Christen zu handeln (vgl. Joh 8, 32). Und an Euch liegt es allererst, Apostel der Wahrheit zu sein.

Sodann möchten Wir Euch, Ihr Arbeiter, sagen, auf welchem Weg sich nach Unserer Meinung Eure Liebe entfalten sollte. Sie lebt ja aus dem Glauben an Christus und aus der Gemeinschaft mit Ihm, und deshalb ist der Weg, der Euch zu Euren Kollegen führt, welche Mühsal und Hoffnung mit Euch teilen, ein Weg der Einheit, der Vereinigung. Der Vereinigung nicht einfach als organisatorischer Zusammenschluss oder als von ein paar despotischen und unkontrollierbaren Führern gesteuerte Massensuggestion, sondern als Schule des sozialen Gewissens, als Bekenntnis zu Solidarität, Brüderlichkeit, Verteidigung der gemeinsamen Interessen und Übernahme gemeinsamer Pflichten. Eure Liebe muss deshalb aus sich selbst ihre Kraft schöpfen, die Kraft der großen Zahl, der sozialen Dynamik, nicht die subversive Kraft von Revolution und Gewalt, sondern die konstruktive Kraft, die eine neue, menschlichere Ordnung aufbaut, in der Eure berechtigten Forderungen erfüllt werden und in der alle wirtschaftlichen und sozialen Faktoren in die Gerechtigkeit des Gemeinwohls münden. Ihr wisst, wie sehr in Eurem Streben nach dieser neuen und besseren Ordnung die Kirche für Euch ganz besonders «Mater et Magistra», Mutter und Lehrmeisterin, ist.

Und was sagen Wir Euch, Menschen der Führungsschichten? In welche Richtung soll sich die Liebe entfalten, die auch Ihr aus der Quelle der heiligen Eucharistie schöpfen wollt? Weist Unsere Worte nicht zurück, auch wenn sie Euch vielleicht paradox und polemisch vorkommen, es sind die Worte des Herrn. Von euch wird Freigebigkeit verlangt. Das heißt die Fähigkeit, Euch vom Festhalten an Eurer Position, die privilegiert ist oder zu sein scheint, zu lösen und Euch in den Dienst jener zu stellen, die auf Euren Reichtum, Eure Kultur, Eure Autorität angewiesen sind. Wir könnten Euch an den Geist der Armut des Evangeliums erinnern, der die Fesseln des egoistischen Besitzes der zeitlichen Güter abwirft und der den Christen befähigt, Wirtschaft und Macht organisch in den Dienst der Gemeinschaft zu stellen. Lasst Euch, Ihr Herren der Welt und Söhne der Kirche, vom Geist des Guten lenken, den die Gesellschaft nötig hat. Leiht Euer Ohr und öffnet Euer Herz den Stimmen, die Brot, Anerkennung, Gerechtigkeit, aktivere Beteiligung an der Führung der Gesellschaft und an der Entwicklung des Gemeinwohls fordern. Ihr, auf die es ankommt, schärft Eure Augen und zeigt Mut für die Neuerungen, deren die Welt rings um Euch bedarf. Sorgt dafür, dass die Minderbegüterten, die Untergeordneten, die Bedürftigen in Eurer Autoritätsausübung jene Rücksicht, jene Mäßigung, jene Klugheit wahrnehmen können, die allen Achtung gebietet, weil sie allen nützt. Das Eintreten für die Gerechtigkeit und der Schutz der menschlichen Würde sei die Form Eurer Liebe.

Und vergesst nicht: Manche großen Krisen der Weltgeschichte hätten einen anderen Verlauf nehmen können, wäre man rechtzeitig mit den nötigen Reformen und mutigen Verzichten den zerstörerischen Ausbrüchen der Verzweiflung zuvorgekommen.

Nun zu Euch: Welche Aufgabe hat Eure Liebe, Ihr christlichen Familien, die Ihr heute um unseren Altar versammelt seid, sozusagen in Vertretung aller Familien, die zusammen die Bevölkerung Lateinamerikas ausmachen? Eure Liebe, aus Christus geschöpft und an andere weitergegeben, möge zu Euch selbst zurückfluten. Ihr sollt Herdfeuer der ursprünglichen menschlichen Liebe sein, die der Herr im Ehesakrament auf die Stufe der höheren Liebe, der übernatürlichen *Caritas*, emporgehoben hat. Väter, Mütter, Kinder, macht Eure Familie zu einer kleinen idealen Gesellschaft, in der die Liebe an oberster Stelle steht, als Leiterin einer häuslichen Schule aller menschlichen und christlichen Tugenden.

Und zum Abschluss wollen Wir Euch allen in Erinnerung rufen, dass Christus in der Eucharistie sich selbst für uns hingegeben hat zum Gedächtnis Seines Opfers. Deshalb können wir nicht von diesem Sakrament die Liebe empfangen, deren Zeichen und Wirklichkeit es ist, und wir können diese Liebe nicht an unsere Brüder weitergeben, ohne dass wir uns selbst hingeben. Er liebte und gab sich hin: *dilexit et tradidit semetipsum* (vgl. Eph 5, 2). Wir müssen Ihm nachfolgen: das ist unser Kreuz. Wir müssen lieben bis zur Selbsthingabe, wenn wir eine neue Gesellschaft aufbauen wollen, die es verdient, ein Beispiel wahrer menschlicher und christlicher Gesellschaft zu sein.

Ansprache beim Besuch des Zentrums des Ökumenischen Rates der Kirchen, Genf am 10. Juni 1969

Herr Generalsekretär,
liebe Brüder in Christus,
Wir sind Ihnen sehr dankbar für die Worte des Willkommens, die Sie an Uns gerichtet haben. Und Wir danken Gott, dass er es Uns gewährt hat, einen Besuch christlicher Brüderlichkeit beim Zentrum des Ökumenischen Rates der Kirchen zu machen.

Was ist denn dieser Ökumenische Rat, wenn nicht eine bewundernswerte Bewegung von Christen, von «Söhnen Gottes, die zerstreut waren» (Joh 11, 52) und die nun auf der Suche danach sind, wieder zur Einheit zusammengefügt zu werden? Und was könnte der Sinn dessen sein, dass Wir den Fuß über die Schwelle dieses Hauses setzen, wenn nicht das frohe Gehorchen gegenüber dem inneren Impuls, das durch das Gebot und die Barmherzigkeit Christi Unser Dienstamt und Unsere Sendung prägt? In der Tat, welch glückliche Begegnung, welch ein prophetischer Augenblick, Morgenröte eines Tages, der im Kommen ist und schon seit Jahrhunderten erwartet wird!

Jetzt sind Wir also hier in Ihrer Mitte. Unser Name ist Petrus und die Schrift sagt uns, welchen Sinn Christus diesem Namen geben wollte und welche Pflichten er Uns auferlegt: die Verantwortlichkeit des Apostels und seiner Nachfolger. Aber lassen Sie Uns Ihnen auch andere Namen ins Gedächtnis rufen, die der Herr dem Petrus geben wollte, um noch weitere Charismen anzuzeigen. Petrus ist Menschenfischer, Petrus ist Hirte. Was Uns betrifft – Wir sind überzeugt, dass Uns der Herr ein Dienstamt der Gemeinschaft ohne jedes Verdienst Unsererseits gegeben hat, ein Charisma, das Uns gewiss nicht verliehen ist, um Uns von Ihnen zu isolieren oder um unter uns das gegenseitige Verständnis, die Zusammenarbeit, die Brüderlichkeit und schließlich die Zusammenfügung zur Einheit auszuschließen. Gerade dafür hat uns der Herr das Gebot und die Gnadengabe der Liebe in der Wahrheit und in der Demut hinterlassen (vgl. Eph 4, 15; Joh 14, l4). Und der Name Paulus, den Wir gewählt haben, gibt genügend an, welche Ausrichtung Wir Unserem apostolischen Amt geben wollten.

Sie haben soeben die Begegnung des heutigen Nachmittags in die Geschichte unserer Beziehungen hineingestellt. Auch Wir sehen in ihr ein offenbares Zeichen des christlichen Bruder-Seins, das schon jetzt unter allen Getauften und ebenso zwischen den Mitgliedskirchen und Gemeinschaften besteht. Leider ist die Gemeinschaft, die zur Zeit zwischen den christlichen Kirchen und Gemeinschaften besteht, nur unvollkommen: aber der Vater der Erbarmungen führt und erleuchtet uns, wie wir alle glauben, durch seinen Geist. Er leitet alle Christen beim Suchen nach der Fülle der Einheit, die Christus für seine eine und einzige Kirche will, auf dass sie die unaussagbare Einheit des Vaters und des Sohnes besser widerspiegeln und besser ihre Sendung in die Welt (Joh 17, 21), deren Herr Jesus Christus ist, erfüllen könne: «auf dass die Welt glaube» (ebd.).

Dieser größte Wunsch Christi und das tiefe Verlangen der Menschheit, die an ihn glaubt und die von ihm erlöst ist, halten Unsern Geist in einer dauernden Spannung, die von Demut und Schmerz getragen ist, angesichts der Trennungen, die unter den Jüngern Christi bestehen: im Wunsch und in der Hoffnung auf die Wiederherstellung der Einheit unter allen Christen; im Gebet und im Nachdenken über das Geheimnis der Kirche, die dazu berufen ist, für sich selbst und für die Welt Zeugnis abzulegen von der Offenbarung Gottes des Vaters durch den Sohn im Heiligen Geist. Sie werden es verstehen, wie im gegenwärtigen Augenblick diese Spannung Unser Gemüt in einem hohen Maße erfüllt; Wir geraten dadurch aber keineswegs in Verwirrung, sondern gelangen im Gegenteil in Unserem Gewissen mehr als je zu größerer Klarheit.

Sie haben auch den Besuch erwähnt, den der so sehr geliebte Kardinal Bea im Februar 1965 diesem Zentrum abgestattet hat sowie die Errichtung einer gemeinsamen Arbeitsgruppe. Wir haben seit der Bildung dieser Gruppe ihre Arbeit mit Interesse verfolgt, und Wir zögern nicht zu sagen, wie sehr Wir die Entwicklung dieser Beziehungen zwischen der katholischen Kirche und dem Ökumenischen Rat schätzen, zwei ihrer Natur nach zwar verschiedene Organismen, deren Zusammenarbeit sich jedoch als fruchtbar bewährt hat.

Im Einvernehmen mit Unserm Sekretariat für die Einheit der Christen wurden kompetente katholische Persönlichkeiten eingeladen, auf verschiedene Weise an Ihrer Arbeit teilzunehmen. Als Beispiele für die Bereiche, in denen diese Zusammenarbeit sich zu verwirklichen begonnen hat, seien die folgenden genannt: die theologische Reflexion über die Einheit der Kirche, das Suchen nach einem besseren Verständnis der Bedeutung des christlichen Gottesdienstes, die vertiefte Bildung der Laien, das Bewusstmachen unserer gemeinsamen Verantwortung und die Koordinierung unserer Bemühungen im Dienst der sozialen und wirtschaftlichen Entwicklung und des Friedens unter den Völkern. Auch die Möglichkeiten eines gemeinsamen christlichen Studiums des Phänomens des Unglaubens, der Spannungen zwischen den Generationen sowie der Beziehungen zu den nichtchristlichen Religionen wurden erwogen.

Diese Formen der Verwirklichung bezeugen Unsern Wunsch nach einem weiteren Fortschritt der gegenwärtigen Unternehmungen, soweit es unsere personalen und materiellen Möglichkeiten erlauben. Voraussetzung für eine solche Entwicklung ist, dass das christliche Volk auf der Ortsebene für den ökumenischen Dialog und die Zusammenarbeit vorbereitet ist. In der Tat ist dies der Grund, weshalb in der katholischen Kirche die Förderung der ökumenischen Bemühung der sorgsamen Pflege und klugen Leitung der Bischöfe anvertraut ist,[109] gemäß den Normen, wie sie durch das Vatikanische Konzil aufgestellt und im Ökumenischen Direktorium präzisiert sind.

Gewiss ist Unser erstes Anliegen mehr die Qualität dieser mannigfachen Zusammenarbeit als die bloße Vermehrung der Aktivität. «Es gibt keinen echten Ökumenismus», sagt das Konzilsdekret, «ohne innere Bekehrung. Denn aus dem Neuwerden des Geistes (vgl. Eph 4, 23), aus der Selbstverleugnung und aus dem freien Strömen der Liebe erwächst und reift das Verlangen nach der Einheit».[110] Die Treue zu Christus und seinem Wort, die Demut gegenüber dem Wirken seines Geistes in uns, der Dienst aller und jedes Einzelnen – das sind in der Tat die Tugenden, die unserm Denken und unserer Arbeit ihre christliche Qualität verleihen. Nur so wird die Zusammenarbeit aller Christen der Einheit, die schon unter ihnen besteht, lebendigen Ausdruck geben und

---

[109] Vgl. *De oecumenismo* 4.
[110] *De oecumenismo* 7.

das Antlitz Christi, des Gottesknechtes, in lebendigerem Licht zu Tage treten lassen.[111]

Auf Grund dieser wachsenden Zusammenarbeit in so vielfachen Bereichen gemeinsamer Anliegen erhebt sich nicht selten die Frage: Muss nicht die katholische Kirche Mitglied des Ökumenischen Rates werden? Wie vermöchten Wir im gegenwärtigen Augenblick diese Frage zu beantworten? Mit allem brüderlichen Freimut gesagt: Wir sind nicht der Meinung, dass die Frage der Zugehörigkeit der katholischen Kirche zum Ökumenischen Rat schon in dem Maße reif sei, dass man darauf eine positive Antwort geben könne oder müsse. Die Frage bleibt noch im Bereich der Hypothese. Sie bringt verwickelte theologische und pastorale Probleme mit sich; infolgedessen sind noch vertiefte Studien erforderlich und wir werden auf einen Weg geführt, von dem wir redlich zugeben müssen, dass er lang und schwierig sein könnte. Aber das hindert Uns nicht, Ihnen zu versichern, dass Wir große Wertschätzung und tiefe Zuneigung Ihnen gegenüber empfinden. Der Wille, der Uns beseelt und das Prinzip, das Uns lenkt, bleibt für immer das Streben nach der Einheit, die Christus gewollt hat, ein Streben, erfüllt mit Hoffnung und zugleich getragen vom Realismus der Hirtensorge.

Herr Generalsekretär, Wir bitten den Herrn, dass er uns fortschreiten lasse in unserm Bemühen, zusammen unsere gemeinsame Berufung zu erfüllen, zur Ehre des einen Gottes des Vaters, des Sohnes und des Heiligen Geistes. Lassen Sie Uns zum Ende kommen mit den Worten Jesu, die Unser Schlusswort und Unser Gebet sein werden: «Damit alle eins seien, wie du, Vater, in mir und ich in dir, damit auch sie in uns eins seien, auf dass die Welt glaube, dass du mich

---

[111] Ebd. 12.

gesandt hast. Ich aber habe ihnen die Herrlichkeit gegeben, die du mir gegeben hast, auf dass sie eins seien, wie wir eins sind. Ich in ihnen und du in mir, damit sie zur Einheit vollendet seien, auf dass die Welt erkenne, dass du mich gesandt und sie geliebt hast, wie du mich geliebt hast... Ich habe ihnen deinen Namen kundgemacht und werde ihn kund machen, damit die Liebe, mit der du mich geliebt hast, in ihnen sei und ich in ihnen» (Joh 17, 21 – 23, 26).

Ansprache an den Präsidenten, die Abgeordneten und Senatoren von Uganda, Kampala am 1. August 1969[112]

Sehr geehrte Herren,
es wird gut sein, wenn wir zunächst einander vorstellen.

Wer sind Wir? Lassen Sie sich nicht etwa von der Vorstellung irreführen, die eine gewisse landläufige Meinung sich von Uns macht. Wir sind ein kleiner und schwacher Mensch wie andere auch und vielleicht noch mehr als andere. Haben Sie Nachsicht mit Unserer persönlichen Geringfügigkeit. Doch erkühnen wir Uns, Uns unter einem doppelten Titel vorzustellen. Der erste ist Uns eigen, es ist Unsere große Liebe zu Afrika, zu Ihnen, zu den Völkern, die Sie regieren und vertreten. Der zweite Titel gehört nicht Uns, und er ist es, der Uns die Demut gibt und zugleich den Mut, zu Ihnen zu kommen: es ist der Titel, den Sie kennen, der Titel «Papst», und das bedeutet «Vater». Wir haben ihn vom heiligen Petrus geerbt, dessen unwürdiger, doch rechtmäßiger Nachfolger Wir sind, jenes heiligen Petrus, den Christus, der Sohn des lebendigen Gottes, zum Fundament

---

[112] In Anwesenheit der Staatschefs von Sambia, Tansania, Burundi und Ruanda. Vgl. J. Ernesti, *Paul VI., Der vergessene Papst*, S. 196. (Anm. d. Übers.)

seiner Kirche bestellt hat. Diese hat sich in nahezu zwanzig Jahrhunderten über die ganze Erde ausgebreitet, auch nach Uganda. Als Oberhirte der katholischen Kirche sind Wir hier und stellen Uns Ihnen vor mit dem einfachen und feierlichen Grußwort: Der Friede sei mit Euch.

Und wenn Wir «Euch» sagen, zollen Wir dem Anerkennung, was Sie sind: Afrikaner, Träger von Autorität und Verantwortung. In Ihrer Person und Ihrem Amt stellen Sie das Bild, mehr noch: die Wirklichkeit des heutigen Afrika dar. In Ihnen begrüßen Wir dieses Afrika, das ganze Afrika, auch jene Gebiete, die heute und hier nicht physisch vertreten sind. Wir wollen nicht die Bewegung verhehlen, die diese Begegnung in Unserer Seele auslöst. Von Herzen begrüßen Wir die einzigartige Wichtigkeit und Bedeutung dieses Augenblicks. Afrika in der höchsten Erscheinungsform seiner Tradition und staatsbürgerlichen Kultur empfängt den Gruß der ganzen katholischen Kirche aus dem Mund ihres demütigen Oberhauptes. Uns scheint, dass das neue Afrika, der Fesseln der Vergangenheit ledig und reif für eine neue Zeit, hier in einzigartiger Weise Anerkennung findet, und Wir beten zu Gott, dass diese Würdigung von geschichtlicher und prophetischer Bedeutung für eine bessere Zukunft sein möge. Nehmen Sie den Wunsch entgegen, der aus Unserem Herzen aufsteigt und in Unserem Mund seinen vollen und eigentlichen Sinn entfaltet: Es lebe Afrika!

Sehr geehrte Herren, Wir ergreifen diese Gelegenheit, um Ihnen zu erklären, was die katholische Kirche auf diesem Kontinent tut und was sie nicht tut, wie im Übrigen überall, wo sie ihre Mission ausübt. Die Kirche ist Ihnen dankbar für die Freiheit, die Sie ihr zuerkennen: die Freiheit, da zu sein und ihre Sendung zu erfüllen. Sie weiß diese Freiheit zu schätzen, welche Unabhängigkeit in ihrem eigenen, nämlich dem religiösen Bereich bedeutet, Abgrenzung der Zuständigkeit, verbunden mit Respekt vor der staatlichen Autorität. Die Kirche hat keine eigenen weltlichen Interessen, sie macht keine Politik im engeren Wortsinn. Sie gibt dem Kaiser, was des Kaisers ist, und Gott, was Gottes ist (vgl. Mt 22, 21). Sie will in der Erfüllung ihres Auftrags Ihren Ländern nicht die Eigenarten der sogenannten westlichen Kultur aufzwingen auf Kosten der guten, von Menschlichkeit geprägten Eigenarten der afrikanischen Kultur. Haben Sie keine Angst vor der Kirche, diese achtet Sie, sie erzieht Ihnen anständige und loyale Bürger, sie stiftet nicht zu Rivalität und Zwietracht an, sie fördert vielmehr echte Freiheit, soziale Gerechtigkeit, Frieden. Wenn sie irgendeine Vorliebe hat, dann für die Sorge für die Armen, für die Erziehung der Kinder und des einfachen Volkes, für die Betreuung der Kranken und Verlassenen.[113] Die Kirche entfremdet ihre Gläubigen nicht dem bürgerlichen Leben und den Interessen der Nation, sondern erzieht sie zum Dienst am Gemeinwohl.[114]

Die Kirche engagiert sich heute auch in einem Programm weltlicher Art, einem Programm, das nicht ihr eigenes ist, sondern das Ihre, dem sie aber ihre moralische und soweit möglich auch praktische Unterstützung angedeihen lassen will: das Programm der Entwicklung aller Völker. Es ist Ihnen bekannt, dass Wir zu diesem Thema eine Enzyklika, das heißt eine Botschaft an die Kirche und an die ganze Welt geschrieben haben, *Populorum progressio*, und Wir haben die Zielsetzungen dieses Rundschreibens in der Botschaft wiederholt, die wir am 29. Oktober 1967 ausdrücklich an Afrika richteten, *Africae terrarum*.[115] Mit diesen Dokumenten wollten Wir das grundsätzliche Streben der Völker der

---

[113] Vgl. *Mater et Magistra,* Einleitung; *GS* 42, 76, 88 etc.
[114] Vgl. *GS* 75 etc.
[115] *AAS* 59 (1967) 1067ff.

Dritten Welt nach Gerechtigkeit unterstützen, nach einer Gerechtigkeit, die ihnen mit vollem Recht zusteht, genau wie allen anderen Völkern. Entwicklung ist in der Tat eine unbestreitbare Forderung der Gerechtigkeit. Nicht Kolonialismus und nicht Neokolonialismus, sondern Hilfe und Förderung für die Bevölkerung Afrikas, damit diese mit dem ihr eigenen Genie und aus eigener Kraft politische, gesellschaftliche, wirtschaftliche und kulturelle Strukturen entwerfen kann, die auf ihre Bedürfnisse zugeschnitten und auf die internationale Gesellschaft und die moderne Zivilisation abgestimmt sind. Haben Sie keine Angst vor der Kirche! Sie will Ihnen nichts wegnehmen, und sie bringt Ihnen vielmehr mit ihrer moralischen und praktischen Unterstützung zugleich die einzige und, wie Wir glauben, die wahre, die höchste Deutung des menschlichen Lebens in dieser Zeit und jenseits dieser Zeit – die christliche.

Im Lichte dieser Lebensauffassung beobachtet die Kirche Ihre großen Probleme. Diese können Unserer Meinung nach unter einem zweifachen Blickwinkel betrachtet werden: einerseits unter dem Aspekt der territorialen Freiheit, andererseits der Rassengleichheit. Wir verstehen hier unter dem vieldeutigen Begriff «Freiheit» die staatliche Unabhängigkeit, die politische Selbstbestimmung, die Befreiung von der Herrschaft anderer Mächte, die der afrikanischen Bevölkerung fremd sind. Das ist ein Ereignis, das die Weltgeschichte prägt und das Unser Vorgänger Johannes XXIII. als ein Zeichen der Zeit bezeichnete;[116] das heißt: es ist eine Tatsache, die darauf zurückzuführen ist, dass die Menschen sich immer mehr ihrer Würde als Einzelpersonen und als Volksgemeinschaft bewusst werden, eine Tatsache, die einer unumkehrbaren, zweifellos einem Plan der Vorsehung ent-

---

[116] Vgl. *Pacem in terris*; *AAS* 55 (1963) 268.

sprechenden Tendenz der Geschichte entspricht, an der sich die Richtung ablesen lässt, welche die Verantwortungsträger, insbesondere im Bereich der Politik, einschlagen sollen.

Keiner mag es, so bemerkte Unser verehrter Vorgänger Johannes XXIII., wenn er das Gefühl hat, politischen Mächten unterworfen zu sein, die von außerhalb der eigenen nationalen oder ethnischen Gemeinschaft kommen. Deshalb haben die Völker Afrikas die Verantwortung für ihr Schicksal selbst in die Hand genommen. Die Kirche begrüßt diesen Vorgang mit Genugtuung, weil er zweifelsohne einen entscheidenden Schritt auf dem Wege der Zivilisation und der Kultur der Menschheit darstellt, und sie begrüßt ihn auch mit Freude, weil sie die Gewissheit hat, selbst auch dazu beigetragen zu haben in ihrem eigenen Bereich, der Sensibilisierung der Gewissen durch die Botschaft des Evangeliums. Im Lichte dieser Botschaft nimmt man ja deutlicher die Würde der Person und die Würde eines Volkes wahr, und man erkennt auch die aus dieser Würde erwachsenden Forderungen. Diese spiegeln sich in jedem Aspekt des menschlichen Lebens, welches erst jetzt die Gesamtheit menschlicher Verantwortung einschließt und in eine von Gerechtigkeit und Liebe regierte Gemeinschaft eingebettet ist.

Wir sind froh, diese Gedanken hier in Uganda äußern zu können, dem Land der Märtyrer, die ihr Blut vergossen haben, um den hohen Wert der aus ihrem Glauben geborenen Freiheit, Stärke und Würde zu bezeugen. Ihr Beispiel bestätigt, dass es niemals – und heute weniger denn je – ein geordnetes, würdiges und fruchtbares Zusammenleben unter den Menschen geben kann, wenn es nicht auf der Anerkennung, Wahrung und Förderung ihrer Grundrechte als Menschen und Gotteskinder und auf den sich daraus für sie ergebenden Pflichten als Glieder einer auf das Wohl ihrer Bürger ausgerichteten Gesellschaft beruht.

Das sind grundlegende Kriterien sittlicher Art, die den einzuschlagenden Weg wohl aufzeigen, nicht aber die Hindernisse wegräumen, auf die man vor allem dort stößt, wo diese Kriterien noch nicht als Norm anerkannt und angewendet werden. Hier obliegt die Beurteilung der konkreten Situation den zuständigen Behörden und in gewissen besonders gravierenden Fällen auch dem Gewissen der Bürger. An dieser Stelle sollten Wir die eingehenden, schönen Erwägungen der Pastoralkonstitution des kürzlich zu Ende gegangenen Ökumenischen Konzils zitieren.[117]

Heute sind wir leider in der Welt und auch in Afrika[118] mit Situationen konfrontiert, die so bedenklich und einem friedlichen Zusammenleben so abträglich sind, dass wieder die unheilvollen Parolen vom Krieg in Umlauf gekommen sind, als wäre er unvermeidliche Notwendigkeit. Die Kirche kann sich ihrem Wesen gemäß und getreu ihrem im Evangelium verankerten Grundsatz der Gewaltlosigkeit niemals eine so unmenschliche Redeweise zu eigen machen; zugleich ist sie aber zutiefst betroffen angesichts der Ursachen, die dahin geführt haben, und den Folgen, die sich daraus ergeben. Wir fühlen Uns gedrängt, unter all den Opfern dieser bedrückenden Vorkommnisse insbesondere der Flüchtlinge und ihrer Leiden zu gedenken.

Mit äußerster Konsequenz werden wir an einem einzigen Programm festhalten, jenem von «Gerechtigkeit und Frieden», welches das Programm Christi ist. Nicht Gewalt soll inskünftig bei der Lösung menschlicher Konflikte die Regel sein, sondern Einsicht und Liebe. Es gilt nicht mehr Mensch

[117] *GS* 73, 74, 75.
[118] Hinweis insbesondere auf den Biafra-Krieg 1967-1970. (Anm. d. Übers.)

gegen Mensch, sondern: der Mensch für den Menschen und mit dem Menschen, seinem Bruder.

Wir möchten noch einen Schritt weiter gehen und dabei ganz einfach als Mensch sprechen. Wir sind überzeugt, dass heutzutage Konflikte zwischen Völkern mit anderen und wirksameren Mitteln gelöst werden können als durch Gewalt. Die Beziehungen zwischen Menschen und Völkern sollen bestimmt werden nicht durch die Entfesselung von Kräften, die für Massenvernichtung und Zerstörung bestimmt sind, sondern durch vernünftige Verhandlungen mit Unterstützung der internationalen Institutionen, die wir mit Autorität, Durchsetzungskraft und Vertrauen ausstatten sollen. Wir geben bei dieser Gelegenheit einmal mehr der Hoffnung Ausdruck, diese Organisationen möchten mit immer größerem Erfolg ihre Tätigkeit entfalten.

Was ferner die in Afrika nach wie vor brennenden Fragen des Kolonialismus und Neokolonialismus anbelangt – denen man vorwerfen kann, sie hätten allzu oft selbstherrlich wirtschaftliche Interessen den menschlichen Gesichtspunkten übergeordnet –, so ist es klar, dass die betroffenen Bevölkerungen das Recht haben, nach ihrer legitimen Unabhängigkeit zu streben. Doch in gewissen konkreten Situationen besteht die beste – zwar vielleicht etwas langsamere, dafür aber sichere – Methode, zu diesem Ziel zu gelangen, darin, dass man Menschen heranbildet und Institutionen aufbaut, die eine wirkliche und dauerhafte Selbstverwaltung gewährleisten können. Wir wollen hoffen, dass diese Vorbereitungen in einer Übergangsperiode friedlichen Zusammenlebens der einheimischen und der ausländischen Bevölkerung von den zuständigen Behörden nicht nur nicht behindert, sondern in Ordnung und Kooperationsbereitschaft gefördert werden. So können kulturelle, zivile und wirtschaftliche Strukturen entstehen, welche die Gesellschaft auf allen Ebenen zu

Verantwortung und Gemeinsinn erziehen im Hinblick auf die Erlangung wirklicher Souveränität und zur Vermeidung eines Rückfalls in neuerliche, verkappte Sklaverei. Was uns anbelangt, so bedient sich die Kirche – zwar unter ganz anderen Voraussetzungen – schon der selben Methode, wenn sie in Gebieten, in denen sie ihren Auftrag der Glaubensverkündung und der Nächstenliebe erfüllt, einheimische Bischöfe, Priester, Ordensleute und Laien ausbildet. Wir haben volles Vertrauen, dass in Afrika auch in jenen Regionen, wo das bislang nicht möglich war, mit dem Aufbau einer einheimischen Hierarchie begonnen werden kann.

Ein weiteres großes Problem stellt die Rassenvielfalt dar. Auf die Gefahr hin, als naiv zu gelten, werden Wir weiterhin behaupten, dass dieses Problem auf sehr einfache Weise zu lösen ist, indem man es seiner Aura von Antagonismus, Rivalität, Rechtsungleichheit, Völkerhass und angeborener Inkompatibilität entkleidet. Mit einem Wort – es ist ein Problem, das sich lösen lässt, indem man es entschärft. Wir wollen nicht die großen praktischen Schwierigkeiten wegreden, denen man dabei begegnet. Auch mag es sicherlich allerlei spontane und vernünftige Initiativen zur Förderung des Respekts vor Tradition, Charakter und Kultur der einzelnen ethnischen Gruppen geben; doch für uns als Christen steht im Vordergrund, dass gerade die Kirche grundsätzlich «jede Diskriminierung eines Menschen oder jeden Gewaltakt gegen ihn um seiner Rasse oder Hautfarbe, seines Standes oder seiner Religion willen» verwirft,[119] und dass das Vatikanische Konzil auch festhält: «Da alle Menschen eine geistige Seele haben und nach Gottes Bild geschaffen sind, da sie dieselbe Natur und denselben Ursprung haben, da sie, als von Christus Erlöste, sich derselben Berufung und Be-

---

[119] *Nostra aetate* 5.

stimmung erfreuen, darum muss die grundlegende Gleichheit aller Menschen immer mehr zur Anerkennung gebracht werden.»[120] Auch rein schon als Menschen müssen wir uns immer vor Augen halten, dass der Weg der Zivilisation zur Anerkennung der Gleichheit aller Menschen führt, da diese als Menschen die gleiche grundsätzliche Würde und die sich daraus ergebenden Rechte besitzen. Umso mehr beklagen Wir, dass in einigen Gebieten der Welt auf Rassendiskriminierung beruhende gesellschaftliche Verhältnisse herrschen, die oft durch entsprechende Denksysteme gewollt und gestützt werden. Solche Situationen stellen eine offenkundige und nicht zu duldende Verletzung der Grundrechte der menschlichen Person und der Gesetze des zivilisierten Zusammenlebens dar. Ein richtig verstandener Pluralismus kann das Problem des partikularistischen Rassismus und seiner negativen Folgen lösen.

Als Afrikaner haben Sie einen ausgeprägten Gemeinschaftssinn. Das ist einer Ihrer schönsten und menschlichsten Wesenszüge. Doch der auf den unmittelbaren Lebensumkreis beschränkte Gemeinsinn ist nicht mehr genug, es gilt ihn auszuweiten auf die gesellschaftliche und politische, nationale und sogar internationale Gemeinschaft. Ihre Erfahrung wird Ihnen zeigen, dass Unabhängigkeit im Verhältnis der afrikanischen und nichtafrikanischen Völker zueinander weder Opposition noch Isolation bedeutet. Vielmehr können die neuen afrikanischen Staaten in dem Maße wirklich unabhängig sein, als sie frei mit anderen Staaten und mit der ganzen, international organisierten Weltfamilie zusammenarbeiten können. Das große christliche Gebot der Nächstenliebe findet somit eine immer weiterreichende Anwendung: es strebt zu der weltumfassenden Liebe hin.

[120] *GS* 29.

Die katholische Kirche kann in dieser Hinsicht allen eine gute Lehrmeisterin sein. Das Liebesgebot ist großartig, aber nicht leicht zu befolgen, verlangt es doch die Überwindung jeden selbstsüchtigen Eigendünkels. Nächstenliebe ist das Gebot, welches das große Geschenk des Friedens mit sich bringt.

Mit diesem Wort wollen Wir Unsere Rede beschließen: Friede!

Friede – das ist ein leidvolles Wort, weil heute in einem afrikanischen Land, das Uns besonders teuer ist, haben Wir es doch vor Jahren besucht und bewundert,[121] immer noch, wie Sie wissen, ein mörderischer Konflikt herrscht. Wir haben versucht, unparteilich und im Rahmen unserer Möglichkeiten[122] mit Medikamenten- und Nahrungsmittellieferungen einzuspringen und auch bei einer Versöhnung behilflich zu sein. Bisher ist das nicht gelungen, was Uns mit großem Schmerz erfüllt; Wir sind aber entschlossen, Unsere bescheidene, aber loyale und von Herzen kommende Überzeugungsarbeit fortzusetzen, um diesen fatalen Zwist beizulegen und zu beenden.

Friede: ein wahrhaft menschliches und christliches Wort, das es verdient, vom jungen Afrika aufgenommen und gelebt zu werden. Im Frieden kann das neue Afrika seine endgültige und zeitgemäße politische Selbständigkeit, sein

---

[121] 19.7.-10.8.1962 als Erzbischof von Mailand Reise durch Afrika (Sudan, Kenia, Kongo-Kinshasa, Südrhodesien, Südafrika, Nigeria, Ghana). Dabei besuchte er auch Enugu, die Hauptstadt des nachmaligen Biafra in Ostnigeria, das im Bürgerkrieg von 1967-1970 wieder Nigeria eingegliedert wurde. Vgl. A. Lazzarini, *Papst Paul VI., Sein Leben und seine Gestalt,* Freiburg 1963, S. 87-89. (Anm. d. Übers.)

[122] Am 26.3.1969 wurde zusätzlich zur Kriegsopferhilfe via Caritas Internationalis der päpstliche Fonds *Populorum progressio* gegen den Hunger in der Welt gegründet. (Anm. d. Übers.)

wirtschaftliches Gedeihen und seine kulturelle Blüte finden. So kann es der Welt, die einmal mehr vom Dämon der Zwietracht, der Aufrüstung und des Prestigedenkens versucht zu sein scheint, das Beispiel eines neuen und wahren Verständnisses von Kultur und Zivilisation geben, einer Kultur, die auf der wirklichen Brüderlichkeit unter Völkern, Klassen, Parteien, Rassen, Religionen und Familien beruht. Friede: das ist das edelste und beste Wort, das Wir im Herzen tragen und mit dem Wir Uns jetzt an Sie, hochgeehrter Herr Präsident, wenden möchten, als Zeichen der Erkenntlichkeit für den Uns bereiteten Empfang. Mit diesem Wort wenden Wir Uns an alle hier anwesenden Persönlichkeiten. Es ist Unser Segenswunsch für den ganzen afrikanischen Kontinent: Friede für ganz Afrika!

Rundfunkbotschaft an alle Völker Asiens,
Manila am 20. November 1970

Euch, den zahllosen Millionen von Männern und Frauen, Unseren Brüdern und Schwestern, die Ihr in Asien lebt, dieser Wegkreuzung alter und neuer Kulturen, und in besonderer Weise Euch, die Ihr unsere eigenen Kinder seid in Christus!

Euch allen Gottes Segen, dauerhaften Frieden und Brüderlichkeit!

Wir freuen Uns, Uns mit diesen Worten an Euch wenden zu können anlässlich der Einweihung von Radio Veritas, dem wir unsere guten Wünsche für die weitere Entwicklung ihrer ideenreichen, hochherzigen und fruchtbaren Tätigkeit entbieten. Wir möchten auch Kardinal Rufino Santos, der dieses große Unternehmen anregte, und allen, die zur Verwirklichung dieses wichtigen Werkes beigetragen haben,

Unsere Anerkennung aussprechen. Es ist Unser inniger Wunsch, dass dank diesem Werk das Echo der Lehre Christi Euch erreiche und so Eure Herzen zum Gott der Liebe und der Wahrheit emportrage. Wir hoffen, dass es unter Euch, seinen Hörern, Bande der evangelischen Liebe knüpft, so dass Ihr, sensibilisiert für die «Freude und Hoffnungen, Trauer und Angst der Menschen von heute, besonders der Armen»,[123] gemeinsam am Aufbau einer gerechteren und einträchtigeren Gesellschaft arbeiten könnt.

Liebe Brüder und Schwestern, es ist das erste Mal, dass ein Oberhaupt der katholischen Kirche in diesen Teil Eures Kontinents kommt, und die Vorsehung hat es so gefügt, dass es in Unserer demütigen Person geschehen sollte. Wir sind dafür dankbar, denn Wir betrachten Asien mit Liebe und mit Hochachtung für das ehrfurchtgebietende Alter und den Reichtum seiner durch Jahrtausende überlieferten Kultur. Dieser unermesslich große Erdteil ist der Quellgrund großer Zivilisationen, der Geburtsort von Weltreligionen, das Schatzhaus althergebrachter Weisheit. Wir befinden Uns jetzt in einer Region, in der sich die kulturellen Strömungen des Ostens und die neueren des Westens zu gegenseitiger Bereicherung durchdrungen haben.

Indem Wir diese Worte an Euch richten, können Wir es Uns nicht versagen, einen Umstand zu erwähnen, der ebenso unstrittig wie bedenkenswert ist: Euer Kontinent, der sich von den Grenzen des antiken Europa und Afrika bis zum Pazifik erstreckt und nahezu ein Drittel des dem Menschen als Lebensraum gegebenen Landes ausmacht, wird von mehr als der Hälfte der Menschheit bewohnt. Diese Tatsache vermittelt allein schon einen Begriff von der Größenordnung der Probleme, mit denen Eure Bevölkerungen

---

[123] *GS* 1.

konfrontiert sind. Zugleich zeigt sie die Wichtigkeit – Wir könnten auch sagen die Gewichtigkeit –, die Asien für die Gegenwart und noch mehr für die Zukunft der ganzen Welt zukommt. Dieser Doppelaspekt weckt Unsere große Anteilnahme und erfüllt Uns mit Hochachtung für jene, deren Aufgabe es ist, mit Weitsicht und Klugheit dafür zu sorgen, dass die Entwicklung mit der gebotenen Schnelligkeit und Behutsamkeit vor sich geht, nicht in wirrer und gefährlicher Überstürzung, sondern auf zielstrebige und wohlbedachte Weise. Unsere Anteilnahme geht Hand in Hand mit Unseren guten Wünschen und unserer Bereitschaft, nach Kräften zu diesem Zweck beizutragen. In Unsere Anteilnahme mischt sich auch eine große Hoffnung.

Niemand wünscht mehr als Wir mitzuerleben, wie Ihr den Euch zustehenden Platz in der Welt einnehmt und Euren rechtmäßigen Anteil an den Mitteln und Chancen wirtschaftlicher und sozialer Wohlfahrt erhaltet. Niemand kennt und bedauert mehr als Wir die Situationen unzureichender Entwicklung oder ungleicher Verteilung der Ressourcen, wie sie bei Euch in den Beziehungen zwischen Nationen oder zwischen Bürgern ein und desselben Landes immer noch vorkommen. Niemand mehr als Wir hegt den innigen Wunsch – um der Gerechtigkeit willen und aus Liebe zu Euren Völkern, ohne Unterschied oder Vorliebe, es sei denn für die Ärmsten und die Schwächsten, und aus unserem Anliegen der friedlichen Koexistenz und der guten und fruchtbaren Zusammenarbeit innerhalb Eurer Länder, in den großen Regionen und über ihre Grenzen hinaus – niemand wünscht mehr als Wir, dass solche Situationen von Rückstand und Ungleichgewicht möglichst rasch und möglichst gründlich eliminiert werden, unter Wahrung der natürlichen Rechte der Einzelnen, der verschiedenen Gesellschaftsgruppen und aller Völker.

Wir sind Uns bewusst, dass es dabei vielfältige Schwierigkeiten gibt, auch im technischen Bereich. Diese Schwierigkeiten lassen sich ohne weltweite Zusammenarbeit und uneigennützige Hilfe nicht überwinden. Glücklicherweise gewinnt das Bewusstsein dieser Notwendigkeit immer mehr an Terrain, und unter den Weltnationen nimmt die Wahrnehmung der Solidaritätspflicht zu. Wir rufen Euch auf, Euch großzügig an dieser weltweiten Bewegung zu beteiligen. Wir ermahnen auch alle Menschen außerhalb des asiatischen Raumes, die dazu die Möglichkeit und die Verpflichtung haben, immer freigebiger ihre Mitwirkung an der umfassenden Entwicklung aller Länder zuzusichern.

Ebenso erachten Wir es als unsere dringliche Pflicht, alle Verantwortungsträger zu ermahnen, entschlossen gegen ungerechte Verhältnisse und Beziehungen zwischen gesellschaftlichen Gruppen vorzugehen, wo immer solches Unrecht vorkommt. Ferner fordern Wir sie auf, mit offenem Sinn und Herzen, und zugleich mit fester Hand, einen immer stärkeren Anstoß für die Besserstellung der Bürger in allen Lebensbereichen zu geben und dabei den Bedürfnissen und Rechten der am meisten Benachteiligten und im Stich gelassenen besondere Aufmerksamkeit zu schenken: von den Arbeitern, die nach gerechten Löhnen verlangen, bis zu den Landarbeitern, für die oft eine Agrarreform eine schreiende Notwendigkeit wäre.

Wenn Wir diese Mahnungen aussprechen, sind Wir von großer Hoffnung getragen. Wir möchten Euch wissen lassen, dass diese Hoffnung sich nicht allein auf Gottes Hilfe und auf das verantwortungsvolle Pflichtbewusstsein aller unter Euch – von den einfachsten bis zu den höchsten Funktionen – stützt. Sie beruht auch auf der Wahrnehmung der Tugenden und natürlichen Wesenszüge, die, bei allen Unterschieden zwischen den einzelnen Völkern, allen Euren

Ländern gemeinsam sind, wobei manche für sie ein prägendes Charakteristikum sind.

So sind Wir, liebe Brüder, bei der Betrachtung der vergangenen Geschichte Eurer Nationen besonders beeindruckt vom Sinn für spirituelle Werte, der das Denken Eurer Weisen wie auch das Leben Eurer großen Völkerschaften bestimmt. Die Selbstüberwindung Eurer Asketen, der tiefreligiöse Geist Eurer Völker, Eure Ehrfurcht vor den Eltern, Euer Familiensinn und Eure Ahnenverehrung – sie alle deuten auf einen Vorrang des Geistigen, alle sprechen von Eurer unablässigen Suche nach Gott, Eurem Hunger nach dem Übernatürlichen.

Diese Eigenschaften sind nicht nur für Euer geistiges Leben wertvoll. Insgesamt sind sie nicht nur kein Hindernis für die Verwirklichung des technischen, wirtschaftlichen und gesellschaftlichen Fortschritts, nach dem Eure zahlreichen Völker zu Recht streben; vielmehr bilden sie oft eine Grundlage von unermesslichem Wert für eine umfassende Förderung des Fortschritts auf solche Art, dass jene tiefsten und kostbarsten Werte nicht geopfert werden müssen, die den Menschen ausmachen als das Wesen, das durch den Einfluss der geistigen Welt gelenkt wird, als der – zumindest potenzielle – Meister über den Kosmos und seine Kräfte, und als der Meister seiner selbst.

Wissenschaft und Technologie sind Beweise für die Eroberung der materiellen Welt durch den menschlichen Geist. Und doch macht sich im Schatten ihrer Errungenschaften der Materialismus breit. Wo immer die Technik in großem Masstab eingeführt wird, versucht sich auch der Materialismus einzuschleichen. Mit Eurer althergebrachten spirituellen Weltanschauung aber, mit Eurem Sinn für Selbstzucht und Sitte, und mit der Integrität Eures Familienlebens müsst ihr imstande sein, dem Materialismus die

Stirn zu bieten und sogar der westlichen Zivilisation zu helfen, die Gefahren zu bannen, die ihr eigener Fortschritt nach sich zieht.

Doch der Materialismus mit all seinen negativen Folgen ist nur das äußere Symptom eines tieferliegenden Missstandes, der heute weite Teile der Menschheitsfamilie in Mitleidenschaft zieht: eine Schwächung des Gottesglaubens oder gar sein gänzlicher Verlust. Und wenn der Atheismus militant und aggressiv wird, wie das vorgekommen ist, wird er für Individuen wie für Nationen unendlich viel gefährlicher. Asien, die Geburtsstätte großer Weltreligionen, darf nicht dem Atheismus verfallen. Wir beten darum, und Wir laden Euch alle ein, mitzubeten, dass Gottes Licht und Gottes Liebe unsere Völker vor dieser Gefahr bewahren möge.

An dieser Stelle ist es Unsere Pflicht, ein Wort über Präsenz und Tätigkeit der katholischen Kirche in Eurer Mitte zu sagen. Wir tun es besonders gern von diesem Land der Philippinen aus, in dem die katholische Kirche schon seit Jahrhunderten heimisch ist. Nicht nur hier fühlt die Kirche sich zuhause, sondern in allen Euren Ländern. Was sie Euch zu bringen hat, nämlich die Botschaft Christi, wird ihren Hörern nicht aufgedrängt, sondern in offener und freundschaftlicher Weise verkündet. Diese Botschaft wird Euch zur Belehrung und Betrachtung angeboten und ist in keiner Weise dazu angetan, die kulturellen und geistigen Werte aufzuheben oder abzuwerten, die Euer kostbares Erbe ausmachen.

Christus ist das Licht und die Wahrheit und das Leben. Wir verkünden Ihn Euch so, wie Er sich unserem unerschütterlichen Glauben kundtut. Wir gehorchen Seinem Auftrag, Seinem Befehl: Geht hin und lehrt alle Völker die gute, die frohe Botschaft, unterrichtet sie in meiner Lehre der Liebe und des Lebens. Wir tun das, liebe Brüder und Schwestern, aus demütiger Liebe zu Euch und mit tiefer Ehrfurcht für Euch und Eure alten und ehrwürdigen Traditionen.

In der Tat kann die Kirche aufgrund ihrer wesenhaften Katholizität keinem Land und keinem Volke fremd bleiben; sie kann gar nicht anders als in jedem Klima, in jeder Kultur und Rasse beheimatet zu sein. Wo immer sie ist, senkt sie ihre Wurzeln tief in das geistige und kulturelle Erdreich und assimiliert alles, was von echtem Wert ist. Unsere Vorgänger, das Zweite Vatikanische Konzil und Wir selbst haben diesen Aufbruch nicht nur gefördert, sondern dafür auch die erforderlichen Leitlinien aufgestellt. So wird die Kirche die kulturelle Vortrefflichkeit und Eigenart jeder Nation zu erhalten bedacht sein und zugleich das, was von universalem Wert ist, an alle anderen vermitteln können zu ihrer wechselseitigen Bereicherung. Christus und Seine Botschaft strahlen einen göttlichen Liebreiz aus, den der tiefreligiöse Osten sicher zu würdigen weiß. Euer Glaube und Eure Liebe, die in das tägliche Leben und Wirken überströmen, können diese Botschaft und Christus selbst Euren Landsleuten in einer Weise nahebringen, wie es kein Prediger vermag.

Dieser Sendungsauftrag, Christus und Seine Kirche den Männern und Frauen Asiens zu bringen, ergeht nicht nur an die Hierarchie, die Priester und die Ordensleute, sondern an jeden Einzelnen von Euch, Unsere lieben katholischen Söhne und Töchter in allen Ländern, an die Wir jetzt Unser Wort richten. Gemeinsam bildet Ihr das Volk Gottes. Gemeinsam sollt Ihr Euren Mitmenschen Christus zur Anschauung bringen. In der Nachfolge Jesu Christi, der auszog, um Gutes zu tun, sind die Christen die besten Freunde der anderen Menschen. Ihr Glaube muss sie dazu antreiben, für die Heiligung der Welt zu arbeiten[124] und in dieser un-

---

[124] Vgl. *LG* 31.

verzichtbaren Bewegung brüderlicher Solidarität voranzugehen. Diese Bewegung soll Wege finden, den menschlichen Hunger nach Brot, Arbeit, Wohnung und Bildung zu befriedigen, und sie soll Antwort geben auf das menschliche Verlangen nach Verantwortung, Freiheit, Gerechtigkeit, sittlichen Werten, kurz – einen *integralen Humanismus* mit sich bringen.[125]

Wir können Unsere Ausführungen nicht abschließen, ohne einen tiefempfundenen und besonders herzlichen Gruß an jene Völker Eures Kontinents zu richten, die immer noch von der Tragödie eines Krieges heimgesucht werden.[126] Unser Herz ist schwer beim Gedanken an die Tausende von Opfern der jetzt herrschenden Konflikte, an die hilflosen Waisen und Witwen, an die zerstörten Heimstätten und Dörfer, an den Hass, der sich ausbreitet und auch heute noch in kriegerischen oder terroristischen Akten zum Ausbruch kommt, denen ebenfalls unschuldige, wehrlose Menschen zum Opfer fallen. Wir haben nie aufgehört und werden nie aufhören, in eindringlichen Appellen sowohl in der Öffentlichkeit als auch in Gesprächen mit Staatsoberhäuptern darauf zu dringen, dass unablässig nach Mitteln und Wegen gesucht werde, die Feindseligkeiten zu beenden und endlich einen gerechten und ehrenvollen Frieden zu schließen, der allen betroffenen Völkern Ruhe vor Bedrängnissen sowie Freiheit und die Aussicht auf ein hoffnungsvolles und erfüllendes Dasein garantiert. Diesen Appell, diese flehentliche Bitte möchten Wir auch jetzt und hier wieder-

---

[125] *PP* 42.
[126] Vietnam-Krieg 1964-1975. Am 29. November mahnt der Papst in Anwesenheit einer nach Manila gekommenen südvietnamesischen Delegation alle Beteiligten zum Frieden. Vgl. J. Ernesti, *Paul VI., Der vergessene Papst*, S. 187. Zu weiteren Schlichtungsbemühungen des Papstes ebd. S. 184-187. (Anm. d. Übers.)

holen. Und all jenen, die leiden, all jenen, die ihre Leiden zu lindern suchen und all jenen, die für den Frieden arbeiten, senden Wir unsere aufrichtigen guten Wünsche.

Zugleich erneuern Wir aus tiefstem Herzen den Ausdruck Unserer Teilnahme an dem bitteren Leiden, das in den letzten Wochen ein großes und geliebtes Land betroffen hat, Pakistan, das Opfer einer Naturkatastrophe[127] wurde, die in diesem Ausmaß seit Menschengedenken kaum ihresgleichen kennt.

Für alle Menschen schließlich, für alle Völker Asiens, für ihre Staatschefs und Herrscher, die Wir voll Hochachtung grüßen, erflehen Wir vom Himmel Weisheit sowie den Willen und die nötige Stärke, um auf dem ganzen Kontinent die glückliche und rasche Entwicklung ihrer Länder zu gewährleisten.

Den Oberhäuptern der Religionen Asiens und ihren Gläubigen sprechen Wir Unsere Wertschätzung für den religiösen Geist aus, den sie mit so großer Sorge um das Wohlergehen ihrer Brüder wachhalten. Unseren lieben katholischen Söhnen und Töchtern, deren Wir einmal mehr in väterlicher Zuneigung gedenken, entbieten Wir Unsere guten Wünsche und Unseren Segen.

*Ansprache an die bischöflichen Delegierten
für den Ökumenismus am 22. November 1972*

Geliebte Mitbrüder, geliebte Söhne!
Ecce quam bonum et quam iucundum fratres habitare in unum – Seht doch, wie gut und schön ist es, wenn Brüder miteinander in Eintracht wohnen (Ps 133, 1)! Es ist eine große

[127] Wirbelsturm- und Flutkatastrophe in Ostpakistan mit 500 000 Todesopfern. (Anm. d. Übers.)

Freude für Brüder, für eine Familie, wenn sie zusammenfinden und einige Tage lang beisammen sein können. Aus sechsundfünfzig Ländern und fünf Kontinenten gekommen, empfindet Ihr in diesen Tagen die Freude, von welcher der Psalmist spricht. Zudem erlebt Ihr, Vertreter von örtlich weit auseinander liegenden Diözesen, die *Communio*, die uns vereint; Ihr erfahrt die Einheit der Kirche in ihrer Vielfalt. Daher sind Wir glücklich, Euch hier empfangen zu dürfen und in Eurer Mitte an dieser Freude im Familienkreis teilzuhaben.

Diese Freude lässt Uns spontan Gott danken für die Einheit, die er uns geschenkt hat. Wie alle Gottesgaben, sollen wir auch diese immer besser empfangen, uns ihr mehr und mehr öffnen. Wir sollen bemüht sein und dürfen nicht davon ablassen, in der Einheit immer weiter fortzuschreiten. Wir möchten heute ein wenig auf diese Gedanken eingehen – Ihr habt Euch ja versammelt in der Absicht, für die Wiedereingliederung aller Christen in diese von Christus gewollte Einheit zu arbeiten. So seid Ihr denn nach Rom gekommen, zu den Gräbern der heiligen Apostel Petrus und Paulus, um mit Hilfe unseres Einheitssekretariats eine Bestandsaufnahme Eurer ökumenischen Bemühungen vorzunehmen und gemeinsam nach den besten Wegen zu suchen, sie fortzuführen und zu intensivieren. Das zum größten Teil auf das Zweite Vatikanische Konzil zurückgehende gegenwärtige Engagement der katholischen Kirche in der ökumenischen Bewegung soll nicht nur nach den Leitlinien des Konzils fortgeführt werden, sondern auch von dem gleichen konziliaren Geist der Solidarität und der gegenseitigen Hilfe inspiriert sein, der uns für das Wirken des Heiligen Geistes offen und gelehrig macht.

Was immer die Schwierigkeiten, die Erfolge oder bisweilen sogar die Rückschläge sein mögen, wir müssen unsere

Bemühungen fortsetzen, wissen wir doch, dass es der Heilige Geist ist, der uns leitet beim Vollbringen dieses Werkes, für das der Vater seinen Sohn in die Welt gesandt hat: die versprengten Kinder Gottes zu versammeln (vgl. Joh 11, 52). Ist nicht die erste Sendung der Kirche der Auftrag, die Menschen einzuladen, durch Christus im Heiligen Geist mit dem Vater in Verbindung zu treten, und ihnen sodann zu helfen, in dieser Gemeinschaft zu leben, die sie rettet und die unter ihnen eine ebenso tiefe und geheimnisvolle Einheit stiftet wie die Einheit zwischen Vater und Sohn (vgl. Joh 17, 21-23)?

In dieser Sicht erscheint die Einheit als eine frei geschenkte Gabe Gottes, und in dieser Einheit sollen wir immerfort wachsen, wie wir gleichzeitig auch immerfort in diesem göttlichen Leben wachsen sollen. Wir sollen während der ganzen Dauer unseres Lebens, wie es die Kirche während der ganzen Dauer ihrer Pilgerschaft tut, fortschreiten in der Einheit, sie sichtbar machen, sie verteidigen. Einheit des gelebten und des verkündeten Glaubens; Einheit des Kultes, der bei aller Vielfalt der Formen auf die Eucharistie als ihren Mittelpunkt ausgerichtet bleibt, die unter uns und für uns das eine und einzige Opfer Christi vergegenwärtigt; Einheit, genährt und gestärkt durch die Sakramente, die unsere Gemeinschaft mit Christus inniger werden lassen oder sie wiederherstellen; Einheit unseres kirchlichen Lebens unter der Führung der um den Bischof von Rom gescharten Bischöfe, wobei jeder je nach der ihm aufgetragenen Verantwortung beauftragt ist, die Treue zum Gottesgeschenk zu wahren und die Liebe walten zu lassen; katholische Einheit, gefestigt und ins Licht gerückt durch die Vielfalt der Geistesgaben, der Kulturen, der Denkwelten, der Überlieferungen, der Sitten und der Kirchenordnungen, die in dem einen Leibe durch das Wirken des einen Heiligen Geistes gleichsam zu einer großartigen Symphonie zur Ehre von Gottes Herrlichkeit werden.

Dieser Dienst der Versöhnung, diese Sendung der Kirche, dieser Aufbau der Einheit wird so lange dauern wie das irdische Dasein der Kirche, bis zu dem Tag, wo alles in Christus vereint ist und Christus alles seinem Vater übergibt und Gott alles in allem sein wird (vgl. 1 Kor 15, 28).

Wir Christen streben mit unserem ganzen Sein zu diesem Ziel hin. Wir haben unseren Auftrag der Versöhnung empfangen. Der Unglaube vieler unserer Zeitgenossen muss uns aufs Neue die Dringlichkeit vor Augen führen, Abhilfe für unsere gegenwärtige Entzweiung zu schaffen: Ist nicht die Einheit der Jünger Christi das große Zeichen, das um den Glauben der Welt werben soll? Hat das Zweite Vatikanische Konzil nicht deswegen verlangt, dass die ökumenische Aktion in der Weise gefördert wird, dass die Zusammenarbeit zwischen Katholiken und anderen Christen im sozialen und technischen sowie im kulturellen und religiösen Bereich «nicht nur zwischen Privatpersonen stattfinde, sondern nach dem Urteil des Ordinarius auch zwischen den Kirchen und kirchlichen Gemeinschaften und ihren Unternehmungen»?[128]

Das Konzil wünschte auch, dass vor der ganzen Welt «alle Christen ihren Glauben an den einen dreifaltigen Gott, an den menschgewordenen Sohn Gottes, unseren Erlöser und Herrn, bekennen und in gemeinsamem Bemühen und in gegenseitiger Achtung Zeugnis geben für unsere Hoffnung, die nicht zuschanden wird (vgl. Röm 5, 5). Durch die Zusammenarbeit aller Christen kommt die Verbundenheit, die unter ihnen schon existiert, zum Ausdruck und das Antlitz Christi, des Gottesknechtes, tritt in hellerem Lichte zuta-

---

[128] *Ad gentes* 15.

ge.»¹²⁹ Die Lehre des Konzils wird uns Anleitung sein, vor Ort die Bereiche herauszufinden, auf denen solche Zusammenarbeit möglich ist, welche Formen sie annehmen kann und welche Klippen es zu umschiffen gilt.

Wir können unserer Verantwortung angesichts des Unglaubens nicht ausweichen, sondern müssen sie beidseitig mit Hellsicht und Mut auf uns nehmen. In der gegenwärtigen Situation der Trennung der Christenheit verhindern unsere Meinungsverschiedenheiten hinsichtlich des Inhalts des abzulegenden Zeugnisses, dass diese gemeinsame Verantwortung sich immer in gemeinsamen Aktionen ausdrückt. Je größer unsere Übereinstimmung, desto leichter kann sich unsere Zusammenarbeit entfalten. Mit den Kirchen der Orthodoxie stehen wir in nahezu vollkommener Gemeinschaft, und die Möglichkeiten einer pastoralen Zusammenarbeit entsprechen den engen Banden, die uns verbinden.

In allen Fällen ist darauf zu achten, dass bei der Ausübung dieser gemeinsamen Verantwortung das Wetteifern in geistlichen Dingen so vor sich geht, wie es sich unter von wahrer Liebe beseelten Brüdern ziemt: Sie sind darauf bedacht, alles selbstgefällige Kräftemessen zu meiden und trachten danach, das ihre zu tun, damit das Reich Christi, ihres einzigen Herrn und Meisters, sich weiter ausbreite. Unter den vom Wahrheitsdrang beflügelten Christen gibt es keine Nebenbuhler, sondern nur Mitstreiter und Freunde.

In diesem Sinne möchten Wir ganz besonders unsere Brüder begrüßen, die als Beobachter unter uns weilen, und ihnen aufrichtig und herzlich für ihr Interesse und ihre Mitarbeit danken.

Wir sagen dem Geist Gottes Dank für alles, was er in den letzten Jahren an uns getan hat, für die Fortschritte, die sehr

---

[129] *UR* 12.

großen Fortschritte, die auf dem Wege der gegenseitigen Verständigung und der brüderlichen Liebe erreicht wurden. Er, der unter uns dieses wunderbare Werk begonnen hat, vermag es auch zu vollenden (vgl. Phil 1, 6). Deshalb wollen wir mit Großmut und in der auf Hoffnung gegründeten Zuversicht weitergehen – «*in nomine Domini*».[130]

Gemeinsame Erklärung Seiner Heiligkeit
Papst Paul VI. und Seiner Heiligkeit
Patriarch Anba Schenuda III. am 10. Mai 1973

Paulus VI., Bischof von Rom und Papst der katholischen Kirche, und Schenuda III., Papst von Alexandrien und Patriarch des Stuhles des heiligen Markus, erstatten Gott im Heiligen Geiste Dank dafür, dass nach dem großen Ereignis der Rückkehr der Reliquien des heiligen Markus nach Ägypten die Beziehungen zwischen den Kirchen von Rom und Alexandrien sich weiter entwickelt haben, so dass sie nunmehr einander persönlich begegnen konnten. Zum Abschluss ihrer Begegnungen und Unterredungen möchten sie gemeinsam Folgendes erklären:

Wir sind uns begegnet im Wunsche, die Beziehungen zwischen unseren Kirchen zu vertiefen und konkrete Mittel zu finden, die Hindernisse zu beseitigen auf dem Wege unserer wirklichen Zusammenarbeit im Dienste unseres Herrn Jesus Christus, der uns das Amt der Versöhnung übertragen hat, um die Welt mit Ihm zu versöhnen.

Den apostolischen Traditionen unserer Kirchen entsprechend und in Übereinstimmung mit den ersten drei Konzilien bekennen wir den einen Glauben an den einen und

---

[130] Wahlspruch des Heiligen Vaters. (Anm. d. Übers.)

dreieinigen Gott, die Göttlichkeit des eingeborenen Sohnes Gottes, zweite Person der Heiligsten Dreifaltigkeit, Wort Gottes, Glanz Seiner Herrlichkeit und ausgeprägtes Bild Seiner Wesenheit, der für uns Fleisch geworden ist, indem Er einen wirklichen Leib und eine mit Vernunft begabte Seele annahm, und der mit uns unsere Menschlichkeit teilte außer der Sünde. Wir bekennen, dass unser aller Gott und Erlöser und König, Jesus Christus, vollkommener Gott im Hinblick auf Seine Göttlichkeit, vollkommener Mensch im Hinblick auf Seine Menschlichkeit ist. In Ihm ist Seine Göttlichkeit mit Seiner Menschlichkeit in vollkommener Einheit vereint, ohne Vermischung, ohne Vermengung, ohne Verschmelzung, ohne Veränderung, ohne Teilung, ohne Trennung. Seine Göttlichkeit hat sich in keinem Augenblick von Seiner Menschlichkeit getrennt. Er, der der ewige und unsichtbare Gott ist, wurde sichtbar im Fleische und nahm Knechtsgestalt an. In Ihm sind alle Attribute der Gottheit und alle Attribute der Menschheit erhalten, verbunden in wirklicher, vollkommener, unteilbarer und untrennbarer Einheit.

Das göttliche Leben ist uns geschenkt und wird in uns genährt durch die sieben Sakramente Christi in der Kirche: die Taufe, die Chrisam-Salbung (Firmung), die heilige Eucharistie, die Beichte, die Krankensalbung, die Ehe und die heiligen Weihen.

Wir verehren die Jungfrau Maria, die Mutter des Wahren Lichtes, und bekennen, dass sie allzeit Jungfrau ist, die Gottesgebärerin. Sie tritt für uns ein und ist als Theotokos an Würde über alle Engelheere erhaben.

Wir haben weitgehend die selbe Auffassung von der Kirche, die auf den Aposteln gegründet ist, und von der großen Rolle der ökumenischen und regionalen Konzilien. Unser geistliches Leben findet seinen angemessenen und tiefen

Ausdruck in unseren Riten und in der Liturgie der heiligen Messe, die den Mittelpunkt unseres gemeinschaftlichen Gebetes und den Höhepunkt unserer Vereinigung mit Christus im Leibe der Kirche bildet. Wir halten die Fast- und Festtage unseres Glaubens. Wir verehren die Reliquien der Heiligen und erflehen die Fürbitte der Engel und der Heiligen, der Lebenden und der Toten. Diese bilden in der Kirche eine Wolke von Zeugen. Sie und wir erwarten voll Hoffnung das zweite Kommen unseres Herrn, wenn Seine Herrlichkeit offenbar wird, zu richten die Lebenden und die Toten.

In Demut anerkennen wir, dass unsere Kirchen nicht imstande sind, ein vollkommeneres Zeugnis dieses neuen Lebens in Christus abzulegen wegen der bestehenden Spaltungen, die Jahrhunderte einer schwierigen Geschichte hinter sich haben. In der Tat sind seit dem Jahre 451 theologische Differenzen an den Tag getreten, genährt und verschärft durch nichttheologische Faktoren. Diese Unterschiede können nicht ignoriert werden. Trotz diesen Differenzen sind wir im Begriff, uns wieder als Kirchen mit einem gemeinsamen Erbe zu entdecken, und streben mit Entschiedenheit und Vertrauen zum Herrn danach, die Fülle und Vollkommenheit der Einheit zu erlangen, die Sein Geschenk ist.

Als Hilfe bei der Erfüllung dieser Aufgabe setzen wir eine gemeinsame Kommission ein, die unsere Kirchen vertritt und deren Funktion es sein wird, gemeinsame Studien zu leiten in den Bereichen der kirchlichen Tradition, der Patristik, der Liturgik, der Theologie und der Fragen der Praxis, so dass wir in gemeinschaftlicher Zusammenarbeit versuchen können, im Geiste gegenseitiger Wertschätzung die noch bestehenden Differenzen zwischen unseren Kirchen auszuräumen und so weit zu kommen, dass wir gemeinsam das Evangelium in einer Weise verkünden können, die der authentischen Botschaft des Herrn wie auch den Bedürfnissen und Hoffnungen der heutigen Welt entspricht. Zugleich sprechen wir unseren Dank und unsere guten Wünsche an andere Gruppen von katholischen und orthodoxen Wissenschaftlern und Geistlichen aus, die ihre Bemühungen für die Zusammenarbeit auf diesem und verwandten Gebieten einsetzen.

In aller Aufrichtigkeit und Eindringlichkeit rufen wir in Erinnerung, dass die wahre Liebe, die in der bedingungslosen Treue zu dem einen Herrn Jesus Christus und in der gegenseitigen Achtung vor unseren Traditionen wurzelt, ein wesentliches Element dieser Suche nach vollkommener Gemeinschaft ist.

Im Namen dieser Liebe verwerfen wir alle Formen von Proselytismus im Sinne von Aktionen, mit denen manche Personen die andere Gemeinschaften dadurch zu stören suchen, dass sie Mitglieder von ihnen abwerben mit Methoden oder aufgrund von Gesinnungen, die mit den Forderungen christlicher Liebe unvereinbar sind oder die gegen das verstoßen, was die Beziehungen zwischen Kirchen auszeichnen sollte. Solche Praktiken müssen aufhören, wo immer sie vorkommen mögen. Katholiken und Orthodoxe sollen bestrebt sein, die Liebe zu vertiefen und die gegenseitige Konsultation, Reflexion und Zusammenarbeit im sozialen wie im geistigen Bereich zu pflegen; sie sollen sich demütig vor Gott niederwerfen und Ihn anflehen, der so, wie Er Sein Werk in uns begann, es auch vollenden wird.

Während wir im Herrn frohlocken, der uns diese Begegnung ermöglicht hat, schweifen unsere Gedanken zu den Tausenden von notleidenden und heimatlosen Palästinensern. Wir bedauern jeden Missbrauch religiöser Argumente auf diesem Gebiet. Aufrichtig wünschen und suchen wir eine Lösung für die Nahost-Krise, damit wahrer Friede in

Gerechtigkeit herrsche, ganz besonders in dem Land, das geheiligt wurde durch das Leben, den Tod und die Auferstehung unseres Herrn und Erlösers Jesus Christus und durch das Leben der seligsten Jungfrau Maria, die wir gemeinsam als die «Theotokos» verehren. Möge Gott, der Geber aller guten Gaben, unser Gebet erhören und unsere Anstrengungen segnen.

Gegeben im Vatikan am 10. Mai 1973.

Ansprache an den Obersten Patriarchen der Buddhisten der Laotischen Regierung am 8. Juni 1973

Ehrwürdiger Patriarch der Laotischen Buddhisten,

der Besuch, den Sie uns in Begleitung hervorragender Persönlichkeiten der Sangha und der Laotischen Regierung abzustatten die Freundlichkeit haben, und Ihre willkommene Gegenwart hier in Unserem Hause erfüllen Uns mit Freude und Dankbarkeit. Empfangen Sie daher Unseren Dank für die Sympathie und Hochachtung, die Sie veranlasst haben, diese weite Reise auf sich zu nehmen, um Uns zu besuchen.

Der Friede und die Liebe Christi, dessen demütiger Vertreter auf Erden Wir sind, sei mit Ihnen und behüte Sie wie Ihre ehrwürdigen Regierungsvertreter und das teure und liebenswerte laotische Volk.

Wir wissen, dass die schmerzlichen Ereignisse der letzten Jahre[131] Ihrem Volk lange und qualvolle Leiden auferlegt haben, die Unser Vaterherz nicht ungerührt lassen konnten.

---

[131] Laos-Konflikt seit 1959, ständiges Vorrücken der von Nordvietnam und der Sowjetunion unterstützten kommunistischen Pathet Lao. Im September 1973 Friedensvertrag, Ende 1975 wird Laos zur Volksrepublik proklamiert. (Anm. d. Übers.)

Zugleich aber waren Wir erfüllt von Bewunderung angesichts der Würde und Seelenstärke, mit der Sie diese auf sich genommen haben.

Seien Sie versichert, dass Ihr Friedenswille und Ihr Wunsch nach gesellschaftlichem Fortschritt von Uns geteilt wird. Das ist auch der Grund, weshalb Wir alles getan haben, was in Unserer Macht stand, damit endlich die Morgenröte des Friedens über ganz Indochina aufgehe, damit Dialog und guter Wille an die Stelle von Waffengewalt und Zwietracht trete.

Sie sind im Schoße Ihres Volkes die Hüter des religiösen und zivilen Erbes des Buddhismus. Sie legen vor Ihrer Nation ein lebendiges Zeugnis seines Geistes ab. Die katholische Kirche betrachtet seine geistigen Reichtümer mit Wertschätzung und Hochachtung, sie fühlt sich in mancherlei Hinsicht damit solidarisch und wünscht mit Ihnen als religiös gesinnten Menschen zusammenzuarbeiten für die Verwirklichung des wahren Friedens und des Heiles der Menschen.

«Friede» und «Heil» sind zwei Ideale, die tief im Evangelium Jesu Christi verwurzelt sind, das zu verkünden Unser Auftrag ist, und ähnlich gründen sie auch in der buddhistischen Tradition, der Sie angehören. Beide Überlieferungen verweisen uns auf das Ewige, das Überirdische *(lukúttara)* und verlangen vom Menschen eine Haltung der Losgelöstheit, der inneren Freiheit, der Wahrheit, der Gerechtigkeit und des Wohlwollens als unabdingbare Voraussetzung für das Erlangen wahren Friedens und Heiles.

Möge ein immer herzlicherer freundschaftlicher Dialog und eine immer engere Zusammenarbeit herrschen zwischen den altehrwürdigen Traditionen, die Sie vertreten, und der katholischen Kirche. Diese ist in Ihrem Land präsent und tätig. Zwar noch schwach vertreten und fast nur von symbolischer Anwesenheit, teilt sie doch all Ihre Leiden wie auch Ihre Hoffnungen, mit keinem anderen Ziel als zu lieben und zu dienen, worin sie ihrem Meister und Gründer nachfolgt, der gekommen ist «zu dienen und sein Leben hinzugeben als Lösegeld für viele» (Mt 20, 28).

Unserem Dank für die zuvorkommende Freundlichkeit Ihres Besuches und die hochherzigen Ehrerweise, die Sie dabei geäußert haben, gesellt sich Unser Wunsch bei, dass Ihr Aufenthalt in Rom und in Italien für Sie, ehrwürdiger Patriarch, reich sei an Freuden und Eindrücken. Möge die Begegnung mit Unserem Sekretariat Anlass zu einer vertieften gegenseitigen Bekanntschaft und Zusammenarbeit sein, und möge die Mühsal Ihrer Reise reiche Früchte bringen für eine bessere Zukunft.

Indem Wir diesen Wunsch aussprechen, flehen Wir vom Himmel den reichsten Segen über Ihre ehrwürdige Person und Ihr geliebtes Land herab.

*Ansprache an die hohen Würdenträger des Islam
am 25. Oktober 1974*

Sehr geehrter Herr Minister, Exzellenzen,

seien Sie willkommen in Unserem Hause, Sie, die Sie aus dem Orient kommen, der den Herzen all jener teuer ist, die ihren Glauben auf die Größe und das Erbarmen Gottes gründen. Wir danken Ihnen für Ihren zuvorkommenden und liebenswürdigen Besuch, dessen geistliche Bedeutung niemandem entgehen kann.

Wir wissen um die hohen und verantwortungsvollen religiösen, rechtlichen und kulturellen Aufgaben, die Sie in Ihrer Heimat, der Wiege des Islam, wahrnehmen. Wir wissen auch, dass es Ihr lebhafter Wunsch ist, im Verlauf Ihrer

Reise durch Europa etwas zur Achtung und Förderung der Menschenrechte beizutragen, gemäß den Forderungen Ihres Glaubens und im Einklang mit anderen Religionsfamilien. Bei allen Unterschieden, die uns trennen, haben Wir eine hohe Wertschätzung für dieses Anliegen.

Dabei sind Wir guter Hoffnung, dass die Kontakte mit Unserem Sekretariat für die Nichtchristen ihr Teil dazu beitragen werden, dass Sie dieses Ziel erreichen. All das veranlasst Uns, das Interesse Ihres Aufenthalts in Rom hervorzuheben, zeigt er doch, dass es Muslimen und Christen gelingt, einander besser zu verstehen und zu lieben. Darüber kann man sich nur freuen. Es ist zu einem guten Teil eine Frucht des Zweiten Vatikanischen Konzils, die zu pflücken und zu kosten für Uns ermutigend ist. Es ist auch das Ergebnis anderer Kontakte. Wir denken dabei insbesondere an den Besuch, den Kardinal Pignedoli, der Vorsitzende Unseres Sekretariats für die Nichtchristen, im letzten April Ihrem Land abstattete. Wir denken auch an die islamisch-christlichen Kolloquien der letzten Jahre. Ohne in einen unangemessenen Synkretismus zu verfallen, führen diese Kontakte zu einer allmählichen Annäherung der geistigen Kräfte. Und wir fühlen alle, wie dringlich es not tut, in dieser Zeit eines überhandnehmenden und erdrückenden Materialismus Zeugnis zu geben von dem unendlich großen und barmherzigen Gott, dessen liebende Gegenwart uns ohne Unterlass umfängt.

Und schließlich freuen Wir uns, um Ihren festen Wunsch zu wissen, diese geistigen Bestrebungen und kulturellen Begegnungen in konkrete Ergebnisse umgesetzt zu sehen, zum Wohl aller Menschen, seien sie nun gläubig oder nicht. In diesem Sinn nehmen Wir mit besonderer Genugtuung die so feierlich und nachdrücklich auf der Ebene der maßgeblichen Instanzen bekräftigte Forderung zur Kenntnis, dass die Treue zu Gott sich in vielfältigen Werken der Gerechtigkeit und des Erbarmens kundtun möge.

Angesichts dieses Engagements im Dienste des Menschen und seiner Rechte erübrigt es sich, hier die inständigen Appelle zu wiederholen, die Wir während unseres Pontifikats, insbesondere in der Enzyklika *Populorum progressio*, erlassen haben.

Stattdessen möchten Wir es nicht versäumen, die Schlusserklärung des Islamischen Gipfeltreffens vom letzten Februar in Lahore in Erinnerung zu rufen. Die muslimischen Verantwortungsträger legten Wert darauf klarzustellen, dass ihre Bemühungen zur Förderung eines auf Freiheit und sozialer Gerechtigkeit gegründeten Weltfriedens sich der Freundschaft und Zusammenarbeit mit anderen Konfessionen verdanken.

Am Ende dieser kurzen und herzlichen Unterredung und nach Ihren Gesprächen mit der Delegation des Heiligen Stuhles wünschen Wir Ihnen, dass Sie von Ihren Tagen in Rom die besten Erinnerungen mitnehmen möchten, und Wir bitten den Allerhöchsten, Er gebe Ihnen, dass Sie immer mehr in allem seinen Willen suchen und ihn in Frieden und Treue verwirklichen. Abschließend bitten Wir Sie, Ihrem Souverän, König Feisal, der dieser Reise seine Unterstützung gab, den Ausdruck Unserer tiefempfundenen und herzlichen Hochachtung zu überbringen.

IV. FRIEDEN

Im Jahre 1968 führte Paul VI. den Weltfriedenstag ein, der alljährlich am 1. Januar gefeiert wird. In den weiteren Pontifikatsjahren verbreitete er anlässlich der alljährlichen Ansprachen zu diesem Tag eine Botschaft, die auf Wege, Forderungen und Bedingungen der Förderung wahren Friedens aufmerksam machte. Bei dieser Gelegenheit wie auch bei anderen Anlässen fühlte er sich gedrängt, Gläubige und Nichtgläubige zum Einsatz für den Aufbau des Friedens aufzurufen, da sich im Lauf der Zeit die Erinnerung daran verliert, was Krieg bedeutet, und so die Wachsamkeit erlahmt, die dazu nötig wäre, die Völker vor dem Rückfall in einen neuen Krieg zu bewahren.

Paul VI. insistiert in seinen Botschaften auf der Notwendigkeit, sich einen adäquaten Begriff vom Frieden zu bilden, weil dieser Begriff Gefahr läuft, entstellend oder verkürzend interpretiert zu werden. Friede ist nicht die auf der Überlegenheit des Stärkeren beruhende Einstellung der Feindseligkeiten, er ist Frucht der Gerechtigkeit und Ausdruck einer Gesellschaftsordnung, in der die Rechte jedes Menschen anerkannt werden. Und weil das Recht auf Leben die Grundlage aller Menschenrechte ist, bekräftigt Paul VI. in der Botschaft zum Weltfriedenstag 1977 den Grundsatz «Willst du Frieden, verteidige das Leben».

Im Übrigen unterstreicht der Papst, dass Krieg und Konflikte für die Menschheit nicht ein unausweichliches Verhängnis sind, dass vielmehr der Friede möglich ist und von der Wahl abhängt, die jeder Einzelne nach seiner Möglichkeit und Verantwortung trifft. Der Friede nimmt auch konkret Gestalt an in den Gesetzen und Institutionen, die das Zusammenleben von Menschen und Völkern regeln. Gesetze und Institutionen sind jedoch nicht imstande, den Frieden zu gewährleisten, wenn in den Gliedern des Gesellschaftsganzen entsprechende Tugenden fehlen. Friede ist nicht die Frucht einer passiven und nachgiebigen Haltung, er setzt vielmehr Urteilsvermögen,

Großmut, Festigkeit, Tatkraft und Vertrauen in die Zukunft voraus.

Paul VI. ist überzeugt, dass die Welt entgegen allem Anschein von Ideen und nicht so sehr und nicht an erster Stelle von Interessen gelenkt wird. Wenn daher die Idee des Friedens einmal die Herzen der Menschen erobert hat, kann sie zur öffentlichen Meinung werden, sich in demokratischen Entscheiden ausdrücken und die Entschlüsse der Völker lenken. Damit das aber möglich wird, muss die Erziehung zum Frieden mit allen Kräften gefördert werden. (A. M.)

Homilie zum Friedensgebet vom 4. Oktober 1966

Verehrte Brüder, geliebte Söhne und Töchter,

die Ihr Unserer Einladung zum Gebet für den Frieden Folge geleistet habt, betrachtet mit Uns einen Moment lang die Gründe, die Uns zu diesem geistlichen Akt veranlassen. Wir haben sie schon in Unserem Rundschreiben *Christi Matri* dargelegt, doch wäre es gut, sie uns nochmals kurz in Erinnerung zu rufen, um der religiösen Handlung, die wir gemeinsam vollziehen, Einsicht und Kraft zu verleihen.

Es geht Uns einmal mehr um den Frieden. Wenn Wir dieses Thema wieder aufgreifen, brauchen Wir nicht zu befürchten, Uns damit rhetorischer Übertreibung oder überflüssiger Worte schuldig zu machen. Das Thema des Friedens ist Gegenstand unerschöpflicher Reflexion, bezieht es sich doch auf eine menschliche Wirklichkeit von höchstem Belang, die immer folgenschweren Veränderungen ausgesetzt ist. Es ist ein Thema, das zu erwägen und zu behandeln wir nie müde werden dürfen, denn es betrifft das abgründige Wechselspiel der Schicksale der Menschheit.

HOMILIE ZUM FRIEDENSGEBET 263

Vor einem Jahr, genau an diesem Tag, hatten Wir die Ehre, Unser Friedenswort vor die höchste Autorität besitzende und am meisten zur Wahrung des Weltfriedens berufene Weltorganisation zu tragen, die Organisation der Vereinten Nationen in New York. Heute noch sind Wir dankbar für die Einladung, die Uns Gelegenheit bot, Unsere brüderliche Botschaft den dort versammelten Vertretern der Nationen vorzulegen. Mit Freude und Staunen denken Wir an die zuvor noch nie mit solcher Deutlichkeit und Feierlichkeit zutage getretene, erstaunliche Entsprechung zwischen dem höchsten Ziel dieser souveränen Versammlung und der demütigen, freudigen und ewig währenden Stimme unseres Evangeliums, wobei beide in eigenartiger und geheimnisvoller Weise gerade im einen und gleichen Wort «Frieden» zusammenklangen. Wir rufen Uns noch einmal diesen historischen und bewegenden Augenblick in Erinnerung, um den Wunsch zu wiederholen, der damals von allen ausgesprochen wurde – und die ganze Welt hörte zu, dachte nach und gab Beifall – zu wiederholen: Es herrsche Friede in der Welt! Nie wieder Krieg, nie wieder! Nie wieder Rivalität und Zwietracht und Gewalt und Selbstsucht, sondern weltweite Brüderlichkeit in Gerechtigkeit und Freiheit.

Wir wiederholen heute Unseren Wunsch, nein, Unseren Schrei nach Frieden, denn wir wissen alle, wie groß das Bedürfnis danach ist, wie inbrünstig das Sehnen, wie schwer die Verwirklichung. Mit Schmerz müssen Wir diesen Wunsch wiederholen: denn seit dem letzten Jahr haben sich die Bedingungen für den Weltfrieden nicht gebessert. Das hat auch ein durch sein hohes Amt in höchstem Maß dazu befugter Zeuge festgestellt, nämlich der Generalsekretär der Vereinten Nationen in der Einleitung zu seinem Jahresbericht: «Die internationale politische Situation hat sich nicht gebessert.» Wir wissen alle, wie heikel diese Lage ist, wie begründet die Ängste vor einer weiteren Verschlimmerung. Wir sagten das schon in Unserer Enzyklika.

Doch Wir fügen bei, dass wir nicht enttäuscht sein dürfen. Es kann nicht wundern, dass der Aufstieg der Menschheit zu den Gipfeln der Kultur Momente der Unsicherheit, der Ermüdung und der Ratlosigkeit kennt. Wir wissen, wie komplex die Probleme des menschlichen Zusammenlebens sind. Wir kennen die menschliche Schwäche. Wir wissen, dass der Mensch, an einem gewissen Punkt seines Weges angelangt, versucht ist stehenzubleiben oder umzukehren, in Worten voranzuschreiten und in Taten zurückzuweichen; das ist bedauerlich, aber nicht verwunderlich. So ist der Mensch: nicht nur schwach, sondern oft inkonsequent, er traut mehr seinen eigenen empirischen Berechnungen als der Güte der großen, menschlichen, wahren und wegweisenden Ideen. Doch wenn der Mensch auch noch so unstet und stockend seinen Weg zum Frieden fortsetzt, dürfen wir weder unsere Überzeugung von der Richtigkeit des Friedens verlieren noch den Mut, ihn zu fördern und zu verteidigen, noch das Vertrauen, ihn schließlich durchzusetzen. Wir müssen immer darauf bauen, dass Friede möglich ist. Wir müssen immer alles tun, um ihn möglich zu machen.

Welche Gedanken steigen in diesem heiligen Augenblick in Uns auf, um ihren höchsten Ausdruck zu finden? Der erste Gedanke, der erste Vorsatz ist der, auszuharren im Streben nach Frieden. Die Menschheit muss der großen Idee treu bleiben, die sie nach der entsetzliche Tragödie des Krieges gefasst hat. Wir müssen allesamt, wir müssen jederzeit den Frieden suchen, den Frieden für alle. Und wenn am Anfang dieses gewaltigen Vorhabens die erschütternde Erfahrung des Krieges stand, die Angst, der Schrecken vor einer Wiederholung in tausendfachen, apokalyptischen Ausmaßen, so sollte es heute vielmehr die Liebe sein, aus der dieser Entschluss lebt: die Liebe zu allen Menschen, die Liebe zum Frieden eher als die Furcht vor dem Krieg. Und diese Liebe zeitigt reiche Frucht an Grundsätzen und Ideen, die den wahren Frieden bringen: Brüderlichkeit, Gerechtigkeit, Freiheit, Zusammenarbeit, Großmut.

Das bringt Uns auf einen anderen Gedanken, einen weiteren Vorsatz: Wir alle müssen uns zum Frieden erziehen, wir müssen die *cogitationes pacis,* die Gedanken des Friedens (Jer 29, 11) hegen, die Ideen, die ihn als erstrebenswert und aussichtsreich erscheinen lassen und ihm dadurch in der Tiefe der Gewissen, in der Denkweise des heutigen Menschen und in der Lebenswirklichkeit der Völker Raum geben, noch ehe er in der Politik und im äußeren Ausgleich Fuß fasst. Dabei ist nicht zu übersehen, dass trotz allem die Friedensidee im Bewusstsein, wenn auch nicht im Handeln der heutigen Welt, Fortschritte verzeichnet. So wird etwa eine zweideutige Propaganda widerlegt, die den Frieden zu verschiedenen Zwecken zu instrumentalisieren sucht, bloß nicht zum Zweck einer auf den Rechten der menschlichen Person und der freien Nationen aufruhenden Ordnung. So gewinnt die innere Überzeugung an Boden, dass der wahre und dauerhafte Friede nicht auf der Macht von Massenvernichtungswaffen beruhen kann, noch auf dem festgefahrenen Spannungsverhältnis gegnerischer Ideologien, noch auf dem nach Lebensgenuss trachtenden Egoismus, noch auf dem gleichgültigen Ignorieren fremder Bedürfnisse. Vielmehr ist er die Frucht einer tatkräftigen, ausdauernden und einmütigen Anstrengung für den Aufbau einer lokalen und universalen Gesellschaft, gegründet auf menschlicher Solidarität im Dienste eines allen zugute kommenden Gemeinwohls. Und wenn wir die größten Bedürfnisse der Menschheit betrachten und sie zu den größten sie bedrohenden Gefahren in Beziehung setzen, so heißt Friede heute, wie

Wir schon sagten, Entwicklung. Entwicklung der Völker, denen es noch an allzuvielen lebensnotwendigen Gütern mangelt und die doch einen großen Teil der Menschheitsfamilie ausmachen.

Wenn dem so ist, drängt sich Uns ein anderer Gedanke auf, erwacht ein weiterer Vorsatz in Uns. Der Friede ist schwierig! Er ist eine große, eine notwendige, eine heiß ersehnte und viel umworbene Sache – aber schwierig, äußerst schwierig. Doch Wir sagten es schon: nicht unmöglich. Warum nicht unmöglich? Genügen etwa unsere menschlichen Kräfte, um den Frieden zu erlangen und zu erhalten? Wir möchten in diesem Augenblick davon absehen, auf diese bedrängende Frage eine ausführliche Antwort zu geben, welche überaus komplexe Thesen des Denkens und Probleme der Geschichte berührt. Wir möchten zum Schluss einfach ein Wort Christi auf die Lösung dieser bedrückenden Frage anwenden: «Für den Menschen ist das unmöglich, für Gott aber ist alles möglich» (Mt 19, 26).

Dieses Wort begründet die Handlung, die Wir hier vollziehen: das Gebet für den Frieden. Dieses hat seine Logik im Glauben. Im Glauben, dass der Mensch bei der Gestaltung seines Schicksals nicht allein ist, dass es eine mächtige und väterliche Kraft gibt, die in den Verlauf der entscheidenden Ereignisse eingreifen kann: die Vorsehung, der Beistand Gottes, die Liebe, die vom Himmel herabsteigt, die sieghafte Güte des himmlischen Vaters zum Heil der Menschen.

So wollen Wir im Glauben für den Frieden beten, vor allem im fernen Osten. Für einen Frieden, der den Völkern Freiheit und Wohlstand gewährleistet und der durch ehrliche und humane Verhandlungen, und nicht durch Arglist und Gewalt herbeigeführt wird. Und Wir wollen für andere Herde von Kampf und Hass beten, die in aller Welt das menschliche Zusammenleben verunmöglichen. Wir wollen für alle Menschen und Institutionen beten, die sich mit Geduld, Klugheit und Loyalität dafür einsetzen, Eintracht und Frieden unter den Menschen zu schaffen und zu fördern. Wir wollen zusammen mit Euch hier Anwesenden, Gläubigen und Bürgern der Stadt Rom, beten, wo der Friede unter den Bürgern universale und christliche Züge angenommen hat, und mit all jenen, die unserer Einladung zu Gebet und geistlicher Erhebung zugunsten des Friedens gefolgt sind. Wir vertrauen darauf, dass der Chor der Stimmen der katholischen Kirche und der anderen christlichen und nichtchristlichen Bekenntnisse, und aller Menschen guten Willens – dass dieser Chor, einhellig im Wunsch nach Frieden in einer Gerechtigkeit, die Gott als Vergelter und als Bürgen hat, die besten moralischen Energien weckt, die noch im Herzen der Menschheit erhalten sind, und von Gott das erbittet, was der Mensch mit seinen Kräften allein nicht erreichen kann. Und Wir wollen mit der reinsten, süßesten und stärksten Stimme der Mutter beten, die der Welt den Erlöser, den Friedensfürst, geschenkt hat. Wir beten, indem Wir unser armseliges und unwürdiges Gebet mit der Fürsprache Mariens vereinen, der Frau der erhabensten Liebe, der Mutter, welche die Freude und Trauer jedes Menschenlebens teilt, der Königin des Friedens; und Unsere Hoffnung wird siegreich wieder aufblühen.

Rundfunkbotschaft an die Gläubigen
und an die ganze Welt am 23. Dezember 1966

Brüder, Söhne, Freunde, Ihr Menschen alle, die Ihr Uns hört!

Einmal mehr wollen Wir anlässlich dieser Weihnacht 1966 mit aller Einfachheit in Euren Herzen den Hymnus der Engel aufklingen lassen, der zwischen Himmel und Erde in der seligen Nacht erklang, als aus Maria der Jungfrau in Bethlehem der Welterlöser geboren wurde, unser Herr Jesus Christus. Wer erinnert sich nicht der wohlbekannten Weise: Ehre sei Gott in der Höhe und Frieden auf Erden den Menschen, die «guten Willens sind»? Wir wiederholen Euch diesen Jubelruf als fruchtbares Thema der höchsten und wahrsten Gedanken, die gelegentlich der Wiederkehr dieses Festes im Geist derer aufsteigen müssen, die um die höchsten Dinge wissen und sich der obersten Pflichten und der größten Nöte der Menschheit bewusst sind.

Die Ehre Gottes und der Friede für die Menschen sind heute und immer die beiden Angelpunkte, nach denen sich unsere Geschicke richten, um die sie kreisen. Sie sind die höchsten Gaben, die das Christfest uns verspricht und beschert.

Lasst es Euch nicht verdrießen, Ihr Menschen, die Ihr Euch Sorgen macht, haltet es nicht für überflüssig, Ihr Menschen, die Ihr den Glauben habt, mit aller Geistesenergie auf den unaustilgbaren Gedanken an Gott zurückzukommen: an Gott, Geheimnis und lebendige Wirklichkeit, an Gott, Licht und Ursprung aller Ordnung und aller Weisheit, an Gott, Quell alles Daseins und tiefster Grund aller wissenschaftlichen und sittlichen Gesetze, an Gott, die unverrückbare Mitte unseres Lebens, an Gott, unvergleichliche Güte, immer bereit zur Antwort auf unser demütiges Fragen in der Erfahrung des Alltags.

Wir wollen wiederholen, was Wir schon in anderem Zusammenhang gesagt haben: Wir müssen auf der Hut sein vor der Gefahr moderner Abgötterei. Heute ist der Mensch versucht, sich selbst anzubeten, sich zum höchsten Ziel nicht nur des Denkens und der Geschichte, sondern des Wirklichen schlechthin aufzuwerfen, im Glauben, er könne aus sich heraus allein mit seinen Kräften wirklich Fortschritt und Heil erreichen. Mit anderen Worten, er ist versucht, allein seine eigene Ehre zu suchen, und nicht die Ehre Gottes. Diese erschreckende und verhängnisvolle Verschiebung der Achse des menschlichen Lebens vollzieht sich offen vor unseren Augen: Die theoretische Gottesleugnung wird zur praktischen; bislang begrenzt auf wenige Denker, wird sie zum Mythus der Massen; an die Stelle des Schulatheismus rationalistischer Prägung tritt die Gottesleugnung der materialistischen Gesellschaft. Ein falsch verstandener Humanismus steht im Begriff, sich zu verfestigen, durch und durch ichbezogen, weil gegenüber jeder Erkenntnis und Liebe Gottes verschlossen; tiefinnerlich voller Unruhe und zum Umsturz führend, weil verschlossen gegenüber dem Licht und der Hoffnung Gottes.

Der Mensch ist ein Wesen, das seiner ganzen Anlage nach darauf hingeordnet ist, die Grenzen seiner selbst zu übersteigen. Er ist ein Wesen, auf Gott hin entworfen und seinem ganzen Sein nach auf Gott hin ausgerichtet. Wird dieser grundlegende Bezug bestritten, dann bildet nicht mehr das strahlende Geheimnis der Menschwerdung Gottes – das Weihnachtsgeheimnis – das Fest der Freude und des Friedens für unser Leben. Vielmehr wird das finstere Geheimnis des Menschen, der sich selbst zum Gott macht, das Drama sein, das uns bedroht und Zusammenbruch ohne Ende in sich birgt.

Zurück, Ihr Menschenbrüder, zu dem Tag, an dem mit der Geburt Christi die Lebensbeziehungen zwischen Gott und der Menschheit wiederhergestellt wurden. Zurück zu dem demütigen und edeln religiösen Bemühen der Suche nach Gott, des Glaubens an Gott, des Vertrauens auf Gott, des Gebetes zu Gott, der Liebe zu Gott. Es wird für uns die erste Weihnachtsfreude sein, auch selbst die Ehre Gottes singen zu dürfen als feierlichen Hymnus der Welt, als Lied aus persönlichstem Innern.

Unsere zweite Weihnachtsfreude wird dann die Gabe des Friedens sein.

Es könnte den Anschein haben, als erübrigte es sich, vom Frieden zu sprechen, so sehr ist dieses Wort in aller Munde. Die Fragen, die sich daran knüpfen, werden allenthalben besprochen und finden weltweiten Widerhall. Aber überflüssig ist es zu dieser Stunde nicht. Ruft uns doch das heutige Fest dieses Wort in Erinnerung, das köstliche und königliche Wort vom Frieden! Und zwar spricht es davon in einer Art, die uns nicht nur den tröstlichen Klang vernehmen, sondern auch seinen tiefen Sinn erschauen lässt. Und so verpflichtet es uns, jeweils zu Weihnachten uns über den wahren Sinn des Friedens wieder klarzuwerden: Er ist nach der bekannten Definition des heiligen Augustinus die Ruhe in der Ordnung, das heißt ein Widerschein von Dingen, die im Einklang stehen mit der Gerechtigkeit, mit der Idee vom ewigen Gottesgesetz. Bei diesem unserem aufmerksamen Bemühen, das als unsere fromme Huldigung vor dem Geheimnis der Weihnacht gelten mag, gewahren wir unschwer die Vielzahl an Bedeutungen, die das Wort Frieden hat. Es sind genauso viele, als es Begriffe von Ordnungen gibt, auf die man es bezieht. Wir werden feststellen, dass der Friede kein ursprunghaftes Gut ist, sondern ein Gut, das ein ihm vorgegebenes Gut voraussetzt und erfordert, die Ordnung, die Gerechtigkeit und das harmonische Zusammenspiel der Dinge. Wir werden erkennen, wie der Friede durch sich selbst nicht beständig und nicht bleibend ist, wenn die Ordnung, der er den Namen gibt, ihrer Natur nach in Bewegung und in Fluss befindlich ist, was ja gerade von der menschlichen, besonders aber von der gesellschaftlichen Ordnung gilt. Wir wissen, dass man den Frieden auf dieser Welt nicht selig genießen kann, ihn vielmehr schaffen, erkämpfen, verteidigen muss. Wir werden uns weiterhin vergegenwärtigen, wie sich der Friede von einem anderen Frieden herleitet, ebenso wie aus einer gegebenen Ordnung eine andere hervorgeht. So möge in der ersten Wiederherstellung der Ordnung zwischen Gott und den Menschen, der grundlegenden Ordnung, der eigentlichen Weihnachtsordnung, jede andere Ordnung im menschlichen Bereich ihren Quellgrund finden. Aus dem Frieden mit Gott folgt der des Herzens in seinen inneren Stürmen und überdies der der Menschen in ihrem gesellschaftlichen Zusammenleben.

Bei solchem Nachsinnen über den Frieden in dieser geschichtlichen Stunde können wir nicht umhin, die Feststellung all derer, die ein Gespür für die wirkliche Lage der Menschheit haben, uns zu eigen zu machen: Was heute in der Welt fehlt, ist die Sicherheit! Im gleichen Maß mit dem Voranschreiten der modernen Gesellschaft auf dem Weg ihrer Errungenschaften bemächtigt sich ein Gefühl umfassender Furcht der Herzen der Menschen. Je weiter sie auf dem Gebiet der Wissenschaft und Technik vorstoßen, um so mehr wächst das gegenseitige Misstrauen. Je mehr sie besitzen, desto weniger fühlen sie sich sicher. Und diese Einsicht in die Unsicherheit der Dinge und des gegenwärtigen Lebens, die uns Ansporn sein sollte, die Herzen dem Ewigen zuzuwenden, führt stattdessen bei vielen zu der inneren Angst, die am Sinn und Wert der menschlichen Existenz verzweifeln lässt.

Warum das? Weil der Mangel an Sicherheit in erster Linie von einer ständigen und wachsenden Gefahr erzeugt wird, einer wirklichen, weltumspannenden Gefahr, die infolge nicht zu meisternder Umstände uns unmittelbar an den Abgrund führen kann. Wir alle wissen, welch eine vernichtende Macht den Menschen heute zu Gebote steht und wie manchmal diese Macht Anlass zu gegenseitigem Wettlauf, zu anmaßender Selbstsicherheit und stolzer Überheblichkeit wird. So viele Freiheiten sind schon errungen worden zum Besten der Würde des Menschen und zugunsten seiner vollen Persönlichkeitsentfaltung. Die Freiheit von Gefährdung aber, die Freiheit von Furcht, ist weder wirksam angestrebt noch erreicht worden. So viele Verbindungen sind schon zwischen den Völkern geknüpft worden, Beziehungen technischer, wirtschaftlicher, kultureller und politischer Art, noch aber ist das Band der Brüderlichkeit zwischen den Menschen, zwischen ihren Klassen und ihren Nationen nicht hinreichend gefestigt, noch sind gegenseitige Achtung, Wertschätzung, Zusammenarbeit und Liebe nicht hinreichend gefördert. Im Gegenteil, noch bestehen Gegensätze und Kämpfe, die das gegenwärtige Gemeinschaftsleben in seiner Beständigkeit bedrohen.

Dabei verdichtet sich die Aufmerksamkeit der Welt und auch die unsrige auf den immer noch währenden Kriegszustand in Vietnam. Dieser Krieg erweist sich als typisch, verhängnisvoll und bedrohlich in einem, ist er doch zugleich ideologischer, gesellschaftlicher und militärischer Art, spielt er sich doch ab an einer für das Gleichgewicht der Völker entscheidenden Stelle, steigert sich in ihm doch ständig das Maß an Gehässigkeit, an aufgebotenen Mitteln, an angerichtetem Schaden, ist er doch für die größten Nationen der Welt von einem Interesse, das sie selber mit hineinzuziehen droht.

Überdies scheint dieser Krieg noch einen anderen bezeichnenden Aspekt zu haben: Seine Fortsetzung hängt nicht so sehr von einer schicksalhaften Verkettung von Ursachen ab – wie in so vielen anderen Fällen der Kriegsgeschichte – als vielmehr vom Willen der Menschen, die in ihn verwickelt sind. Es genügte, dass sie den Willen hätten, gleichzeitig auf beiden Seiten, und der Krieg wäre zu Ende, die Furcht vor großen Bränden wäre beruhigt, die Ehre der Kämpfenden wäre gewahrt, Hoffnung und Friede würden in der Welt neu aufleben, und das Bewusstsein der Menschheit von ihrer großen Pflicht, der Verpflichtung zu allumfassender Brüderlichkeit, hätte einen beglückenden Fortschritt gemacht.

Die Waffenruhe, die beide Teile aus freiem Entschluss für das nahende Weihnachtsfest angekündigt haben, hat die Welt mit Freude erfüllt. Wir selber wollen den Ausdruck Unserer Genugtuung und freudigen Zustimmung wiederholen. Jetzt geht die Erwartung dahin, dass beide kämpfenden Teile diese Waffenruhe verlängern und man von der Kampfpause zu ehrlichen Verhandlungen gelangen möge, dem einzigen Weg, einen Frieden in Freiheit und Gerechtigkeit zu erreichen. Hier zeigt sich wieder einmal der strategische Punkt in dieser schmerzlichen und widerspruchsvollen Lage: das menschliche Herz. Der gute Wille hat den Schlüssel zum Frieden in Händen. Die Schwierigkeit liegt in der Tatsache, dass dieser Schlüssel von den verantwortlichen Männern beider Fronten gleichzeitig zu handhaben ist. Diese ehrliche und wirkliche Gleichzeitigkeit müsste das Wunder dieser Weihnacht sein!

Wir wollen es noch für möglich halten, dieses Wunder des guten Willens. Wir bitten in aller Achtung und Dringlichkeit beide kämpfenden Seiten darum und alle, die der einen oder anderen Seite Beistand leisten. Mit diesem Bemühen um Frieden, von dem Wir wünschen, es wäre eine Vorahnung noch anderer größerer Fortschritte in der Entwicklung der Brudergesinnung der Menschheit, entbieten Wir Unseren Weihnachtswunsch dem vietnamesischen Volk, ferner allen Völkern der Erde, allen internationalen

Institutionen zur Förderung der Eintracht und des Fortschritts der Nationen.

Einen besonderen Gruß richten Wir an die Uns so nahestehende Jugend. Sie möge die geraden Wege ihrer Ausrichtung auf die wahren Lebenswerte suchen und finden und es verstehen, sie in der neuen Generation zu Ehren zu bringen. Dann gilt Unser Gruß Euch, Brüdern im Bischofsamt, Euch, Priestern und Ordensleuten, und Euch allen, Gläubigen des Gottesvolkes.

Allen christlichen Heimstätten, allen Werken christlicher Hilfeleistungen, allen Kirchen und Pfarrgemeinden der Welt und den noch von uns getrennten christlichen Brüdern wünschen Wir frohe Weihnacht in Christus, unserem Erlöser und unserem Herrn. In seinem heiligsten Namen spenden Wir allen, die Uns hören, ja allen Menschen insgesamt Unseren Apostolischen Segen.

*Rundfunkbotschaft an die Bischöfe,
Priester und Gläubigen am 23. Dezember 1967*

Brüder, Söhne, Freunde, alle Menschen guten Willens!

Das heilige Weihnachtsfest stellt uns noch einmal das Thema des Friedens vor Augen. Die Botschaft, die Uns die Wiederkehr dieser heiligen Festfeier auf Unsere Lippen legt für Euch und für die Welt, kann nicht den Friedenswunsch unausgesprochen lassen, den Christus in diese Welt getragen hat, die so sehr nach Frieden hungert, der der Friede so sehr nottut und die erfüllt ist von Unrecht und Drohung, die sie immer mehr belasten, immer mehr mit Angst erfüllen, ja geradezu ihre Existenz aufs Spiel setzen.

Lasst Uns, meine Brüder, Unseren Weihnachtswunsch wiederholen als den, der vom Himmel herabgekommen ist wie Tau in der geheimnisvollen Nacht der Geburt Jesu Christi hier in unserer Mitte, hier auf dem Boden unserer Erde, die ja nur ein winziges Atom ist in der Weite des Universums, hier in dem Zeitraum unserer Geschichte, die nur eine begrenzte Spanne darstellt im Ablauf der Jahrtausende.

Uns Menschen, wegen unserer einzigartigen Stellung im Kosmos durch unsere erhabene Ähnlichkeit mit dem Schöpfergott, uns ist der Friede verkündet worden als ein Geschenk, das alle Wohltaten des Erdenlebens krönt und ihm Wert und Sinn gibt, es würdig und glücklich zu leben. Friede Euch allen, meine Brüder, die Ihr die Güte des Schöpfers und Erlösers erfahren durftet! Friede diesem gesegneten Tag, der der Geburt des Lebens geweiht ist, des Lebens Christi, «des Erstgeborenen vor aller Schöpfung» (Kol 1, 15), des Urbildes der Menschheit. Dieser Tag will sein verklärendes Licht über alle Tage unserer Zeitlichkeit und über jedes Glied der Menschheitsfamilie erstrahlen lassen.

Friede, Friede Euch Menschen! Alle und jeden Einzelnen von Euch möchten Wir in Christus lieben. Friede Euch vor allem, die Ihr durch Glauben und Liebe zu jenem Volk gehört, an das Uns ein ebenso willkommener wie schwerer Auftrag bindet, ja in gewisser Hinsicht befähigt, es zu lieben als Unser eigenes und es zu leiten als ein Volk Christi. Friede, Friede Euch allen!

Mit Unserem Wunsch, der einfach und doch voll tiefer Bedeutung aus Unserem Herzen kommt, scheint sich Uns eine Reihe von Fragen zu stellen, die nicht leicht zu beantworten sind; ja, sie lassen ihn fragwürdig werden. Was ist Frieden? Warum müssen wir uns um ihn bemühen wie um etwas, das fehlt oder unvollkommen ist, wenn er doch zuinnerst zur Vollendung unseres Daseins gehört? Genügt schon ein Wunsch, um die Friedensidee in unsere Lebenserfahrung einzubürgern, oder erfordert sie nicht vielmehr, wie wir alle wissen, eine Menge anderer Faktoren statt wohlklingender und freundlicher Worte, um ihre dauernde Verwirklichung zu garantieren? Wie soll man den Frieden erlangen und bewahren, wie soll er bleibende Zierde und bestimmendes Merkmal einer Gesellschaft wie der unseren werden, die sich fortschrittlich und hochentwickelt nennt?

Wir stellen diese Fragen am heutigen Fest des Friedens, damit sie uns zu einer Besinnung über den Frieden bewegen. Sie kann vielleicht zu der bitteren Schlussfolgerung führen, zu der viele instinktiv oder logisch kommen, dass es nämlich unmöglich sei, Frieden zu erreichen, zu bewahren und seinen Besitz durch irgendwelche Einrichtungen auf die Dauer zu sichern. Verhielte es sich tatsächlich so, wäre Unser Wunsch ein Hohn, eine Herausforderung zum Pessimismus und zur Verzweiflung. Doch am heutigen Tag ist die Schlussfolgerung eine ganz andere, denn unser Heiland ist in diese Welt gekommen, Christus «unser Friede» (Eph 2, 14), um uns seinen Frieden zu geben (vgl. Joh 14, 27), um seinen Geist über uns auszugießen, dessen vorzüglichste Gabe gerade der Friede ist (vgl. Gal 5, 22). Wo Christus ist, da ist auch Frieden im Herzen. Es ist ja der Wunsch des heiligen Apostels Paulus, «dass der Friede Christi herrsche in unseren Herzen» (Kol 3, 15). Wo Christi Frohbotschaft angenommen wird, verwirklicht sich, zumindest im Ansatz, der innere Friede; dies nicht allein durch die Absicht der Verkündigung, sondern vor allem durch die geheimnisvolle Kraft, die zum Frieden des Herzens treibt, die ihm Leben gibt, die seine Notwendigkeit zur Verpflichtung werden lässt und die Sehnsucht nach ihm in die Gabe und Kraft verwandelt, ihn zu schaffen und zu besitzen.

Diese einfache Überlegung legt Unserer brüderlichen Botschaft zum heiligen Weihnachtsfest den Gedanken nahe, der ihr heute ihre besondere Ausrichtung geben soll. Wir sprechen ja oft vom Frieden, sogar sehr oft. Wir haben erst in diesen Tagen die Welt eingeladen, zusammen mit Uns den ersten Tag des Kalenderjahres als einen besonderen Gedenktag des Friedens zu begehen. Das Friedensthema verlangt geradezu diese Wiederholung, und die Gefahren, in denen die Welt schwebt, machen sie jeden Tag erneut zur Pflicht. Wie jeder weiß, sprechen Wir gewöhnlich vom Frieden unter den Nationen, unter den sozialen Klassen, unter allen Gliedern der menschlichen Gesellschaft. Wir sprechen vom äußeren Frieden, vom politischen, militärischen und sozialen Frieden, vom Frieden in der bürgerlichen Gemeinschaft, vom Frieden als dem gerechten Gleichgewicht in den zwischenmenschlichen Beziehungen. Heute wollen Wir aber, bewogen von dem geistlichen Charakter des Weihnachtsfestes, Euch auffordern, Euch über eine andere Art Frieden Gedanken zu machen, über den inneren Frieden nämlich, den Frieden der eigenen Person, den jeder menschliche Geist in sich tragen sollte und möchte, als Licht des eigenen Gewissens, als geordnete Herrschaft über die eigenen Fähigkeiten, als Synthese und Ausdruck der menschlichen Persönlichkeit in einer höheren Ordnung, als tiefinnerste Wurzel und fruchtbares Samenkorn äußeren Friedens.

Wir nennen ihn den Frieden des Herzens, in sich schon ein echter Besitz, eine echte Kraft, die Ausgeglichenheit und inneres Glück bewirkt, eine wahre Quelle des weisen und gütigen Wortes in seiner am meisten verständlichen und klaren Ausdrucksform.

Brüder, besitzen wir den Frieden des Herzens?

Die Antwort auf diese Frage fällt schwer. Uns käme vielleicht der Wunsch, sie als indiskret abzutun, sie dadurch abzuwehren, dass wir den Frieden des Herzens mit passiver Resignation gleichsetzen wie jemand, der im Bewusstsein eigener Schwäche mut- und kraftlos sein «Herz in Frieden betten will», der sich an unüberwindlichen Fatalismus verliert, einem Trugbild wahren Seelenfriedens. Manche Menschen von vornehmer Gesinnung machen sich Gedanken und möchten sich diese Antwort am liebsten von der stoischen Schule geben lassen. Sie machen sich frei vom Erlebnis aufwühlender Leidenschaften und von der immerwährenden Unruhe des Zeitgeschehens, um sich dann, ungebunden und doch gebunden, der unergründbaren Wirklichkeit der Naturgesetze unterzuordnen. Sie eignen sich eine geradezu trotzige Unempfindlichkeit an, die auch nicht durch die Zeitlichkeit der Dinge, die den Frieden des Herzens gefährden könnten, erschüttert wird. Hier findet unser modernes Leben eine unüberschaubare Vielfalt verschiedener Arten von falschem Herzensfrieden, der das innerste Streben des Verstandes, der enttäuscht ist von ungestilltem Verlangen nach Wahrheit, der das tiefste Sehnen der Liebe, die unerfüllt bleibt vom begehrenden Wunsch nach truglosem Glück, einzuschläfern sucht durch Indifferenz gegenüber den Angelegenheiten des Herzens oder gar betäuben will durch eine subtile Skepsis, ja, der den Menschen in das unruhige Fieber hektischer Aktivität zu stürzen verlangt, die jede Besinnung über sein eigentliches Los als eitlen Wahn von sich weist; ein falscher Herzensfrieden, der den Menschen durch raffinierte Formen des Vergnügens bannt und ihn eine vorgeheuchelte Verachtung jeglichen zivilisierten Zusammenlebens zur Schau tragen lässt.

Ist das der Friede des Herzens? Wir müssen dies verneinen. Im allgemeinen fehlt dem modernen Menschen der wahre innere Friede.

Doch so groß ist die Wertschätzung, so groß die Liebe, die Christus uns lehrt, jedem Menschen entgegenzubringen, dass wir immer voraussetzen wollen: In jedem menschlichen

Geist ist eine tiefe, angeborene Sehnsucht verborgen, ein Heimweh, eine Hoffnung, eines Tages den wahren Herzensfrieden zu gewinnen, jenen wahren, neuen Frieden, der von der gemeinsamen Not erlöst, jenen Frieden, der uns erleben lässt, Menschen zu sein und Kinder Gottes.

Und Wir möchten, ohne Uns jetzt in längeren Erklärungen zu ergehen – die das Weihnachtsfest übrigens fast zum Greifen nahe bietet – mit lauter Stimme künden, oder besser mit einladenden Worten, die im Inneren der Gemüter einen sanften und überzeugenden Widerhall finden: Es gibt den Herzensfrieden. Er ist möglich; er ist nahe. Er wird uns heute als das große Weihnachtsgeschenk angeboten. Ja, das ist Unser Wunsch, das ist heute Unsere Botschaft. Wer nimmt sie an? An wen richten Wir sie in besonderer Weise? Wir wollen es sagen: Friede sei mit Euch, die Ihr leidet, denn Ihr werdet getröstet werden. Friede sei Euch, die Ihr hungert nach Brot und Gerechtigkeit, denn die Menschen wurden von Christus zu Brüdern erklärt (Mt 23, 8). Alle, die dazu in der Lage sind, schulden Euch materielle und moralische Hilfe, deren Ihr bedürft. Friede Euch, Ihr Denker und Wissenschaftler, es gibt die Wahrheit. Das Ringen Eurer ruhelosen Forschungsarbeit kann zu erstaunlichen Lösungen vorstoßen, denn alles kommt vom ewigen Wort; alles ist, wenigstens in gewissem Grad, erkennbar. Friede Euch, die Ihr Euch Sorgen macht um die rechte Regierung der Welt, denn die Hoffnung ist nicht vergeblich, dass die Menschen doch noch zur Einsicht kommen, sich lieben zu können und zu müssen, nicht aufzurüsten bis zum Wahnsinn verhängnisvoller Risiken, nicht sich gegenseitig zu bekämpfen, nicht einander zu morden.

Hier seht Ihr, meine Brüder, eine einfache und doch wunderbare Tatsache: Der äußere Friede wurzelt im inneren Frieden, aus dem er großenteils hervorgeht. Der Friede muss zuerst in den Herzen verankert sein, damit er sich in den bürgerlichen Einrichtungen und in den geschichtlichen Ereignissen verwirklichen kann. Der Weg hierzu kann weit sein, denn die Wege des Herzens sind weit, oft steil und unzugänglich; sie sind von der eigenen Persönlichkeit geprägt und darum Schwankungen unterworfen. Das ist wahr, aber das gehört zum menschlichen Schicksal, und gerade Weihnachten bietet uns positive Werte, die von sich aus auf eine Lösung hinweisen.

Friede bedeutet Ordnung. Die Ordnung setzt eine Vollkommenheit der Beziehungen voraus. Unter allen Beziehungen, deren die menschliche Existenz bedarf, hat den Vorrang jene mit Gott. Wir sind Uns bewusst, hier eine Wahrheit festzustellen, deren Annahme viele Menschen unserer Tage ablehnen. Sie vertreten den Standpunkt, man lebe gut, ja noch besser ohne Religion, die so geheimnisumwittert ist und äußerst komplizierte Probleme birgt; die dem menschlichen Geist den Frieden raubt, ihn aber nicht gibt. Doch nein; meine Brüder, wir haben ein unstillbares Verlangen nach Gott. Ohne ihn kommen wir nicht aus. Unser Leben ist an ihn gebunden. Gott vergessen bedeutet, das Licht in unserem Leben auszulöschen. Ohne ihn wird alles dunkel. Der menschliche Geist aber braucht Gott dringend. Gott ist unsere Glückseligkeit. Gott ist das Leben. Mit ihm verbunden zu sein, mit ihm ausgesöhnt zu sein, mit seinem Willen übereinzustimmen bedeutet die Grundlage unseres inneren Friedens. «Es gibt keinen Frieden für jene, die ohne Gott sind», sagt die Heilige Schrift (vgl. Jes 48, 22; 57, 21), während der Friede aufblüht für jene, die in den Bannkreis des göttlichen Willens eintreten. «In seinem Willen liegt unser Friede», ruft Dante tiefbeglückt und voll ehrlicher Überzeugung an der Schwelle seines Paradieses aus (III, 85). Wir wissen wohl, dass diese primäre Grundlage des inneren

Friedens und damit des äußeren Friedens heute bestritten wird. Der Religion, im positiven und aktiven Sinn, verwehrt man das Heimatrecht nicht allein im staatlichen Bereich, wo die Staatsautorität ihre Hoheitsrechte ausübt und wo der Laizismus geschuldete Anerkennung der Grenzen der weltlichen Regierung vor der Grenzlinie des Reiches Gottes sein kann, sondern man bestreitet es ihr auch im Reiche des Geistes, wo die Religion berufen ist, ihre Herrschaft zu behaupten als Quelle des inneren und folglich auch des äußeren Friedens.

Wie lässt sich eine soziale und internationale Ordnung denken ohne die Festlegung einer Ordnung in der menschlichen Person und in den sittlichen Werten für die Menschen, denen die Leitung der Welt anvertraut ist und die sie aufbauen? Und wie kann eine solche Ordnung ehrlich sein, sicher und dauerhaft ohne Hinweis auf jene absoluten und transzendenten Prinzipien, wie sie nur die Religion bietet und verbürgt? Der Friede mit Gott ist die Quelle jener moralischen Kraft, jener mannhaften Charakterfestigkeit, jener grundlegenden Weisheit, aus der der Friede mit den Mitmenschen hervorgehen kann. Wie soll man es ermöglichen, die Menschen untereinander zu vereinen, ohne dass man im politischen Leben der Idee der Brüderlichkeit aller Menschen den Vorrang zuerkennt und auf das Verzeihen erlittenen oder gegenseitigen Unrechtes als Lösungsprinzip menschlicher Konflikte hinweist? Und sind diese fundamentalen Kriterien irdischen Friedens nicht in jenen Lehren zugrunde gelegt, die nur die Religion nahebringen und mit Wert erfüllen kann? Die Religion Christi, sagen Wir, jene von Weihnachten. Mehr möchten Wir nicht sagen, denn Unsere Worte sind keine Unterweisung, sondern eine Botschaft. Vielleicht wird sie eine Vorausschau sein – Gott gebe es! – in zweifacher Hinsicht, dass nämlich eines Tages diese bescheidene Stimme, nur ein schwaches Echo der Weihnachtsbotschaft, Gehör finde und Freude bringe und neue Lebenskraft der Welt, die Christus nähergekommen ist, und dass von heute an gute und gläubige Seelen, bereits erfüllt vom Geiste Christi, die unaussprechliche Kraft seines inneren Friedens erfahren dürfen und sich selbst wie auch ihren Brüdern gegenüber bezeugen können, wie wahr, wie beglückend, wie vielversprechend der Friede ist, den uns Christus gebracht hat und den die Welt ohne ihn nicht voll und ganz erreichen kann (vgl. Joh 14, 27).

Euch, meine Brüder, Euch, geliebte Söhne, Euch allen, Ihr Menschen guten Willens, gilt der Weihnachtswunsch für jenen inneren «Frieden Gottes, der alles Begreifen übersteigt und Eure Herzen und Gedanken bewahren möge in Jesus Christus», in dessen Namen Wir Euch alle von Herzen segnen.

Botschaft zur Feier des Weltfriedenstages am 1. Januar 1968: Der Preis des Friedens

Wir wenden Uns an alle Menschen guten Willens und rufen sie auf, in aller Welt den «Tag des Friedens» am ersten Tag des Kalenderjahres, dem 1. Januar 1968, zu begehen. Wir würden es begrüßen, wenn sich jedes Jahr diese Feier wiederholen könnte, als Wunsch, an den Anfang des Jahres, das den Weg unseres menschlichen Daseins in der Zeit misst und beschreibt, den Frieden zu stellen, damit er in seiner gerechten und wohltuenden Ausgeglichenheit die geschichtliche Entwicklung der Zukunft bestimmt.

Wir meinen, Unser Vorschlag entspricht den Bestrebungen der Völker und ihrer Staatsmänner, der internationalen Vereinigungen, die sich um die Erhaltung des Weltfriedens mühen, der religiösen Gemeinschaften, die an der Förderung der Friedensidee arbeiten, der kulturellen, politischen und sozialen Bewegungen, die den Frieden als ihr Ideal propagieren, der Jugend, die mit größerem Scharfblick die neuen Wege der Menschheit sieht, die zu einer friedlichen Entwicklung hinführen sollen, und der weisen Menschen, die klar Notwendigkeit wie Bedrohung des Friedens in unseren Tagen erkennen.

Der Vorschlag, den ersten Tag des Jahres dem Frieden zu weihen, möchte nicht als allein von Uns, das heißt von religiöser, katholischer Seite kommend verstanden werden. Er sucht vielmehr die Beteiligung aller, aller, die den Frieden wahrhaft lieben, geradeso als käme dieser Vorschlag aus ihren Reihen; er möchte sich nicht auf bestimmte Formen festlegen, um in besonderer Weise auf jene einzugehen, die davon wissen, wie schön, ja wie wichtig es ist, dass in dem vielfältigen Zusammenspiel der modernen Menschheit alle Stimmen zusammenklingen zu dem Preislied des einzigartigen Gutes, das der Friede ist.

Die katholische Kirche möchte ganz einfach, in der Absicht zu dienen und ein Beispiel zu geben, «die Idee lancieren», damit sie nicht nur weltweite Zustimmung, sondern auch überall vielfache Unterstützung finde. Ihre Förderer sollen fähig und stark genug sein, dem «Tag des Friedens», in seiner Wiederkehr am Anfang jedes neuen Jahres, das unverfälschte und kraftvolle Gepräge einer Menschheit zu geben, die bewusst und innerlich frei vom Trauma eines als Fatalität erlebten Kriegsgeschehens der Weltgeschichte eine verheißungsvollere Entwicklung in geordneter Zivilisation zu sichern weiß.

Die katholische Kirche wird ihren Gläubigen die Feier dieses «Tages des Friedens» immer in den religiösen und sittenmäßigen Ausdrucksformen des christlichen Glaubens mahnend ins Gedächtnis rufen. Sie hält es aber auch für ihre Pflicht, alle jene, die mit ihr zusammen die Feier dieses «Tages» begehen wollen, an das zu erinnern, was zum Wesen einer solchen Feier gehört. Zunächst die Notwendigkeit, den Frieden gegen die Gefahren zu schützen, die ihm zu allen Zeiten drohen: nämlich die Gefahr, dass in den Beziehungen der Völker zueinander der Egoismus weiterlebt; die Gefahr, dass sich die Bevölkerung mancher Länder zu Ausschreitungen hinreißen lässt in der Verzweiflung, nicht anerkannt zu werden und zusehen zu müssen, wie Menschenrecht und Menschenwürde mit Füßen getreten werden; weiterhin die Gefahr des Einsatzes furchtbarer Vernichtungswaffen, die gerade heute erschreckende Ausmaße angenommen hat, wobei die Großmächte, die darüber verfügen, dafür ungeheure Summen aufwenden, was zu denken gibt, gerade in Anbetracht der gravierenden Notlage vieler Entwicklungsländer. Schließlich die Gefahr gutzuheißen, dass die internationalen Konflikte nicht auf dem Weg der Vernunft, das heißt durch Verhandlungen auf der Grundlage von Recht, Gerechtigkeit und Gleichheit, sondern nur durch gewaltsame Abschreckungsmaßnahmen und mörderische Waffen bereinigt werden können.

Der Friede gründet in seinem subjektiven Aspekt auf einem neuen Geist, der das Zusammenleben der Völker beseelen muss, auf einer neuen Auffassung vom Menschen, von seinen Pflichten und von seiner Bestimmung. Ein langer Weg muss noch beschritten werden, damit diese Auffassung Allgemeingut wird und sich auswirken kann. Eine neue Erziehungsweise muss die heranwachsende Generation dazu führen, dass sich die Nationen gegenseitig achten, dass die Völker untereinander Brüder werden und alle Menschen für ihren gemeinsamen Fortschritt zusammenarbeiten. Die internationalen Organisationen und Einrichtungen, die dieses Ziel anstreben, verdienen es, besser bekannt zu werden, von allen Unterstützung zu erfahren und mit Autorität und den für ihre hohe Sendung notwendigen Mitteln ausgestattet zu werden. Der «Tag des Friedens» soll auch eine Ehrung für diese Institutionen sein und ihrem Werk Ansehen und Vertrauen entgegenbringen wie auch jene Erwartung, die ihr Verantwortungsbewusstsein und das Wissen um die anvertrauten Aufgaben wachhält.

Eines muss jedoch in Erinnerung gerufen werden: Der Friede kann nicht auf dem Blendwerk wortreicher Rhetorik gründen. Eine solche findet zwar immer Anklang, da sie auf die geheimsten und ursprünglichsten menschlichen Bestrebungen Antwort zu geben scheint, sie kann aber auch nur dazu dienen – und in der Vergangenheit hat sie es leider manchmal getan – gähnende Leere dort zu verbergen, wo echter Geist und wirkliche Bemühungen um den Frieden fehlen, oder, um gewalttätige Gedanken und Handlungen und egoistische Interessen zu bemänteln. Man kann nicht legitimerweise vom Frieden reden, wenn das bewährte Fundament des Friedens nicht anerkannt und geachtet wird: nämlich die Aufrichtigkeit, nämlich die Gerechtigkeit und die Liebe in den Beziehungen zwischen den Staaten, und innerhalb jeder Nation in den Beziehungen der Bürger untereinander und mit ihrer Regierung; ferner die Freiheit des Einzelnen und der Völker in allen ihren Spielarten der bürgerlichen, kulturellen, moralischen und religiösen Freiheit. Andernfalls wird es keinen Frieden geben, auch dann nicht, wenn es dem Staatsterror einmal gelingen sollte, den äußeren Anschein von Ordnung und Gesetzmäßigkeit zu erwecken; das stete innere Schwelen von Aufständen und Kriegen würde sich nicht ersticken lassen.

Wir laden die weisen und tapferen Menschen ein, diesen Tag dem wahren, gerechten und ausgewogenen Frieden zu weihen, der sich auf die ehrliche Anerkennung der Rechte der menschlichen Person und auf die Unabhängigkeit der einzelnen Nationen gründet.

So bleibt schließlich zu wünschen, dass die Herausstellung des Friedensideals nicht die Tatenlosigkeit jener begünstige, die Angst davor haben, ihr Leben in den Dienst ihres Landes und ihrer Brüder zu stellen, während diese sich für die Verteidigung der Gerechtigkeit und Freiheit aufopfern. Sie suchen vielmehr, sich der Verantwortung zu entziehen und schrecken vor dem unvermeidbaren Risiko zurück, das die Erfüllung großer Pflichten und hochherziger Einsatz mit sich bringen. Friede ist kein Pazifismus; hinter ihm kann sich keine billige und bequeme Auffassung vom Leben verbergen; er verkündet vielmehr die hohen und allgemeingültigen Werte des Lebens: Wahrheit, Gerechtigkeit, Freiheit und Liebe.

Um diese Werte zu schützen, stellen wir sie unter das Banner des Friedens und laden alle Menschen und Nationen ein, dieses Banner – am Beginn des neuen Jahres – weithin sichtbar hochzuheben. Es soll das Schiff der Menschheit, durch alle unvermeidlichen Stürme der Geschichte hindurch, zum Hafen seiner hohen Bestimmung führen.

Auch an Euch, geliebte Brüder im Bischofsamt, an Euch, geliebte Söhne und Gläubige unserer heiligen katholischen Kirche, richten Wir die Einladung, die Wir eben verkündet haben: eine besondere Feierlichkeit dem Gedanken und dem Willen zum Frieden einzuräumen am ersten Tag des bürgerlichen Jahres, am 1. Januar des kommenden Jahres.

Diese Feierlichkeit soll den liturgischen Kalender nicht abändern, der den Neujahrstag der Verehrung der göttlichen Mutterschaft Mariens und dem heiligsten Namen Jesu vorbehält. Im Gegenteil! Diese heiligen und schönen Gedenktage sollen vielmehr mit ihrem Lichte aufleuchten lassen, was sie an Güte, an Weisheit und Hoffnung in sich schließen für unser Beten, unsere Betrachtung und unser Ringen um das große und ersehnte Gut des Friedens, dessen die Welt so sehr bedarf.

Es wird Euch aufgefallen sein, ehrwürdige Brüder und geliebte Söhne, wie oft Unsere Worte Erwägungen und Ermahnungen zum Frieden wiederholen. Wir tun es keineswegs bloß, weil Wir Uns daran gewöhnt haben oder lediglich, um ein aktuelles Thema zu behandeln. Wir tun dies vielmehr im Gedanken, dass das Unsere Pflicht als Hirte aller Gläubigen ist. Wir tun es, weil Wir den Frieden schwer bedroht sehen und in der Vorausschau schrecklicher Ereignisse, die sich für ganze Länder und vielleicht auch für einen großen Teil der Menschheit katastrophal auswirken können. Wir tun es, weil es sich in den letzten Jahren der Geschichte unseres Jahrhunderts endlich ganz klar gezeigt hat, dass der Friede den einzigen und wahren Weg des menschlichen Fortschrittes darstellt (und nicht die Spannungen zwischen ehrgeizigen nationalen Bestrebungen, nicht gewalttätige Eroberungen, nicht Unterdrückungen, die eine Scheinordnung im Staat zeitigen). Wir tun es, weil der Frieden im Geist der christlichen Religion gegeben ist; weil für einen Christen den Frieden proklamieren gleichbedeutend ist mit Christus verkündigen. «Er ist unser Friede» (Eph 2, 14); seine Frohbotschaft ist «das Evangelium des Friedens» (Eph 6, 15). Durch sein Kreuzesopfer hat er die Aussöhnung aller Menschen vollzogen, und wir, die ihm nachfolgen, sind berufen, «Mitarbeiter des Friedens» (Mt 5, 9) zu sein; und nur aus dem Evangelium kann tatsächlich der Friede erblühen, nicht um die Menschen schwach und weich zu machen, sondern um in ihrem Gemüte an Stelle impulsiver Gewalttätigkeit und Unterdrückungssucht die edlen Geistes- und Herzenstugenden wahrer Menschlichkeit zu setzen. Wir tun es schließlich, weil Wir nicht möchten, dass jemals von Gott oder von der Geschichte gegen Uns der Vorwurf erhoben würde, angesichts der Gefahr eines neuen Weltbrandes geschwiegen zu haben, der, wie jeder weiß, unabsehbare Formen apokalyptischen Schreckens annehmen könnte.

Es gilt, immer vom Frieden zu sprechen. Es gilt, die Welt dazu zu erziehen, den Frieden zu lieben, den Frieden aufzubauen, den Frieden zu verteidigen. Und gegen die auflebenden Vorboten des Krieges (nationalistische Bestrebungen, Aufrüstung, Herausforderung zum Umsturz, Rassenhass, Revanchismus usw.) und gegen die Bedrohung eines taktischen Pazifismus, der den zu vernichtenden Gegner einzuschläfern sucht oder in den Geistern den Sinn für Gerechtigkeit, für Pflicht und Opfer ertötet, muss man bei den Menschen unserer Zeit und bei den kommenden Geschlechtern den Sinn und die Liebe für einen Frieden wecken, der auf der Wahrheit gegründet ist, auf der Gerechtigkeit, auf der Freiheit und auf der Liebe[132].

Die große Idee des Friedens soll vor allem bei uns, die wir Christus nachfolgen, zu Beginn des neuen Jahres 1968 ihren Festtag haben.

Wir, die wir an das Evangelium glauben, können dieser Gedenkfeier einen wunderbaren Schatz von schöpferischen und kraftvollen Gedanken geben wie jenen der unantastbaren und universalen Bruderschaft aller Menschen, die sich ableitet aus der einzigartigen, erhabenen und liebevollen Vaterschaft Gottes und die aus der Gemeinschaft kommt, die alle – tatsächlich oder als Wunsch – mit Christus vereint; und auch den Gedanken der prophetischen Berufung, die das Menschengeschlecht im Heiligen Geist zur Einheit aufruft, und zwar nicht nur im Bewusstsein, sondern auch

---

[132] Vgl. Johannes XXIII., *Pacem in terris*.

in Werken und in schicksalhafter Verbundenheit. Wie niemand sonst können wir von der Nächstenliebe sprechen. Wir können aus dem Gebot des Evangeliums zu verzeihen und Barmherzigkeit zu üben belebende Kräfte für das Gesellschaftsleben schöpfen. Vor allem, ehrwürdige Brüder und geliebte Söhne, haben wir eine einzigartige Waffe für den Frieden zu unserer Verfügung: das Gebet mit seinen wunderbaren Kraftquellen auf sittlicher Ebene und mit der Einwirkung übernatürlicher Antriebe geistlicher und politischer Erneuerung. Das Gebet bietet jedem die Möglichkeit, sich persönlich und aufrichtig nach den tiefsten Gründen des Grolls und der Gewalttätigkeit zu fragen, die sich im Herzen eines jeden finden können.

Sehen wir also der Einweihung des Gnadenjahres 1968 entgegen (des Jahres des Glaubens, der zur Hoffnung wird), indem wir für den Frieden beten, und zwar alle, nach Möglichkeit gemeinsam in unseren Kirchen und in unseren Heimen. Darum möchten Wir Euch jetzt bitten. Keine Stimme soll fehlen im großen Chor der Kirche und der Welt, die Christus anfleht, der sich für uns hingegeben hat: «Dona nobis pacem, schenk uns den Frieden!»
Euch alle begleite Unser Apostolischer Segen.

Botschaft zur Feier des Weltfriedenstages am 1. Januar 1969:
Menschenrechte, der Weg zum Frieden

Allen Menschen guten Willens, allen, die für den Lauf der Geschichte in der Gegenwart und in der Zukunft verantwortlich sind; all denen also, die im politischen Leben, in der öffentlichen Meinung, in der Gesellschaftspolitik, im Kulturgeschehen und im Erziehungswesen eine führende Rolle innehaben; allen jungen Menschen, die sich in Angst und Sorge um die Erneuerung der Welt auflehnen, verkünden Wir in Demut mit der Stimme der Freiheit, die losgelöst ist von allem irdischen Interesse, noch einmal flehend und in feierlichem Ernst das Wort: Friede.

Der Friede ist heutzutage zuinnerst mit der ideellen Anerkennung und der wirksamen Wiederherstellung der Menschenrechte verbunden. Diesen fundamentalen Rechten entspricht eine fundamentale Pflicht: der Friede.

Der Friede ist eine Pflicht.

Heute ist die Rede von internationalen Kontakten, von der Interessengemeinschaft der Völker untereinander, vom Streben der jungen Staaten nach Freiheit und Unabhängigkeit, von den Bemühungen der Völker um eine gemeinsame, umfassende Organisation auf der Grundlage des Rechtes, von den unabsehbaren Gefahren und Katastrophen im Falle erneuter bewaffneter Auseinandersetzungen, von der seelischen Verhaltensweise des Menschen, der sich nach ungetrübtem Glück und Gemeinschaft mit allen seinen Mitmenschen sehnt; man spricht heute vom Fortschritt der ökumenischen Bewegung und von der Achtung der persönlichen und gesellschaftlichen Freiheit eines jeden Menschen. Dies festigt Unsere Überzeugung, dass der Friede eines der höchsten irdischen Güter ist und größte Bedeutung hat. Ihm gilt das gemeinsame Streben aller Menschen. Er ist ein Ideal, das einer Menschheit würdig ist, die Herr ihrer selbst und der Welt ist.

Der Friede ist notwendig, um das Erreichte festzuhalten und Neues zu erreichen. Er ist ein fundamentales Gesetz für den Austausch der Gedanken, für den Lauf der Kultur, der Wirtschaft und der Kunst. Der Friede ist eine Forderung, die sich im Hinblick auf das zukünftige Schicksal der Menschheit immer wieder erhebt. Der Friede ist Sicherheit, der Friede ist Ordnung. Er ist gerechte und dynamische

Ordnung, möchten Wir sagen, die in einem ständigen Aufbau begriffen ist. Ohne den Frieden gibt es kein Vertrauen, ohne Vertrauen aber keinen Fortschritt. Ein Vertrauen, das nach Unserer Ansicht in der Gerechtigkeit und der Redlichkeit verwurzelt ist.

Nur in einer Atmosphäre des Friedens festigt sich das Recht, wächst die Gerechtigkeit, atmet die Freiheit. Wenn dies die Bedeutung des Friedens ist, wenn dies der Wert des Friedens ist, so ist der Friede eine Pflicht.

Er ist die Pflicht der Geschichte in der Gegenwart. Wer über die Lehren nachzudenken weiß, die die Geschichte der Vergangenheit uns gibt, kommt sofort zur notwendigen Schlussfolgerung: Eine Rückkehr zum Krieg, zu Waffengewalt und Blutvergießen, zum Verderben muss als unsinnig bezeichnet werden. Krieg entstammt einer Psychologie der Waffengewalt und des Machtkampfes und endet mit der Vernichtung des Menschen, der Bürger dieser Erde ist, die für die Dauer dieses Lebens die Heimat aller ist.

Wer als Mensch denkt und empfindet, kann sich nur für den Frieden einsetzen. Wer über die Ursachen der Zwistigkeiten der Menschen nachdenkt, muss zugeben, dass sie einen Mangel an menschlichem Empfinden, aber nicht echte Tugend und sittliche Größe des Menschen kundtun.

Die Notwendigkeit eines Krieges könnte nur unter außergewöhnlichen, faktisch und rechtlich nicht abwendbaren Umständen gerechtfertigt werden, die sich jedoch niemals mehr in der heutigen Gesellschaft verwirklichen dürften. Vernunft, nicht Gewalt, soll die Geschicke der Völker entscheiden. Gegenseitiges Verständnis, Verhandlungen und Schlichtung, nicht Feindseligkeiten, Blutvergießen und Sklaverei sollen die schwierigen Beziehungen der Menschen untereinander bestimmen. Weder ein zeitweiliger Waffenstillstand noch ein unbeständiges Gleichgewicht der Kräfte, weder der Schrecken vor Gegenmaßnahmen und Vergeltungsakten, noch geglückte Gewaltstreiche und erfolgreiche Unterdrückung können einen Frieden gewährleisten, der diesen Namen verdient.

Man muss den Frieden wollen. Man muss den Frieden lieben. Man muss den Frieden schaffen. Er muss das Ergebnis sittlichen Bemühens sein. Er muss dem Geist der Freiheit und großmütiger Gesinnung entspringen. Er mag als ein Traum erscheinen; ein Traum, der Wirklichkeit wird kraft einer neuen und höheren Idee vom Menschen.

Ein Traum, möchten Wir sagen, weil die Erfahrung der letzten Jahre und das Auftreten neuer undurchsichtiger und fragwürdiger Strömungen mit Ideen vom radikalen und anarchistischen Kampf, von der Erlaubtheit und Notwendigkeit jeder Art von Gewaltanwendung, von der Politik der Macht und Vorherrschaft, vom Wettrüsten und der methodischen Anwendung von Hinterlist und Betrug, und von der unumgänglichen Notwendigkeit von Machtdemonstrationen die Hoffnung auf eine friedliche Ordnung der Welt auf der Grundlage des Rechtes zu ersticken scheinen. Doch diese Hoffnung bleibt bestehen, weil sie bestehen bleiben muss. Sie ist das Licht des Fortschritts und der Zivilisation. Die Welt kann nicht auf ihren Traum vom universalen Frieden verzichten. Gerade weil der Friede immer im Werden begriffen ist, weil er stets unvollständig ist, immer zerbrechlich, immer bedroht, immer schwierig, verkünden Wir ihn als eine Pflicht. Eine Pflicht, der man sich nicht entziehen kann. Eine Pflicht derjenigen, die für das Schicksal der Völker Verantwortung tragen. Eine Pflicht aller Bewohner dieser Erde. Denn alle müssen den Frieden lieben; alle müssen zusammen helfen, um jene Gesinnung in der Öffentlichkeit, jenes Bewusstsein in der Gemeinschaft zu schaffen, das den Frieden ersehnen lässt und möglich macht. Der Friede muss zu allererst in den Herzen der Menschen wohnen, um dann im äußeren Geschehen Wirklichkeit zu werden.

Ja, der Friede ist eine umfassende, eine dauernde Pflicht. Um diesen Grundsatz der modernen Zivilisation in Erinnerung zu bringen, laden Wir die Welt ein, auch im kommenden Jahr 1969 den «Tag des Friedens» am 1. Januar zu begehen. Es ist ein Wunsch, eine Hoffnung, eine Aufgabe! Die ersten Sonnenstrahlen des neuen Jahres mögen das Licht des Friedens über die Erde hin aufstrahlen lassen!

Wir wagen, der Hoffnung Ausdruck zu verleihen, dass vor allem junge Menschen Unsere Einladung aufnehmen als einen Ruf, der deutlich machen kann, was an Neuem, an Lebensnahem, an Großem ihre in Aufruhr geratenen Herzen bewegt. Der Friede verlangt eine Änderung der Missstände und geht ineins mit der Gerechtigkeit.

In diesem Jahr kommt Unserem Vorschlag ein Umstand zugute: Es wurde der 20. Jahrestag der Verkündigung der Menschenrechte begangen. Dies ist ein Ereignis, das alle Menschen angeht: den Einzelnen wie die Familie, die Gruppen und Verbände wie die Nationen. Keiner darf es vergessen, keiner darüber hinweggehen, weil alle zur grundsätzlichen Anerkennung einer menschenwürdigen Bürgerschaft im Vollsinn des Wortes aufgerufen sind. Jeder Einzelne auf Erden besitzt sie. Von dieser Anerkennung leitet sich der ursprüngliche Anspruch auf Frieden her und das Thema des Weltfriedenstages. Es lautet: «Die Förderung der Menschenrechte: ein Weg zum Frieden».

Um dem Menschen das Recht auf Leben, Freiheit, Gleichheit, Kultur, auf die Segnungen der Zivilisation, auf die personale und soziale Würde zu gewährleisten, ist der Friede notwendig. Wo er sein Gleichgewicht und seinen Einfluss verliert, dort werden die Menschenrechte unsicher und in Frage gestellt. Wo kein Friede ist, verliert das Recht sein menschliches Antlitz. Wo die Menschenrechte nicht beachtet, verteidigt und gefördert werden, wo man mit Gewalttätigkeit oder Betrug gegen die unveräußerliche Freiheit des Menschen verstößt, wo seine Persönlichkeit ignoriert oder herabgesetzt wird, wo Diskriminierung, Sklaverei und Intoleranz herrschen, dort kann kein wahrer Friede sein. Friede und Recht sind sich gegenseitig Ursache und Wirkung: der Friede fördert das Recht und das Recht seinerseits fördert den Frieden.

Wir wollen hoffen, dass diese Gründe für jeden Menschen, für jeden Personenkreis, für jede Nation Gültigkeit besitzen! Wir wollen hoffen, dass die überragende Bedeutung der Sache des Friedens weite Kreise zum Nachdenken bringt und zur Tat aneifert! Friede und Menschenrechte sollen nach Unserem Wunsch ein Anliegen sein, auf das die Menschen in der Geburtsstunde des neuen Jahres ihre Gedanken lenken.

Unsere Einladung ist aufrichtig: sie kennt kein anderes Ziel als das Wohl der Menschheit. Unsere Stimme ist zwar schwach, aber klar. Sie ist die Stimme des Freundes, der wünscht, dass sie vernommen werde, nicht so sehr wegen der Persönlichkeit dessen, von dem sie ausgeht, als vielmehr wegen der Sache, die sie zu sagen hat. Es ist die Welt, an die sie sich wendet, die Welt, die denkt, die über Möglichkeiten verfügt, die wächst, die arbeitet, die leidet, die in Erwartung ausharrt. Möge diese Stimme nicht ungehört verhallen! Der Friede ist eine Pflicht!

Unsere Botschaft kann nicht ohne die Kraft auskommen, die sie vom Evangelium erhält, dessen Diener Wir sind, vom Evangelium Jesu Christi. An alle Menschen auf der Welt wendet sich Unsere Botschaft, genau wie das Evangelium.

Doch noch unmittelbarer Euch, ehrwürdige Brüder im Bischofsamt, Euch liebe Söhne und Töchter, Gläubige der katholischen Kirche, wiederholen Wir die Einladung zur Feier des «Tags des Friedens». Die Einladung wird zum Gebot, nicht Unserem Gebot, wohl aber zum Gebot des Herrn, der in uns überzeugte und eifrige Werkleute für die Sache des Friedens haben will, gleichsam als Bedingung, um zu den Seligen zählen zu dürfen, die mit dem Namen der Kinder Gottes ausgezeichnet sind (Mt 5, 9). An Euch richtet sich Unsere Stimme: sie wird zum lauten Ruf, weil für uns, Gläubige, der Friede eine noch tiefere und geheimnisvollere Bedeutung annimmt. Er bedeutet für uns geistige Fülle; er ist ebenso unser persönliches Heil wie das unserer Mitmenschen und unserer Gesellschaft.

Der Friede hier auf Erden und in der Zeit ist Abglanz und Vorspiel zum himmlischen und ewigen Frieden. Der Friede bedeutet für uns Christen nicht nur äußeres Gleichgewicht, rechtliche Ordnung, ein Gesamt an geordneten Beziehungen im öffentlichen Leben, für uns ist Friede in erster Linie die Verwirklichung des Planes der Liebe und Weisheit, mit dem Gott die übernatürliche Verbindung mit der Menschheit wiederherstellen wollte. Der Friede ist die erste Wirkung dieser neuen göttlichen Heilsordnung, die wir Gnade nennen. «Gnade und Friede», schreibt der Apostel wiederholt. Er ist ein Geschenk Gottes, das zum bestimmenden Faktor des christlichen Lebens wird. Er ist Ausdruck der messianischen Zeit, die ihr Licht und ihre Hoffnung auf unsere irdische Stadt ausstrahlt und uns aus jenen tiefsten Quellen Kraft verleiht, auf die sich der messianische Friede gründet.

Der Friede Christi gesellt der Würde, Bürger der Erde zu sein, die Würde bei, Kind des himmlischen Vaters zu heißen. Der Gleichheit aller Menschen untereinander fügt er die Würde der christlichen Brüderlichkeit hinzu. Bei den Auseinandersetzungen der Menschen, die den Frieden gefährden und verletzen, entkräftet der Friede Christi die Vorwände und widerlegt die Beweggründe, indem er den Wert einer sittlichen, ideellen und höheren Ordnung aufzeigt und die wunderbare religiöse und bürgerliche Tugend edelmütigen Verzeihens sichtbar werden lässt.

Der Unzulänglichkeit menschlicher Bemühungen um einen festgegründeten und dauerhaften Frieden gewährt der Friede Christi die Hilfe seines unerschütterlichen Optimismus. Der Unzuverlässigkeit und dem Trug einer Politik des Prestiges und materiellen Interesses gegenüber rät der Friede Christi zur Politik der Liebe. Einer häufig zu feigen und ungeduldigen Gerechtigkeit, die ihre Forderungen mit Waffengewalt aufrecht erhält, flößt der Friede Christi die unbesiegte Kraft des Rechtes ein, das sich aus den wesentlichen Grundlagen der menschlichen Natur und der übernatürlichen Bestimmung des Menschen herleitet.

Der Friede Christi ist nicht Angst vor Stärke und Widerstand. Er empfängt seinen Geist vom erlösenden Opfer. Der Friede Christi ist nicht Feigheit, die sich mit dem Unglück und dem Unvermögen von mittellosen und schutzlosen Menschen abfindet. Der Friede Christi hat Einsicht in Leid und Not der Menschen und weiß helfende Liebe für die Kleinen, die Armen, die Schwachen, die Enterbten, die Leidenden, die Gedemütigten und die Besiegten zu finden. Der Friede Christi ist also mehr als jede andere humanitäre Formel um die Wahrung der Menschenrechte besorgt. Wir möchten, dass Ihr dies, geliebte Brüder und Söhne, am «Tag des Friedens» in Euren Herzen bedenkt und verkündigt. Im Namen Jesu Christi, des Friedensfürsten, der sich zum Anwalt aller wahren Rechte des Menschen macht.

Dazu verhelfe Euch Unser Apostolischer Segen.

Botschaft zur Feier des Weltfriedenstages am 1. Januar 1970:
Erziehung zum Frieden durch Versöhnung

Menschen in aller Welt!
Wenn Ihr in der Morgenstunde des Neuen Jahres 1970 erwacht, überlegt euch einmal: Wohin führt der Weg der Menschheit? Eine Gesamtschau ist heute möglich, eine prophetische Vision.

Die Menschheit schreitet voran, das heißt sie macht Fortschritte zu einer immer weiteren Unterwerfung der Welt. Denken, Forschen und Wissenschaft leiten den Menschen bei dieser Eroberung. Durch die Arbeit, die Werkzeuge und die Technik vollziehen wir diese wunderbare Unterwerfung. Und wozu dient sie der Menschheit? Um besser zu leben, um mehr zu leben. Die Menschheit sucht die Erfüllung des Lebens innerhalb der ihr gegebenen Zeit, und erlangt sie. Aber die Menschheit stellt fest, dass es keine wahre Lebensfülle gäbe, wäre sie nicht universal, das heißt, umfasste sie nicht alle Menschen. Aus diesem Grunde ist die Menschheit bemüht, die Wohltaten des Fortschrittes auf alle Völker auszudehnen. Sie strebt hin zur Einheit, zur Gerechtigkeit, zu einem Gleichgewicht, zu einer Vollkommenheit, die wir Frieden nennen.

Auch wenn die Menschen dem Frieden zuwiderhandeln, streben sie nach dem Frieden. «Mit dem Blick auf den Frieden führen sie auch Kriege.»[133] Der Friede ist das folgerichtige Endziel der Welt von heute; er ist das Endziel des Fortschrittes, die Erfüllung der großen Anstrengungen der modernen Kultur.[134]

Darum verkünden Wir heute wieder den Frieden als Unseren besten Wunsch für die kommende Zeit. Friede

---

[133] Augustinus, *De civitate Dei*, XIX, c. XII; PL 41, 637.
[134] Vgl. *LG* 36.

sei mit Euch, Menschenkinder des Jahres 1970! Wir künden den Frieden als die beherrschende Idee des menschlichen Daseins und des Menschen, der seinen jetzigen und künftigen Lebensweg überschauen will. Erneut verkünden Wir den Frieden, denn er ist unter verschiedenen Gesichtspunkten gleichzeitig Anfang und Zielpunkt des normalen und vom Fortschritt diktierten Ablaufs der menschlichen Gesellschaft. Er ist Ursprung, das heißt Vorbedingung. Wie eine Maschine nicht gut funktionieren kann, wenn nicht alle ihre Bauteile dem Plane und damit der ursprünglichen Konzeption entsprechen, so kann sich auch die Menschheit nicht wirksam und harmonisch entwickeln, wenn ihr der Friede nicht sein eigenes Gleichgewicht als Ausgangspunkt verleiht. Der Friede ist die Idee, die dem menschlichen Fortschritt zugrundeliegen muss. Er ist die wahre und fruchtbare Idee, aus der sich das rechte geschichtliche Bild des Menschen ergibt und für uns ein besseres Leben. Der Friede ist Zielpunkt, das heißt Krönung der oft mühevollen und leidvollen Anstrengungen, durch die wir Menschen darauf hinarbeiten, uns die Umwelt dienstbar zu machen und unser gesellschaftliches Leben nach einem Plan aufzubauen, der Gerechtigkeit und Wohlstand widerspiegelt.

Wir bekräftigen es: Friede ist die gelebte Wirklichkeit des menschlichen Idealbildes. Wir möchten aber betonen: Friede ist nicht etwas Statisches, das ein für allemal erworben wird, er ist nicht etwas, das unbeweglich in Ruhe verharrt. Denn dann wäre die berühmte Definition des heiligen Augustinus falsch verstanden, der den Frieden als «die Ruhe in der Ordnung» bezeichnet.[135] Wir dürfen uns von der Ordnung keinen abstrakten Begriff machen, sondern müssen festhalten, dass die menschliche Ordnung mehr ein Akt ist als ein

---

[135] Augustinus, *De civitate Dei*, XIX, c. XIII; PL 41, 640.

Zustand. Die Ordnung hängt von Wissen und Willen ab, die sie herstellen und sich ihrer erfreuen. Ordnung hängt auch nicht von der Gunst der Umstände ab. Und da es sich um menschliche Ordnung handelt, kann sie immer mehr ausgebaut werden, das heißt sie wird ständig neu gesetzt und weiter entwickelt. Die Ordnung besteht nämlich in einer fortschreitenden Bewegung, wie das Gleichgewicht beim Flug von einer treibenden Kraft getragen werden muss.

Warum sagen Wir dies? Weil sich Unsere Rede besonders an die Jugend richtet. Wenn Wir vom Frieden sprechen, liebe Freunde, empfehlen Wir Euch nicht ein System, das jede Initiative lähmt und sich egoistisch abkapselt. Des Friedens soll man sich nicht erfreuen, man muss ihn schaffen. Der Friede ist nicht eine Stufe, die schon erreicht ist. Er ist eine hohe Stufe, zu der wir alle und jeder Einzelne hinstreben müssen. Er ist keineswegs eine lähmende Ideologie, sondern ein aufrüttelnder Imperativ, der uns alle für das Gemeinwohl verantwortlich macht und uns die Verpflichtung auferlegt, unsere ganze Kraft für ihn einzusetzen. Der Friede ist das Anliegen der Menschheit.

Wenn jemand diese Auffassung gründlich durchdenkt, wird er viele Dinge entdecken. Er wird feststellen, dass man die Ideen, die die Welt leiten, von Grund auf richtigstellen muss. Er wird feststellen, dass diese Leitideen zum Teil falsch sind, weil sie personengebunden, engherzig und selbstsüchtig sind. Er wird feststellen, dass im Grunde nur eine Idee wahr und gut ist, nämlich jene der allumfassenden Liebe, das heißt des Friedens. Er wird schließlich feststellen, dass diese Idee höchst einfach und gleichzeitig sehr schwierig ist. Sehr einfach, denn der Mensch ist für die Liebe geschaffen, für den Frieden. Aber auch schwierig. Wie kann man lieben? Wie kann man die Liebe zur Würde eines allgemeinen Prinzips erheben? Wie kann die Liebe ihren Platz behaupten bei der Geisteshaltung des modernen Menschen, der ganz von Kampf, Egoismus und Hass durchdrungen ist? Wer kann von sich sagen, dass er Liebe im Herzen hat? Liebe zur ganzen Menschheit? Liebe zur Menschheit, die am Kommen ist, zur Menschheit von morgen; zur Menschheit des Fortschrittes, zur wahren Menschheit, die nicht bestehen kann, wenn sie nicht einig ist, geeint nicht durch Gewalt oder selbstsüchtiges und ausbeuterisches Interessenkalkül, sondern durch brüderliche Liebe?

Dann wird jener, der in diese Schule der großen Friedensidee eintritt, feststellen, dass heute, und zwar sofort, eine neue weltanschauliche Erziehung ihren Anfang nehmen muss, eine Erziehung zum Frieden. Jawohl, der Friede beginnt im tiefsten Herzen des Menschen. Zuerst muss man den Frieden erkennen, ihn bejahen, ihn wollen, ihn lieben. Dann werden wir ihn erleben und ihn durch eine neue Lebensführung zum Ausdruck bringen: in der Weltanschauung, in der Gesellschaftslehre und in der Politik.

Werden wir uns bewusst, liebe Brüder, wie großartig diese Zukunftsvision ist. Mutig wollen wir das erste Programm in Angriff nehmen: die Erziehung zum Frieden.

Wir sind Uns bewusst, wie paradox dieses Programm erscheint. Es scheint außerhalb der Wirklichkeit zu stehen, außerhalb der erfahrbaren, der philosophischen, der sozialen und geschichtlichen Wirklichkeit… Der Kampf ist doch das Gesetz. Der Kampf ist die Kraft des Erfolges. Und: der Kampf ist die Gerechtigkeit. Ein unerbittliches Gesetz: Auf jeder Etappe menschlichen Fortschrittes wird es neu geboren. Auch heute, nach den furchtbaren Erlebnissen des letzten Krieges, ist es nicht der Friede, sondern der Kampf, der sich durchsetzt. Selbst brutale Gewalt findet wieder Anhänger und Bewunderer. Jede Forderung nach Gerechtigkeit, jede Erneuerung auf dem Weg des Fortschrittes vollzieht sich unter der Flagge der Revolution. Es ist wie ein Verhängnis: Nur Gewalt öffnet den Weg, der dem Menschen vom Schicksal bestimmt ist. Menschen, Brüder! Ein schwieriges Problem, das es zu bedenken und zu lösen gilt! Wir wollen nicht bestreiten, dass Kampf notwendig sein kann, dass ihn die Gerechtigkeit zuweilen als Waffe braucht, ja dass er hochherzige, heldenhafte Pflicht werden kann. Keiner kann in Frage stellen, dass dem Kampf Erfolg beschieden sein kann. Doch Wir sind der Auffassung, dass der Kampf nie zur Leitidee werden kann, welche die Menschheit braucht. Ja, Wir sind der Auffassung, dass es für unsere Gesellschaft höchste Zeit ist, sich von anderen Ideen leiten zu lassen als von Kampf, Gewalt, Krieg und Unterdrückung, um die Welt zu wahrer Gerechtigkeit für alle Menschen zu führen. Wir sind der Überzeugung, dass der Friede nichts mit Feigheit, mit Verzagtheit und Schwäche zu tun hat. Der Friede muss ganz allmählich, aber möglichst bald, moralische Stärke an die Stelle brutaler Gewalt setzen. Er muss die verhängnisvolle und allzuoft trügerische Kraft der Waffen und Gewaltmaßnahmen sowie der materiellen und wirtschaftlichen Übermacht durch Vernunft, durch Gespräch und moralische Größe ersetzen.

Friede bedeutet, dass der Mensch aufhört, sich seinem Mitmenschen gegenüber als Wolf zu gebärden. Friede ist der Mensch in seiner unbesiegbaren sittlichen Stärke. Diese muss in der heutigen Welt den Ausschlag geben.

Und sie gibt den Ausschlag. Voll Bewunderung begrüßen Wir die Bemühungen des heutigen Menschen, die der Sicherung des Friedens in der Welt und Geschichte der Gegenwart gelten: der Friede als Weg, als internationale Einrichtung, als redliche Verhandlungsbasis, als auferlegte Selbstbeherrschung in den Auseinandersetzungen in sozialen und territorialen Fragen, als Anliegen, das weit über Fragen des Prestiges, der Vergeltung und persönlicher Rache steht. Große Fragen stehen bereits auf der Tagesordnung, um den Sieg des Friedens zu sichern: Vor allem die Abrüstung, der Atomwaffensperrvertrag, die Möglichkeit eines internationalen Schiedsgerichtes, die Ablösung der Konkurrenz durch Zusammenarbeit, die Ermöglichung einer friedlichen Koexistenz trotz Verschiedenheit von Weltanschauung und Regierungssystem, die Hoffnung schließlich, dass ein Teil der Rüstungsbeträge den Entwicklungsländern zur Verfügung gestellt wird. Einen Beitrag für den Frieden sehen Wir darin, dass die ganze Welt heute Terror, Folter, Vergeltungsmaßnahmen gegen die unschuldige Bevölkerung, Konzentrationslager für Zivilisten, Geiselmord usw. ächtet. Das Gewissen der Welt wird solche Verbrechen nicht mehr zulassen, deren Unmenschlichkeit jene mit Schande bedeckt, die sie vollbringen.

Es ist nicht Unsere Aufgabe, ein Urteil über die augenblicklichen Spannungen unter den Völkern, Rassen, Stämmen und sozialen Schichten abzugeben. Aber es entspricht Unserer Sendung, das Wort «Frieden» unter jene Menschen zu bringen, die miteinander in Fehde liegen. Es ist Unsere Sendung, die Menschen daran zu erinnern, dass sie Brüder sind. Es ist Unsere Sendung, die Menschen zu gegenseitiger Liebe und Versöhnung zu führen, sie zum Frieden zu erziehen. Wir haben deshalb für alle, die sich für die Erziehung zum Frieden einsetzen, Worte der Anerkennung, der Ermutigung und der Zuversicht. Auch in diesem Jahr ergeht Unsere Einladung an alle Persönlichkeiten des öffentlichen Lebens, an alle verantwortlichen Stellen, an alle öffentlichen Organe, an die Politiker, die Lehrer, die Künstler und vor allem an die Jugend, mit aller Entschiedenheit diesen Weg einer echten und weltweiten Zivilisation zu gehen. Es gilt, die Erfüllung der biblischen Verheißung zu erlangen: Es begegnen einander Gerechtigkeit und Friede und küssen sich (Ps 85, 11).

Euch, liebe Brüder und Söhne im gleichen Glauben an Christus, möchten Wir noch ein Wort über Unsere Pflicht hinzufügen, die Menschen, wie Wir vorhin sagten, zu gegenseitiger Liebe, Versöhnung und Verständigung zu führen. Wir haben darüber von unserem Lehrmeister Jesus Christus genaue Anweisungen erhalten. Wir haben sein Beispiel und wir fühlen die Verpflichtung, die Christus aus unserem Munde vernimmt, wenn wir die vertrauten Gebetsworte an Gott den Vater richten: «und vergib uns unsere Schuld, wie auch wir vergeben unseren Schuldigern». Dieses «Wie» macht uns zittern. Es legt eine Gleichung fest, die uns, wenn wir ihr entsprechend handeln, zum Segen in der Heilsordnung wird. Handeln wir ihr entgegen, dann wird sie uns zum Gericht (vgl. Mt 18, 21-35).

Die Verkündigung der Frohbotschaft der Vergebung erscheint in der menschlichen Politik als etwas Widersinniges, denn in der natürlichen Ordnung lässt die Gerechtigkeit oft kein Verzeihen zu. In der christlichen, das heißt der übernatürlichen, Heilsordnung ist das Verzeihen nichts Widersinniges. Es ist schwierig, aber nicht widersinnig. Wie enden die Auseinandersetzungen im weltlichen Bereich? Wie sieht der Friede aus, den man letztlich dabei erreicht? In der heimtückischen und furiosen Dialektik unserer Geschichte, die bestimmt wird durch Menschen, die durch Leidenschaften, Stolz und Groll angetrieben werden, erscheint der Friede, der einen Konflikt beschließt, gewöhnlich als eine Unterwerfung, als eine Überwältigung, als ein Joch, das der schwächere und unterlegene Partner einfach hinnehmen muss. Oft ist es nur ein Aufschub bis zu einer zukünftigen Vergeltung. Man nimmt ein protokollarisches Statut an, hinter dem man heuchlerisch die immer noch feindselige

Gesinnung verbirgt. Diesem Frieden, der unbeständig ist und allzu oft nur vorgetäuscht wird, fehlt einfach die endgültige Lösung des Konfliktes, die Vergebung, der Verzicht des Siegers auf die erlangten Vorteile, die den Besiegten erniedrigen und ihn hoffnungslos zugrunderichten. Dem Besiegten fehlt hinwieder die Kraft zur Versöhnung. Kann Friede ohne verzeihende Milde wirklicher Friede sein? Kann Friede wahr sein, wenn er im Geiste der Rache eingegangen wird? Der eine wie der andere Partner muss sich an jene höhere Gerechtigkeit wenden, die die Vergebung ist. Sie allein löst die unlösbar erscheinenden Prestigefragen und ermöglicht eine neue Freundschaft.

Eine schwierige Lehre? Aber ist sie nicht großartig? Ist sie nicht höchst aktuell? Ist sie nicht wahrhaft christlich?

Für diese hohe Schule des Friedens wollen wir, liebe Brüder und Söhne in Christus, zunächst uns selbst vorbereiten. Lesen wir wieder einmal die Worte der Bergpredigt (vgl. Mt 5, 21-26; 38-48; 12.14-15). Dann wollen wir danach trachten, sie in Wort und Beispiel der Welt zu verkünden. Dazu Unser Apostolischer Segen.

Botschaft zur Feier des Weltfriedenstages am 1. Januar 1971: Jeder Mensch ist mein Bruder

Menschen von 1971!

Auf der Uhr der Weltgeschichte steht der Zeiger der Zeit, unserer Zeit, am Beginn eines neuen Jahres. Dieses wollen wir beginnen, wie alle anderen zuvor, mit Unserem herzlichen Glückwunsch, mit Unserer Botschaft vom Frieden: Friede Euch allen, Friede der Welt.

Hört Uns zu. Es lohnt sich. Gewiss, es ist das gewohnte Wort, das Wir Euch sagen: Friede. Aber es ist das Wort, das die Welt braucht: es so dringend braucht, dass es einen neuen Sinn erhält.

Blicken wir auf dieses herannahende neue Jahr, und beobachten wir zwei Ordnungen von allgemeinen Tatsachen, welche die Welt, die Völker, die Familien und die einzelnen Personen angehen. Diese Tatsachen, scheint Uns, wirken tief und unmittelbar auf unsere Geschicke ein. Jeder von uns kann daran die Zukunft ablesen.

Betrachtet eine erste Ordnung von Tatsachen. Eigentlich ist es keine Ordnung, sondern eine Unordnung. Denn die Tatsachen, die Wir in diese Kategorie einreihen, deuten alle auf eine Rückkehr zu Gedanken und Taten, die von der tragischen Erfahrung des Krieges her doch unmöglich scheinen und sein müssten. Am Ende des Krieges hatten alle gesagt: genug. Genug womit? Genug mit all dem, was dieses Hinmorden von Menschen und die ungeheure Zerstörung verursacht hatte. Sofort nach dem Krieg, am Beginn der heutigen Generation, kam der Menschheit klar zu Bewusstsein: Es genügt nicht, bloß Gräber aufzurichten, Wunden zu heilen, das Zerstörte wieder aufzubauen, der Erde ein neues und schöneres Aussehen zurückzugeben, man muss vielmehr die Ursachen des erfolgten Weltenbrandes aus dem Wege räumen. Die Ursachen: sie aufzufinden und zu beseitigen, dies war die weise Einsicht. Die Welt atmete auf. Es schien wirklich, als ob eine neue Epoche beginne, eine Epoche des Weltfriedens.[136] Alle schienen zu durchgreifenden Veränderungen bereit zu sein, um neue Konflikte zu vermeiden. Von den politischen, sozialen und wirtschaftlichen Strukturen ausgehend begann man einen Horizont wunderbarer sittlicher und sozialer Erneuerung zu entwerfen; man sprach von Gerechtigkeit, von Menschenrechten, von der Unter-

---

[136] Vgl. Vergil, *Bucolicon* IV, 2: «magnus ab integro saeclorum nascitur ordo».

stützung der Schwachen, von geordnetem Zusammenleben, von planvoller Zusammenarbeit, von Einigung auf Weltebene. Große Gesten wurden vollzogen; die Sieger, zum Beispiel, kamen den Besiegten zu Hilfe; große Institutionen wurden gegründet; die Welt fing an, sich nach den Grundsätzen der Solidarität und des allgemeinen Wohlstandes zu organisieren. Der Weg zum Frieden, als der normalen und rechtmäßigen Bedingung für das Leben auf der Welt, schien definitiv vorgezeichnet.

Was aber sehen wir nach fünfundzwanzig Jahren dieses wirklichen und idyllischen Fortschritts? Wir sehen vor allem, dass die Kriege, hier und dort, immer noch wüten, dass sie als unheilbare Wunden erscheinen, die sich auszuweiten und zu verschlimmern drohen. Wir sehen, dass die sozialen, rassischen und religiösen Diskriminierungen andauern und hier und dort sogar zunehmen. Wir sehen, dass die Mentalität von einst wiederkehrt; der Mensch scheint sich wieder zunächst auf psychologische, dann auf politische Haltungen der Vergangenheit festlegen zu wollen. Die Dämonen von gestern stehen wieder auf. Es kehrt die Vorherrschaft der wirtschaftlichen Interessen zurück[137] und mit ihr die Möglichkeit, sie hemmungslos zur Ausbeutung der Schwachen zu missbrauchen. Die Neigung zu Hass[138] und Klassenkampf kehrt wieder, und es ersteht somit erneut eine krankhafte Anfälligkeit für internationale Konflikte und für Bürgerkriege; es kehrt das Kräftemessen um Nationalprestige und politische Macht zurück; ebenso die harte Frontstellung zwischen entgegengesetzten Ambitionen, zwi-

---

[137] «... en acceptant la primauté de valeurs materielles, nous rendons la guerre inévitable...»: Zundel, *Le poème de la sainte liturgie*, S. 76.

[138] «... ci sono poche cose che corrompono tanto un popolo, quanto l'abitudine dell'odio»: Manzoni, *Morale cattolica*, I, VII.

schen engstirnigen und unversöhnlichen Partikularismen der Rassen und der ideologischen Systeme; man bedient sich erneut der Folter und des Terrors sowie des Verbrechens und der Gewalttätigkeit als eines idealen Feuers, ohne jedoch dabei auf den Brand zu achten, der daraus entstehen könnte; man versteht den Frieden wieder als ein reines Gleichgewicht mächtiger Gewalten und erschreckender Rüstungen; man verspürt erneut den Schauder der Angst, dass eine verhängnisvolle Unachtsamkeit unvorstellbare und nicht mehr aufzuhaltende Katastrophen heraufbeschwören könnte. Was geschieht? Wo geht es hin? Was ist versäumt worden? Oder was hat gefehlt? Müssen wir resignieren, daran zweifeln, dass der Mensch überhaupt imstande ist, einen gerechten und sicheren Frieden aufzubauen, und so darauf verzichten, die neuen Generationen zu einer Haltung der Hoffnung und des Friedens zu erziehen?[139]

Zum Glück zeichnet sich auch ein anderes Bild von Ideen und Tatsachen vor unseren Augen ab; es ist das eines fortschreitenden Friedens. Denn trotz alledem geht es weiter auf dem Weg des Friedens. Es gibt zwar Unterbrechungen, es gibt Widersprüche und Schwierigkeiten; aber der Friede bricht sich dennoch Bahn und beweist der Welt, dass er nicht zu besiegen ist. Alle merken es: der Friede ist notwendig. Er hat für sich den sittlichen Fortschritt der Menschheit, die entschlossen auf die Einheit hin ausgerichtet ist. Einheit und Friede sind Geschwister, wenn sie in Freiheit miteinander verbunden sind. Der Friede gewinnt durch seine steigende Wertschätzung in der öffentlichen Meinung, die von der

---

[139] Betreffend die Leiden des Krieges vgl. Augustinus, *De civitate Dei*, XIX, 7: «... wer sie ohne seelischen Schmerz erduldet oder betrachtet, der hält sich in unseligem Wahn deshalb für glücklich, weil er es verlernt hat, menschlich zu fühlen: et humanum perdidit sensum.»

Sinnlosigkeit des Krieges überzeugt ist, der um seiner selbst willen geführt und als einziges und verhängnisvolles Mittel angesehen wird, um Streitfälle zwischen Menschen zu schlichten. Dem Frieden kommt auch das immer dichtere Netz von menschlichen Beziehungen zugute: auf kultureller, wirtschaftlicher, kommerzieller, sportlicher und touristischer Ebene; man muss zusammenleben, und es ist schön, einander zu kennen, zu achten, zu helfen. Eine grundsätzliche Solidarität entsteht in der Welt; diese begünstigt den Frieden. Die internationalen Beziehungen entwickeln sich immer mehr und schaffen die Voraussetzung und auch die Garantie einer gewissen Eintracht. Die großen internationalen und übernationalen Einrichtungen erweisen sich hier als providentiell, sowohl am Beginn als auch bei der Krönung des friedlichen Zusammenlebens der Menschheit.

Vor diesem doppelten Bild, in dem sich im Hinblick auf den uns so teuren Frieden gegensätzliche Erscheinungen überlagern, können Wir eine einzige, zweifache Beobachtung anstellen. Wir stellen eine doppelte Frage, die den beiden Aspekten der zweideutigen Szenerie der heutigen Welt entspricht:
– Wodurch wird heute der Friede geschwächt?
– Und wie gibt es heute einen Fortschritt im Frieden?

Was ist es, was bei dieser einfachen Analyse, sei es im negativen oder positiven Sinn, besonders ins Auge fällt? Es ist immer der Mensch. Ein entwerteter Mensch im ersteren Fall, ein aufgewerteter Mensch im zweiten. Wir wagen hier ein Wort zu gebrauchen, das zwar in sich selber zweideutig erscheinen mag, das aber, in seiner tiefen Forderung verstanden, immer noch ein zündendes und sehr erhabenes ist: die Liebe, die Liebe zum Menschen, die der höchste Wert auf Erden ist. Liebe und Frieden bedingen sich gegenseitig. Der Friede, der wahre, menschliche Friede, ist eine Frucht der

Liebe.[140] Der Friede setzt eine gewisse «Identität der Wahl» voraus, und eben das ist Freundschaft. Wenn wir den Frieden wollen, so müssen wir anerkennen, dass es nötig ist, ihn auf eine festere Grundlage zu bauen als auf das Fehlen von Beziehungen (heute sind die Beziehungen zwischen den Menschen unvermeidlich, sie nehmen zu und drängen sich auf), oder das Vorhandensein von Beziehungen aufgrund von selbstsüchtigem Interesse (diese sind unsicher und oft trügerisch), oder auch eines Netzes von bloß kulturellen oder beiläufigen Beziehungen (letztere können zweischneidig sein, für den Frieden oder für den Kampf). Der wahre Friede muss auf Gerechtigkeit gegründet sein, auf der Achtung vor der unverletzlichen Würde des Menschen, auf der Anerkennung einer unauslöschlichen und beglückenden Gleichheit aller Menschen, auf dem Grundsatz der menschlichen Brüderlichkeit; das heißt auf der Achtung und auf der Liebe, die man jedem Menschen schuldet, weil er ein Mensch ist. Hier bricht das siegreiche Wort hervor: weil er Bruder ist. Mein Bruder, unser Bruder.

Auch dieses Bewusstsein einer allgemeinen Brüderlichkeit unter den Menschen setzt sich glücklicherweise in unserer Welt mehr und mehr durch, wenigstens im Prinzip. Wer sich darum bemüht, die neuen Generationen zur Überzeugung zu erziehen, dass jeder Mensch unser Bruder ist, legt die Fundamente für das Gebäude des Friedens. Wer in der öffentlichen Meinung das Bewusstsein für eine menschliche Brüderlichkeit formt, die alle Grenzen übersteigt, bereitet den Boden für bessere Zeiten. Wer die Wahrung der politischen Interessen ohne Rückgriff auf die Gefühle des Hasses und des Klassenkampfes als dialektische und organische Notwendigkeit des sozialen Lebens versteht, öffnet der

---

[140] Vgl. Thomas von Aquin, *Summa Theologiae* II-IIae, 29, 3.

menschlichen Gesellschaft den Weg zu einem immer wirksameren Fortschritt des Gemeinwohls. Wer dazu verhilft, in jedem Menschen ungeachtet seiner körperlichen, ethnischen und rassischen Merkmale ein Wesen zu sehen, das ihm gleich ist, verwandelt die Erde aus einem Epizentrum von Trennungen, Antagonismen, Tücken und Racheakten in ein geordnetes Betätigungsfeld ziviler Zusammenarbeit. Denn wo die Brüderlichkeit unter den Menschen im Grunde verkannt wird, da ist auch der Friede an seiner Wurzel zerstört. Der Friede ist hingegen der Spiegel wahrer, authentischer, moderner Menschlichkeit, die über jede anachronistische Manie der Selbstzerstörung triumphiert. Der Friede ist jene große Idee, welche die Liebe zwischen den Menschen feiert, die sich als Brüder entdecken und sich entscheiden, als solche zu leben.

Dies ist Unsere Botschaft für das Jahr 1971. Sie pflichtet als Stimme, die sich aus dem staatsbürgerlichen Gewissen erhebt, der Erklärung der Menschenrechte bei: «Alle Menschen sind von Geburt aus frei und einander gleich an Würde und an Rechten; sie sind mit Vernunft und Gewissen ausgestattet und müssen sich zueinander wie Brüder verhalten.» Bis zu dieser Höhe ist die Gesellschaftslehre gekommen. Wir wollen nicht mehr umkehren, nicht die Werte dieser grundsätzlichen Errungenschaft wieder verlieren. Suchen wir vielmehr, mit Verstand und Mut, diese Formel anzuwenden, die das Ziel des menschlichen Fortschritts ist: «Jeder ist mein Bruder.» Das ist der Friede, im Sein und im Werden. Und es gilt für alle!

Es gilt, Glaubensbrüder in Christus, vor allem für uns. Wir Gläubige können der menschlichen Weisheit, die unter Aufgebot aller Geisteskräfte zu solch hoher und schwieriger Einsicht gelangt ist, eine unentbehrliche hilfreiche Unterstützung gewähren. Vor allem die der sicheren Gewissheit (denn Zweifel aller Art können diese Einsicht gefährden, sie schwächen, ja zunichte machen). Es ist unsere Gewissheit, die im Wort des göttlichen Lehrers Christus gründet, das er in seinem Evangelium eingemeißelt hat: «Ihr alle seid Brüder» (Mt 23, 8). Ferner können wir die Hilfe anbieten, die es möglich macht, dies in die Tat umzusetzen (denn wie schwer ist es, sich im praktischen Leben jedem gegenüber wirklich als Bruder zu verhalten!); wir können es, indem wir, wie auf eine praktische und gewöhnliche Verhaltensregel, auf eine andere grundlegende Lehre Christi zurückkommen: «Alles, was ihr wollt, dass euch die Menschen tun, das sollt ihr ihnen tun; denn darin besteht das ganze Gesetz und die Lehre der Propheten» (Mt 7, 12). Wie sehr haben Philosophen und Heilige über diesen Grundsatz nachgedacht, der die allgemeingültige Norm der Brüderlichkeit in die einzelne konkrete Handlung der Gesellschaftsmoral einführt!

Und schließlich können wir auch noch den tiefsten Grund für diese Brüderlichkeit angeben, nämlich den der göttlichen Vaterschaft, die allen Menschen gemeinsam ist und allen Gläubigen verkündet worden ist. Eine wahre Brüderlichkeit unter den Menschen kann nur authentisch und verpflichtend sein, wenn sie ihre feste Grundlage in einer Vaterschaft hat, die alle Grenzen überschreitet und von einer alles endliche Sein übersteigenden, übernatürlichen Liebe erfüllt ist. Wir können die menschliche Brüderlichkeit, das heißt den Frieden, lehren, indem wir alle dahin führen, unseren Vater im Himmel anzuerkennen, ihn zu lieben und anzurufen. Wir wissen, dass uns der Zugang zum Altare Gottes verwehrt ist, wenn wir nicht zuvor selbst das Hindernis entfernt haben, das einer Wiederversöhnung mit dem Bruder Mensch im Wege steht (Mt 5, 23ff.; 6, 14-15). Auch wissen wir, dass wir, wenn wir Wegbereiter des Friedens sind, wirklich Kinder Gottes genannt werden können und zu denen gehören, die das Evangelium selig preist (Mt 5, 9).

Welche Kraft, welche Fruchtbarkeit, welches Vertrauen verleiht die christliche Religion der Gleichsetzung von Frieden und Brüderlichkeit. Und welche Freude für uns, im Zusammenfallen dieser beiden Begriffe den Ort zu finden, wo der Weg unseres Glaubens sich mit dem der menschlichen und gesellschaftlichen Hoffnungen kreuzt.

Botschaft zur Feier des Weltfriedenstages am 1. Januar 1972: Willst Du den Frieden, so arbeite für die Gerechtigkeit

Menschen aus Kultur und Wissenschaft! Menschen aus der Welt der Arbeit! Alle Menschen des Jahres 1972!

Hört wiederum Unseren Aufruf zur Feier des Weltfriedenstages!

Wir kommen erneut auf das Thema des Friedens zu sprechen, weil Wir vom Frieden eine sehr hohe Vorstellung haben, die nämlich, dass er ein wesentliches und grundlegendes Gut der Menschheit in dieser Welt ist, und zwar der Zivilisation, des Fortschritts, der Ordnung und der Brüderlichkeit.

Wir sind der Meinung, dass die Idee des Friedens auf die Ereignisse des menschlichen Lebens noch immer einen beherrschenden Einfluss hat und haben sollte, und dass sie sogar noch an Bedeutung zunimmt, wenn und wo ihr von entgegengesetzten Ideen oder Tatsachen widersprochen wird. Es ist eine notwendige Idee, eine Idee, die fordert und inspiriert. Sie polarisiert die Sehnsüchte, die Anstrengungen und die Hoffnungen der Menschen. Sie hat den Charakter eines Zieles; und als solches steht sie am Anfang und am Ende unserer individuellen und kollektiven Tätigkeit.

Daher meinen Wir, dass es äußerst wichtig ist, vom Frieden eine genaue Idee zu haben, indem man diese von Pseudovorstellungen befreit, die sie nur allzuoft begleiten, sie entstellen und verdrehen. Dieses möchten Wir zuerst den Jugendlichen sagen: Ist etwa der Friede ein Zustand, der das Leben lähmt und in dem dieses gleichzeitig seine Vollendung und seinen Tod fände? Das Leben ist Bewegung, ist Wachstum, bedeutet Arbeit, Anstrengung und Eroberung...: Ist nicht auch der Friede von der gleichen Art? Selbstverständlich! Aus eben dem Grunde, dass er mit dem höchsten Gut des Menschen auf seiner Pilgerschaft in der Zeit zusammenfällt, und dass dieses Gut niemals vollständig erobert ist, sondern von ihm immer wieder neu und unaufhörlich in Besitz genommen werden muss, ist der Friede auch die zentrale Idee und der Ansporn des einsatzfreudigen Eifers.

Das aber will nicht besagen, dass der Friede mit der Macht identisch ist. Dies möchten Wir vor allem den Menschen sagen, die Verantwortung tragen. Denn für sie, denen die Aufgabe und die Pflicht obliegt, ein geordnetes Verhältnis der Beziehungen zwischen den Mitgliedern einer bestimmten Gruppe zu gewährleisten: der Familie, der Schule, des Betriebes, einer Gemeinschaft, einer sozialen Schicht, einer Stadt oder des Staates, besteht fortwährend die Versuchung, ein derartiges geordnetes Verhältnis der Beziehungen, das den Anschein des Friedens erhält, mit Gewalt aufzuzwingen. Damit wird die Zweideutigkeit des menschlichen Zusammenlebens für die Menschen zur Qual und zur Ursache der Korruption, eine lebendige Lüge, eine Atmosphäre, wie sie sich mitunter aus einem unrühmlichen Sieg ergibt, ein andermal aus sinnloser Gewaltherrschaft, aus gewaltsamer Unterdrückung und auch aus einem Gleichgewicht sich ständig widerstreitender Kräfte, die oft in einen offenen

Konflikt umschlagen, der durch seine vielfältigen Zerstörungen deutlich zeigt, wie trügerisch der Friede gewesen ist, der einzig und allein durch das Übergewicht der Macht und der Gewalt aufgezwungen worden war.

Der Friede ist kein Hinterhalt (vgl. Job 15, 21). Der Friede ist keine Lüge, die sich in einem Regime konstitutionalisiert hat (vgl. Jer 6, 14). Noch weniger ist er eine totalitäre und erbarmungslose Tyrannei und auch nimmermehr Anwendung von Gewalt; wenigstens sollte es die Gewalttätigkeit nicht wagen, sich selbst den erhabenen Namen *Frieden* zu geben.

Es ist schwer, aber unerlässlich, sich vom Frieden einen richtigen Begriff zu machen. Schwer für denjenigen, der vor seiner ursprünglichen Einsicht die Augen verschließt, die uns sagt, dass der Friede zu den allermenschlichsten Dingen gehört. Das ist der richtige Weg, um zur wahren Entdeckung des Friedens zu gelangen. Wenn wir uns fragen, von wo er sich herleitet, werden wir uns bewusst, dass seine Wurzeln in der Redlichkeit des Menschen liegen. Ein Friede, der nicht auf einer wahrheitsgemäßen Achtung des Menschen gründet, ist selbst kein wahrheitsgemäßer Friede. Und wie nennen wir diese Redlichkeit des Menschen? Wir nennen sie Gerechtigkeit.

Und die Gerechtigkeit, ist sie nicht eine unwandelbare Idee? Ja, sie ist es in ihren Ausdrucksformen, die wir Rechte und Pflichten nennen, und die wir in unseren berühmten Rechtsbüchern niederlegen, in den Gesetzen und Verträgen, die in den sozialen, kulturellen und wirtschaftlichen Beziehungen die Grundlage für jene Stabilität sind, die nicht verletzt werden darf. Das ist die Ordnung, der Friede. Wenn aber die Gerechtigkeit, nämlich das, was sie ist und was sie sein muss, andere, bessere Ausdrucksformen hervorbringen würde als jene, die bereits gelten, was würde geschehen?

Bevor wir hierauf antworten, wollen wir die Frage stellen, ob diese Hypothese, nämlich die Annahme einer Entwicklung des Bewusstseins für Gerechtigkeit, annehmbar, wahrscheinlich und wünschenswert sei?

Sie ist es. Das ist die Tatsache, die die moderne Welt besonders kennzeichnet und sie von der antiken unterscheidet. Das Bewusstsein der Gerechtigkeit nimmt heute allgemein zu. Niemand, so glauben Wir, stellt dieses Phänomen in Abrede. Wir wollen jetzt nicht den tieferen Ursachen dieser Tatsache nachgehen. Wir alle wissen aber, dass heute der Mensch, jeder Mensch, aufgrund besserer Bildung ein neues Bewusstsein seiner selbst besitzt. Jeder Mensch weiß heute, dass er Person ist, und er fühlt sich als Person, das heißt er weiß, dass er in seiner Würde unantastbar und den anderen gleichberechtigt ist, dass er frei ist und Verantwortung trägt. Fügen wir hinzu: dass er etwas Heiliges ist. Auf diese Weise erfüllt eine andere und bessere, nämlich umfassendere und anspruchsvollere Erkenntnis der beiden Sphären seiner Persönlichkeit, der Diastole und der Systole – Wir meinen die sittliche Doppelbewegung seiner Inanspruchnahme durch Rechte und Pflichten –, das Bewusstsein des Menschen, und damit geht in seinem Herzen eine Gerechtigkeit auf, die nicht mehr in sich ruht, sondern voller Dynamik ist. Hierbei handelt es sich um ein Phänomen, das nicht einfachhin individuellen Charakter trägt noch einigen auserlesenen und besonderen Gruppen vorbehalten bleibt. Es ist ein Phänomen, das nunmehr die ganze Gemeinschaft betrifft und weltweit verbreitet ist. Die Entwicklungsländer rufen es mit lauter Stimme aus. Es ist die Stimme der Völker, die Stimme der Menschheit; sie fordert eine neue Ausdrucksform der Gerechtigkeit, eine neue Grundlage für den Frieden.

Warum zögern wir noch, nachdem wir alle von dieser unwiderstehlichen Forderung überzeugt sind, dem Frieden die Gerechtigkeit als Grundlage zu geben? Bleibt nicht, wie von der letzten Bischofssynode hervorgehoben worden ist, sowohl innerhalb der nationalen Gemeinschaften als auch auf internationaler Ebene noch eine weit größere Gerechtigkeit zu verwirklichen? Ist es zum Beispiel gerecht, dass es noch ganze Völker gibt, denen die freie und rechtmäßige Ausübung des vom menschlichen Geist am sorgsamsten gehüteten Rechtes verwehrt wird, nämlich der Religion? Welche Autorität, welche Ideologie, welche geschichtliche oder bürgerliche Interessensphäre kann sich anmaßen, das religiöse Empfinden in seiner berechtigten und menschlichen Ausdrucksweise (Wir sprechen nicht von abergläubischen, fanatischen oder aufrührerischen Formen) zu unterdrücken und zu ersticken? Und welche Namen sollen wir einem Frieden geben, der sich aufdrängen will, indem er diesen grundlegenden Gerechtigkeitsanspruch mit Füßen tritt?

Und wo andere unbestrittene Formen der Gerechtigkeit auf nationaler Ebene, im sozialen, kulturellen und wirtschaftlichen Bereich angegriffen und missachtet werden, können wir da sicher sein, dass das der wahre Friede ist, wenn er sich doch einem derart gewalttätigen Vorgehen verdankt? Dass das ein dauerhafter Friede ist? Und selbst wenn er dauerhaft wäre: dass es ein gerechter und menschlicher Friede ist? Ist nicht auch die Pflicht, jedes Land in die Lage zu versetzen, im Rahmen einer von jeglicher Absicht oder Berechnung wirtschaftlicher oder politischer Macht freien Zusammenarbeit seine eigene Entwicklung zu fördern, ebenso ein Bestandteil der Gerechtigkeit?

Das Problem wird äußerst heikel und komplex. Es ist nicht Unsere Aufgabe, es noch zuzuspitzen oder nach einer praktischen Lösung zu suchen. Es ist nicht die Zuständigkeit dessen, der von dieser Stelle aus spricht.

Aber gerade von dieser Stelle aus klingt Unsere Einladung, den Frieden zu verwirklichen, wie ein Aufruf zur Übung der Gerechtigkeit. «Gerechtigkeit schafft Frieden» (vgl. Jes 32, 17). Wir wiederholen dies heute mit einer noch einprägsameren und dynamischeren Formel: «Wenn du den Frieden willst, setze dich für die Gerechtigkeit ein.»

Unsere Einladung verkennt nicht die Schwierigkeiten bei der praktischen Umsetzung der Gerechtigkeit, bei ihrer Begriffsbestimmung zunächst und dann bei ihrer Verwirklichung. Niemals geht es dabei ohne Abstrich am eigenen Prestige und Aufgabe von persönlichen Interessen. Vielleicht braucht es mehr Hochherzigkeit, sich den Vernunftgründen der Gerechtigkeit und des Friedens zu stellen, als für das eigene echte oder nur vorgetäuschte Recht zu kämpfen und es dem Gegner aufzuzwingen.

Wir haben großes Vertrauen, dass die vereinten Ideale von Gerechtigkeit und Frieden aus eigener Kraft im Menschen von heute die sittlichen Energien zu ihrer Verwirklichung hervorbringen, und hoffen auf ihren fortschreitenden Sieg. Ja, Wir bauen noch mehr darauf, dass der heutige Mensch von sich aus bereits die Einsicht in die Wege des Friedens hat, um sich selbst zum Bahnbrecher jener Gerechtigkeit zu machen, die diese Wege auftut und sie mutig in verheißungsvoller Hoffnung beschreiten lässt.

Daher wagen Wir es, zu diesem Jahr 1972 von neuem Unsere Einladung zum Weltfriedenstag auszusprechen unter dem ernsten und hoffnungsvollen Zeichen der Gerechtigkeit, und zwar mit dem sehnlichsten Wunsch, dadurch Initiativen ins Leben zu rufen, die den Willen zum Frieden zum Ausdruck bringen.

Unseren Brüdern und Söhnen der katholischen Kirche legen Wir Unsere Einladung ans Herz. Es gilt, den Menschen unserer Zeit eine Botschaft der Hoffnung zu bringen, die sich im Geist der Brüderlichkeit und in einem aufrichtigen und beständigen Einsatz für eine größtmögliche wahre Gerechtigkeit verwirklicht. Sie steht in logischem Zusammenhang mit dem Wort, das die Bischofssynode über die «Gerechtigkeit in der Welt» verkündet hat; und sie schöpft Kraft aus der Gewissheit, dass «Er, Christus, unser Friede ist» (vgl. Eph 2, 14).

Botschaft zur Feier des Weltfriedenstages am 1. Januar 1973: Der Friede ist möglich

An Euch, die Ihr für die höchsten Interessen der Menschheit Verantwortung tragt, Regierende, Diplomaten, Vertreter der Nationen, Politiker, Philosophen und Wissenschaftler, Publizisten, Industrielle, Gewerkschaftler, Offiziere, Künstler und alle, die sich um die Geschicke der Beziehungen zwischen den Völkern, den Staaten, zwischen den Volksstämmen, den Klassen und den Menschheitsfamilien bemühen.

An Euch, Bürger der Welt, an Euch, Jugendliche der heranwachsenden Generation, Studenten, Lehrer, Arbeiter, Männer und Frauen; an Euch, die Ihr Euch besinnt, die Ihr hofft, verzweifelt und leidet; an Euch, Arme und Waisen und Opfer des Hasses, des Egoismus und der Ungerechtigkeit, die noch immer herrscht, an Euch alle wagen Wir wiederum Unsere demütige und zuversichtliche Stimme zu richten als der prophetische Künder eines Wortes, das Uns überragt und gleichzeitig in seinen Dienst nimmt, als Euer Fürsprecher, dem jedes eigennützige Interesse fernliegt, als Bruder jedes Menschen guten Willens, als Samariter, der sich zu jedem niederbeugt, der weint und auf Hilfe wartet, als Diener der Diener Gottes, wie Wir Uns zu nennen pflegen, als Diener der Wahrheit, der Freiheit, der Gerechtigkeit, des Fortschritts und der Hoffnung, an Euch richten Wir Unser Wort, um zu Euch auch in diesem Jahr 1973 wiederum vom Frieden zu sprechen. In der Tat, vom Frieden! Weigert Euch nicht, Uns anzuhören, auch wenn Ihr dieses Thema schon zur Genüge kennt oder zu kennen glaubt!

Unsere Botschaft ist einfach wie ein Axiom: Der Friede ist möglich.

Ein Chor von Stimmen bestürmt Uns: Das ist uns bereits bekannt. Ja, dieser Chor bedrängt und erdrückt Uns gleichsam: Der Friede ist nicht nur möglich, er ist bereits Wirklichkeit. Der Friede ist schon hergestellt, antwortet man Uns. Wir empfinden noch die Trauer über die unzähligen Opfer der Kriege, die dieses Jahrhundert, das den Höhepunkt des Fortschritts darstellt, mehr noch als die vergangenen Jahrhunderte mit Blut befleckt haben; noch sehen wir auf dem Antlitz unserer älteren Generation die furchtbaren Narben der letzten Kriege und Bürgerkriege eingezeichnet; und die letzten offengebliebenen Wunden erneuern noch in den Gliedern des neuen Volkes den Schauer des Entsetzens, sobald man auch nur von der Möglichkeit eines neuen Krieges spricht. Die Vernunft hat endlich gesiegt: die Waffen schweigen und verrosten in den Lagerräumen als bereits unbrauchbare Werkzeuge des überwundenen Wahnsinns; hohe und weltweit anerkannte Institutionen garantieren allen Unversehrtheit und Unabhängigkeit; das internationale Leben ist durch Dokumente geregelt, deren Gültigkeit inzwischen nicht mehr in Frage gestellt wird, und durch Einrichtungen, die unverzüglich tätig werden, um nach den aufgestellten Maßstäben des Rechts und der Gerechtigkeit jede mögliche Kontroverse zu lösen; der Dialog zwischen den Völkern gehört bereits zu den alltäglichen Erscheinungen und ist aufrichtig; darüber hinaus macht ein großartiges

Geflecht gemeinsamer Interessen die Völker untereinander solidarisch. Der Friede ist bereits ein fester Bestandteil der Zivilisation. Stört den Frieden also nicht, antwortet man Uns, indem Ihr ihn wieder neu zur Diskussion stellt. Wir haben andere, neue und originelle Fragen zu behandeln; der Friede ist bereits wirklich, der Friede ist sicher; er steht nunmehr außer Diskussion!

Ist das wahr? Wenn es nur so wäre!

Dann aber wird die Stimme dieser Verfechter des Friedens, die ihn als siegreich über alle widrigen Verhältnisse erklären, etwas kleinlauter und unsicherer und gibt zu, dass es in der Tat leider hie und da noch bedauerliche Situationen gibt, wo der Krieg noch immer grausam wütet. Leider! Es handelt sich dabei nicht um Konflikte, die in den Annalen der Geschichte begraben sind, sondern um solche, die hier und jetzt ausgetragen werden; es sind keine vorübergehenden Episoden, da es sich um Konflikte handelt, die schon Jahre andauern; sie berühren nicht nur die Oberfläche, da sie in die Reihen der schwerbewaffneten Heere und in die wehrlosen Menschenmassen der Zivilbevölkerung tief einschneiden; sie sind nicht leicht beizulegen, da sich alle Verhandlungs- und Vermittlungskünste als unfähig erwiesen haben; sie dienen nicht dem allgemeinen Ausgleich in der Welt, denn sie nähren ein wachsendes Potential eines verletzten Prestiges, der unerbittlichen Rache, einer endemischen und organisierten Unordnung; sie dürfen nicht sich selbst überlassen werden, als ob die Zeit ihr natürliches Heilmittel wäre, da ihr Gift in die Herzen dringt, die humanitären Ideologien zersetzt, ansteckend wird und sich mit einer verhängnisvollen erblichen Verpflichtung zur Revanche auf die jüngsten Generationen überträgt.

Die Gewalt wird wieder Mode und umgibt sich sogar mit dem Panzer der Gerechtigkeit. Sie verbreitet sich wie eine Gewohnheit, begünstigt von allen Zutaten des meuchlerischen Verbrechertums und allen Listen der Feigheit, der Erpressung, des Komplizentums, und stellt sich dar als ein apokalyptisches Ungeheuer, das mit unerhörten Werkzeugen mörderischer Zerstörungen ausgerüstet ist. Es entstehen neu die kollektiven, familiären, sozialen, ethnischen, nationalen und rassischen Egoismen. Man schreckt vor keinem Verbrechen mehr zurück. Die Grausamkeit wird als unausweichlich hingenommen, als die Chirurgie eines Hasses, der als legitim erklärt worden ist. Der Völkermord gibt sich als der Alptraum aus, der die nötige Nebenwirkung eines radikalen Heilmittels ist. Und hinter diesen schaurigen Schreckensgestalten plant man gigantisch mit kaltblütigem und unfehlbarem Kalkül die Rüstungs- und Marktwirtschaft, die den Hunger noch vermehren. Die Politik greift sodann wieder auf ihre unverzichtbaren Machtszenarien zurück.

Und der Frieden?

O ja, der Frieden! Er kann, so meint man, in gleicher Weise überleben und bis zu einem gewissen Grad auch in den ungünstigsten Bedingungen der Welt weiterleben. Auch in den Schützengräben des Krieges oder in den Pausen des Guerillakrieges oder in den Trümmern jeder normalen Ordnung gibt es noch Winkel und Augenblicke der Ruhe; der Frieden passt sich sogleich an und kommt auf seine Weise zur Blüte. Ist es aber dieser Rest von Lebenskraft, den wir als wirklichen Frieden, als das Ideal der Menschheit, bezeichnen können? Ist es diese bescheidene und wunderbare Fähigkeit zur Erholung und Entspannung, ist es dieser verzweifelte Optimismus, der die tiefste Sehnsucht des Menschen nach Ordnung und vollkommener Gerechtigkeit zu stillen vermag? Können wir Frieden nennen, was in Wirklichkeit dessen Verfälschungen sind? «*Ubi solitudinem faciunt, pacem appellant* – wo sie Entvölkerung verursachen, nennen sie es Frieden!»[141] Oder würden wir einen Waffenstillstand als Frieden bezeichnen? Eine einfache Gefechtspause? Eine Gewalttätigkeit, die Endgültigkeitscharakter angenommen hat? Eine äußere Ordnung, die auf Gewalt und Angst gründet? Oder ein vorübergehendes Gleichgewicht sich widerstreitender Kräfte? Eine in eiserner Umklammerung erstarrte Spannung entgegengesetzter Mächte? Eine notwendige Heuchelei, von der die Geschichte voll ist. Gewiss, viele Dinge können auch in unsicheren und ungerechten Verhältnissen friedlich gedeihen. Man muss realistisch sein, sagen die Opportunisten: nur das ist der mögliche Frieden; eine Übereinkunft, ein teilweiser und zerbrechlicher Ausgleich. Die Menschen seien eines besseren Friedens nicht fähig.

Somit müsste sich also die Menschheit am Ende des 20. Jahrhunderts mit einem Frieden begnügen, der sich aus einem diplomatischen Gleichgewicht und einer gewissen Regelung sich widerstreitender Interessen ergibt, und nichts mehr?

Wir gestehen zu, dass eine vollkommene und stabile «tranquillitas ordinis», eine auf Ordnung gegründete Ruhe, das heißt ein absoluter und endgültiger Frieden unter den Menschen, selbst wenn sie einen hohen und umfassenden Grad der Zivilisation erreicht haben, nichts anderes als ein Traum sein kann, aber nicht ein falscher, sondern ein unvollendeter; ein Ideal, das nicht irreal ist, sondern verwirklicht werden soll; alles nämlich ist im Lauf der Geschichte unbeständig und auch die Vollkommenheit des Menschen ist nicht eindeutig noch ein für allemal bestimmt. Die menschlichen Leidenschaften erlöschen nicht. Der Egoismus ist eine giftige Wurzel, die man nie ganz aus der Seele

---

[141] Cornelius Tacitus, *Agricola*, 30.

des Menschen auszureißen vermag. In der Seele der Völker nimmt er allgemein die Form und die Gewalt der Selbstrechtfertigung an; er dient als ideale Philosophie. Und eben deshalb droht uns ein Zweifel zu überkommen, der verhängnisvoll werden kann; ist der Friede also nie möglich? Der Zweifel wandelt sich bei einigen sehr leicht zur unheilvollen Gewissheit: Friede ist unmöglich!

Eine neue, oder vielmehr eine alte Anthropologie ersteht zu neuem Leben: Der Mensch ist geschaffen, um den Menschen zu bekämpfen: «homo homini lupus». Der Krieg ist unvermeidlich. Der Rüstungswettlauf, wie könnte man ihn vermeiden? Er ist eine primäre Forderung der Politik; und dann ist er auch ein Gesetz der internationalen Wirtschaft. Er ist eine Prestigefrage. Zuerst das Schwert, dann der Pflug. Es scheint, dass diese Überzeugung vor jeder anderen vorherrschend ist, auch für einige Entwicklungsländer, die sich nur mit Mühe in die moderne Zivilisation eingliedern. Zum unvermeidlichen Nachteil der elementaren Lebensbedingungen legen sie sich, indem sie durch Einsparungen die Ernährung, das Gesundheits- und Bildungswesen, den Straßen- und Wohnungsbau und sogar die reale wirtschaftliche und politische Unabhängigkeit vernachlässigen, ungeheure Opfer auf, um ja bewaffnet zu sein und den eigenen Nachbarn Furcht einzuflößen und Knechtschaft aufzuerlegen; oft denken sie nicht mehr daran, ihnen ihre Freundschaft anzubieten, nicht Zusammenarbeit, nicht gemeinsamen Wohlstand, sondern einen finsteren Anblick der Überlegenheit in der Kunst der Beleidigung und des Krieges. Der Friede ist, so denken und behaupten viele, als Ideal und als Wirklichkeit unmöglich.

Hört dagegen Unsere Botschaft; die Eure, Ihr Menschen guten Willens, die Botschaft der gesamten Menschheit: Der Friede ist möglich! Er muss möglich sein!

Ja, denn dies ist die Botschaft, die sich von den Schlachtfeldern der beiden Weltkriege und der anderen jüngsten militärischen Konflikte erhebt, durch welche die Erde mit Blut befleckt worden ist. Es ist die geheimnisvolle und gewaltige Stimme der Gefallenen und der Opfer der vergangenen Konflikte; es ist die leidvolle Klage der unzähligen Gräber auf den Soldatenfriedhöfen und der dem Unbekannten Soldaten geweihten Denkmäler: Frieden, Frieden, nicht Krieg. Der Friede ist die Bedingung und der Inbegriff des menschlichen Zusammenlebens. Denn der Friede hat die Ideologien besiegt, die ihm entgegengesetzt sind. Der Friede ist vor allem eine Geisteshaltung. Endlich ist er als eine logische und menschliche Notwendigkeit in das Bewusstsein so vieler Menschen und im Besonderen der jungen Generationen getreten: es muss möglich sein, sagen sie, zu leben ohne zu hassen und ohne zu töten. Eine neue und weltweite Pädagogik drängt sich auf, die Pädagogik des Friedens.

Ja, denn die heranreifende zivile Vernunft hat diesem selbstverständlichen Anliegen Ausdruck verliehen: Anstatt die Lösung der menschlichen Streitigkeiten dem irrationalen und barbarischen Duell blinder und tödlicher Waffengewalt zu überlassen, wollen wir neue Institutionen schaffen, wo der Dialog, die Gerechtigkeit und das Recht zu Wort kommen und eine strenge und friedliche Regelung in den internationalen Beziehungen herbeiführen. Diese Institutionen, als erste unter ihnen die Vereinten Nationen, sind gegründet worden; ein neuer Humanismus trägt und achtet sie; eine feierliche Verpflichtung macht diejenigen, die ihnen als Mitglieder angehören, untereinander solidarisch; eine begründete und weltweite Hoffnung anerkennt sie als geeignete Mittel der internationalen Ordnung, der Solidarität und der Brüderlichkeit unter den Völkern. Der Friede findet dort seinen eigentlichen Sitz und seine Werkstatt.

Ja, Wir wiederholen es, der Friede ist möglich, da er in diesen Institutionen seine grundlegenden Charakterzüge wiederfindet, die ein irriger Friedensbegriff leicht vergessen lässt: der Friede muss vernünftig, nicht affektgeladen sein, hochherzig und nicht egoistisch; der Friede soll nicht träge und passiv sein, sondern dynamisch, aktiv und auf Fortschritt ausgerichtet, je nachdem die formell erklärten und ausgeglichen formulierten Menschenrechte neue und bessere Ausdrucksformen verlangen; der Frieden soll nicht schwach, unfähig und knechtisch sein, sondern stark, sei es durch die moralischen Gründe, die ihn rechtfertigen, oder sei es durch die einheitliche Zustimmung der Nationen, die ihn aufrechtzuerhalten haben. Dies ist ein äußerst wichtiger und delikater Punkt: Wenn diese modernen Körperschaften, durch die der Friede begünstigt und geschützt wird, für ihre eigentliche Aufgabe nicht geeignet sein sollten, was wäre dann wohl das Schicksal der Welt? Ihre Unwirksamkeit könnte im Bewusstsein der Menschheit eine verhängnisvolle Enttäuschung hervorrufen; der Friede und mit ihm der Fortschritt der Zivilisation würden dadurch zu Fall gebracht. Unsere Hoffnung und Überzeugung, dass der Friede möglich ist, würde zuerst durch Zweifel, durch Spott, durch Skeptizismus und schließlich durch Verneinung erstickt werden. Welch ein Ende! Es widerstrebt Uns, an einen solchen Zusammenbruch zu denken! Man muss im Gegenteil die grundlegende Behauptung von der Möglichkeit des Friedens in folgende zwei Sätze auflösen, die sich gegenseitig ergänzen:

Der Friede ist möglich, wenn man ihn will;
und wenn der Friede möglich ist, dann ist er eine Pflicht.

Daraus erhellt, welche sittlichen Kräfte notwendig sind, um das Friedensproblem positiv zu lösen. Man muss, Wir möchten es noch einmal sagen, den Mut zum Frieden haben.

Einen Mut höchsten Ranges: nicht den der rohen Gewalt, sondern den der Liebe. Jeder Mensch ist mein Bruder, es kann keinen Frieden ohne eine neue Gerechtigkeit geben, dies möchten Wir hier wiederholen. Ihr mächtigen und verantwortungsbewussten Menschen, die Ihr durch Eure Zusammenarbeit die Macht und die Pflicht habt, den Frieden herbeizuführen und zu verteidigen! Und vor allem Ihr Führer und Lehrer der Völker! Wenn das Echo dieser von Herzen kommenden Botschaft an Euer Ohr gelangt, möge sie sich auch in Eure Herzen senken und Euch mit neuer Gewissheit von der Möglichkeit des Friedens stärken. Habt die Umsicht, Eure Aufmerksamkeit auf diese paradoxale Gewissheit zu richten; setzt Eure Kräfte dafür ein, gewährt ihr trotz allem Euer Vertrauen und macht daraus mit Hilfe Eurer Überzeugungskunst ein Thema für die öffentliche Meinung, nicht um die Herzen der jungen Generation zu entmutigen, sondern um sie zu einem menschlicheren und männlicheren Denken zu befähigen! Gründet und baut in *Wahrheit,* in *Gerechtigkeit,* in *Liebe* und in *Freiheit* den Frieden für die kommenden Jahrhunderte, indem wir mit dem Jahr 1973 beginnen, ihn als möglich zu verteidigen und als wirklich zu grüßen! Dies war das Programm, das Unser Vorgänger Johannes XXIII. in seiner Enzyklika *Pacem in terris* umrissen hat, deren 10. Jahrestag wir im April dieses Jahres begehen. Wie Ihr vor zehn Jahren mit Ehrerbietung und Dank die väterliche Stimme aufgenommen habt, so vertrauen Wir, dass die Erinnerung an jene große Flamme, die er in der Welt angezündet hat, die Herzen zu neuen und entschlosseneren Vorsätzen für den Frieden stärke und ermutige.

Wir sind mit Euch.

An Euch, liebe Brüder, liebe Söhne und Töchter, mit Uns verbunden in der Gemeinschaft des katholischen Bekenntnisses, und an alle, die mit uns eins sind im christlichen Glauben, wiederholen Wir die Einladung, über die Möglichkeit des Friedens nachzudenken, indem Wir Euch die Wege aufzeigen, die Eure Überlegungen noch zu viel größerer Tiefe führen: Es sind die Wege einer realistischen Kenntnis der geisteswissenschaftlichen Anthropologie; diese zeigt uns die geheimnisvollen Gründe für das Gute und das Böse in der Geschichte und im menschlichen Herzen und offenbart uns, warum der Frieden ein immer offenes Problem ist, das unter der ständigen Drohung pessimistischer Lösungen steht, das aber gleichzeitig auch seine Stütze findet nicht nur in der Verpflichtung, sondern in der Hoffnung, eine glückliche Lösung zu finden. Wir glauben an eine oft undurchschaubare, aber doch wirkliche Herrschaft einer unendlichen Güte, die wir Vorsehung nennen und die über dem menschlichen Geschick steht; wir wissen um die sonderbare, aber doch staunenerregende «Umkehrbarkeit» jeden menschlichen Schicksals in eine Heilsgeschichte (vgl. Röm 8, 28); mit ehernen Lettern tragen wir in unser Herz geschrieben die siebte Seligpreisung der Bergpredigt: «Selig sind die Friedensstifter, denn sie werden Kinder Gottes genannt werden» (Mt 5, 9); ganz und gar erfüllt von einer Hoffnung, die nicht enttäuscht (Röm 5, 3), hören wir die Weihnachtsbotschaft vom Frieden für die Menschen guten Willens (vgl. Lk 2, 14); auf unseren Lippen und in unserem Herzen haben wir stets den Frieden als ein Geschenk, als Gruß und Wunsch, der nach dem Zeugnis der Heiligen Schrift vom Heiligen Geist kommt, denn wir besitzen die geheimnisvolle und unausschöpfliche Quelle des Friedens, die «Christus unser Frieden» ist (Eph 2, 14). Und wenn es den Frieden in Christus gibt und durch Christus, so ist der Friede unter den Menschen und durch die Menschen möglich.

Wir lassen niemals die Idee des Friedens fallen. Wir lassen niemals die Hoffnung auf den Frieden, das Streben nach dem Frieden erlahmen. Wir lassen niemals die Sehnsucht verstummen, den Frieden zu erleben. Halten wir vielmehr den Wunsch nach Frieden stets wach in unserem Herzen, in allen Bereichen unseres Lebens: in der Verborgenheit unseres Inneren, im Kreise unserer Familie, in der Auseinandersetzung im sozialen Bereich, in den Beziehungen der Klassen und Völker zueinander, in der Unterstützung der Initiativen und Institutionen auf internationaler Ebene, die den Frieden auf ihr Banner geschrieben haben. Wir wollen den Frieden möglich machen dadurch, dass wir uns zu Kündern der Freundschaft machen, dass wir die Liebe zum Nächsten üben, die Gerechtigkeit und das christliche Verzeihen; öffnen wir dort, wo man ihn verbannt hat, die Türe für den Frieden mit loyalen Verhandlungen, die auf echte positive Lösungen hinzielen; wir wollen kein Opfer scheuen, das, ohne die Würde derer zu verletzen, welche sich großmütig zeigen, den Frieden schneller herbeiführt, fester in den Herzen verankert und dauerhafter macht.

Auf die tragischen und unüberwindbaren Absagen an den Frieden, die die erbarmungslose Wirklichkeit der Geschichte unserer Tage auszumachen scheinen; auf die Verführung militärischer Macht zu blinder Gewalt, welche die Unschuldigen trifft; auf die Machenschaften, die im Geheimen arbeiten, um auf das große Geschäft des Krieges zu spekulieren, um die schwachen Völker zu unterdrücken und zu versklaven; auf die angstvolle Frage schließlich, die Uns immer wieder bedrängt: «Ist denn jemals der Friede, ein wahrer Friede unter Menschen möglich?» antworten Wir aus der Tiefe Unseres Herzens, mit der ganzen Kraft Unseres Glaubens und Unserer Liebe ganz schlicht und mit sieghafter Zuversicht: Ja! Der Friede ist möglich.

Eine Antwort, die Uns dazu antreibt, für den Frieden zu arbeiten, selbst unter Opfern, mit einer aufrichtigen und beständigen Liebe zur Menschheit.

Das Echo auf Unsere Antwort, mit der Wir Segen und Glück erflehen im Namen Jesu Christi, möge lauten: Ja! Er ist möglich.

Botschaft zur Feier des Weltfriedenstages am 1. Januar 1974: Der Friede hängt auch von Dir ab!

Hört mich wieder, Ihr Menschen, die Ihr an der Schwelle des Neuen Jahres 1974 angelangt seid. Hört mich wieder: Ich stehe vor Euch mit einer demütigen Bitte, mit einer eindringlichen Bitte. Natürlich durchschaut Ihr es, ich will wieder vom Frieden zu Euch sprechen.

Ja, vom Frieden. Vielleicht vermeint Ihr, bezüglich des Friedens alles zu wissen; darüber ist schon so viel und von allen gesagt worden. Vielleicht ruft dieses allzu häufige Wort ein Gefühl der Übersättigung, der Langweile hervor, vielleicht auch der Furcht, dass es im Zauber seines Wortes eine trügerische Magie verbirgt, ein allzu oft missbrauchtes rhetorisches Wortspiel, ja sogar eine gefährliche Beschwörung. Die augenblickliche geschichtliche Situation, die gekennzeichnet ist von beklagenswerten Vorkommnissen internationaler Konflikte, von unversöhnlichen Klassenkämpfen, von revolutionärem Aufbegehren nach Freiheit, von Unterdrückung der Rechte und elementarer Freiheitsansprüche des Menschen sowie von unvorhergesehenen Symptomen der Unsicherheit der Weltwirtschaft, scheint das triumphierende Ideal des Friedens zu zerstören, als ob es die Statue eines Idols wäre. Den leeren und kraftlosen Worthülsen, die den Frieden in der politischen und ideologischen Erfahrungswelt dieser letzten Zeit umgaben, zieht man jetzt wieder den Realismus der Tatsachen und Interessen vor; und man denkt wieder an den Menschen wie an das ewige unlösbare Problem eines lebenden Selbstzerwürfnisses: der Mensch ist nun einmal so; ein Wesen, das in seinem Herzen das Verhängnis des Bruderkrieges trägt.

Gegenüber diesem harten, wiederauflebenden Realismus schlagen Wir nicht einen Nominalismus der leeren Worte vor, die den neuen und gewalttätigen Tatsachen unterlegen wären, sondern einen siegesgewissen Idealismus, nämlich den Idealismus des Friedens, der bestimmt ist, sich in steigendem Maße zu behaupten.

Ihr Menschenkinder und Brüder, Ihr Menschen guten Willens, kluge Menschen, leidende Menschen, glaubt Unseren erneuten, demütigen Worten, Unserem unermüdlichen Rufen! Der Friede ist das Ideal der Menschheit. Der Friede ist notwendig. Der Friede ist verpflichtend. Der Friede ist vorteilhaft. Unsere Idee ist keine unlogische und fixe Idee; sie ist kein Wahn, keine Illusion. Sie stellt eine Sicherheit dar; ja, eine Hoffnung; sie hat für sich die Zukunft der Kultur, das Schicksal der Welt; ja, der Friede.

Wir sind so überzeugt, dass er, der Friede, das Ziel der Menschheit ist, die auf dem Weg der Selbstfindung und des kulturellen Fortschrittes auf der Erde ist, dass Wir heute für das neue Jahr und für die künftigen Jahre zu verkünden wagen, wie Wir es schon im vergangenen Jahr getan haben: Der Friede ist möglich.

Denn was im Grunde der Festigkeit des Friedens und dem Ablauf der Geschichte in seine Richtung im Wege steht, ist die stillschweigende und skeptische Überzeugung, dass er praktisch unmöglich ist. Ein wunderschöner Begriff, denkt man, ohne es auszusprechen, eine herrliche Synthese aller menschlichen Bestrebungen, aber ein poetischer

Traum, eine trügerische Utopie. Eine berauschende, aber schwächende Droge. Wiederum steigt es in den Köpfen wie eine unvermeidbare Logik auf: was zählt, ist die Kraft; der Mensch wird höchstens das Kräftespiel auf den Ausgleich ihres Gegensatzes hinführen; aber von der Gewalt kann die menschliche Gemeinschaft nicht Abstand nehmen.

Bei diesem grundlegenden Einwand müssen Wir einen Augenblick verweilen, um ein mögliches Missverständnis zu klären, nämlich jenes, das den Frieden mit der Schwachheit verwechselt, nicht allein mit der physischen, sondern mit der moralischen, mit dem Verzicht auf das wahre Recht und die angemessene Gerechtigkeit, mit der Flucht vor Risiko und Opfer, mit der furchtsamen Resignation und dem Erliegen vor der Gewalttätigkeit des Gegners bis hin zur Annahme der eigenen Versklavung. Das ist nicht der echte Friede. Unterdrückung ist nicht Friede. Feigheit ist nicht Friede. Eine rein äußere und von der Furcht auferlegte Ordnung ist nicht Friede. Die kürzliche Feier des 25. Jahrestages der Verkündigung der Menschenrechte erinnert uns daran, dass der wahre Friede auf das Bewusstsein der unantastbaren Würde der menschlichen Person gegründet sein muss, aus welcher unverletzliche Rechte und entsprechende Pflichten erwachsen.

Es ist freilich wahr, dass der Friede bereit sein muss, sich dem gerechten Gesetz und der rechtmäßigen Autorität zu fügen, er wird sich aber nie über Überlegungen des allgemeinen Wohles und der sittlichen menschlichen Freiheit hinwegsetzen. Der Friede wird auch zu großem Verzicht bereit sein im Wettstreit um das Prestige und im Wettrüsten, beim Vergessen von Beleidigungen und beim Erlass von Schulden. Er wird sich sogar hochherzig bereit finden zum Verzeihen und zur Wiederversöhnung. Doch nie durch unwürdiges Feilschen mit der menschlichen Würde, nie zum

Schutz der eigenen egoistischen Interessen zum Nachteil der berechtigten Interessen anderer; nie durch Feigheit. Der Friede wird nie ohne Hunger und Durst nach Gerechtigkeit bestehen. Er wird nie die Mühe vergessen, die man auf sich nehmen muss, um die Schwachen zu verteidigen, den Armen zu helfen, die Anliegen der kleinen Leute zu fördern. Der Friede wird nie die höheren Interessen des Lebens verraten (vgl. Joh 12, 25).

Der Friede darf aber deswegen nicht als eine Utopie betrachtet werden. Die Sicherheit des Friedens besteht nicht nur im Sein, sondern ebenso in seinem Werden. Er ist, wie das Leben des Menschen, dynamisch. Sein Reich erstreckt sich noch immer und vor allem im sittlichen Bereich, nämlich im Bereich der Pflichten. Man muss den Frieden nicht nur erhalten, man muss ihn schaffen. Der Friede ist deshalb, und zwar notwendigerweise, in einer Phase ständiger und fortschreitender Bejahung. Ja noch mehr, Wir wollen sagen: Der Friede ist nur möglich, wenn er als Pflicht betrachtet wird. Es genügt nicht einmal, dass er sich auf die für gewöhnlich sehr berechtigte Überzeugung gründet, er bedeute einen Vorteil. Er muss vom Bewusstsein der Menschen Besitz ergreifen als eine höchste ethische Zielsetzung, als eine sittliche Notwendigkeit, als eine *Anankē*, eine Pflicht, die sich wesentlich von der Forderung des menschlichen Zusammenlebens ableitet.

Diese Entdeckung – denn eine solche ist es im positiven Prozess unserer Überlegungen – lehrt uns einige Prinzipien, von denen wir niemals abweichen dürfen. Zunächst klärt sie uns auf über die ursprüngliche Natur des Friedens: Der Friede ist eine Idee. Er ist ein innerlicher Leitsatz, ein geistiger Schatz. Der Friede muss erwachsen aus einer fundamentalen und geistigen Auffassung des Menschheitsbegriffes: die Menschheit muss befriedet sein, das heißt geeint, unter sich verbunden, solidarisch in der Tiefe ihres Seins. Das Fehlen dieser tiefgreifenden Auffassung war und ist noch jetzt der tiefere Ursprung der Heimsuchungen, die im Verlauf der Geschichte Verwüstungen angerichtet haben. Das Ringen der Menschen untereinander als eine strukturelle Forderung der Gesellschaft aufzufassen stellt nicht nur eine philosophische optische Täuschung dar, sondern ein potenzielles und dauerndes Vergehen gegen die Menschheit. Die Zivilisation muss sich endlich freimachen von dem alten, immer noch wirksamen trügerischen Satz: *homo homini lupus.* Er setzt sich durch von Kain herauf bis in unsere Tage. Der Mensch von heute muss den moralischen und prophetischen Mut aufbringen, sich von der Vorstellung dieser angeborenen Wildheit freizumachen, und zur Schlussfolgerung gelangen, dass es die Idee des Friedens ist, die wesentlich naturgegeben, notwendig, verpflichtend und deshalb möglich ist. Man muss künftig an die Menschlichkeit, an die Geschichte, an die Arbeit, an die Politik, an die Kultur und an den Fortschritt denken in ihrer Hinordnung auf den Frieden.

Was aber gilt diese geistige, subjektive, innere und persönliche Idee? Welchen Wert hat sie, die so wehrlos, so fern von dem erlebten, wirkungsvollen und großartigen Geschehen unserer Geschichte ist? Wir müssen leider nach und nach, da die tragische Erfahrung des letzten Weltkrieges aus der Erinnerung schwindet, zwischen den Nationen und in der politischen Dialektik der Gesellschaft eine sich verschärfende, auf Streit ausgerichtete Haltung feststellen. Das Kriegspotential und die Kampfmittel haben sich im Vergleich zu denen, über die die Menschheit vor den Weltkriegen verfügte, nicht verringert, sondern sind beachtlich angewachsen. Seht ihr denn nicht, kann uns irgendein Beobachter entgegenhalten, dass sich die Welt auf Konflikte hinbewegt, die noch furchtbarer und schrecklicher als die von gestern sind? Seht ihr nicht die geringe Wirkung der Friedenspropaganda und den mangelnden Einfluss der internationalen Institutionen, die während der Zeit der Konvaleszenz der durch die Weltkriege ausgebluteten und erschöpften Welt entstanden sind? Wohin geht die Welt? Bereitet sie sich nicht auf noch katastrophalere und verabscheuungswürdigere Konflikte vor? Weh uns – wir müssten vor solch bedrängenden und grausamen Schlussfolgerungen verstummen wie vor einem ausweglosen Verhängnis!

Aber nein! Sind denn auch wir blind und töricht? Nein, Mitmenschen und Brüder! Wir sind uns dessen sicher, dass unsere Sache, die Sache des Friedens, sich als stärker erweisen muss.

Erstens, weil die Idee des Friedens, trotz des Wahnsinns der entgegengesetzten Politik, in den Überlegungen aller verantwortlichen Menschen bereits den Sieg davongetragen hat. Wir haben Vertrauen in ihre heutige kluge Umsicht und große Geschicklichkeit: Keine Regierung eines Volkes kann heute noch den Krieg wollen; alle streben nach dem allgemeinen Frieden der Welt. Das ist etwas Großartiges! Wir wagen die Regierenden zu beschwören, nie mehr ihr oder vielmehr das gemeinsame Friedensprogramm aufzugeben!

Zweitens: Es sind vor allem und noch vor den Sonderinteressen die Ideen, die die Welt leiten, trotz dem entgegengesetzten äußeren Anschein. Wenn die Friedensidee wirklich die Herzen der Menschen gewinnt, so ist der Friede gerettet; ja noch mehr, er wird die Menschen retten. Es ist überflüssig, dass wir in dieser unserer Rede Worte darauf verwenden, den mächtigen Einfluss der Idee nachzuweisen, die geistiger Besitz des Volkes, das heißt der öffentlichen Meinung geworden ist; sie ist heute die Königin, die in Wirklichkeit die Völker regiert; ihr unabwägbarer Einfluss prägt und führt sie; und schließlich sind es die Völker, das heißt die wirksame öffentliche Meinung, die die Regierenden regiert.

Drittens: Wenn die öffentliche Meinung sich zu einer Kraft entfaltet, die das Schicksal der Völker mitbestimmt, so hängt das Schicksal des Friedens auch von einem jeden von uns ab. Denn jeder von uns ist Teil des gesellschaftlichen Organismus, der als demokratisches System handelt, wie es in verschiedener Form und in unterschiedlichem Maße heute das Leben der zeitgemäß organisierten Nationen charakterisiert. Dieses wollten Wir sagen: Der Friede ist möglich, wenn ihn ein jeder von uns will; wenn jeder von uns den Frieden liebt, seine eigene innere Gesinnung auf den Frieden hin erzieht und formt, den Frieden verteidigt und sich für den Frieden einsetzt. Jeder von uns muss in seinem eigenen Gewissen den verpflichtenden Aufruf hören: «Der Friede hängt auch von Dir ab.»

Gewiss kann der Einfluss des Einzelnen auf die öffentliche Meinung nicht anders als sehr gering sein; aber er ist nie vergeblich. Der Friede lebt dadurch, dass die Menschen ihm, wenn auch nur einzeln und auf anonyme Weise, anhangen. Wir wissen alle, wie sich das Phänomen der öffentlichen Meinung bildet und äußert: eine ernsthafte und bestimmte Aussage ist schnell verbreitet. Die individuelle Bejahung des Friedens muss zu einem kollektiven und gemeinschaftlichem Ja werden; sie muss eine Zustimmung des Volkes und der Gemeinschaft der Völker werden, Überzeugung, Ideologie, Aktion; sie muss danach streben, das Denken und Handeln der neuen Generationen zu durchdringen und sich in die Welt, in Politik, Wirtschaft, Erziehung, Zukunft, Kultur und Zivilisation Eingang zu verschaffen. Und das nicht aus dem Gefühl der Furcht und der Flucht, sondern durch den schöpferischen Impuls der neuen Geschichte und der Neugestaltung der Welt; nicht durch Trägheit und Egoismus, sondern durch sittliche Kraft und größere Liebe zur Menschheit. Der Friede bedeutet Mut, Weisheit und Pflicht und ist schließlich obendrein Eigennutz und Glück.

Dieses alles wagen Wir Euch zu sagen, Brüder. Euch Menschen dieser Welt, wenn Ihr aufgrund irgendeines Titels das Steuer der Welt in Händen haltet, Menschen mit Befehlsvollmacht, Menschen der Kultur und der Geschäftswelt: Es ist notwendig, dass Ihr Euer Handeln entschlossen und klug auf den Frieden hin ausrichtet; er bedarf Euer. Wenn Ihr wollt, könnt Ihr es! Der Friede hängt auch und im Besonderen von Euch ab.

Darüber hinaus richten Wir ein besonders vertrauensvolles und eindringliches Wort an diejenigen, die in Glaube und Liebe Unsere Mitbrüder sind: Haben wir nicht eigene, ursprüngliche und die menschlichen Kräfte übersteigende Möglichkeiten, um mit denen, die sich für den Frieden einsetzen, zusammenzuarbeiten, um ihr und unser gemeinsames Werk zu unterstützen, damit Christus uns alle mit ihnen gemäß der Seligpreisung des Evangeliums als Kinder Gottes bezeichnet (vgl. Mt 5, 9)? Können wir nicht den Frieden predigen, vor allem in den Gewissen? Und wer ist mehr als wir gehalten, durch Wort und Beispiel Lehrmeister des Friedens zu sein? Wie können wir das Werk des Friedens unterstützen, in dem das menschliche Handlungsvermögen seine höchste Ebene erreicht, wenn wir nicht Gott selbst daran beteiligen, dessen Hilfe wir durch unsere Gebete zu erflehen vermögen? Oder sollen wir etwa unempfänglich sein für das Erbe des Friedens, das uns Christus, Christus allein, hinterlassen hat, die wir in einer Welt leben, die ihn, den transzendenten und unaussprechlichen Frieden, nicht vollkommen zu geben vermag? Können nicht gerade wir die flehentliche Bitte um den Frieden mit jener demütigen und liebenden Kraft erfüllen, der die göttliche Barmherzigkeit nicht widersteht (vgl. Mt 7, 7ff.; Joh 14, 27)? Es ist wunderbar: Der Friede ist möglich, und er hängt auch von uns ab, durch Christus, der unser Friede ist (vgl. Eph 2, 14).

Unterpfand und Vermittlung dieses Friedens sei für alle Unser Apostolischer Segen.

Botschaft zur Feier des Weltfriedenstages am 1. Januar 1975: Versöhnung, der Weg zum Frieden

An alle Menschen guten Willens!

Dies ist unsere Botschaft für das Jahr 1975. Ihr kennt sie bereits, sie kann jedoch keine andere sein: Brüder und Schwestern! Treten wir für den Frieden ein!

Unsere Botschaft ist sehr einfach, sie ist aber gleichzeitig so eindringlich, so fordernd, dass sie verletzend erscheinen könnte. Besteht der Friede denn nicht schon? Was kann man noch anderes und mehr tun als das, was für den Frieden schon getan worden ist und immer noch geschieht? Schreitet die Geschichte der Menschheit nicht bereits durch eigene Kraft einem weltweiten Frieden entgegen?

Ja, so ist es; oder besser, so scheint es. Aber der Friede muss «geschaffen» werden, muss ständig geweckt und verwirklicht werden. Er resultiert aus einem labilen Gleichgewicht, das nur die Bewegung gewährleisten kann und das im Verhältnis zu deren Schnelligkeit steht. Die Institutionen selbst, die in der Rechtsordnung und im internationalen Zusammenleben die Aufgabe und das Verdienst haben, den Frieden zu verkünden und zu erhalten, erfüllen ihre providentielle Aufgabe, wenn sie sich ständig darum bemühen, wenn sie es verstehen, in jedem Augenblick den Frieden zu wecken, den Frieden herbeizuführen.

Diese Notwendigkeit ergibt sich hauptsächlich aus dem menschlichen Phänomen des Werdens, aus dem ständigen Entwicklungsprozess der Menschheit. Menschen folgen auf Menschen, Geschlechter auf Geschlechter. Auch wenn keine Veränderung sich in den bestehenden juridischen und geschichtlichen Situationen ergeben sollte, wäre trotzdem ein ständiger Einsatz notwendig, um die Menschheit dahin zu führen, den grundlegenden Rechten der Gesellschaft treu zu bleiben. Diese müssen gewahrt bleiben und werden auf unbegrenzte Zeit hin die Geschichte führen unter der Voraussetzung, dass die unbeständigen Menschen und die Jungen, die an die Stelle der verstorbenen Vorfahren treten, unablässig zu Zucht und Ordnung für das Allgemeinwohl und für das Ideal des Friedens erzogen werden. Den Frieden schaffen bedeutet unter diesem Gesichtspunkt zum Frieden erziehen. Und das ist keine kleine noch eine leichte Aufgabe.

Wir wissen aber, dass sich nicht nur die Menschen auf dem Schauplatz der Geschichte ändern. Auch die Dinge ändern sich. Nämlich die Probleme, von deren ausgewogener Lösung das friedliche Zusammenleben der Menschen untereinander abhängt. Niemand kann den Standpunkt vertreten, dass die bürgerliche Gesellschaft und das internationale Zusammenleben schon vollkommen organisiert sind. Es bleiben möglicherweise immer noch viele, sehr viele Probleme offen. Es bleiben jene von gestern und es ergeben sich die von heute. Morgen werden neue entstehen, und alle warten auf eine Lösung. Die Lösung, so betonen wir, kann nicht und darf niemals mehr durch egoistische oder gewalttätige Konflikte und noch viel weniger durch todbringende Kriege unter den Menschen herbeigeführt werden. So haben es einsichtige Menschen gesagt, die die Geschichte der Völker studieren und im Wirtschaftsleben der Nationen erfahren sind. Auch wir, die wir wehrlos den Auseinandersetzungen der Welt gegenüberstehen, jedoch stark sind durch ein göttliches Wort, haben es ausgesprochen: Alle Menschen sind Brüder. Endlich scheint die gesamte Kulturwelt dieses Grundprinzip angenommen zu haben. Wenn also die Menschen Brüder sind, unter ihnen aber immer noch Konfliktursachen bestehen und sich solche noch bilden, so ist es notwendig, dass der Friede wirksam und in kluger Weise verwirklicht werde. Den Frieden muss man schaffen, man muss ihn herbeiführen, man muss ihn erfinden, man muss ihn verwirklichen mit stets wachem Geist, mit immer neuem und unermüdlichen Willen. Wir sind deshalb alle von dem Grundsatz überzeugt, der die heutige Gesellschaft leitet, dass der Friede weder passiv noch hemmend sein darf; er muss erfinderisch, zuvorkommend und aktiv sein.

Wir sind erfreut, dass diese Leitgedanken für das Gemeinschaftsleben in der Welt heute wenigstens grundsätzlich allgemein angenommen werden. Wir fühlen uns verpflichtet, den verantwortlichen Männern und den Institutionen, die heute die Aufgabe haben, den Frieden auf Erden zu fördern, zu danken, sie zu loben und zu ermutigen, dass sie diesen Grundsatz als Ausgangspunkt für ihr Wirken gewählt haben: Nur der Friede erzeugt den Frieden.

Laßt uns, Ihr Menschen alle, die Botschaft des kürzlich stattgefundenen Ökumenischen Konzils bis an die Enden der Erde prophetisch wiederholen:

«Mit allen unseren Kräften müssen wir jene Zeit vorbereiten, in der auf der Basis einer Übereinkunft zwischen allen Nationen jeglicher Krieg absolut geächtet werden kann... Der Friede muss aus dem gegenseitigen Vertrauen der Völker erwachsen, statt den Nationen durch den Schrecken der Waffen auferlegt zu werden.

Die Staatsmänner, die das Gemeinwohl ihres eigenen Volkes zu verantworten und gleichzeitig das Wohl der gesamten Welt zu fördern haben, sind sehr abhängig von der öffentlichen Meinung und Einstellung der Massen. Nichts nützt ihnen ihr Bemühen, Frieden zu stiften, wenn Gefühle der Feindschaft, Verachtung, Misstrauen, Rassenhass und ideologische Verhärtung die Menschen trennen und zu Gegnern machen. Darum sind vor allem eine neue Erziehung und ein neuer Geist in der öffentlichen Meinung dringend notwendig.

Wer sich der Aufgabe der Erziehung, vor allem der Jugend, widmet und wer die öffentliche Meinung mitformt, soll es als seine strikte Pflicht ansehen, in allen eine neue Friedensgesinnung zu wecken. Wir alle müssen unsere Gesinnung erneuern und die ganze Welt und jene Aufgaben in den Blick bekommen, die wir alle zusammen zum Fortschritt der Menschheit auf uns nehmen können»[142].

Darauf zielt das eigentliche und zentrale Anliegen unserer Botschaft, indem sie bekräftigt, dass der Friede soviel gilt wie er danach trachtet, sich – noch bevor er äußere Wirklichkeit wird – im Innern zu verwirklichen. Man muss die Herzen entwaffnen, wenn man die Zufluchtnahme zu den Waffen, die den Körper verwunden, wirksam verhindern will. Man muss dem Frieden, das heißt allen Menschen, die geistigen Wurzeln einer gemeinsamen Weise zu denken und zu lieben geben. Es genügt nicht, schreibt Augustinus, der Theoretiker der neuen Stadt, es genügt nicht die Gleichheit der Natur, um die Menschen untereinander zu verbinden; man muss sie lehren, eine gleiche Sprache zu sprechen, das heißt sich zu verständigen, gemeinsame Kultur zu haben, dieselben Gefühle zu teilen; andernfalls «wird der Mensch es vorziehen, lieber mit seinem Hund zusammen zu sein als mit einem fremden Menschen».[143]

[142] *GS* 82.
[143] Vgl. Augustinus, *De civitate Dei*, XIX, VII; PL 41, 634.

Diese Verinnerlichung des Friedens ist echter Humanismus, ist echte Zivilisation. Sie ist glücklicherweise bereits im Gange. Sie reift mit dem Fortschritt der Welt. Sie findet ihre Überzeugungskraft in dem weltweiten Ausmaß der vielfältigen Beziehungen, die die Menschen unter sich herstellen. Es ist ein langwieriges und schwieriges Unterfangen, das sich aber durch viele Gründe von selbst aufdrängt: die Welt schreitet auf ihre Einheit zu. Dennoch können wir uns keine Illusionen machen. Während sich die friedliche Eintracht unter den Menschen ausbreitet – und das durch die fortschreitende Entdeckung der gegenseitigen Ergänzung und Abhängigkeit der Länder, durch wirtschaftlichen Austausch, durch die Verbreitung einer gleichen Sicht des Menschen, die jedoch stets den ursprünglichen Charakter und die Besonderheit der verschiedenen Kulturen achtet, ferner durch die Erleichterungen der Reisen und der sozialen Kommunikationsmittel usw. – müssen wir feststellen, dass sich heute neue Formen eifersüchtiger Nationalismen behaupten, die sich aufgrund der Rasse, der Sprache und der Tradition in eigenbrötlerischer Weise abkapseln. Es bleiben weiterhin überaus traurige, durch Elend und Hunger gekennzeichnete Verhältnisse bestehen; es entstehen mächtige multinationale Wirtschaftsgebilde, die voller egoistischer Gegensätze sind; exklusivistische und herrschsüchtige Ideologien sind dabei, sich gesellschaftlich zu organisieren; mit beängstigender Leichtigkeit brechen territoriale Konflikte aus; vor allem aber wachsen die für mögliche katastrophale Zerstörungen geeigneten mörderischen Waffen an Zahl und Gewalt, wobei man dem Schrecken sogar den Namen Frieden gibt. Gewiss, die Welt geht auf ihre Einheit zu, währenddessen vermehren sich jedoch die erschreckenden Prognosen, die eine größere Möglichkeit, größere Leichtigkeit und auch ein schrecklicheres Ausmaß von fatalen Zusammenstößen in Aussicht stellen. Diese werden in gewisser Hinsicht sogar als unvermeidlich und notwendig angesehen, als ob sie von der Gerechtigkeit selbst gefordert würden. Wird also die Gerechtigkeit eines Tages nicht mehr die Schwester des Friedens, sondern des Krieges sein?[144]

Wir spielen nicht mit Utopien, weder mit optimistischen noch mit pessimistischen. Wir wollen uns an die Wirklichkeit halten. Diese weist uns mit ihrer Phänomenologie illusorischer Hoffnungen und beklagenswerter Verzweiflung erneut darauf hin, dass in der monumentalen Maschinerie unserer Zivilisation irgendetwas nicht gut funktioniert. Diese könnte durch einen Fehler in ihrer Konstruktion zu einem unbeschreiblichen Weltbrand explodieren. Wir sagen Fehler, nicht Mangel; der Fehler nämlich des geistigen Koeffizienten, von dem wir jedoch zugeben, dass er in der allgemeinen Ökonomie der friedlichen Entwicklung der jetzigen Geschichte schon anwesend und wirksam ist und jede wohlwollende Anerkennung und Ermutigung verdient. Haben wir nicht selbst der UNESCO unseren Preis zuerkannt, der nach Papst Johannes XXIII., dem Autor der Enzyklika *Pacem in terris,* benannt ist?

Doch wagen wir zu sagen, dass es noch mehr zu tun gilt. Man muss den geistigen Koeffizienten so aufwerten und zur Geltung bringen, dass er fähig wird, nicht nur die Konflikte unter den Menschen zu verhindern und sie für friedfertige und gesittete Gefühle empfänglich zu machen, sondern die Versöhnung unter den Menschen selbst herzustellen, das heißt den Frieden herbeizuführen. Es genügt nicht, die Kriege einzudämmen, die Kämpfe einzustellen, Feuerpausen und einen Waffenstillstand aufzuerlegen, Grenzen und Beziehungen zu regeln, Bereiche gemeinsamer Interes-

---

[144] Vgl. Augustinus, ebd.

sen zu schaffen; es genügt nicht, die Möglichkeit radikaler Auseinandersetzungen durch den Schrecken vor unerhörten Zerstörungen und Leiden zu bannen. Es genügt kein aufgezwungener Friede, kein zweckbedingter und provisorischer Friede. Wir müssen nach einem Frieden trachten, der geliebt wird, der frei und brüderlich ist, das heißt in der Versöhnung der Menschen gründet.

Wir wissen, dass das schwierig ist; schwieriger als jedes andere Bemühen. Aber es ist nicht unmöglich und auch nicht illusorisch. Wir haben Vertrauen in die grundsätzliche Güte der Menschen und der Völker. Gott hat nämlich die Geschöpfe zum Heil befähigt (vgl. Weish 1, 14). Das umsichtige und beständige Bemühen um die gegenseitige Verständigung unter den Menschen, den sozialen Klassen, den Staaten, den Völkern und den Zivilisationen untereinander bleibt nicht ohne Frucht. Wir freuen uns, insbesondere jetzt, an der Vigil des Internationalen Jahres der Frau, das von den Vereinten Nationen ausgerufen worden ist, über die immer stärkere Beteiligung der Frauen am Leben der Gesellschaft, zu dem sie dank der ihnen von Gott gegebenen Eigenschaften einen wertvollen spezifischen Beitrag leisten. Ihre Intuition, ihre schöpferische Veranlagung, ihr Einfühlungsvermögen, ihr Sinn für Frömmigkeit und Anteilnahme, ihre große Fähigkeit zu verstehen und zu lieben ermöglichen es den Frauen in einer ganz besonderen Weise, Vermittlerinnen der Versöhnung in den Familien und in der Gesellschaft zu sein. Ebenso bereitet es uns eine besondere Freude, feststellen zu können, dass die Erziehung der Jugend zu einer neuen weltweiten Gesinnung im menschlichen Zusammenleben, zu einer Geisteshaltung, die nicht skeptisch, weder vulgär noch kindisch ist und auch die Gerechtigkeit nicht vergisst, sondern von Hochherzigkeit und Liebe bestimmt ist, schon begonnen hat und weiter voranschreitet. Sie besitzt ungeahnte Schätze für die Versöhnung und vermag den Weg zum Frieden in der Wahrheit, in Ehrenhaftigkeit, in Gerechtigkeit und Liebe und deshalb in der Stabilität auch in der neuen Geschichte der Menschheit zu zeigen.

Versöhnung! Denkt daran, Ihr Jugendlichen und Ihr Menschen, die Ihr Einfluss ausübt und Verantwortung tragt, Ihr, die Ihr frei seid und von Hochherzigkeit beseelt! Könnte dieses magische Wort nicht auch in den Wortschatz Eurer Hoffnungen und Eurer Erfolge Eingang finden?

Dies also ist unsere zuversichtliche Botschaft für Euch: Die Versöhnung ist der Weg zum Frieden! Für Euch, Söhne und Töchter der Kirche! Brüder im Bischofsamt, Priester und Ordensleute, für Euch, die Ihr dem Laienstand angehört und Euch für die Sache der Kirche einsetzt, sowie für alle Gläubigen!

Die Botschaft über die Versöhnung als Weg zum Frieden verlangt noch eine Ergänzung, auch wenn diese Euch schon bekannt und gegenwärtig ist. Sie ist nicht nur ein integrierender, sondern ein wesentlicher Bestandteil unserer Botschaft – Ihr wisst es. Denn sie ruft Euch allen in Erinnerung, dass die erste und unerlässliche Versöhnung, die es zu erlangen gilt, jene mit Gott ist. Für uns Gläubige kann es keinen anderen Weg zum Frieden geben als diesen. In der Bestimmung unseres Heiles fallen vielmehr die Versöhnung mit Gott und unser Friede zusammen, die eine ist die Ursache der anderen. Dies ist das Werk Christi. Er hat den Bruch behoben, den die Sünde in unseren lebenswichtigen Beziehungen mit Gott hervorruft. Wir erinnern unter den vielen diesbezüglichen Worten des heiligen Paulus nur an dies eine: «Das alles kommt von Gott, der uns durch Christus mit sich versöhnt hat» (2 Kor 5, 18).

Das Heilige Jahr, das wir soeben beginnen, möchte uns wieder neu zu dieser ersten und glücklichen Versöhnung aufrufen: Christus ist unser Friede; er ist der Ausgangspunkt für unsere Versöhnung in der Einheit seines mystischen Leibes (vgl. Eph 2, 14-16). Wir würden zehn Jahre nach Abschluss des Zweiten Vatikanischen Konzils gut daran tun, den theologischen und ekklesiologischen Gehalt dieser Grundwahrheit unseres Glaubens und unseres christlichen Lebens gründlich zu bedenken.

Daraus ergibt sich eine logische und verpflichtende Konsequenz, die leicht ist, wenn wir wirklich in Christus sind: Wir müssen das Gespür für unsere Einheit vervollkommnen; für die Einheit *in* der Kirche, für die Einheit *der* Kirche; erstens, für die mystische und konstitutive Gemeinschaft, *Communio* (vgl. 1 Kor 1, 10; 12, 12-27); zweitens, für die ökumenische Wiederherstellung der Einheit unter allen Christen;[145] die eine wie die andere erfordern eine ihnen eigene Versöhnung, die der christlichen Gemeinschaft jenen Frieden vermitteln soll, der eine Frucht des Geistes ist, die aus seiner Liebe und seiner Freude hervorgeht (vgl. Gal 5, 22). Auch in diesen Bereichen müssen wir «Frieden schließen»! Euch wird sicherlich unser «Apostolisches Schreiben über die Versöhnung innerhalb der Kirche» erreichen, das in diesen Tagen veröffentlicht worden ist. Wir bitten Euch inständig im Namen Jesu Christi, dieses Dokument zu bedenken und daraus Vorsätze zur Versöhnung und zum Frieden zu ziehen. Niemand soll meinen, diese unumgänglichen Forderungen der Gemeinschaft mit Christus missachten zu dürfen; sorgen wir im Gegenteil dafür, dass alle und jeder Einzelne zur vertrauensvollen, demütigen und positiven Auferbauung der Kirche einen neuen und loyalen Beitrag leisten. Erinnern wir uns etwa nicht der letzten Worte des Herrn zur Verteidigung seines Evangeliums: «Lass sie voll-

---

[145] Vgl. Konzilsdekret *Unitatis redintegratio*.

kommen eins sein, damit die Welt erkenne, dass du mich gesandt hast» (Joh 17, 23)? Werden wir nicht die Freude haben, unsere geliebten Brüder, die sich von uns entfernt haben, zur alten und frohen Eintracht zurückkehren zu sehen?

Wir müssen beten, dass dieses Heilige Jahr der katholischen Kirche die unaussprechliche Hoffnung auf die Wiederherstellung der Einheit mit einer Gruppe von Brüdern gebe, die schon so nahe bei dem einen Schafstall sind, jedoch noch zögern, die Schwelle zu überschreiten. Wir werden auch für diejenigen beten, die aufrichtigen Herzens anderen Religionen angehören, auf dass der freundschaftliche Dialog, den wir mit ihnen begonnen haben, sich weiterentfalte und wir gemeinsam für den Weltfrieden zusammenarbeiten können.

Vor allem aber müssen wir von Gott für uns selbst die Demut und die Liebe erbitten, um dem lauteren und beständigen Bekenntnis unseres Glaubens die Anziehungskraft der Versöhnung und das bestärkende und frohe Charisma des Friedens zu geben.

Mit unserem Segensgruß möge «der Friede Gottes, der alles Ermessen übersteigt, euer Herz und euren Sinn in Christus Jesus bewahren» (Phil 4, 7).

Botschaft zur Feier des Weltfriedenstages am 1. Januar 1976: Die echten Waffen des Friedens

An Euch, Staatsmänner! An Euch, Vertreter und Förderer der großen internationalen Institutionen! An Euch, Politiker! An Euch, Experten der Probleme des internationalen Zusammenlebens, Publizisten, Akteure, Soziologen und Ökonomen im Bereich der Beziehungen zwischen den Völkern!

An Euch, Bürger der Welt, die Ihr vom Ideal einer weltweiten Brüderlichkeit begeistert seid oder aber auch enttäuscht und skeptisch bezüglich der Möglichkeit, zwischen den Völkern Beziehungen des Ausgleichs, der Gerechtigkeit und der Zusammenarbeit herzustellen.

Und schließlich an Euch, Angehörige der Religionen, die die Freundschaft unter den Menschen fördern; an Euch, Christen; an Euch, Katholiken, die Ihr den Frieden in der Welt zum Prinzip Eures Glaubens und zum Ziel Eurer weltweiten Liebe macht!

Wir wagen es, uns auch in diesem Jahr 1976 wie in den vorhergehenden Jahren wieder mit unserer Friedensbotschaft respektvoll an Euch zu wenden.

Eine Einladung geht ihr voraus. Seid so freundlich und geduldig und hört sie bereitwillig an. Das große Anliegen des Friedens verdient Eure Aufmerksamkeit, Eure Besinnung, auch wenn es scheinen kann, dass unsere Botschaft zu diesem Thema, das sich am Beginn des neuen Jahres erneut stellt, sich wiederholt; und auch wenn ihr, durch eure Studien und vielleicht auch durch eure Erfahrungen belehrt, schon alles über den Frieden in der Welt zu wissen meint.

Vielleicht kann es dennoch für Euch von einigem Interesse sein zu erfahren, welche unsere spontanen Gefühle sind, die sich aus den unmittelbaren Erfahrungen des geschichtlichen Geschehens, in das wir alle hineingestellt sind, hinsichtlich dieses unerbittlich bedrängenden Themas des Friedens ergeben.

Unsere ersten Gefühle in dieser Hinsicht sind zweifacher und widersprüchlicher Art. Wir sehen vor allem mit Freude und mit Hoffnung, dass die Idee des Friedens weiter voranschreitet. Sie gewinnt an Bedeutung und Raum im Bewusstsein der Menschheit. Mit ihr entwickeln sich auch die Strukturen der Friedensordnung; vermehren sich die

Veranstaltungen, die verantwortungsbewusst und in akademischer Weise zu seiner Förderung durchgeführt werden; die Lebensgewohnheiten entfalten sich in dem vom Frieden angegebenen Sinn: Reisen, Kongresse, Tagungen, Handelsbeziehungen, Studien, Freundschaften, Zusammenarbeit, Hilfeleistungen... Der Frieden gewinnt an Boden. Die Konferenz von Helsinki im Juli und August 1975 ist ein Ereignis, das in dieser Hinsicht hoffen lässt.

Doch sehen wir leider zur gleichen Zeit, dass sich Phänomene weiterhin behaupten, die dem Sinngehalt und dem Ziel des Friedens entgegengesetzt sind. Auch diese Phänomene schreiten voran, wenn man sie auch oft latent hält; aber sie tragen ohne Zweifel Symptome von beginnenden oder künftigen Konflikten in sich. So erwacht zum Beispiel mit dem Nationalgefühl, dem berechtigten und durchaus begrüßenswerten Ausdruck einer polyvalenten Volksgemeinschaft, der Nationalismus. Indem dieser diese Einstellung bis zur Form eines kollektiven Egoismus und eines exklusivistischen Gegensatzes übersteigert, bewirkt er im Kollektivbewusstsein ein Wiederaufleben von gefährlichen und sogar schreckenerregenden Keimen gegenseitiger Rivalität und absehbarer Konflikte.

Es wächst über alle Maßen – dieses Beispiel lässt einen vor Furcht erzittern – in jeder einzelnen Nation das Waffenarsenal jeglicher Art. Wir haben den begründeten Verdacht, dass der Waffenhandel auf den internationalen Märkten oft Rekordhöhe erreicht. Und das mit dem stereotypen Vorwand, dass die Verteidigung, auch wenn sie nur als rein hypothetisch und potentiell vorgesehen ist, einen steigenden Rüstungswettlauf erfordere, da allein durch das Gleichgewicht der Waffen der Frieden gesichert sei.

Die Aufzählung der negativen Faktoren, die die Stabilität des Friedens untergraben, ist nicht vollständig. Können wir eine Welt friedlich nennen, die zutiefst gespalten ist durch unversöhnliche Ideologien, welche mächtig und gewaltsam organisiert sind, die Völker untereinander aufteilen und, falls sie dazu freie Hand haben, diese noch in ihrem inneren Gefüge in Fraktionen und Parteien weiter aufspalten, welche den Grund für ihre Existenz und ihre Tätigkeit darin finden, dass sie ihre Anhänger mit unversöhnlichem Hass und systematischem Kampf innerhalb des sozialen Gefüges vergiften? Die scheinbare Normalität solcher politischer Situationen verbirgt nicht die Spannung einer gegenseitigen eisernen Umklammerung, die jederzeit bereit ist, den Gegner zu vernichten, sobald dieser ein Zeichen verhängnisvoller Schwäche verrät. Ist das Frieden? Ist das Zivilisation? Ist ein Volk ein Agglomerat von Bürgern, die sich einander bis zu den extremen Konsequenzen feindlich gegenüberstehen?

Und wo ist der Frieden in den Brennpunkten der bewaffneten Konflikte oder dort, wo diese durch die Unfähigkeit zum Einsatz noch gewaltsamerer Waffen nur notdürftig in Schranken gehalten werden? Wir verfolgen mit Bewunderung die Anstrengungen, mit denen man sich zur Zeit darum bemüht, diese Konfliktherde und die Zentren der Guerilla auszumerzen, die seit Jahren das Antlitz der Erde entstellen und jeden Augenblick in gigantische Kämpfe in der Größenordnung von Kontinenten, Rassen, Religionen und sozialen Ideologien zu explodieren drohen. Wir können uns aber nicht die Brüchigkeit eines Friedens verheimlichen, der nur ein Waffenruhe im Vorfeld bereits vorgezeichneter künftiger Konflikte ist, das heißt die Vortäuschung einer Ruhe, die nur mit den eiskalten Worten geheuchelter respektvoller Gegenseitigkeit als friedlich bezeichnet werden kann.

Der Friede ist, wir wissen es, in der geschichtlichen Wirklichkeit das Werk einer beständigen Therapie. Seine

Gesundheit ist von seiner Natur her prekär, denn sie besagt die Herstellung von Beziehungen – wie es nun einmal ist – zwischen gewaltbereiten und unbeständigen Menschen. Sie erfordert eine ständige und umsichtige Anstrengung jener höheren schöpferischen Phantasie, die wir Diplomatie, internationale Ordnung, Verhandlungsdynamik nennen. Armer Friede! Was sind also deine Waffen? Der Schrecken vor unerhörten und verhängnisvollen Weltbränden, die die Menschheit dezimieren, ja fast völlig vernichten könnten? Die Resignation angesichts einer übermächtigen Gewaltherrschaft wie dem Kolonialismus, dem Imperialismus oder einer Revolution, die nach einem gewaltsamen Ausbruch hoffnungslos statisch und furchtbar autokonservativ geworden ist? Die Präventiv- und die Geheimwaffen? Eine kapitalistische, das heißt egoistische Organisation der Wirtschaftswelt, die durch Hunger dazu gezwungen wird, sich unterwürfig und ruhig zu verhalten? Der selbstgefällige Zauber einer geschichtlichen Kultur, die anmaßend ist und überzeugt vom eigenen ewig siegreichen Geschick? Oder etwa die großartigen organisatorischen Strukturen, die darauf angelegt sind, das internationale Leben zu rationalisieren und zu organisieren?

Ist ein Friede, der nur von solchen Fundamenten getragen wird, ausreichend? Ist er sicher, fruchtbar und glücklich?

Es ist mehr notwendig. Und eben deshalb unsere Botschaft. Man muss dem Frieden vor allem andere Waffen geben, nicht jene, die zur Tötung und Vernichtung der Menschheit bestimmt sind. Er bedarf vor allem der sittlichen Waffen, die dem internationalen Recht Kraft und Geltung verschaffen; der zuallererst, dass die Verträge eingehalten werden. *Pacta sunt servanda!* Dieser Grundsatz ist immer noch gültig als Gewähr für den Fortbestand eines wirksamen Gespräches zwischen den Staaten, für die Stabilität der Gerechtigkeit unter den Nationen und das redliche Gewissen der Völker. Der Frieden macht sich daraus seinen schützenden Schild. Was aber, wenn die Verträge nicht der Gerechtigkeit entsprechen? Hier gerade gründet die Apologie für die internationalen Institutionen, die gegenseitige Beratungen, Studien und Überlegungen ermöglichen, die die sogenannten Methoden der vollendeten Tatsachen, nämlich die blinden und ungezügelten Gewalttätigkeiten, absolut ausschließen sollen, welche stets menschliche Opfer sowie unzählige und grundlose Zerstörungen mit sich bringen und nur selten das eigentliche Ziel erreichen, einer wirklich gerechten Sache Geltung zu verschaffen. Die Waffen, mit einem Wort die Kriege, sind von den Programmen der Zivilisation auszuschließen. Die umsichtige Abrüstung ist eine weitere Schutzwaffe des Friedens. Wie sagt doch der Prophet Isaias: «Zu Pflugscharen schmieden sie um ihre Schwerter, ihre Lanzen zu Winzermessern» (Jes 2, 4). Und hören wir auch die Worte Christi: «Stecke dein Schwert wieder in die Scheide. Denn alle, die zum Schwert greifen, kommen durch das Schwert um» (Mt 26, 52). Ist dies eine Utopie? Wie lange wohl noch?

Hier nun treten wir in den Fragenkreis der Möglichkeit einer künftigen idealen Menschheit, der neuen Menschheit, die noch werden muss, noch zu formen ist; der Menschheit, die frei ist von ihren ungeheuren tödlichen Waffen, aber um so besser gerüstet und gefestigt durch die ihr naturgemäßen moralischen Prinzipien. Es handelt sich um Prinzipien, die schon bestehen, jedoch theoretisch und praktisch im Anfangsstadium, noch schwach und unansehnlich, und die erst gerade beginnen, in das tiefe und lebendige Bewusstsein der Völker einzudringen. Ihre Schwäche, die den Diagnostikern, den sogenannten Realisten in den geschichtlichen und anthropologischen Studien, als unheilbar erscheint, kommt vor allem von der Tatsache, dass die militärische Abrüstung gemeinsam und umfassend vorgenommen werden muss, soll sie nicht zum unverzeihlichen Fehler eines utopischen Optimismus, einer blinden Naivität und einer verlockenden Gelegenheit werden, die nur dem Machtanspruch anderer von Nutzen ist. Die Abrüstung wird entweder von allen durchgeführt oder sie wird zu einem schweren Vergehen unterlassener Verteidigung. Hat aber nicht das Schwert im Rahmen des geschichtlichen und konkreten Zusammenlebens der Menschen seine tatsächliche Existenzberechtigung um der Gerechtigkeit und des Friedens willen (vgl. Röm 13, 4)? Ja, wir müssen es zugestehen. Ist aber nicht eine Dynamik des Wandels, eine Hoffnung in die Welt gekommen, die nicht mehr illusorisch ist, ein neuer und wirklicher Fortschritt, ein kommender und ersehnter geschichtlicher Abschnitt, der Wirklichkeit werden kann, seitdem der Meister, der Prophet des Neuen Testamentes, die Dekadenz der archaischen, primitiven und triebhaften Sittlichkeit aufgezeigt hat und mit Worten, die in sich die Macht haben, nicht nur anzuklagen und zu verkündigen, sondern auch unter bestimmten Bedingungen eine neue Menschheit hervorzubringen, erklärt hat: «Glaubt nicht, ich sei gekommen, das Gesetz oder die Propheten aufzuheben; ich bin nicht gekommen, sie aufzuheben, sondern sie zur Vollendung zu bringen... Ihr habt gehört, dass zu den Alten gesagt worden ist: Du sollst nicht töten! Wer tötet, soll dem Gerichte verfallen. Ich aber sage euch: Jeder, der seinem Bruder zürnt, soll dem Gerichte verfallen» (Mt 5, 17.21-22)?

Es handelt sich nicht mehr um eine einfache, naive und gefährliche Utopie. Es ist das neue Gesetz der Menschheit, die voranschreitet, und wappnet den Frieden mit einem großartigen Grundprinzip: «Ihr alle aber seid Brüder» (Mt 23, 8). Wenn das Bewusstsein von der weltweiten Brüderlichkeit wahrhaft in das Herz aller Menschen eingedrungen sein wird, werden sie es dann noch nötig haben, sich zu bewaffnen und sogar zu blinden und fanatischen Mördern zu werden an Brüdern, die an sich unschuldig sind, und zugunsten des Friedens ein Blutbad unerhörten Ausmaßes anzurichten, wie es am 6. August 1945 in Hiroshima geschehen ist? Hatte übrigens unsere Zeit nicht schon ein Beispiel dafür, was ein schwacher Mensch zu vollbringen vermag, der nur mit dem Prinzip der Gewaltlosigkeit ausgerüstet ist, Gandhi nämlich, um für eine Nation von Hunderten von Millionen Menschen Freiheit und Würde eines neuen Volkes zu gewinnen?

Die Zivilisation schreitet voran im Gefolge eines Friedens, der nur mit einem Ölzweig gerüstet ist. Ihm folgen die Gelehrten mit den umfangreichen Bänden über das Recht, das die Wege für die Entwicklung der idealen Menschheit weist; es folgen die Politiker, die aber sind nicht so sehr weise hinsichtlich des richtigen Einsatzes der gewaltigen Heere, um Kriege zu gewinnen und besiegte, gedemütigte Menschen zu unterjochen, sondern im Hinblick auf die Nutzung der Kräfte der Psychologie des Guten und der Freundschaft. Die Gerechtigkeit, auch sie folgt dem zuversichtlichen Zuge, nicht mehr stolz und grausam, sondern ganz darauf bedacht, die Schwachen zu verteidigen, die Gewalttätigen zu bestrafen und eine Ordnung sicherzustellen, die zwar äußerst schwierig, jedoch die einzige ist, die jenen göttlichen Namen tragen kann: die Ordnung in der Freiheit und in der bewussten Pflichterfüllung.

Freuen wir uns! Wenngleich dieser Zug durch hartnäckige Angriffe und unerwartete Ereignisse gestört wird, setzt er in dieser unserer tragischen Zeit unter unseren Augen seinen Weg fort mit einem vielleicht etwas langsamen, aber sicheren Schritt, zum Wohl für die gesamte Welt. Denn es ist ein

Zug, der entschlossen ist, die echten Waffen des Friedens zu gebrauchen.

Auch diese Botschaft soll noch ein zusätzliches Wort für diejenigen enthalten, die der Lehre des Evangeliums folgen, und zwar im eigentlichen Sinn und als Dienst an ihm. Ein zusätzliches Wort, das uns in Erinnerung bringt, wie deutlich und fordernd der Herr zum Thema des Friedens Stellung nimmt, eines Friedens, der von allen Kampfmitteln entwaffnet ist und als einzige Waffe die Güte und Liebe besitzt.

Der Herr kommt dabei zu Aussagen, die, wie wir wissen, paradox erscheinen. Es sollte uns nicht stören, im Evangelium Maßstäbe für einen Frieden zu finden, den wir einen Verzichtfrieden nennen könnten. Erinnern wir uns zum Beispiel an die Worte: «Wenn dich einer vor Gericht bringen will, um dir das Hemd wegzunehmen, dann lass ihm auch den Mantel» (Mt 5, 40). Und dann das Verbot der Vergeltung, schwächt es nicht den Frieden? Erschwert es nicht die Lage des Beleidigten, anstatt ihn zu schützen? «Wenn dich einer auf die rechte Wange schlägt, dann halt ihm auch die andere hin» (Mt 5, 39). Also keine Repressalien, keine Vergeltung (und schon gar keine Präventivmaßnahmen für noch nicht begangenes Unrecht). Wie viele Male wird uns im Evangelium das Verzeihen nahegelegt, nicht als ein Akt feiger Schwäche, nicht als eine Kapitulation vor dem Unrecht, sondern als ein Zeichen brüderlicher Liebe, das die Bedingung dafür ist, dass wir selber Gottes Verzeihung erlangen, die uns an Großmut bei weitem übertrifft und für uns heilsnotwendig ist (vgl. Mt 18, 23ff.; 5, 44; Mk 11, 25; Lk 6, 37; Röm 12, 14; usw.)!

Erinnern wir uns an die Verpflichtung zur Nachsicht und zur Vergebung, die wir auf uns genommen haben und die wir im «Vaterunser» von Gott erbitten, wo wir selbst die

Bedingungen und das Maß der ersehnten göttlichen Barmherzigkeit festlegen: «Vergib uns unsere Schuld, wie auch wir vergeben unseren Schuldigern» (Mt 6, 12).

Dies ist auch für uns, die wir in der Schule des göttlichen Meisters sind, eine ernste Lehre, die es im Herzen zu bedenken und mit vertrauensvollem Mut in die Tat umzusetzen gilt.

Der Frieden hat nur Bestand durch jenen Frieden, der zwar nicht losgelöst ist von den Pflichten der Gerechtigkeit, der aber doch gespeist wird von persönlichem Opfer, von der Herzensgüte, von der Barmherzigkeit und von der Liebe.

Botschaft zur Feier des Weltfriedenstages am 1. Januar 1977: Wenn du den Frieden willst, verteidige das Leben

Menschen in hoher und verantwortlicher Stellung! Menschen ohne Zahl und unbekannt! Menschen, die Ihr unsere Freunde seid!

Wiederum, und nun schon zum zehnten Mal, wenden wir uns an Euch und sind wir mit Euch! Am Morgen des neuen Jahres 1977 stehen wir vor Eurer Tür und klopfen an (vgl. Offb 3, 20). Öffnet uns bitte. Wir sind der gewohnte Pilger, der die Straßen der Welt durchwandert, ohne jemals zu ermüden und ohne sich auf dem Weg zu verirren. Wir sind gesandt, um Euch die gewohnte Botschaft zu verkünden; wir sind ein Prophet des Friedens! In der Tat, Frieden, Frieden, rufen wir ohne Unterlass als Boten einer unabänderlichen Idee, einer Idee, die bereits alt, aber doch immer neu ist für die wiederkehrenden konkreten Notlagen, die nach ihr verlangen; sie ist wie eine Neuentdeckung, wie eine Verpflichtung, wie eine glückliche Verheißung! Die Idee des Friedens scheint ein bereits akzeptiertes Allgemeingut zu sein, als gleichwertiger und abschließender Ausdruck der Zivilisation. Es gibt keine Zivilisation ohne den Frieden. Doch in Wirklichkeit ist der Frieden nie ganz vollendet und sicher. Ihr habt beobachtet, wie die Errungenschaften des Fortschritts selbst Ursachen von Konflikten werden können; und von was für Konflikten! Betrachtet daher unsere jährliche Botschaft für den Frieden nicht als überflüssig und somit langweilig.

Auf der Zeittafel der Psychologie der Menschheit hat der Frieden nach dem letzten Weltkrieg eine glückliche Stunde verzeichnet. Auf den ungeheuren Trümmern, die in den verschiedenen Ländern zwar recht unterschiedlich, aber doch überall vorhanden waren, hat sich schließlich nur der Frieden als siegreich erwiesen. Unverzüglich sind wie in einem frühlingsmäßigen Aufbruch jene Werke und Institutionen entstanden, die dem Frieden zugeordnet sind; viele von ihnen bestehen noch und sind noch immer voller Kraft. Sie sind die Errungenschaften der neuen Welt, und die Welt tut gut daran, darauf stolz zu sein und ihre Wirksamkeit und Entfaltung aufrechtzuerhalten. Es sind die Werke und Einrichtungen, die in der Entwicklung der Menschheit einen Aufstieg bezeichnen. Hören wir an dieser Stelle für einen Augenblick eine gewichtige väterliche und prophetische Stimme, jene unseres verehrten Vorgängers Papst Johannes XXIII:

«Das menschliche Zusammenleben, ehrwürdige Brüder, geliebte Söhne und Töchter, muss vor allem als eine geistige Wirklichkeit betrachtet werden: als ein Austausch von Erkenntnissen im Lichte der Wahrheit; eine Ausübung von Rechten und Erfüllung von Pflichten; ein Ansporn und Aufruf zum sittlich Guten; als gemeinsame edle Freude am Schönen in all seinen rechtmäßigen Ausdrucksformen; eine Sehnsucht nach gegenseitiger und immer reicherer

Aneignung geistiger Werte: Werte, in denen die kulturellen Ausdrucksformen, die Welt der Wirtschaft, die sozialen Institutionen, die politischen Bewegungen und Regime, die Rechtsordnungen und alle übrigen Dinge, die äußerlich das menschliche Zusammenleben in seiner ständigen Entwicklung bestimmen und zum Ausdruck bringen, ihre immerwährende Anregung und grundlegende Orientierung finden.«[146]

Diese heilsame Phase des Friedens gibt jedoch Raum für neue Auseinandersetzungen, seien sie noch Bestandteile wiederauflebender Streitigkeiten, die nur provisorisch beigelegt worden waren, seien sie neue geschichtliche Phänomene, die aus den sich ständig entwickelnden sozialen Strukturen entstehen. Der Frieden gerät wiederum in Bedrängnis, zunächst in den Herzen der Menschen, dann in den begrenzten örtlichen Auseinandersetzungen und schließlich in erschreckenden Rüstungsprogrammen, die das Potential furchtbarer Zerstörungen kaltblütig berechnen, die selbst unsere Fähigkeit übersteigen, sie in anschaulichen Ausmaßen zu beschreiben. Äußerst lobenswerte Versuche werden hie und da unternommen, um derartige Katastrophen zu verhindern, und wir selbst wünschen, dass sie die unermesslichen Gefahren abzuwehren vermögen, für deren frühzeitige Überwindung diese Versuche ein wirksames Mittel suchen.

Menschen, die Ihr unsere Brüder seid! Dies allein genügt nicht. Die Idee des Friedens als ein richtungsweisendes Ideal für das tatsächliche Handeln in der menschlichen Gesellschaft scheint kapitulieren zu müssen vor einer fatal um sich greifenden Unfähigkeit der Welt, sich selbst in Frieden und mit Frieden zu regieren. Der Friede ist keine selbstzeugende

---

[146] Enzyklika *Pacem in terris* 36.

Wirklichkeit, wenn auch das tiefe Streben der menschlichen Natur darauf ausgerichtet ist. Der Frieden besagt Ordnung, und nach der Ordnung strebt jedes Ding, jede Tatsache, wie nach einer vorgegebenen Bestimmung, wie nach ihrem eigenen Seinsgrund, der zwar vorgegeben ist, aber nur in Begleitung und unter Mitwirkung vielfältiger Faktoren verwirklicht wird. Deshalb ist der Friede ein Pyramidengipfel, der eine komplexe innere Struktur zu seiner Aufrechterhaltung voraussetzt. Er ist wie ein flexibler Körper, der durch ein kräftiges Skelett gestärkt werden muss. Er ist ein Gebilde, das seine Stabilität und seine Vorzüglichkeit der stützenden Kraft von Ursachen und Bedingungen verdankt, die leider nur allzuoft fehlen, und selbst wenn sie wirksam sind, nicht immer die ihnen zugewiesenen Funktionen erfüllen, damit die Pyramide des Friedens an ihrer Basis stabil und in ihrem Aufbau hoch ist.

Angesichts dieser Analyse des Friedens, die seine Vorzüglichkeit und seine Notwendigkeit bekräftigt, gleichzeitig aber auch seine Unbeständigkeit und Brüchigkeit offenbart, betonen wir jedoch erneut unsere Überzeugung: Der Friede ist eine Pflicht, der Friede ist möglich. Dies ist unsere stets wiederkehrende Botschaft, die sich das Ideal der Zivilisation zum Inhalt macht, auf die Erwartungen der Völker antwortet, die Hoffnung der Kleinen und Schwachen unter den Menschen stärkt und die Sicherheit der Starken durch die Gerechtigkeit adelt. Es ist die Botschaft des Optimismus, es ist die Vorankündigung der Zukunft. Der Friede ist kein Traum, er ist weder eine Utopie noch eine Illusion. Und noch weniger ist er eine Sisyphusarbeit: Nein, er kann verlängert und gefestigt werden; er kann die schönsten Seiten der Geschichte bezeichnen, und das nicht nur mit dem Prunk der Macht und des Ruhmes, sondern noch weit mehr mit dem Glanz jener wertvolleren der menschlichen Tugenden, der im Volk verwirklichten Güte, des gemeinschaftlichen Wohlstands, der wahren Zivilisation: der Zivilisation der Liebe.

Ist er wirklich möglich? Ja, er ist es; er muss es sein. Seien wir aber aufrichtig: Wir wiederholen es, der Friede ist eine Pflicht, er ist möglich, jedoch nicht ohne die Mitwirkung von vielen und nicht leichten Bedingungen. Wir sind uns dessen bewusst, dass die Erörterung der Voraussetzungen des Friedens sehr schwierig und sehr weitläufig ist. Wir wagen es nicht, sie hier in Angriff zu nehmen. Wir überlassen sie den Experten. Doch wollen wir im Folgenden wenigstens einen Aspekt aufgreifen, dem ohne Zweifel eine vorrangige Bedeutung zukommt. Es genügt uns hier, ihn nur zu nennen und ihn den guten und einsichtigen Menschen zur Besinnung zu empfehlen. Es ist der folgende: die Beziehung zwischen dem Frieden und der Auffassung, die die Welt vom menschlichen Leben hat.

Frieden und Leben: Beides sind höchste Güter in der zivilen Ordnung; sie stehen in Wechselbeziehung zueinander.

Wollen wir den Frieden? Dann verteidigen wir das Leben!

Dieser zweifache Begriff «Friede und Leben» kann fast wie eine Tautologie oder wie ein rhetorisches Schlagwort erscheinen; er ist es aber nicht. Er stellt eine Errungenschaft dar, die entlang des Weges des menschlichen Fortschritts lange umstritten gewesen ist; es ist ein Weg, der sein Endziel noch immer nicht ganz erreicht hat. Wieviele Male bezeichnete das Begriffspaar «Friede und Leben» in der dramatischen Geschichte der Menschheit eher einen unkontrollierten Zusammenstoß der beiden Größen und nicht ihre brüderliche Verbindung. Der Friede wurde mit dem Tode und nicht mit dem Leben gesucht und herbeigeführt; das

Leben behauptete sich nicht mit dem Frieden, sondern mit dem Kampf als einer traurigen Notwendigkeit zur eigenen Verteidigung.

Die Verwandtschaft zwischen dem Frieden und dem Leben scheint sich aus der Natur der Dinge zu ergeben; jedoch nicht immer, noch nicht aus der Logik der Gesinnung und des Verhaltens der Menschen. Dies ist, wenn wir die Dynamik des menschlichen Fortschritts verstehen wollen, das Paradox, das Neue, das wir während dieses Jahres der Gnade 1977 und dann für immer geltend machen müssen. Es ist nicht leicht und nicht einfach, damit Erfolg zu haben, denn zuviele Einwände, erschreckende Einwände, die im ungeheuren Arsenal der Pseudo-Überzeugungen, der empirisch oder utilitaristisch begründeten Vorurteile, der sogenannten Staatsraison oder der geschichtlichen und traditionellen Gepflogenheiten gehütet werden, widersetzen sich und bilden noch heute Hindernisse, die unüberwindlich zu sein scheinen. Mit dieser tragischen Schlussfolgerung: Wenn Frieden und Leben sich zwar unlogischerweise, jedoch praktisch voneinander lösen, zeichnet sich am Horizont der Zukunft eine Katastrophe ab, die in unseren Tagen für den Frieden wie für das Leben ohne Maß und ohne Rettung sein könnte. Hiroshima ist dafür ein furchtbares und beredtes Zeugnis und ein erschreckend prophetisches Paradigma. Würde der Friede in einer abwegigen Hypothese als losgelöst von der mit ihm naturgemäß verbundenen Achtung vor dem Leben aufgefasst, so könnte er sich allenfalls als ein trauriger Triumph des Todes durchsetzen. Es kommen einem die Worte von Tacitus in den Sinn: «*Ubi solitudinem faciunt, pacem appellant* – wo sie Entvölkerung verursachen, nennen sie es Frieden.»[147] Und umgekehrt kann man mit egoisti-

---

[147] Cornelius Tacitus, *Agricola*, 30.

scher und fast abgöttischer Vorliebe das privilegierte Leben einiger auf Kosten der Unterdrückung oder sogar Beseitigung anderer hochjubeln: Ist das Frieden?

Um in diesem Konflikt, der sich aus einem mehr theoretischen und sittlichen zu einem tragisch konkreten entwickelt und noch heute so viele Bereiche menschlichen Zusammenlebens entweiht und mit Blut befleckt, den Schlüssel der Wahrheit wiederzufinden, muss man vor allem erneut den Vorrang des Lebens als Wert und Vorbedingung für den Frieden anerkennen. Dies ist die entsprechende Formel: «Wenn du den Frieden willst, verteidige das Leben.» Das Leben ist der Gipfel des Friedens. Wenn die Logik unseres Handelns von der Heiligkeit des Lebens ausgeht, dann ist der Krieg als normales und gängiges Mittel zur Durchsetzung des Rechtes und somit des Friedens von vornherein geächtet. Der Friede ist nichts anderes als der unbestreitbare Sieg des Rechts und schließlich der beglückende Triumph des Lebens.

Hierfür könnten wir eine lange Reihe von Beispielen anführen; endlos ist aber auch die Reihe waghalsiger Abenteuer, oder besser gesagt, wirklicher Katastrophen, bei denen das Leben in der Konfrontation mit dem Frieden aufs Spiel gesetzt wird. Wir übernehmen die Einteilung in «drei wesentliche Imperative», die zu diesem Thema bereits vorgenommen worden ist. Wenn wir einen wahren und glücklichen Frieden haben wollen, dann müssen wir, so lauten diese Grundforderungen, «das Leben verteidigen, das Leben heilen, das Leben fördern».

Dadurch ist sogleich die Politik der massiven Aufrüstung in Frage gestellt. Der alte Satz, der auch heute noch, so wie früher, in der Politik gern angewandt wird: «*Si vis pacem para bellum* – Willst du Frieden, bereite Krieg vor», ist ohne grundsätzliche Vorbehalte nicht annehmbar (vgl. Lk 14, 31).

Gestützt und ermutigt durch die einfache Klarheit unserer Prinzipien, klagen wir darum das falsche und gefährliche Programm des «Rüstungswettlaufs» an, des getarnten Ringens um die militärische Vorherrschaft unter den Völkern. Es mag sein, dass ein neuer Krieg – und wie schrecklich würde dieser sein – durch einen glücklichen Rest von Weisheit oder durch eine latente, aber auch so schon furchterregende Umklammerung im Gleichgewicht der todbringenden feindlichen Kräfte nicht zum Ausbruch kommt. Muss uns aber nicht die unbezifferbare Verschwendung von volkswirtschaftlichen und menschlichen Ressourcen traurig stimmen, die dazu dienen soll, jedem einzelnen Staat eine Ausrüstung mit immer kostspieligeren, immer wirkungsvolleren Waffen zu verschaffen, auf Kosten der Haushalte für Erziehung, Kultur, Landwirtschaft, Gesundheits- und Sozialwesen? Der Friede und das Leben tragen enorme und unermessliche Lasten, um einen Frieden zu erhalten, der auf einer andauernden Bedrohung des Lebens gegründet ist, oder auch um das Leben zu verteidigen mittels einer ständigen Drohung für den Frieden. Man wird einwenden, dies sei unvermeidlich. Das mag stimmen bei einer immer noch so unvollkommenen Auffassung von der menschlichen Zivilisation. Wir sollten aber wenigstens zugeben, dass diese grundsätzliche gegenseitige Bedrohung von Leben und Frieden, die der Rüstungswettlauf herbeiführt, eine in sich selbst trügerische Formel darstellt, die korrigiert und überwunden werden müsste. Wir sprechen darum unsere Anerkennung aus für die bereits unternommenen Bemühungen, diesen absurden kalten Krieg einzudämmen und schließlich ganz zu beseitigen, diesen Zustand, der durch die andauernde Vermehrung des jeweiligen militärischen Machtpotentials der Nationen entsteht, als müssten diese unentwegt Feinde sein und wären unfähig zu erkennen, dass diese

Auffassung von den internationalen Beziehungen eines Tages zwangsläufig zum Zusammenbruch des Friedens und zur Vernichtung unzähliger Menschenleben führt.

Aber nicht nur der Krieg zerstört den Frieden. Jedes Vergehen gegen das Leben ist ein Attentat auf den Frieden, besonders wenn dabei die Sitten des Volkes verletzt werden, wie dies heute häufig durch die furchtbare und zuweilen vom Gesetz geschützte Leichtigkeit geschieht, mit der das ungeborene Leben durch Abtreibung ausgelöscht wird. Man pflegt zugunsten der Abtreibung folgende Beweggründe zu nennen: die Abtreibung soll das bedrohliche Bevölkerungswachstum eindämmen, sie soll Lebewesen beseitigen, die mit Missbildungen oder in sozialer Diskriminierung oder in proletarischem Elend leben müssten, und so fort, die Abtreibung scheint also eher dem Frieden zu nützen, als ihm zu schaden. Aber so ist es gerade nicht! Die Tötung eines menschlichen Lebewesens, sei es vor der Geburt, sei es danach, verletzt in erster Linie das unantastbare Moralprinzip, auf das sich die Auffassung von der menschlichen Existenz immer beziehen muss: Das Leben des Menschen ist unantastbar und heilig vom ersten Augenblick seiner Empfängnis an bis zum letzten Augenblick seines natürlichen Lebens in der Zeit. Es ist heilig: Was bedeutet das? Das bedeutet, dass dieses Leben jeglicher Macht willkürlicher Zerstörung entzogen ist; es ist unantastbar und so wertvoll, dass es alle Hochschätzung, alle Pflege und jedes geschuldete Opfer verdient.

Dieser Sinn für den heiligen, das heißt für den unantastbaren, unverletzbaren Wert eines menschlichen Lebens, ist für den, der an Gott glaubt, spontan und instinktiv gegeben; er ist verpflichtend aufgrund des transzendenten Gesetzes Gottes. Aber auch demjenigen, der nicht das Glück hat, Gottes schützende und richtende Hand über jedem Menschenleben anerkennen zu können, ist dieser Sinn notwendigerweise als intuitive Einsicht in die menschliche Würde eigen. Das wissen und empfinden auch diejenigen, die das Unglück gehabt haben, mit der damit verbundenen unerbittlichen Schuld und den immer wiederkehrenden Gewissensbissen, willentlich ein Leben ausgelöscht zu haben. Die Stimme des unschuldigen Blutes schreit im Herzen der des Mordes schuldigen Person mit quälender Eindringlichkeit. Der innere Frieden ist dann nicht mehr möglich auf dem Wege über egoistische Spitzfindigkeiten! Und selbst wenn das möglich wäre: Ein Attentat auf den Frieden, das heißt, auf das System zum Schutz der allgemeinen Ordnung und des menschenwürdigen und gesicherten Zusammenlebens, in einem Wort ein Attentat auf den Frieden, ist geschehen. Das Leben des Einzelnen und der Frieden aller sind immer durch ein unauflösliches Band innerer Verwandschaft miteinander verbunden. Wenn wir wünschen, dass der Fortschritt der sozialen Ordnung sich nach festen Prinzipien richtet, dann dürfen wir diese Ordnung nicht in ihrem wesentlichen Kern, der Achtung vor dem menschlichen Leben, verletzen. Auch unter diesem Gesichtspunkt gehören Frieden und Leben in solidarischer Verbundenheit zur Basis einer geordneten und zivilisierten Kultur.

Die Überlegungen könnten noch lange bei den hundertfältigen Formen verweilen, unter denen der Angriff auf das Leben heute zur Gewohnheit zu werden scheint, dort wo das Verbrechen des Einzelnen sich so organisiert, dass daraus ein kollektives Verbrechen wird. So verschafft man sich das Schweigen und die Mithilfe von ganzen Gruppen von Mitbürgern. So erweitert man privates Rachebedürfnis zu einer niederträchtigen kollektiven Verpflichtung. So macht man aus dem Terrorismus eine Art von legitimem politischem oder sozialem Handeln. Aus der Polizeitortur wird dann eine effektvolle Methode der Staatsgewalt, die nicht mehr darum bemüht ist, die Ordnung wiederherzustellen, sondern eine schändliche Repression durchzusetzen. Unmöglich kann der Frieden dort aufblühen, wo die Unverletzlichkeit des Lebens in solcher Weise gefährdet wird. Wo die Gewalt losbricht, stirbt der wahre Frieden. Wo aber die Menschenrechte wirklich ernst genommen und öffentlich anerkannt und verteidigt werden, dort kann der Frieden zu einer Atmosphäre werden, in der sich das soziale Zusammenleben glücklich und wirkungsvoll entwickelt.

Zeugnisse für unseren zivilen Fortschritt sind die Texte der internationalen Vereinbarungen zum Schutz der Menschenrechte, zur Verteidigung des Kindes, zur Sicherstellung der Grundfreiheiten des Menschen. Sie stellen ein Ruhmesblatt für den Frieden dar, weil sie Schutz für das Leben sein wollen. Sind sie vollständig? Werden sie beachtet? Wir alle erkennen, dass unsere Zivilisation in solchen Erklärungen ihren Ausdruck und die Garantie der eigenen Wirklichkeit findet. Diese wird vollkommen und großartig sein, wo solche Erklärungen in die Gewissen und in die Sitten eindringen; sie wird verlacht und mit Füßen getreten werden, wo diese tote Buchstaben bleiben.

Ihr Menschen auf dem Höhepunkt des 20. Jahrhunderts, Ihr habt eine ruhmreiche Charta unterzeichnet, in der die Fülle menschlicher Entwicklung erreicht wird, wenn diese Charta Euren wahren Willen wiedergibt; Ihr habt jedoch vor der Geschichte Euer moralisches Urteil unterschrieben, wenn diese Charta nur das Dokument leerer und rhetorischer Willkür oder juristischer Heuchelei darstellt. Und das ist der Maßstab: die Gleichung zwischen dem wahren Frieden und der Würde des Lebens.

Nehmt unsere flehentliche Bitte an, dass diese Gleichsetzung Wirklichkeit werde und ein neuer Gipfel aufsteige am

Horizont unserer Zivilisation, der Gipfel des Lebens und des Friedens, und sich schließlich, so möchten wir noch hinzufügen, die Zivilisation der Liebe zeige.

Ist damit alles gesagt?

Nein – wir müssen noch eine ungewohnte Frage hinzufügen: Wie kann dieses Programm unseres zivilisatorischen Fortschritts verwirklicht werden? Wie können das Leben und der Frieden wirklich miteinander verbunden werden?

Wir wollen eine Antwort geben in Worten, zu denen diejenigen keinen Zugang haben, die den weiten Horizont der Realität nur auf die natürliche Sichtweise beschränkt haben. Wir müssen uns hierin auf die vom Glauben durchdrungene Realität beziehen, die wir «übernatürlich» nennen. Der Glaube ist nötig, um jenes Zusammenspiel der Wirkkräfte im gesamten menschlichen Geschehen zu entdecken: Hier wirkt das transzendente Walten Gottes mit und führt unser Tun zu wertvolleren Ergebnissen, die uns, menschlich gesprochen, unmöglich erscheinen. Das Leben mit Gott, lebendig und aufrichtig, ist hierbei nötig, um solche Ergebnisse zu ermöglichen. Der «Gott des Friedens» (Phil 4, 9) muss uns hierin beistehen.

Wohl uns, wenn wir das erkennen und glauben, wenn wir in diesem Glauben die innere Einheit von Leben und Frieden zu entdecken wissen und sie in konkretes Handeln umzusetzen verstehen.

Denn zu den hier dargelegten Gedanken, die dem Leben den Vortritt vor dem Frieden einräumen und den Frieden von der Unverletzlichkeit des Lebens abhängig machen, gibt es eine entscheidende Ausnahme. Es ist die Ausnahme, die sich in den Fällen ergibt, in denen ein anderes Gut hinzutritt, das selbst höher als das Leben ist. Es handelt sich um einen Wert, der selbst das Leben weit übersteigt, wie die Wahrheit, die Gerechtigkeit, die bürgerliche Freiheit, die

Nächstenliebe, der Glaube... Christus selbst sagt uns hierzu: «Wer das eigene Leben liebt (das heißt mehr liebt als diese höheren Güter), der wird es verlieren» (vgl. Joh 12, 25). Das zeigt uns, dass in der Weise, wie der Frieden in seiner Beziehung zum Leben verstanden werden muss und wie aus einem geordneten, dem Leben zugesicherten Wohlergehen der Frieden selbst als Harmonie hervorgehen muss, die die menschliche Existenz in ihrem inneren und sozialen Bezug ordnet und glücklich macht, auch diese menschliche Existenz, also das Leben, sich nicht ihrer höheren Bestimmung entziehen kann und darf, die ihm den ersten Daseinsgrund verleiht. Warum lebt man? Was gibt denn dem Leben über die durch den Frieden gewährte Ordnung hinaus seine Würde, seine geistige Fülle, seine sittliche Größe und auch seine religiöse Ausrichtung? Geht denn etwa der wahre Friede verloren, wenn wir der Liebe in ihrer höchsten Ausdrucksform, die das Opfer ist, in unserem Leben ein Heimatrecht einräumen? Wenn das Opfer tatsächlich zum Erlösungsplan gehört und verdienstvoll sein kann für eine Existenz, die die Gestalt und das Maß der Zeit übersteigt, wird es dann nicht auf einer höheren, überzeitlichen Ebene den Frieden wiederfinden, den wahren, hundertfältigen Frieden des ewigen Lebens (vgl. Mt 19, 29)? Wer den Weg der Nachfolge Christi geht, kann diese vom Glauben getragene Redeweise verstehen (vgl. Mt 19, 11). Und warum sollten wir nicht diesen Weg der Nachfolge gehen? Er, Christus, «ist unser Frieden» (vgl. Eph 2, 14).

Dies ist unser Wunsch für alle, zu denen diese mit unserem Segen verbundene Botschaft vom Frieden und vom Leben gelangt!

Botschaft zur Feier des Weltfriedenstages am 1. Januar 1978:
Nein zur Gewalt, ja zum Frieden

An die Welt, an die Menschheit wagen wir einmal mehr das wohltuende und feierliche Wort des Friedens zu richten. Dieses Wort bedrückt und erhebt uns zugleich. Es stammt nicht von uns, sondern steigt aus dem unsichtbaren Reich, dem Himmelreich, herab. Wir erkennen seine prophetische Kraft, die alle Grenzen übersteigt und auch durch unsere schwachen Lippen, die ihm Stimme verleihen, nicht entkräftet wird: «Friede ist auf der Erde bei den Menschen, die er liebt» (Lk 2, 14). Ja, wir wiederholen es, Friede muss sein! Der Friede ist möglich!

Das ist die Botschaft; das ist die stets neue und große Kunde; das ist das Evangelium, das wir auch am Anfang des neuen Jahres, dem Jahr der Gnade 1978, allen Menschen verkünden müssen: Der Friede ist ein Geschenk, das den Menschen angeboten wird, das sie annehmen können und müssen. Ihn müssen sie an die Spitze ihrer Überlegungen, ihrer Planungen, ihrer Hoffnungen und ihres Glückes stellen.

Der Friede ist, werden wir uns dessen gleich am Anfang bewusst, keine rein ideale Traumvorstellung, keine verlockende, jedoch unergiebige und unerreichbare Utopie. Der Friede ist und muss eine Wirklichkeit sein; eine Wirklichkeit, die dynamisch ist und in jedem Zeitalter der Zivilisation neu hervorgebracht werden muss, so wie das Brot, von dem wir uns nähren, das eine Frucht der Erde und der göttlichen Vorsehung, aber zugleich auch ein Ergebnis menschlicher Arbeit ist. So ist auch der Friede kein Zustand kollektiverer Gemütsruhe, wo jener, der sich ihrer erfreut, von jeder Sorge befreit und vor jeder Störung sicher wäre und sich ein beständiges und idyllisches Wohlergehen erlauben könnte, das eher Trägheit und Hedonismus gleicht als wacher und bereiter Tatkraft. Der Friede ist ein Gleichgewicht, das sich auf die Bewegung einspielt und ständig geistige und zur Tat drängende Energien entfaltet. Er ist ein lebendiger Schutzwall, der immer wieder klug gestaltet werden muss.

Wir bitten deshalb auch am Beginn dieses neuen Jahres 1978 alle Menschen guten Willens, die Verantwortlichen für die kollektive Gestaltung des sozialen Lebens, die Politiker, die Intellektuellen, die Publizisten, die Künstler, alle, die auf die öffentliche Meinung Einfluss haben, die Lehrer in den Schulen, die Meister der Künste und der Frömmigkeit, und schließlich die großen Planer und Akteure des internationalen Waffenhandels, sie alle bitten wir inständig, sich heute hochherzig und mit lauter Bereitschaft wiederum den Überlegungen über den Frieden in der Welt zu öffnen und darüber nachzudenken!

Bei der Beurteilung des Friedens drängen sich unseres Erachtens der allgemeinen Aufmerksamkeit zwei bedeutende, ausschlaggebende Phänomene auf.

Das erste Phänomen ist wunderbar positiv und besteht in der fortschreitenden Entwicklung des Friedens. Der Friede ist eine Idee, die im Bewusstsein der Menschheit an Geltung gewinnt. Er ist im Vormarsch begriffen, er geht der Idee des Fortschritts voran und begleitet sie, die ihrerseits auf die Einheit des Menschengeschlechtes abzielt. In der Geschichte unserer Zeit, das sei zu ihrem Lob gesagt, entdecken wir schon überall kostbare Blüten mutiger Initiativen zugunsten des Friedens, eines Friedens, der klug ausgedacht, gewollt, planvoll vorbereitet, feierlich bekräftigt und verteidigt wird: Helsinki lehrt uns das. Diese Hoffnungen werden bestärkt durch die nächste Sondersitzung der Generalversammlung der UNO, die sich mit dem Problem der Abrüstung befassen wird, wie auch durch die zahlreichen Anstrengungen einflussreicher und einfacher Leute, die sich für den Frieden einsetzen.

Niemand wagt es heute, Programme mörderischer Auseinandersetzungen, das heißt der Kriege, als Grundlagen für Wohlfahrt und Ruhm auszugeben. Selbst wo gemeinschaftliche Forderungen eines legitimen nationalen Interesses, gestützt auf Ansprüche, die mit den vorherrschenden Rechtsgrundsätzen übereinzustimmen scheinen, sich mit kriegerischen Mitteln als etwaigem Lösungsweg keine Geltung zu verschaffen vermögen, hegt man die Hoffnung, dass die verzweifelte Zufluchtnahme zum Einsatz von Waffen, die heute mehr denn je wahnwitzig morden und zerstören, vermieden werden kann. Das Gewissen der Welt steht heute nämlich entsetzt vor der Möglichkeit, dass unser Friede nur ein Waffenstillstand ist und dass ein unermesslicher Weltbrand blitzartig ausbrechen könnte.

Wir wünschten uns, diese furchtbare Bedrohung abwenden zu können, indem wir mit lauter Stimme feststellen, wie absurd ein moderner Krieg ist und wie darum der Friede eine absolute Forderung geworden ist, ein Friede, der nicht auf dem Übergewicht der Waffen, die heute mit einer ungeheuren Zerstörungskraft ausgestattet sind, wie uns die Tragödie von Japan in Erinnerung ruft, und auch nicht auf der strukturellen Gewalt, wie einige politische Systeme sie anwenden, gegründet werden kann, sondern auf einer geduldigen, sachbezogenen und solidarischen Methode von Gerechtigkeit und Freiheit, wie sie von den großen internationalen Institutionen, die es heute gibt, entwickelt und verteidigt wird. Wir vertrauen darauf, dass die richtunggebende Unterweisung unserer großen Vorgänger, der Päpste Pius XII. und Johannes XXIII., bei diesem fundamentalen Thema auch weiterhin die Weisheit der heutigen Vordenker und Politiker befruchtet.

Nun möchten wir auf ein zweites Phänomen zu sprechen kommen, eine negative Entwicklung, die parallel zur Entwicklung des Bewusstseins vom Frieden verläuft: Wir meinen das Phänomen der spontanen oder ideologisch begründeten Gewalttätigkeit. Sie breitet sich immer mehr im Leben der heutigen Zivilisation aus, wobei die Möglichkeiten, die dem Bürger für sein Leben zur Verfügung stehen, ausgenützt werden, um dem eigenen Mitbürger nachzustellen und ihn, meist auf hinterhältige Weise, zu treffen, nur weil dieser durchaus legitimerweise den Interessen des Angreifers entgegensteht. Diese Gewalt, die man noch privat nennen kann, auch wenn sie sich in ihrer verschlagenen Art in geheimen Gruppen und Banden organisiert, nimmt gegenwärtig besorgniserregende Ausmaße an, so dass sie schon fast zur Gewohnheit wird. Man könnte sie wegen ihrer gesetzesverachtenden Ausdrucksformen zu den allgemeinen Verbrechen zählen; aber die Erscheinungsweisen, unter denen die Gewalt seit einiger Zeit in bestimmten Kreisen auftritt, erfordern doch eine eigene, diversifizierte und schwierige Analyse. Jene Gewalttätgkeit entspringt einem Verfall des moralischen Gewissens, das ohne Erziehung geblieben ist, keinen äußeren Halt gefunden hat und oft von einem Pessimismus gegenüber der Gesellschaft durchdrungen ist, der im Geist des Menschen den Geschmack und die Einsatzbereitschaft für eine selbstverständliche Rechtschaffenheit zerstört hat, ganz zu schweigen von jenem noch schöneren und edleren Wert im Herzen des Menschen, der Liebe in ihrer wahren, echten und treuen Art. Die seelische Verfassung des gewalttätigen Menschen enthält oft in ihrer Tiefe auf perverse Weise das Motiv einer Rache, also eines Verlangens nach einer Gerechtigkeit, der noch nicht Genüge getan wurde. Dieses Motiv wird in bitteren und eigensüchtigen Vorstellungen gehegt und gepflegt und führt dazu, dass man ohne Skrupel und Hemmung auf jedes sich bietende Ziel losgeht. Das Durchsetzbare tritt an die Stelle des Rechten; die einzige Grenze ist die Furcht vor staatlichen oder privaten Sanktionen. Darum gehören die Aktion aus dem Untergrund und das feige Handeln durch Hinterhalt und Verrat, die die Gewalt auch noch mit einem straflos verbleibenden Erfolg belohnen, zum gewöhnlichen Erscheinungsbild heutiger Gewalttätigkeit.

Gewalttätigkeit ist nicht Tapferkeit. Sie ist die Explosion einer blinden Energie, die den Menschen, der sich ihr überlässt, entwürdigt, weil sie ihn vom Niveau der verständigen Überlegung auf die Ebene der Leidenschaft herabzieht. Und dort, wo der Gewalttätige die Selbstkontrolle behält, sucht er doch unwürdige Wege, um sich durchzusetzen, Wege der Hinterlist, der Überrumpelung, der physischen Überwältigung eines Gegners, der schwächer und vielleicht wehrlos ist. Er nutzt den Schock aus, das Entsetzen, das er erzeugt, den Nervenzusammenbruch der Betroffenen. So wird klar ersichtlich, wer in diesem ungleichen Kampf der wahrhaft Feige ist.

Auch das System der Gewalt, das unter dem Namen der «Abrechnung» bekannt ist, enthält niederträchtige Formen des Hasses, der Verbitterung, der Feindschaft, die zusammen eine Gefahr für unser Zusammenleben bilden und sogar das Gemeinschaftsleben schädigen, indem sie die Gefühle der Menschlichkeit zersetzen, die doch die vorrangige und unersetzliche Grundlage jeglicher Gemeinschaft, sowohl der Familie wie auch der Nachbarschaft und des Staates, bilden.

Die Gewalttätigkeit ist asozial schon wegen der Methoden, die es ermöglichen, sich in einer Gruppe von Komplizen zu organisieren, bei der die Schweigepflicht den Zusammenhalt zementiert und einen Schutzschild darstellt. Eine entartete Auffassung von Ehre wirkt wie eine Beruhigung für das Gewissen. Dies ist eine der heute verbreiteten Fehlformen des echten Gemeinschaftssinnes. Sie deckt mit dem Schleier der Geheimhaltung und durch die Androhung schonungsloser Vergeltungsaktionen gewisse Gruppierungen des kollektiven Egoismus, ist der normalen Legalität gegenüber misstrauisch und versteht es immer wieder, sich ihrer Kontrolle zu entziehen, zettelt gleichsam zwangsläufig kriminelle Handlungen an, die mitunter zu Formen eines erbarmungslosen Terrorismus ausarten, der das Ende des eingeschlagenen Irrweges bildet und wiederum bedauerliche Repressionen hervorruft. Die Gewalttätigkeit führt zur Revolution und die Revolution zum Verlust der Freiheit. Die soziale Zielsetzung, für die die Gewalt ihre unselige Aktivität entfaltet, ist falsch. Wenn sie auch als gewaltsame Reaktion manchmal gewisse vernünftige Beweggründe besitzt, wendet sie sich jedoch schließlich gegen sich selbst und gegen die Anliegen, die solche Initiativen hervorgerufen haben. Es ist vielleicht hier der Ort, an das kurze Wort Christi zu erinnern, mit dem er sich gegen den impulsiven und rachsüchtigen Gebrauch des Schwertes wendet: «... alle, die zum Schwert greifen, werden durch das Schwert umkommen» (Mt 26, 52). Denken wir also stets daran: Gewalttätigkeit ist nicht Stärke. Sie erhebt nicht, sondern erniedrigt den Menschen, der sich ihrer bedient.

In dieser Friedensbotschaft sprechen wir von der Gewalt, die im Gegensatz zum Frieden steht. Wir haben noch nicht vom Krieg gesprochen; aber auch dieser verdient weiterhin unsere Verurteilung, wenn er auch heute von immer mehr Menschen abgelehnt wird und sich sowohl sozial wie politisch immer qualifiziertere Kräfte in anerkennenswerter Weise gegen ihn stellen. Dazu kommt, dass der Krieg ja sogar durch die Furchtbarkeit der eigenen Waffen in Schach gehalten wird, die bei einem eventuellen tragischen Ausbruch zum Einsatz kämen. Die Angst, die allen Völkern und insbesondere den stärksten unter ihnen gemeinsam ist, schränkt die Möglichkeit ein, dass der Krieg sich zu einer kosmischen Katastrophe ausweitet. Zur Furcht, die mehr eine gedankliche als eine reale Barriere darstellt, kommen jedoch, wie wir schon gesagt haben, weitere planvolle Initiativen auf höchster politischer Ebene hinzu, die alle darauf hinwirken, dass nicht nur die Kräfte der möglichen Konfliktpartner ausbalanciert werden, sondern auch der äußerste Unsinn eines Krieges deutlich aufgezeigt wird. Insgesamt bemühen sie sich darum, unter den Völkern immer engere Verbindungen herzustellen und diese dann mit immer mehr Solidarität, Freundschaft und Menschlichkeit nach und nach anzureichern. Gebe Gott, dass es so geschieht!

Dennoch können wir nicht unsere Augen vor der traurigen Wirklichkeit des begrenzten Krieges verschließen, sei es, dass ein solcher in bestimmten Gebieten noch tatsächlich existiert, sei es, dass er auch, psychologisch gesehen, von den bedrohlichen Möglichkeiten der gegenwärtigen Geschichte noch immer nicht endgültig ausgeschlossen ist. Unser Krieg gegen den Krieg ist noch nicht gewonnen, und unser «Ja» zum Frieden ist eher noch ein Wunsch als tatsächliche Wirklichkeit. Denn in so vielen geographischen und politischen Situationen, die noch keine gerechte und friedliche Lösung gefunden haben, bleibt die Möglichkeit künftiger Konflikte noch immer bestehen. Unsere Liebe zum Frieden muss wachsam bleiben; viele andere Gesichtspunkte als nur die Gefahr eines neuen Weltkrieges verpflichten uns dazu, den Frieden auch außerhalb der militärischen Schützengräben zu bedenken und als Wert herauszustellen.

Wir müssen heute in der Tat den Frieden unter seinem, sagen wir, metaphysischen Aspekt verteidigen, der ursprünglicher und wichtiger ist als der geschichtliche und kontingente Fall einer zeitweiligen Unterbrechung der Kriegshandlungen und der äußeren «tranquilitas ordinis». Wir wollen das Problem des Friedens betrachten, so wie es sich im menschlichen Leben selbst widerspiegelt. Unser «Ja» zum Frieden weitet sich aus zu einem «Ja» zum Leben. Der Friede muss nicht nur auf die Schlachtfelder gebracht werden, sondern überallhin, wo sich das menschliche Dasein verwirklicht. Es gibt, oder besser, es muss auch einen Frieden geben, der dieses Dasein nicht nur vor den kriegerischen Waffen schützt, sondern der ebenso das Leben als solches gegen jegliche Gefahr, gegen jedes Unheil und jedwede Nachstellung verteidigt.

Die Ausführungen darüber könnten sehr umfangreich sein, doch nehmen wir hier nur auf wenige bestimmte Punkte Bezug. In der modernen Gesellschaft gibt es eine Gruppe von begabten, fähigen und hilfsbereiten Personen, die die Heilkunst und Gesundheitsfürsorge als ihre Berufung ansehen und zu ihrem Beruf erwählt haben. Es sind dies die Ärzte und all jene, die mit ihnen zusammen und unter ihrer Leitung für das Fortleben und das Wohlergehen der Menschheit forschen und arbeiten. Ihnen, die sich mit Umsicht und Bereitschaft für den Schutz des menschlichen Lebens einsetzen, gebührt Ehre und Anerkennung.

Wir, die Diener der Religion, schauen auf diesen angesehenen Berufsstand von Personen, die sich um die körperliche und seelische Gesundheit der Menschheit mühen, mit großer Bewunderung, mit großem Dank und großem Vertrauen. In vieler Hinsicht hängen die körperliche Gesundheit, die Heilung von Krankheiten, die Linderung des Schmerzes, der Einsatz für den Fortschritt, die Arbeitskraft, die Dauer des zeitlichen Lebens und auch mancher Aspekte der sittlichen Verhaltensweisen der Menschen von der Umsicht und der Fürsorge dieser Beschützer, Verteidiger und Freunde des Lebens ab. Wir fühlen uns ihnen verbunden und unterstützen sie, soweit es uns möglich ist, in ihren Mühen, in ihrem Berufsethos und ihren geistigen Belangen. Wir hoffen, sie an unserer Seite zu haben, wenn es darum geht, das menschliche Leben in jenen besonderen Umständen zu bejahen und zu verteidigen, in denen es durch den vorsätzlichen bösen Willen einiger Menschen bedroht ist. Unser «Ja» zum Frieden ist zugleich ein «Ja» zum Leben. Das Leben des Menschen ist vom ersten Aufblühen seiner Existenz an heilig. Das Gebot «Du sollst nicht töten!» soll dieses unaussprechliche Wunder des menschlichen Lebens mit transzendenter Autorität beschützen. Dies ist die Grundregel, die unser religiöses Amt in seinem Dienst am Menschenleben bestimmt. Wir vertrauen darauf, die Männer und Frauen im Gesundheitsdienst hierin als Verbündete zu haben.

Ebenso stark setzen wir unsere Hoffnung auf jenes Amt, das dem menschlichen Leben seinen Anfang schenkt: auf das Amt der Eltern und hier vor allem der Mütter. Hier sind unsere Worte von hoher Achtung und Ergriffenheit, von Pietät, aber auch von großer Stärke geprägt. Der Friede hat im Bereich der Geburt eines Menschen seinen ersten Schutzschild; ein Schild, der aus sehr feinen Schutzfunktionen gebildet wird, ein Schild der verteidigungsbereiten Liebe.

Wir müssen deshalb jeden Angriff auf das werdende Leben mit Entschiedenheit missbilligen und jede Autorität, jede verantwortliche Einrichtung eindringlich bitten mitzuhelfen, dass die gewollte Abtreibung verboten bleibt und ihre Ursachen behoben werden. Der Mutterschoß und die Wiege der Kindheit sind die ersten Schutzdämme, die zugleich mit dem Leben auch den Frieden verteidigen, ja, ihn sogar aufbauen (vgl. Ps 127, 3ff.). Wer gegen Krieg und Gewalt den

Frieden wählt, entscheidet sich dadurch für das Leben, für den Menschen in seinen grundlegenden und wesentlichen Bedürfnissen. Und ebendies ist der Sinn der vorliegenden Botschaft, die wir wiederum an die Verantwortlichen für den Frieden auf dieser Erde und an alle Brüder in der Welt in Demut, aber mit glühender Überzeugung richten.

Wir fühlen uns gedrängt, ein besonderes Wort für alle Kinder und Jugendlichen hinzuzufügen, die angesichts der Gewalttätigkeit den verwundbarsten Teil der Gesellschaft, aber auch die Hoffnung auf ein besseres Morgen darstellen: Auch zu ihnen soll diese Friedensbotschaft durch die Vermittlung von freiwilligen und weitsichtigen Helfern gelangen.

Und wir wollen sagen, warum.

Dies ist der erste Grund: In den Botschaften für den Frieden aus den vergangenen Jahren haben wir klar herausgestellt, dass wir hierbei nicht nur in unserem eigenen Namen reden, sondern vor allem im Namen Christi, der «der Friedensfürst» in der Welt ist (Jes 9, 5) und der gesagt hat: «Wohl denen, die Frieden stiften; denn sie werden Söhne Gottes genannt werden» (Mt 5, 9). Wir glauben, dass ohne Christi Führung und Hilfe der wahre, beständige und allgemeine Friede nicht möglich ist. Ebenfalls glauben wir, dass der Friede Christi die Menschen nicht schwächt oder zu Feiglingen macht, die der Übermacht der anderen hilflos ausgeliefert wären; im Gegenteil, er befähigt sie, für die Gerechtigkeit zu kämpfen und mancherlei Probleme mit großer Einsatzbereitschaft, ja sogar mit der genialen Kraft der Liebe zu lösen.

Ein zweiter Grund ist dieser: Unter Euch Kindern kommt es oft zu Streit. Aber bedenkt: Es ist doch eine dumme Wichtigtuerei, gegenüber Geschwistern und Kameraden durch Zank und Streit, durch Zorn und Vergeltung als stärker erscheinen zu wollen. Das tun doch alle, werdet Ihr antworten. Schlimm genug, entgegnen wir darauf; wenn Ihr stark sein wollt, dann seid es mit Eurem Mut, mit Eurer vorbildlichen Haltung. Lernt Euch zu beherrschen; lernt auch, zu vergeben und bald wieder befreundet zu sein mit jenen, die Euch wehgetan haben: auf diese Weise könnt ihr wahre Christen sein.

Hasst niemanden! Begegnet nicht anderen Kindern, Menschen aus einer anderen sozialen Schicht oder aus anderen Ländern mit Stolz oder Überheblichkeit! Handelt nicht egoistisch oder aus Verachtung und schon gar nicht, wir wiederholen es, aus Rache!

Und dies schließlich ist der dritte Grund: Wir sind der Ansicht, dass Ihr Kinder, wenn Ihr erwachsen werdet, die Aufgabe habt, das Denken und Handeln der Welt von heute zu ändern, in der man immer darauf aus ist, sich von anderen zu unterscheiden, sich von ihnen abzusetzen, sie auf die Seite zu drängen. Sind wir nicht alle Brüder? Gehören wir nicht alle zusammen zu derselben Menschheitsfamilie? Und sind nicht alle Völker verpflichtet, zusammenzufinden und den Frieden aufzubauen?

Ihr als Kinder einer neuen Zeitepoche müsst Euch angewöhnen, alle Menschen zu lieben und so der Gesellschaft das Gesicht einer besseren, gerechteren, solidarischen Gemeinschaft zu geben. Seid Ihr bereit, wahre Menschen füreinander zu sein und nicht Wölfe? Seid Ihr gewillt, das Verdienst und die Freude zu haben, die darin liegen, das Gute zu tun, dem Notleidenden zu helfen, etwas Gutes zu tun, auch wenn der Lohn einzig ein gutes Gewissen ist? Denkt bei all dem an die Worte Jesu, die er während des letzten Abendmahles, in der Nacht vor seinem Leiden, sprach: «Ein neues Gebot gebe ich euch: Liebt einander; wie ich euch geliebt habe, so sollt auch ihr einander lieben.

Daran werden alle erkennen, dass ihr meine Jünger seid, wenn ihr Liebe habt zueinander» (Joh 13, 34ff.). Das ist das Zeichen unserer Echtheit als Menschen und als Christen: die gegenseitige Liebe.

Liebe Jungen und Mädchen! Euch allen gilt unser Gruß und unser Segen! Die Parole des Tages lautet: Nein zur Gewalt, ja zum Frieden! Mit Gott!

LEBENSDATEN VON PAPST PAUL VI.

26.9.1897	Geburt von Giovanni Battista Montini
1920	Priesterweihe
1923	Beginn der diplomatischen Laufbahn im vatikanischen Staatssekretariat
1924-1933	Geistlicher Assistent des Verbandes der katholischen Studentenschaft in Italien
1954	Erzbischof von Mailand
1958	Ernennung zum Kardinal
21.6.1963	Wahl zum Nachfolger von Papst Johannes XXIII.
29.9.1963	Eröffnung der Zweiten Sitzungsperiode des Konzils
1964	Pilgerreise ins Heilige Land, Indienreise
4.10.1965	Rede vor den Vereinten Nationen in New York
8.12.1965	Abschluss des Konzils
1.1.1968	Feier des Ersten Weltfriedenstags
1968	Reise nach Bogotá, Kolumbien
1969	Reise nach Genf, Schweiz, und nach Uganda
1970	Reise nach Ostasien, Australien und Ozeanien
1975	Heiliges Jahr
6.8.1978	Tod

NACHWEIS DER ORIGINALTEXTE

Botschaft an die ganze Menschheit *Qui fausto Die*
am 22. Juni 1963 – lateinisch in *AAS* 55 (1963) 570-578

I. JESUS CHRISTUS

Weihnachtsbotschaft an die Welt, Rundfunk am
23. Dezember 1965 – italienisch in *AAS* 58 (1966) 90-95
Rundfunkbotschaft an die Christgläubigen und die ganze
Menschheit am 20. Dezember 1968 – italienisch
in *AAS* 61 (1969) 53-58
Homilie in der Mitternachtsmesse am 25. Dezember 1969 –
französisch in *AAS* 62 (1970) 48-51
Homilie im «Quezon Circle», Manila, Philippinen,
am 29. November 1970 – englisch in *AAS* 63 (1971) 32-35
Apostolisches Schreiben *Marialis cultus* vom 2. Februar 1974 –
lateinisch in *AAS* 66 (1974) 113-168
Homilie zum Abschluss des Heiligen Jahres am
25. Dezember 1975 – italienisch in *AAS* 68 (1976) 143-145
Homilie am Fest Peter und Paul am 29. Juni 1978 –
italienisch in *AAS* 70 (1978) 394-399

II. DAS CHRISTLICHE MENSCHENBILD

Homilie im Rahmen der Schlusssitzung des Zweiten
Vatikanischen Ökumenischen Konzils am
7. Dezember 1965 – lateinisch in *AAS* 58 (1966) 51-59
Enzyklika *Populorum progressio* vom 26. März 1967 –
lateinisch in *AAS* 59 (1967) 257-299
Enzyklika *Humanae vitae* vom 25. Juli 1968 – lateinisch
in *AAS* 60 (1968) 481-503

Homilie in der Mitternachtsmesse im Metallindustrie-Zentrum,
Tarent, am 24.-25. Dezember 1968 – italienisch
in *AAS* 61 (1969) 46-52
Ansprache an die Teilnehmer des Europäischen Kolloquiums
für die Pastoral in der Arbeitswelt am 12. Oktober 1972 –
französisch in *AAS* 64 (1972) 683-687
Ansprache an die Teilnehmer der Weltbevölkerungskonferenz
am 28. März 1974 – italienisch in *AAS* 66 (1974) 253-256
Ansprache an die Teilnehmer der Pilgerreise der «Equipes Notre-
Dame» am 22. September 1976 – französisch unter http://
w2.vatican.va/content/paul-vi/fr/speeches/1976/documents/
hf_p-vi_spe_19760922_pellegrinaggio-notre-dame.html
Homilie am Palmsonntag, den 23. März 1975 – italienisch unter
http://w2.vatican.va/content/paul-vi/it/homilies/1975/docu-
ments/hf_p-vi_hom_19750323.html

III. EINHEIT

Rede an der Eröffnungsfeier der Zweiten Sitzungsperiode
des Zweiten Vatikanischen Ökumenischen Konzils am
29. September 1963 – lateinisch in *AAS* 55 (1963) 841-859
Ansprache bei der Begegnung mit dem israelischen
Staatspräsidenten Salman Shazar in Megiddo
am 5. Januar 1964 – französisch in *AAS* 56 (1964) 165-166
Ansprache zum Hochfest der Epiphanie in der Geburtsgrotte
in Bethlehem am 6. Januar 1964 – französisch
in *AAS* 56 (1964) 173-179
Rede vor den Vereinten Nationen, New York
am 4. Oktober 1965 – französisch in *AAS* 57 (1965) 877-885
Enzyklika *Ecclesiam suam* vom 6. August 1964 – lateinisch
in *AAS* 56 (1964) 609-659
Homilie zum «Tag der Entwicklung» am Euch. Kongress, Bogotá
am 23. August 1968 – spanisch in *AAS* 60 (1968) 625-630

Ansprache beim Besuch des Zentrums des Ökumenischen Rates
der Kirchen, Genf am 10. Juni 1969 – französisch in *AAS* 61
(1969) 503-506; © deutsche Üb. World Council of Churches
Ansprache an den Präsidenten, die Abgeordneten und Senatoren
von Uganda, Kampala am 1. August 1969 – englisch
in *AAS* 61 (1969) 580-586
Rundfunkbotschaft an alle Völker Asiens, Manila
am 20. November 1970 – englisch in *AAS* 63 (1971) 35-40
Ansprache an die bischöflichen Delegierten für den
Ökumenismus am 22. November 1972 – französisch
in *AAS* 64 (1972) 760-763
Gemeinsame Erklärung Seiner Heiligkeit Papst Paul VI. und
Seiner Heiligkeit Patriarch Anba Schenuda III.
am 10. Mai 1973 – englisch in *AAS* 65 (1973) 299-301
Ansprache an den Obersten Patriarchen der Buddhisten
der Laotischen Regierung am 8. Juni 1973 – französisch
in *AAS* 65 (1973) 368-369
Ansprache an die hohen Würdenträger des Islam am 25. Oktober
1974 – französisch in *AAS* 66 (1974) 629-630

IV. FRIEDEN

Homilie zum Friedensgebet vom 4. Oktober 1966 – italienisch
in *AAS* 58 (1966) 898-901
Rundfunkbotschaft an die Gläubigen und an die ganze Welt
am 23. Dezember 1966 – italienisch in *AAS* 59 (1967) 75-79
Rundfunkbotschaft an die Bischöfe, Priester und Gläubigen
am 23. Dezember 1967 – italienisch in *AAS* 60 (1968) 39-44
Botschaft zur Feier des Weltfriedenstages am 1. Januar 1968 –
italienisch in *AAS* 59 (1967) 1097-1102
Botschaft zur Feier des Weltfriedenstages am 1. Januar 1969 –
italienisch in *AAS* 60 (1968) 769-774

Botschaft zur Feier des Weltfriedenstages am 1. Januar 1970 –
italienisch in *AAS* 61 (1969) 794-798

Botschaft zur Feier des Weltfriedenstages am 1. Januar 1971 –
italienisch in *AAS* 63 (1971) 5-9

Botschaft zur Feier des Weltfriedenstages am 1. Januar 1972 –
italienisch in *AAS* 63 (1971) 865-868

Botschaft zur Feier des Weltfriedenstages am 1. Januar 1973 –
italienisch in *AAS* 64 (1972) 753-759

Botschaft zur Feier des Weltfriedenstages am 1. Januar 1974 –
italienisch in *AAS* 65 (1973) 668-673

Botschaft zur Feier des Weltfriedenstages am 1. Januar 1975 –
italienisch in *AAS* 67 (1975) 61-67

Botschaft zur Feier des Weltfriedenstages am 1. Januar 1976 –
italienisch in *AAS* 67 (1975) 666-671

Botschaft zur Feier des Weltfriedenstages am 1. Januar 1977 –
italienisch in *AAS* 68 (1976) 707-714

Botschaft zur Feier des Weltfriedenstages am 1. Januar 1978 –
italienisch in *AAS* 70 (1978) 49-55

ABKÜRZUNGEN

AAS	*Acta Apostolicae Sedis*, Rom 1909ff.
EN	Apostolisches Schreiben *Evangelii nuntiandi*
ES	Enzyklika *Ecclesiam suam*
GS	Pastoralkonstitution *Gaudium et spes*
HV	Enzyklika *Humanae Vitae*
LG	Dogmatische Konstitution *Lumen gentium*
PP	Enzyklika *Populorum progressio*
SC	Konstitution *Sacrosanctum concilium*
UR	Dekret *Unitatis redintegratio*